KB213649

세상이 변해도
배움의 즐거움은
변함없도록

시대는 빠르게 변해도
배움의 즐거움은
변함없어야 하기에

어제의 비상은
남다른 교재부터
결이 다른 콘텐츠
전에 없던 교육 플랫폼까지

변함없는 혁신으로
교육 문화 환경의 새로운 전형을
실현해왔습니다.

비상은 오늘, 다시 한번
새로운 교육 문화 환경을 실현하기 위한
또 하나의 혁신을 시작합니다.

오늘의 내가 어제의 나를 초월하고
오늘의 교육이 어제의 교육을 초월하여
배움의 즐거움을 지속하는 혁신,

바로, 메타인지 기반 완전 학습을.

상상을 실현하는 교육 문화 기업 비상

메타인지 기반 완전 학습

초월을 뜻하는 meta와 생각을 뜻하는 인지가 결합한 메타인지는 자신이 알고 모르는 것을 스스로 구분하고 학습계획을 세우도록 하는 궁극의 학습 능력입니다. 비상의 메타인지 기반 완전 학습 시스템은 잠들어 있는 메타인지를 깨워 공부를 100% 내 것으로 만들도록 합니다.

한끝

고등 한국사2

구성과 특징

진도 교재

개념 학습 & 자료 학습

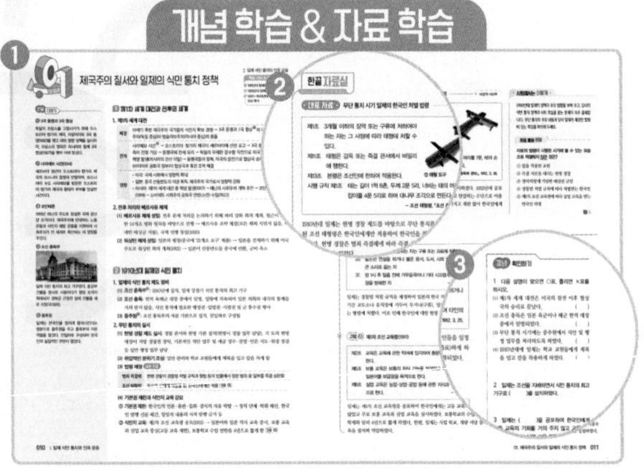

문제 풀이

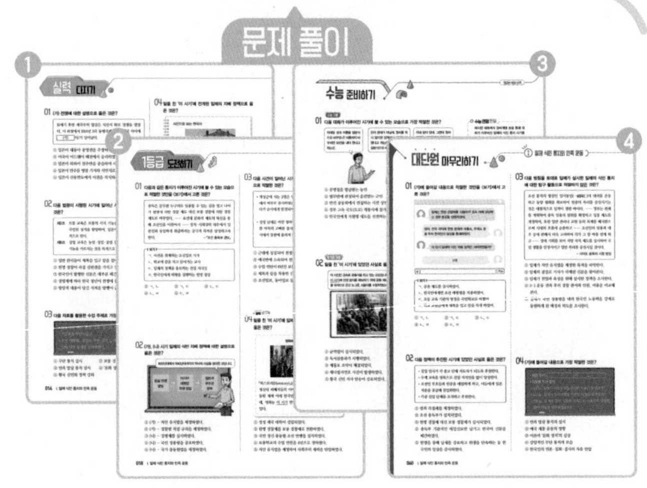

1 교과 내용 정리

새 교육과정에 따른 한국사2 교과서의 내용을 한눈에 살펴보고 이해할 수 있도록 명확하고 자세하게 정리하였습니다. 교과 내용에 사용된 어려운 개념이나 용어는 '한끝 더하기'에서 추가로 살펴보면서 정확하게 이해할 수 있습니다.

2 한끝 자료실

한국사2 교과서에서 다루고 있는 핵심 자료들을 철저하게 분석하여 이해하기 쉽게 설명하였습니다. '대표 자료' 코너에서는 새 교육과정의 성취기준을 달성하는 데 꼭 필요한 자료를 깊이 있게 살펴보면서 자료와 관련한 출제 경향도 확인할 수 있습니다.

3 개념 확인하기

빈칸 채우기, OX 문제, <보기>에서 고르기 등 다양한 유형의 문제를 통해 핵심 교과 내용을 정확하게 학습했는지 스스로 확인하고 점검할 수 있도록 하였습니다.

1 실력 다지기

학교 시험에 출제될 가능성이 높은 유형의 문제를 엄선하여 구성하였습니다. '대표 자료 링크' 문제로 대표 자료의 학습을 완성하고, '서술형 대비하기'를 통해 새 교육과정에서 강조하는 서술형·논술형 평가에 체계적으로 대비할 수 있습니다.

2 1등급 도전하기

사고력과 응용력을 요구하는 고난도 문제로 학업 성취도를 향상할 수 있게 구성하였습니다. 등급의 차이를 결정하는 어려운 문제를 자신 있게 풀면서 1등급에 한발짝 더 다가서 보세요.

3 수능 준비하기

단원의 교과 내용을 다룬 수능 기출 문제를 엄선하여 수록하고, 기출 응용 문제로 교과 내용과 기출 문제의 연계성을 높였습니다. 『한끝 한국사2』로 학교 시험과 수능을 동시에 대비해 보세요.

4 대단원 마무리하기

대단원에서 학습한 내용을 종합적으로 확인하면서 단원 간 통합형 문제도 놓치지 않고 대비할 수 있게 구성하였습니다.

시험 대비 문제집

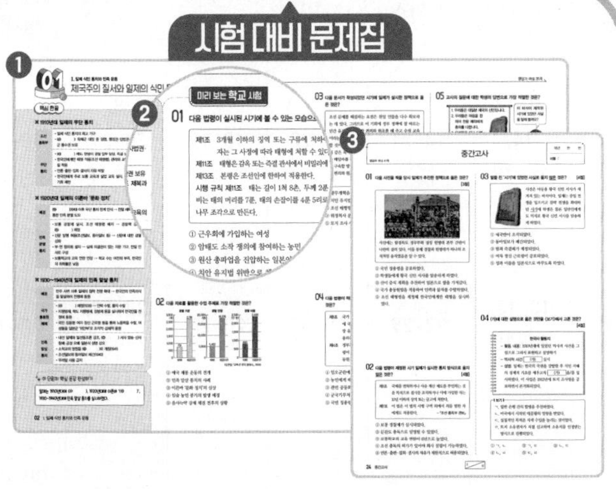

정답과 해설

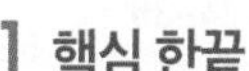

1 핵심 한끝

시험 직전에 단원별로 학습 내용을 정리하고 자신의 실력을 점검할 수 있게 구성하였습니다. 시험 범위가 많아도 걱정하지 마세요. '핵심 한끝'과 '이 단원의 핵심 문장 완성하기'로 빈틈없이 단원의 핵심 교과 내용을 확인할 수 있습니다.

2 미리 보는 학교 시험

시험 기출 문제를 철저하게 분석하여 실제 학교 시험과 가장 유사한 유형의 문제들로 구성하였습니다. 한층 높아진 문제 적응력을 바탕으로 자신 있게 학교 시험에 임해 보세요.

3 중간·기말고사, 논술형 수행 평가

실제 학교 시험과 유사한 형태로 제시된 중간고사, 기말고사를 풀어 보면서 학교 시험에 실전처럼 대비해 보세요. 학교 시험과 유사한 형태의 논술형 문항을 함께 제시하여 학교 내신에서 비중이 커지고 있는 논술형 수행 평가에도 체계적으로 대비할 수 있습니다.

✦ 교재에 수록된 모든 문제의 정답과 상세한 풀이를 담았습니다. '선택지 바로잡기'에서는 오답에 대해서도 꼼꼼하게 설명하여 문제의 내용을 정확하게 이해할 수 있게 구성하였습니다.

한끝과 내 교과서 단원 비교하기

단원명		한끝	비상교육	동아출판	리베르스쿨	미래엔	씨마스	지학사	천재교과서	해냄에듀	한국 학력 평가원
Ⅰ. 일제 식민 통치와 민족 운동	01. 제국주의 질서와 일제의 식민 통치 정책	10~19	8~17	12~14, 16, 19, 52~59	10~23	10~12, 14, 16~19	10~21	11~23	10~19	8, 20~21, 44~47	10~20
	02. 경제 구조의 변화와 경제생활	20~29	18~27	15, 17~19, 43, 54~55	24~31	13, 15, 17~18	22~29	25~31	20~29	9, 22~23, 36~37, 44~49	22~28
	03. 민족 운동의 전개와 분화	30~39	28~47	20~41	32~53	20~45	30~43	33~49	30~47	10~19, 24~35	30~43, 45~47, 52~53
	04. 사회·문화의 변화와 대중운동	40~49	48~61	42~51	54~63	46~55	44~53	51~61	48~62	36~43	50~51, 56~66
	05. 독립 국가 건설 노력	50~59	62~71	32, 60~67	44, 64~71	34, 56~61	42, 54~59	44, 63~67	39~40, 63~68	26, 50~55	44, 68~75
Ⅱ. 대한민국의 발전	01. 냉전 체제와 대한민국 정부 수립	66~75	76~87	72~87	76~89	66~77	68~83	75~87	76~91	62~73	82~94
	02. 6·25 전쟁과 남북 분단의 고착화	76~85	88~95	88~97	90~97, 114~115	78~85	84~93	89~95, 111	92~99, 115	74~87	96~104

단원명		한끝	비상교육	동아출판	리베르 스쿨	미래엔	씨마스	지학사	천재 교과서	해냄에듀	한국 학력 평가원
Ⅱ. 대한민국의 발전	03. 민주화를 위한 노력	86~95	96~109	98~111	98~113	86~99	94~107	97~109	100~114	88~94, 96~97, 100~109	106~118
	04. 산업화의 성과와 사회·환경 문제 ~ 05. 문화 변동과 일상생활	96~105	110~123	112~123	116~127	100~109	108~125	111~125	115~128	94~95, 98~99, 101, 110~113	120~133
Ⅲ. 오늘날의 대한민국	01. 6월 민주 항쟁 이후 민주화 과정	112~119	128~133	128~135	132~141	114~123	134~141, 149	133~139	136~142	120~125, 130~131, 134~137	140~144
	02. 외환 위기의 극복과 사회·문화 변동	120~127	134~141	136~145	142~149	124~131	142~149	141~147	143~148	126~129, 138~141	146~154
	03. 한반도 분단 극복과 동아시아의 평화를 위한 노력	128~137	142~153	146~155	150~161	132~143	150~157	149~157	149~159	96, 112, 124, 132~133, 142~147	156~166

이 책의 차례

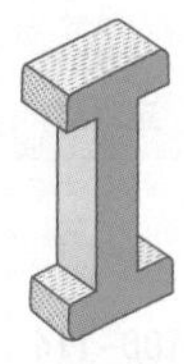

일제 식민 통치와 민족 운동

대한민국의 발전

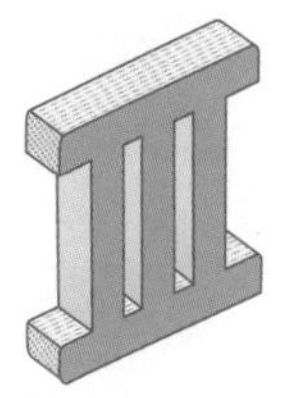

오늘날의 대한민국

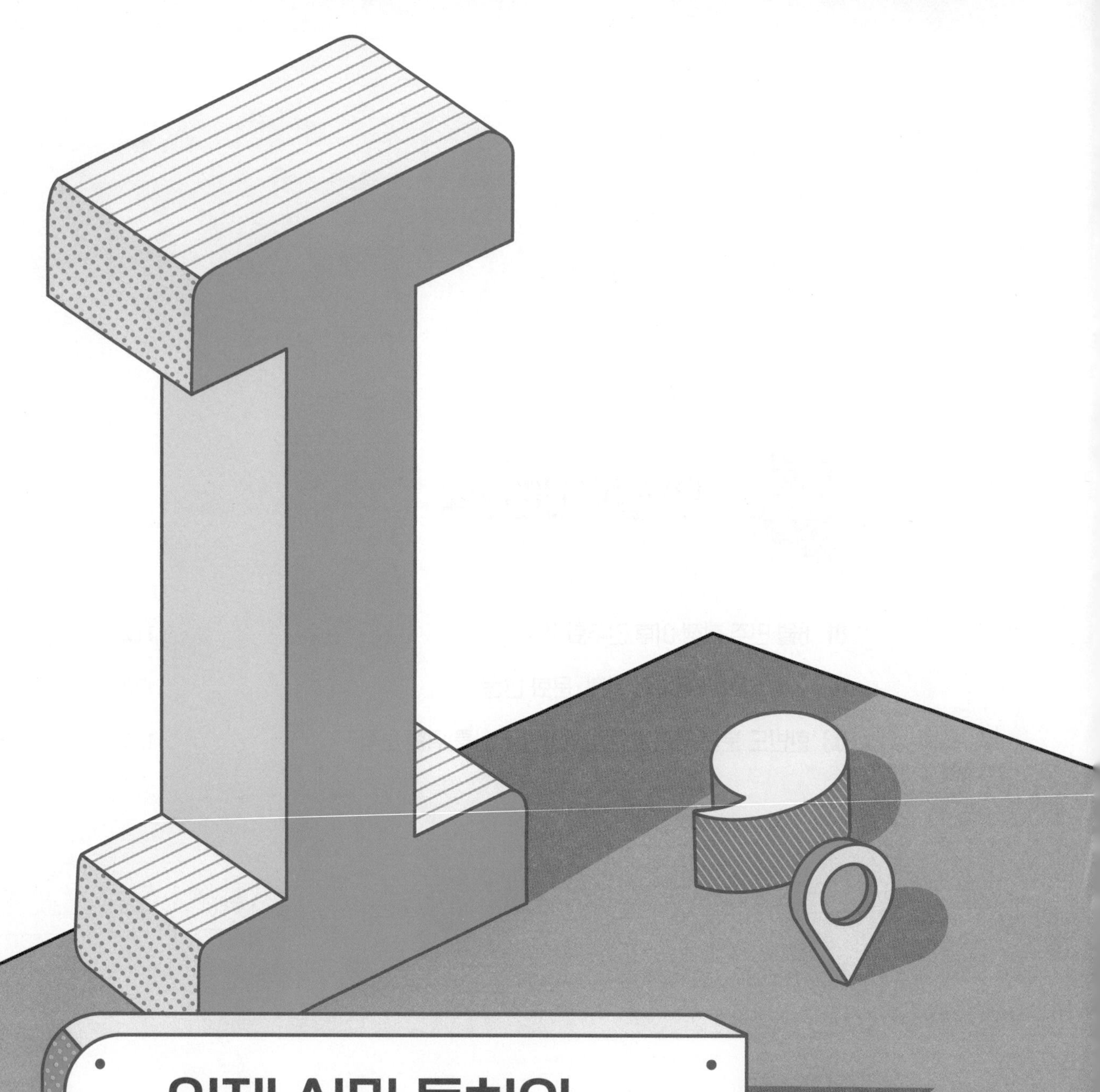

Ⅰ 일제 식민 통치와 민족 운동

✦ 무엇을 배울까?

이 단원에서 배울 내용

☑ **제국주의 질서와 일제의 식민 통치 정책**
일제의 무단 통치, 일제의 '문화 정치', 일제의 침략 전쟁과 민족 말살 통치

☑ **경제 구조의 변화와 경제생활**
토지 조사 사업, 산미 증식 계획, 병참 기지화 정책과 전시 물자 수탈, 국외로 이주한 동포들의 생활

☑ **민족 운동의 전개와 분화**
3·1 운동과 대한민국 임시 정부, 국외의 무장 독립 투쟁, 국내의 실력 양성 운동, 민족 유일당 운동

☑ **사회 · 문화의 변화와 대중운동**
도시와 농촌의 변화, 의식주 생활의 변화, 다양한 사회 운동, 민족 문화 수호 운동

☑ **독립 국가 건설 노력**
1930년대 이후 만주에서의 항일 투쟁, 중국 관내의 항일 투쟁, 1940년대 국내외의 건국 준비 활동

제국주의 질서와 일제의 식민 통치 정책

핵심 미리 보기
- ☑ 1910년대 일제의 무단 통치
- ☑ 1920년대 일제의 '문화 정치'
- ☑ 1930~1940년대 일제의 민족 말살 통치

1 제1차 세계 대전과 전후의 세계

1. 제1차 세계 대전

구분	내용
배경	19세기 후반 제국주의 국가들의 식민지 확보 경쟁 → 3국 동맹과 3국 협상[1]의 대립, 범게르만주의(독일 중심)와 범슬라브주의(러시아 중심)의 충돌
전개	사라예보 사건[2] → 오스트리아·헝가리 제국이 세르비아에 선전 포고 → 3국 동맹과 3국 협상 측이 전쟁 가담 → 동맹국에 전세 유리 → 독일의 무제한 잠수함 작전으로 미국 참전 → 러시아 혁명 발생(러시아의 전선 이탈) → 동맹국들의 항복, 미국의 참전으로 협상국 승리(1918) → 독일(바이마르 공화국 정부)이 협상국과 휴전 조약 체결
영향	• 미국: 국제 사회에서 영향력 확대 • 일본: 중국 산둥반도의 이권 획득, 제국주의 국가로서 영향력 강화 • 러시아: 제1차 세계 대전 중 혁명 발생(1917) → 레닌의 사회주의 개혁 추진 → 코민테른[3] 결성(1919) → 소비에트 사회주의 공화국 연방(소련) 수립(1922)

2. 전후 처리와 베르사유 체제

(1) **베르사유 체제 성립:** 전후 문제 처리를 논의하기 위해 파리 강화 회의 개최, 윌슨이 제안한 14개조 평화 원칙을 바탕으로 진행 → 독일이 승전국과 베르사유 조약 체결(모든 해외 식민지 상실, 막대한 배상금 지불), 국제 연맹 창설(1920)

(2) **워싱턴 체제 성립:** 일본의 팽창(중국에 '21개조 요구' 제출) → 일본을 견제하기 위해 미국 주도로 워싱턴 회의 개최(1921) → 일본이 산둥반도를 중국에 반환, 군비 축소

2 1910년대 일제의 식민 통치

1. 일제의 식민 통치 제도 정비

(1) **조선 총독부[4]:** 1910년에 설치, 일제 강점기 식민 통치의 최고 기구

(2) **조선 총독:** 현역 육해군 대장 중에서 임명, 일왕에 직속되어 일본 의회와 내각의 통제를 거의 받지 않음, 식민 통치에 필요한 행정권·입법권·사법권 및 군 통수권 행사

(3) **중추원[5]:** 조선 총독부의 자문 기관으로 설치, 친일파로 구성됨

2. 무단 통치의 실시

(1) **헌병 경찰 제도 실시:** 경찰 관서와 헌병 기관 설치(헌병이 경찰 업무 담당), 각 도의 헌병 대장이 지방 경찰권 장악, 기본적인 치안 업무 및 세금 징수·검열·언론 지도·위생 점검 등 일반 행정 업무 담당

(2) **위압적인 분위기 조성:** 일반 관리와 학교 교원들에게 제복을 입고 칼을 차게 함

(3) **법령 제정** 대표 자료

구분	내용
범죄 즉결례	헌병 경찰이 경찰범 처벌 규칙과 형법 등의 법률에서 정한 범죄 중 일부를 즉결 심판함
조선 태형령	죄수의 신체에 매질을 함, 한국인에게만 적용 (자료 ❶)

(4) **기본권 제한과 식민지 교육 강요**

① **기본권 제한:** 한국인의 언론·출판·집회·결사의 자유 박탈 → 정치 단체·학회 해산, 한국인 발행 신문 폐간, 항일적 내용의 서적 발행 금지 등

② **식민지 교육:** 제1차 조선 교육령 공포(1911) → 일본어와 일본 역사 교육 중시, 보통 교육과 실업 교육 중심(고등 교육 제한), 보통학교 수업 연한을 4년으로 짧게 함 (자료 ❷)

한끝 더하기

❶ 3국 동맹과 3국 협상

독일이 프랑스를 고립시키기 위해 오스트리아·헝가리 제국, 이탈리아와 3국 동맹(1882)을 맺고 대외 팽창 정책을 실시하자, 프랑스와 영국은 러시아와 함께 3국 협상(1907)을 맺어 이에 맞섰다.

❷ 사라예보 사건(1914)

세르비아 청년이 오스트리아·헝가리 제국의 보스니아 합병에 반발하여, 보스니아의 수도 사라예보를 방문한 오스트리아·헝가리 제국의 황태자 부부를 암살한 사건이다.

❸ 코민테른

1919년 레닌의 주도로 창설된 국제 공산당 조직이다. 제국주의에 반대하는 노동 운동과 식민지 해방 운동을 지원하여 사회주의가 전 세계로 확산되는 데 영향을 주었다.

❹ 조선 총독부

일제 식민 통치의 최고 기구였다. 통감부 건물을 청사로 사용하다가 행정 조직이 확대되자 경복궁 근정전 앞에 건물을 새로 지었다(1926).

❺ 중추원

일제는 한국인을 정치에 참여시킨다는 명분으로 중추원을 두고 총독부의 자문 역할을 맡겼다. 친일파로 구성되어 한국인의 실질적인 권한이 없었다.

한끝 자료실

• 대표 자료 • 무단 통치 시기 일제의 한국인 처벌 법령 → 비판적 사고력

제1조 3개월 이하의 징역 또는 구류에 처하여야 하는 자는 그 사정에 따라 태형에 처할 수 있다.

제11조 태형은 감옥 또는 즉결 관서에서 비밀리에 행한다.

제13조 본령은 조선인에 한하여 적용한다.

시행 규칙 제1조 태는 길이 1척 8촌, 두께 2푼 5리, 너비는 태의 머리를 7푼, 태의 손잡이를 4푼 5리로 하며 대나무 조각으로 만든다.

– 조선 태형령, 「조선 총독부 관보」, 1912. 3. 18.

▲ 태형 도구

1910년대 일제는 헌병 경찰 제도를 바탕으로 무단 통치를 실시하였다. 1912년에 공포된 조선 태형령은 한국인에게만 적용하여 한국인을 위협하고 탄압하는 수단으로 이용되었다. 헌병 경찰은 범죄 즉결례에 따라 즉결 심판권을 가지고 재판 없이 한국인에게 태형을 가할 수 있었다.

• 시험에서는 이렇게 •

1910년대 일제의 정책과 주요 법령을 보여 주고, 당시의 식민 통치 정책과 사회 모습을 묻는 문제가 자주 출제됩니다. 무단 통치의 주요 내용과 당시 일제가 제정한 법령이 갖는 특징을 파악해 두세요.

자료 활용 문제

자료의 법령이 시행된 시기에 볼 수 있는 모습으로 적절하지 않은 것은?

① 칼을 착용한 교원
② 즉결 처분을 내리는 헌병 경찰
③ 정미의병에 가담한 해산된 군인
④ 경찰범 처벌 규칙에 따라 처벌받는 한국인
⑤ 제1차 조선 교육령에 따라 실업 교육을 받는 한국인 학생

답 ③

자료 ① 경찰범 처벌 규칙(1912)

제1조 다음의 각 호에 해당하는 자는 구류 또는 과료에 처한다.

20. 불온한 연설을 하거나 불온 문서, 도서, 시와 노래를 게시·반포·낭독하거나 큰 소리로 읊는 자

37. 밤 1시 후 일출 전에 가무음곡이나 기타 시끄럽게 떠드는 행위를 하여 타인의 잠을 방해한 자

– 「조선 총독부 관보」, 1912. 3. 25.

일제는 경찰범 처벌 규칙을 제정하여 일본의 한국 지배에 불응하는 한국인들을 일정 기간 교도소나 유치장에 가두어 두거나(구류), 일정액의 금액을 징수(과료)하게 하는 형벌에 처했다. 이로 인해 한국인에 대한 헌병 경찰의 통제는 한층 강화되었다.

자료 ② 제1차 조선 교육령(1911)

제2조 교육은 교육에 관한 칙어에 입각하여 충량한 국민을 육성하는 것을 근본으로 한다.

제5조 보통 교육은 보통의 지식 기능을 부여하고 특히 국민다운 성격을 함양하며, 일본어를 보급함을 목적으로 한다.

제6조 실업 교육은 농업·상업·공업 등에 관한 지식과 기능을 가르치는 것을 목적으로 한다.

– 「조선 총독부 관보」, 1911. 9. 1.

일제는 제1차 조선 교육령을 공포하여 한국인에게는 고등 교육의 기회를 거의 주지 않았고 주로 보통 교육과 실업 교육을 실시하였다. 보통학교의 수업 연한은 일본의 학제와 달리 4년으로 짧게 하였다. 한편, 일제는 사립 학교, 개량 서당 등의 민족 교육을 철저히 억압하였다.

개념 확인하기

1 다음 설명이 맞으면 ○표, 틀리면 ×표를 하시오.

(1) 제1차 세계 대전은 미국의 참전 이후 협상국의 승리로 끝났다. ( )
(2) 조선 총독은 일본 육군이나 해군 현역 대장 중에서 임명되었다. ( )
(3) 무단 통치 시기에는 중추원에서 치안 및 행정 업무를 처리하도록 하였다. ( )
(4) 1910년대에 일제는 학교 교원들에게 제복을 입고 칼을 착용하게 하였다. ( )

2 일제는 조선을 지배하면서 식민 통치의 최고 기구로 ( )를 설치하였다.

3 일제는 ( )을 공포하여 한국인에게 고등 교육의 기회를 거의 주지 않고 교육과정을 보통 교육과 실업 교육 위주로 편성하였다.

4 다음 괄호 안의 내용 중 알맞은 말에 ○표를 하시오.

(1) 1910년대 일제는 (무단 통치, '문화 정치')를 표방하여 헌병 경찰제를 실시하였다.
(2) 일제는 조선 총독부의 자문 기관으로 (중추원, 동양 척식 주식회사)을/를 설립하였다.

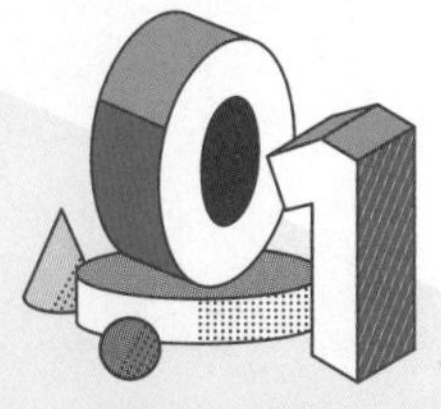

제국주의 질서와 일제의 식민 통치 정책

❶ '문화 정치'의 방침(1919. 9.)

> 요컨대 문화적 제도의 혁신에 의하여 조선인을 유도하여 …… 정치·사회상의 대우에도 내지인과 동일한 취급을 할 궁극적 목적을 달성하기를 바랄 뿐이다.

1919년 새로 부임한 사이토 총독은 문관 총독 임명, 한국인의 차별 대우 철폐 등의 내용을 담은 시정 방침을 발표하면서 기만적인 '문화 정치'를 표방하였다.

❷ 대동아 공영권

'대동아'는 일제가 일본, 중국, 만주국, 한국과 동남아시아의 일부 지역을 아우르기 위해 만든 말이다. 일제는 아시아가 서양 열강의 식민 지배에서 벗어나려면 일본을 중심으로 대동아 공영권을 결성하여 서양 제국주의를 몰아내야 한다고 주장하였다.

❸ 애국반

일제가 한국인의 생활을 통제하기 위한 말단 기구로 10호(가구) 단위로 만든 조직이다. 애국반을 이용해 조선 총독부의 정책을 홍보하고 전쟁에 필요한 물자와 노동력을 동원하였다.

❹ 일본군 '위안부'

일제는 10대 여성을 비롯한 수많은 여성을 중국과 남양 군도 등지의 전쟁 지역으로 끌고 가 일본군 '위안부'라는 이름으로 끔찍한 삶을 강요하였다.

❺ 내선일체

'내지(일본)인과 조선인은 하나'라는 뜻이다. 일제가 한국인의 정신을 말살하고 일본인으로 동화시키기 위해 주장하였다.

3 1920년대 일제의 식민 통치

1. 통치 방식의 전환: 3·1 운동(1919)을 계기로 무단 통치의 한계 인식 → 사이토 마코토가 총독으로 부임 → 이른바 '문화 정치' 표방❶

2. '문화 정치'의 내용과 실상: 식민 지배에 대한 한국인의 반발 무마, 친일파를 양성하여 민족 분열 도모 대표 자료

구분	표면적 내용	실제 내용
총독 임명	문관 출신도 조선 총독에 임명 가능	문관이 조선 총독에 임명된 적 없음
경찰 제도	헌병 경찰제를 보통 경찰제로 변경, 태형 제도 폐지, 관리·교원의 제복 착용 폐지	경찰 관서와 인원·비용 등이 크게 증가, 1군 1경찰서와 1면 1주재소 체제 확립, 치안 유지법 시행 (자료 ❸)
언론 정책	언론·출판·집회·결사의 자유 제한적 허용 → 조선일보·동아일보 발간, 사회 운동 단체 결성	한국인이 발행한 신문 검열 강화 → 기사 삭제, 신문 압수·정간 조치
지방 제도	지방 자치제 실시 표방 → 부·면 협의회를 민선 또는 관선으로 구성, 도 평의회 설치	부·면 협의회나 도 평의회는 의결권이 없는 자문 기구에 불과, 일본인이나 친일 인사로 구성
교육 정책	보통학교 수업 연한을 6년으로 연장, 학교 증설, 대학 설립 가능	학교 수 부족, 고가의 학비 → 한국인의 취학률 저조

4 1930~1940년대 일제의 식민 통치

1. 일본의 침략 전쟁 확대

(1) **배경:** 제1차 세계 대전 이후 미국에서 대공황 발생(1929), 대공황이 유럽 등 전 세계로 확산 → 일본은 대외 침략을 통해 대공황의 상황을 극복하고자 함

(2) **전개:** 일본이 만주 사변(1931)을 일으켜 만주국 수립 → 중일 전쟁을 일으킴(1937) → 제2차 세계 대전 발발(1939) 이후 독일·이탈리아와 군사 동맹 체결 → 대동아 공영권❷을 주장하며 침략 전쟁 확대 → 일본이 하와이 진주만을 기습 공격하며 아시아·태평양 전쟁을 일으킴(1941) → 미국이 미드웨이 해전에서 승리 → 미국이 일본에 원자 폭탄 투하 → 일본의 무조건 항복

2. 국가 총동원 체제: 일제의 국가 총동원법 제정(1938), 국민 정신 총동원 운동(국민 정신 총동원 조선 연맹 설치, 애국반❸ 설치) → 전쟁 수행에 필요한 인적·물적 자원 동원

병력 동원	지원병제(1938), 학도 지원병 제도(1943), 징병제(1944)로 한국 청년을 전쟁에 동원
노동력 동원	국민 징용령 실시(1939) → 광산, 비행장, 군수 공장 등에 강제 동원
여성 동원	여자 정신 근로령 공포(1944) → 군수 공장에 동원, 일본군 '위안부'❹ 강요

3. 민족 말살 통치: 황국 신민화 정책 추진(한국인을 침략 전쟁에 동원하기 위한 의도) (자료 ❹)

(1) **내선일체❺ 강조:** 황국 신민 서사 암송, 궁성 요배, 신사 참배, 일본식 성명 강요

(2) **교육과 언론 통제:** 학교에서 우리말 사용 및 교육 금지, 소학교의 명칭을 국민학교로 변경(1941), 수신(도덕) 교과 강화, 한글 신문인 동아일보와 조선일보 폐간(1940)

(3) **친일파 활용:** 친일파가 일제의 식민 통치와 침략 전쟁에 적극 부응

한끝 자료실

• 대표 자료 • 기만적인 '문화 정치'의 실상
✦ 비판적 사고력

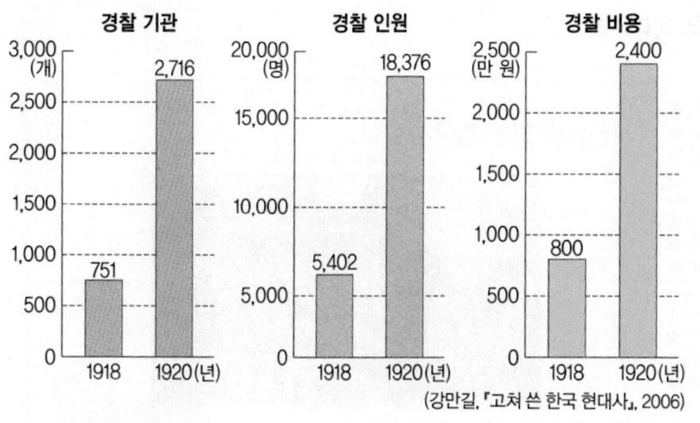

(강만길, 「고쳐 쓴 한국 현대사」, 2006)

▲ 보통 경찰제의 실제

▲ 일제의 검열로 기사가 삭제된 동아일보

일제는 헌병 경찰제를 폐지하고 보통 경찰제를 실시하였으나 경찰 기관과 인원, 비용을 3배 이상 늘려 한국인에 대한 탄압과 감시를 강화하였다. 또한 일제는 한국인의 언론·출판·집회·결사의 자유를 제한적으로 허용하여 조선일보와 동아일보가 발간되었으나, 발행한 신문들을 검열하여 기사를 삭제하는 경우가 많았다.

• 시험에서는 이렇게 •

1920년대 일제가 표방한 '문화 정치'의 실상을 보여 주는 자료를 제시하고, 그 특징을 묻는 문제가 자주 출제됩니다. 기만적인 '문화 정치'의 실상을 파악하고, 당시 일제의 식민 통치 정책을 함께 정리해 두세요.

자료 활용 문제

두 자료를 활용한 탐구 주제로 가장 적절한 것은?

① 헌병 경찰 통치의 내용
② 국가 총동원 체제의 형성
③ 범죄 즉결례 실시의 결과
④ 기만적인 '문화 정치'의 실상
⑤ 제1차 세계 대전 이후 제국주의 질서의 확립

답 ④

자료 ③ 치안 유지법(1925)

제1조 국체를 변혁하거나 사유 재산 제도를 부인하는 것을 목적으로 결사를 조직하거나 이에 가입한 자는 10년 이하의 징역 또는 금고에 처한다.
제7조 이 법은 이 법의 시행 구역 외에서 죄를 범한 자에게도 적용한다.

– 「조선 총독부 관보」, 1925. 4.

일제는 국가 체제나 사유 재산 제도를 부정하는 자들을 단속하기 위해 치안 유지법을 제정하였다. 일제는 치안 유지법을 이용하여 사회주의 운동뿐만 아니라 농민·노동 운동, 항일 민족 운동을 탄압하였다. 치안 유지법으로 1945년까지 조선에서만 약 2만 3천 명이 검거되었다.

자료 ④ 일제의 황국 신민화 정책

[황국 신민 서사(아동용)]
1. 우리들은 대일본 제국의 신민입니다.
2. 우리들은 마음을 합하여 천황 폐하에게 충의를 다합니다.
3. 우리들은 인고 단련하여 훌륭하고 강한 국민이 되겠습니다.

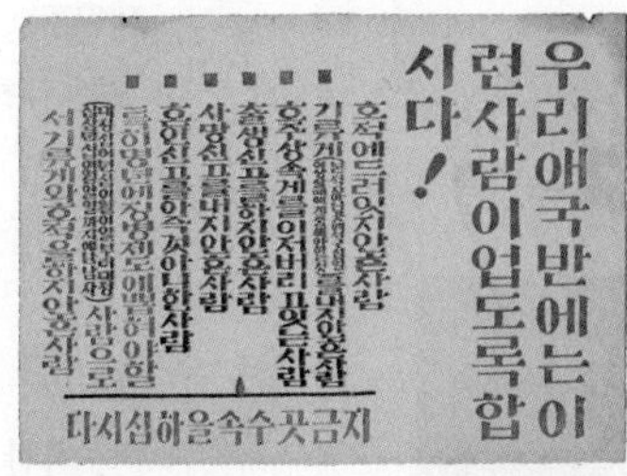

▲ 애국반 전단지

일제는 한국인을 일본인으로 만들려는 황국 신민화 정책을 실시하여 일본 국왕에게 충성을 맹세하는 황국 신민 서사를 암송하게 하였다. 또한 국민 정신 총동원 연맹의 말단 기구로 애국반을 두고 이들을 이용해 한국인의 생활을 감시하고 통제하였다. 애국반은 신사 참배, 일장기 게양, 애국 저금 등을 강요하였고, 한국인이 침략 전쟁에 참여하도록 강요하였다.

개념 확인하기

5 일제는 1919년 (　　　)을 계기로 무단 통치의 한계를 인식하고 이른바 '문화 정치'로 전환하였다.

6 다음 1920년대 일제의 식민 통치 정책이 맞으면 ○표, 틀리면 ×표를 하시오.
(1) 조선 총독으로 문관이 임명되었다. (　　)
(2) 한글 신문 간행이 일부 허용되었다. (　　)
(3) 치안 유지법을 제정하여 일제의 국가 체제나 사유 재산 제도를 부정하는 자를 단속하였다. (　　)

7 다음 1930~1940년대 일제의 식민 통치 정책이 맞으면 ○표, 틀리면 ×표를 하시오.
(1) 창씨개명을 강요하였다. (　　)
(2) 헌병 경찰제를 보통 경찰제로 바꾸었다. (　　)
(3) 일왕이 있는 궁을 향해 절하는 궁성 요배를 강요하였다. (　　)
(4) 1943년에 학도 지원병제를 실시하여 많은 학생들을 전쟁터로 끌고 갔다. (　　)

8 일제는 한국인의 민족성을 말살시켜 침략 전쟁에 동원하기 위해 일왕에게 충성을 맹세하는 (　　　)를 암송하게 하였다.

실력 다지기

01 (가) 전쟁에 대한 설명으로 옳은 것은?

> 19세기 후반 제국주의 열강은 식민지 확보 경쟁을 벌였다. 이 과정에서 1914년 3국 동맹국과 3국 협상국 사이에 (가) 이/가 일어났다.

① 일본이 대동아 공영권을 주장하였다.
② 미국이 미드웨이 해전에서 승리하였다.
③ 일본이 하와이 진주만을 공습하며 시작되었다.
④ 일본이 만주를 병참 기지와 식민지로 삼고자 일으켰다.
⑤ 일본이 산둥반도에서 이권을 차지하는 계기가 되었다.

02 다음 법령이 시행된 시기에 일어난 사실로 옳지 않은 것은?

> 제2조 보통 교육은 보통의 지식 기능을 부여하고 특히 국민된 성격을 함양하며, 일본어를 보급함을 목적으로 한다.
> 제6조 실업 교육은 농업·상업·공업 등에 관한 지식과 기능을 가르치는 것을 목적으로 한다.

① 일반 관리들이 제복을 입고 칼을 찼다.
② 헌병 경찰이 즉결 심판권을 가지고 있었다.
③ 한국인이 발행한 신문은 대부분 폐간되었다.
④ 징병제에 따라 한국 청년이 전쟁에 동원되었다.
⑤ 항일적 내용이 담긴 서적을 발행이 금지되었다.

03 다음 자료를 활용한 수업 주제로 가장 적절한 것은?

> • 한국인의 언론·출판·집회·결사의 자유를 박탈하고 기본권을 제한하였다.
> • 조선 태형령, 경찰범 처벌 규칙 등의 법령으로 한국인에 대한 통제를 강화하였다.

① 무단 통치 실시 ② 보통 경찰제 시행
③ 민족 말살 통치 실시 ④ '문화 정치'로의 전환
⑤ 황국 신민화 정책 강화

04 밑줄 친 '이 시기'에 전개된 일제의 지배 정책으로 옳은 것은?

> 사진으로 보는 한국사
>
> 
>
> 사진은 함경북도 경무부의 경찰과 경성 헌병대 본부 간판이 나란히 걸려 있는 모습을 보여 준다. 이 시기 일제는 전국 각지에 경찰 관서와 헌병 기관을 설치하고 헌병이 경찰 업무를 담당하게 하였다.

① 문관 총독을 임명하였다.
② 황국 신민 서사 암송을 강요하였다.
③ 국민 정신 총동원 조선 연맹을 설치하였다.
④ 보통학교 수업 연한을 6년으로 연장하였다.
⑤ 헌병 경찰이 범죄 즉결례로 정식 재판 없이 한국인을 처벌하였다.

대표 자료 링크

05 다음 법령이 시행된 시기 일제의 식민 통치 정책으로 옳은 것만을 〈보기〉에서 고른 것은?

> 제11조 태형은 감옥 또는 즉결 관서에서 비밀리에 행한다.
> 제13조 본령은 조선인에 한하여 적용한다.
> 시행 규칙 제1조 태는 길이 1척 8촌, 두께 2푼 5리, 너비는 태의 머리를 7푼, 태의 손잡이를 4푼 5리로 하며 대나무 조각으로 만든다.

보기
ㄱ. 치안 유지법을 제정하였다.
ㄴ. 헌병 경찰 제도를 실시하였다.
ㄷ. 학교 교원들에게 제복을 입고 칼을 차게 하였다.
ㄹ. 언론·출판·집회·결사의 자유를 일부 허용하였다.

① ㄱ, ㄴ ② ㄱ, ㄷ ③ ㄴ, ㄷ
④ ㄴ, ㄹ ⑤ ㄷ, ㄹ

중요해

06 교사의 질문에 대한 학생의 답변으로 적절한 것만을 〈보기〉에서 고른 것은?

보기

ㄱ. 자문 기관으로 중추원을 두었어요.
ㄴ. 수장은 일본인 문관 중에서 임명하였지요.
ㄷ. 수장이 입법·사법·행정·군 통수권을 가졌어요.
ㄹ. 고위 관리는 대부분 한국인으로 구성되었어요.

① ㄱ, ㄴ ② ㄱ, ㄷ ③ ㄴ, ㄷ
④ ㄴ, ㄹ ⑤ ㄷ, ㄹ

07 다음과 같은 대책이 적용된 시기에 있었던 사실로 옳지 않은 것은?

1. 핵심적 친일 인물을 골라 그 인물로 하여금 귀족, 양반, 유생, 부호, 교육가, 종교가에 침투하여 각종 친일 단체를 조직하게 한다.
2. 각종 종교 단체도 중앙 집권화하여 그 최고 지도자에 친일파를 앉히고 고문을 붙여 어용화한다.

– 「조선 민족 운동에 대한 대책」

① 교원의 제복 착용을 폐지하였다.
② 조선일보와 동아일보를 폐간하였다.
③ 헌병 경찰제를 보통 경찰제로 바꾸었다.
④ 조선 교육령이 개정되어 대학 설립이 가능해졌다.
⑤ 도 평의회를 설치하여 의원을 도장관이 임명하였다.

이 문제에서 나올 수 있는 모든 선택지✓

08 다음 시정 방침에 따라 통치가 이루어진 시기에 일어난 사실로 옳지 않은 것은?

(관제 개정의 취지는) 시세에 맞추어 시정의 편리함을 도모하는 데 있다. …… 문화적 제도의 혁신에 의하여 조선인을 이끌어서 조선인의 행복·이익의 증진을 도모하며 장차 문화의 발달과 민력(民力)의 충실을 기하고 정치상·사회상의 대우에서 일본인과 동일하게 취급하려는 궁극적 목적을 달성하고자 한다.

– 조선 총독(사이토 마코토)의 시정 방침, 1919. 9.

① 치안 유지법을 폐지하였다.
② 조선 총독의 자격 기준을 바꾸었다.
③ 경찰 관서와 인원이 크게 증가하였다.
④ 부·면 협의회를 민선으로 구성하였다.
⑤ 관리와 교원의 제복 착용이 폐지되었다.
⑥ 언론과 집회의 자유가 제한적으로 허용되었다.

중요해

09 (가)에 대한 설명으로 옳은 것은?

지식 Q&A

(가) 에 해당하는 조항을 알려주세요.

답변하기

제1조 국체를 변혁하거나 사유 재산 제도를 부인하는 것을 목적으로 결사를 조직하거나 이에 가입한 자는 10년 이하의 징역 또는 금고에 처한다.
제7조 이 법은 이 법의 시행 구역 외에서 죄를 범한 자에게도 적용한다.

① 1912년에 제정되었다.
② 한국인에게 태형 집행을 규정하였다.
③ 헌병 경찰제가 강화되는 계기가 되었다.
④ 사회주의 운동을 단속하고자 제정되었다.
⑤ 항일 민족 운동에 대한 탄압이 완화되었다.

중요해 대표 자료 링크

10 (가), (나) 자료에 대해 학생들이 나눈 대화 내용으로 가장 적절한 것은?

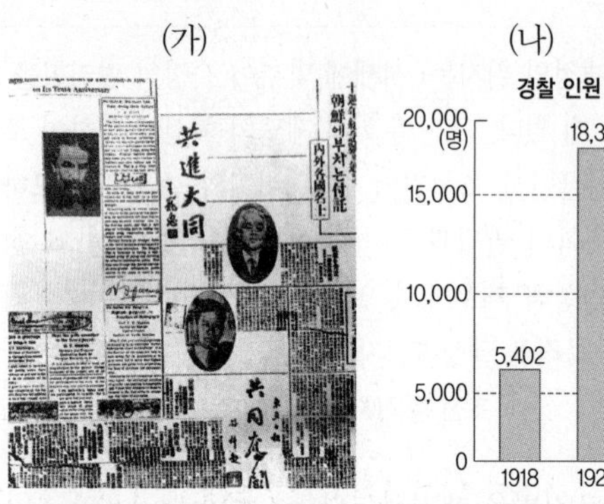

검열로 기사가 삭제된 신문 / 일제의 경찰 인원 증가

① (가) – 헌병 경찰의 검열로 기사가 삭제되었을 거야.
② (가) – 일제가 한국인이 운영하는 신문을 대부분 폐간하였음을 알 수 있어.
③ (나) – 치안 유지법이 시행되면서 경찰력이 증가하였음을 보여 줘.
④ (나) – 경찰 인원이 증가한 이유는 치안 유지법이 시행되었기 때문일 거야.
⑤ (가), (나) – '문화 정치'의 기만성을 찾아볼 수 있어.

11 다음 법령을 일제가 한국에 적용한 목적으로 가장 적절한 것은?

> 제1조 국가 총동원이란 전시(전시에 준할 경우도 포함)에 국방 목적을 달성하기 위해 국가의 전력을 가장 유효하게 발휘하도록 인적 및 물적 자원을 운용하는 것이다.
> 제4조 정부는 전시에 국가 총동원상 필요할 때에는 칙령이 정하는 바에 따라 제국 신민을 징용하여 총동원 업무에 종사하게 할 수 있다.
> –『조선 법령 집람 13집』

① 사회주의 사상을 탄압하고자 하였다.
② 무단 통치의 한계를 극복하고자 하였다.
③ 한국인을 침략 전쟁에 동원하고자 하였다.
④ 친일파를 육성하여 민족을 분열시키고자 하였다.
⑤ 보호 무역을 강화하여 대공황을 극복하고자 하였다.

12 다음 일제의 침략 전쟁 과정에서 있었던 (가)~(라)의 사건을 일어난 순서대로 나열한 것은?

> (가) 중일 전쟁이 발발하였다.
> (나) 만주 사변을 일으켜 대륙 침략을 감행하였다.
> (다) 하와이 진주만을 기습 공격하여 아시아·태평양 전쟁을 일으켰다.
> (라) 미국이 일본에 원자 폭탄을 투하하고 소련이 대일전에 참전하였다.

① (가) – (나) – (다) – (라)
② (가) – (다) – (나) – (라)
③ (나) – (가) – (다) – (라)
④ (나) – (가) – (라) – (다)
⑤ (나) – (다) – (가) – (라)

13 밑줄 친 '이것'의 명칭을 쓰시오.

> 1941년 일제는 소학교의 명칭을 '황국 신민 학교'를 뜻하는 <u>이것</u>으로 바꾸고, 황국 신민의 가치관을 주입하는 수신(도덕) 교과를 강화하였다.

중요해

14 다음 글을 암송한 시기에 볼 수 있는 모습으로 적절하지 <u>않은</u> 것은?

> **[황국 신민 서사(아동용)]**
> 1. 우리들은 대일본 제국의 신민입니다.
> 2. 우리들은 마음을 합하여 천황 폐하에게 충의를 다합니다.
> 3. 우리들은 인고 단련하여 훌륭하고 강한 국민이 되겠습니다.

① 지원병 입대를 권유하는 군인
② 한글 신문 폐간에 분노하는 시민
③ 일왕이 사는 궁을 향해 절하는 청년
④ 제1차 조선 교육령을 공포하는 일본인 관리
⑤ 학교에서 한국어 사용이 금지되었음을 알리는 교사

이 문제에서 나올 수 있는 모든 선택지✓

15 밑줄 친 '이 시기' 일제의 식민 통치 정책으로 옳지 않은 것은?

> 기념일로 보는 한국사
>
> **8월 14일, 일본군 '위안부' 피해자 기림의 날**
>
> 1991년 8월 14일 고(故) 김학순 할머니가 일본군 '위안부' 생존자 중 최초로 피해 사실을 공개 증언하였다. 고(故) 김학순 할머니는 중일 전쟁 이후 일제가 국가 총동원법을 시행하여 인력과 물자를 수탈하던 이 시기에 끌려가 일본군 '위안부'로 고통을 당하였다. 정부는 일본군 '위안부' 문제를 국내외에 알리고 피해자를 기리기 위하여 8월 14일을 국가 기념일로 제정하였다.

① 소학교의 명칭을 국민학교로 바꾸었다.
② 조선 태형령을 한국인에게 적용하였다.
③ 징병제를 실시하여 병력을 동원하였다.
④ 국민 징용령을 통해 인력을 강제 동원하였다.
⑤ 한국식 성을 일본식으로 바꾸어 사용하도록 하였다.
⑥ 학생과 일반인에게 황국 신민 서사를 외우게 하였다.
⑦ 전국 곳곳에 신사를 세워 한국인에게 강제로 참배하게 하였다.

16 다음과 같은 상황이 전개된 시기를 연표에서 옳게 고른 것은?

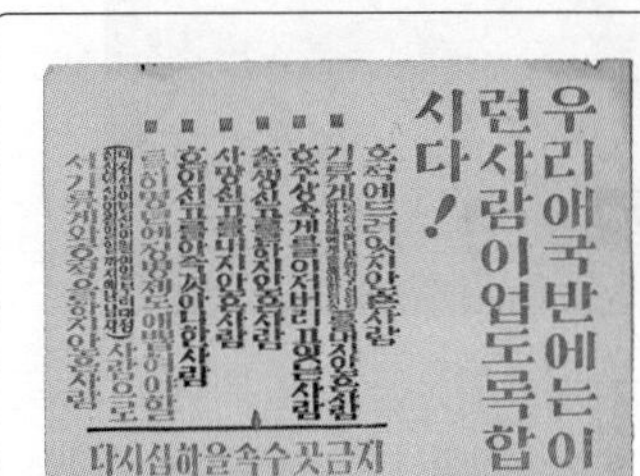

▲ 애국반 전단지

이 사진은 국민 정신 총동원 조선 연맹의 말단 기구로 설치된 애국반의 전단지이다. 일제는 애국반을 이용해 주민을 통제하고 한국인의 생활을 감시하였다.

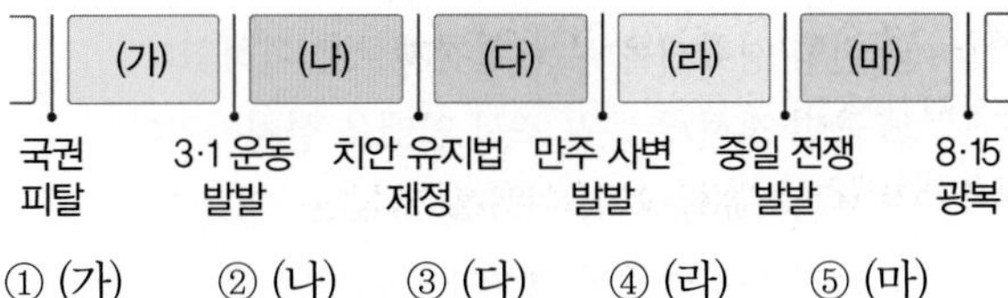

① (가) ② (나) ③ (다) ④ (라) ⑤ (마)

17 다음 자료를 통해 알 수 있는 '문화 정치'의 궁극적인 목적을 서술하시오.

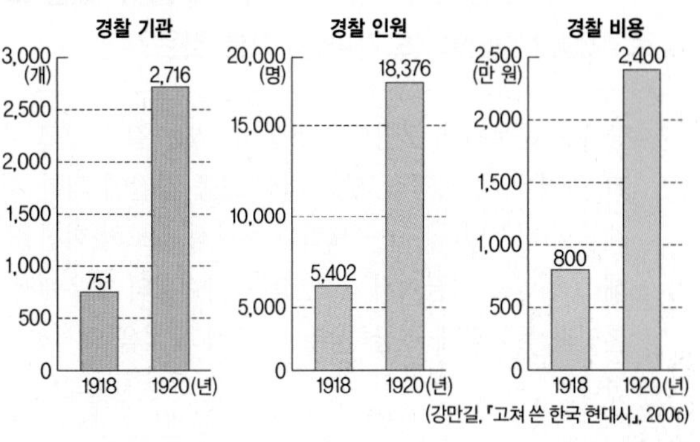

(강만길, 『고쳐 쓴 한국 현대사』, 2006)

3단계로 완성하기

18 다음 자료에 해당하는 정책을 쓰고, 일제가 이 정책을 추진한 목적을 서술하시오.

> 일제는 조선 신궁을 비롯한 전국의 주요 신사에 참배를 강요하였으며, 일본 국왕이 사는 궁을 향해 절을 하게 하였다. 또한 한국인의 성과 이름도 일본식으로 바꾸도록 강요하였다. 일제는 교육령을 개정하여 학교에서 한국어 학습 시간을 없앴으며, 우리말 사용을 금지하였다. 한글을 사용하는 동아일보, 조선일보 등의 신문도 폐간하였다.

❶단계 자료에 해당하는 정책을 써 보세요.

❷단계 일제가 위와 같은 정책을 추진한 목적을 써 보세요.

❸단계 1단계와 2단계에서 정리한 내용을 바탕으로 답안을 완성해 보세요.

1등급 도전하기

01 다음과 같은 통치가 이루어진 시기에 볼 수 있는 모습으로 적절한 것만을 〈보기〉에서 고른 것은?

> 총독은 문무관 누구라도 임용할 수 있는 길을 열고 나아가 헌병에 의한 경찰 제도 대신 보통 경찰에 의한 경찰 제도로 바꾸었다. …… 요컨대 문화적 제도의 혁신을 통해 조선인을 이끌어서 …… 정치·사회상의 대우에서 일본인과 동일하게 취급하려는 궁극적 목적을 달성하고자 한다. – 「조선 총독부 관보」

보기
ㄱ. 사건을 취재하는 조선일보 기자
ㄴ. 학교에 칼을 차고 들어가는 교사
ㄷ. 일제의 정책을 홍보하는 친일 지식인
ㄹ. 한국인에게 태형을 집행하는 헌병 경찰

① ㄱ, ㄴ ② ㄱ, ㄷ ③ ㄴ, ㄷ
④ ㄴ, ㄹ ⑤ ㄷ, ㄹ

02 (가), (나) 시기 일제의 식민 지배 정책에 대한 설명으로 옳은 것은?

① (가) – 치안 유지법을 제정하였다.
② (가) – 경찰범 처벌 규칙을 제정하였다.
③ (나) – 징병제를 실시하였다.
④ (나) – 국민 징용령을 공포하였다.
⑤ (나) – 국가 총동원법을 제정하였다.

03 다음 사건이 일어난 시기에 볼 수 있는 한국인의 모습으로 적절한 것은?

> • 개성군에 사는 2명은 당시 사세국 출장소 건축 공사장에서 역부로 종사하였는데, 웃통을 벗어 버리고 노동하다가 순사에게 발견되어 태형 십 대씩에 처하였다더라. – 매일신보
> • 경성 남대문 바깥 청파에 사는 이국보는 지나간 하룻날쯤 마차의 고삐를 잡지 않고 가다가 잡혀서 서대문 분서에서 장판에 올려져 볼기 다섯 대를 맞고 풀려났다. – 매일신보

① 군대에 징집되어 전쟁에 동원되었다.
② 애국반에 소속되어 전쟁 물자를 생산하였다.
③ 수업 연한이 6년인 보통학교에서 공부하였다.
④ 제복과 칼을 착용한 선생님의 수업을 들었다.
⑤ 조선일보, 동아일보 등의 한글 신문을 구독하였다.

창의 융합

04 밑줄 친 '이 시기'에 일제가 시행한 식민 통치 정책으로 옳은 것은?

영화로 보는 한국사

「허스토리(Herstory)」는 일본군 '위안부'와 여자 근로 정신대 피해자들의 이야기를 담은 영화이다. 전시 총동원 체제 아래 한국인들은 고통스러운 삶을 살았는데, 영화는 이 시기 한국인 강제 동원의 역사를 담고 있다.

① 경성 제국 대학이 설립되었다.
② 헌병 경찰제를 보통 경찰제로 전환하였다.
③ 국민 정신 총동원 조선 연맹을 설치하였다.
④ 보통학교의 수업 연한을 4년으로 정하였다.
⑤ 치안 유지법을 제정하여 사회주의 세력을 탄압하였다.

정답과 해설 04쪽

수능 준비하기

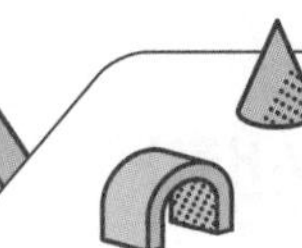

수능 기출

01 다음 대화가 이루어진 시기에 볼 수 있는 모습으로 가장 적절한 것은?

① 공명첩을 발급받는 농민
② 별무반에 편성되어 훈련받는 군인
③ 만민 공동회에서 연설하는 시전 상인
④ 경부 고속 국도(도로) 개통식에 참가하는 시민
⑤ 한국인에게 지원병 제도를 선전하는 일본 관리

수능 만점 한끝

제시된 대화에서 창씨개명 등을 통해 대화가 이루어진 일제의 식민 통치 시기를 파악하고, 해당 시기 일제의 인적 수탈 내용을 찾아본다.

이렇게도 출제될 수 있어요!

1910년대, 1920년대, 1930년대 일제의 식민 통치 방식과 정책을 비교하는 문제가 출제될 수 있어요.

평가원 기출

02 밑줄 친 '이 시기'에 있었던 사실로 옳은 것은?

이 사진은 금속류 공출식을 하고 있는 모습입니다. 일제는 중일 전쟁을 일으키고 침략 전쟁을 확대하던 <u>이 시기</u>에 전쟁 물자를 확보하기 위해 공출 제도를 실시하였습니다. 쌀에 대한 공출과 함께 무기 제조를 목적으로 온갖 놋그릇, 쇠붙이를 수탈하였습니다.

① 균역법이 실시되었다.
② 독서삼품과가 시행되었다.
③ 제물포 조약이 체결되었다.
④ 제너럴셔먼호 사건이 발생하였다.
⑤ 황국 신민 서사 암송이 강요되었다.

수능 만점 한끝

자료의 중일 전쟁, 침략 전쟁 확대 등을 통해 일제의 식민 통치 시기를 추론하고, 해당 시기에 추진된 일제의 식민 통치 정책을 고른다.

문제의 핵심

민족 말살 통치

내선일체 강조	궁성 요배, 신사 참배, 창씨개명 강요
교육·언론 통제	국민학교 규정, 우리말 사용 및 교육 금지, 한글 신문 폐간

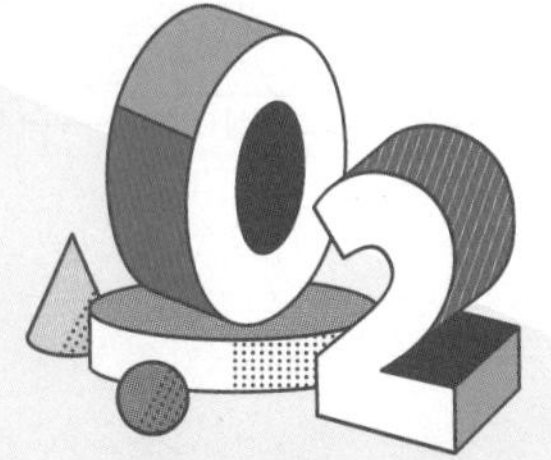

경제 구조의 변화와 경제생활

핵심 미리 보기
- ☑ 1910년대 토지 조사 사업
- ☑ 1920년대 산미 증식 계획
- ☑ 일제의 병참 기지화 정책
- ☑ 국외 이주 동포들의 삶

1 1910년대 일제의 경제 수탈 정책 대표 자료

1. 토지 조사 사업(1910~1918)

목적	• 명분: 공정한 지세 부담과 근대적인 토지 소유권 확립 • 실상: 지세 수입을 늘려 식민지 지배의 경제적 기반 확보, 일본인의 토지 소유와 투자를 쉽게 하고자 함
내용	임시 토지 조사국 설치(1910), 토지 조사령 공포(1912), 신고주의 원칙(정해진 기간 내에 토지 소유권자가 직접 신고한 토지만 소유지로 인정)
결과	• 토지 수탈: 이전에 통감부가 국유지로 편입한 황실 소유의 토지를 조선 총독부 소유지로 편입 → 동양 척식 주식회사❶에 헐값으로 불하함 • 농민 몰락: 일제가 지주의 소유권만 인정, 농민의 관습적인 경작권❷ 부정 → 농민들이 소작농으로 전락, 화전민이 되거나 만주·연해주 등지로 이주

2. 산업의 통제

(1) **회사령 공포(1910):** 기업을 설립할 때 조선 총독의 허가를 받게 함 → 한국인의 기업 설립 억제, 일본 자본의 무분별한 한국 진출 통제

(2) **산업 통제 강화:** 어업령(1911), 삼림령(1915), 조선 광업령 등 공포 → 한국의 각종 자원 독점

(3) **조선 식산 은행 설립:** 금융과 산업 지배의 강화

(4) **기간 시설 구축:** 도시와 항구를 연결하는 철도·도로 건설 및 정비, 항구에 항만 시설 확충 → 한국의 농산물, 자원 등을 일본으로 이출하고 일본 상품을 한국에서 판매하는 것이 용이해짐 (자료 ❶)

2 1920년대 일제의 경제 수탈 정책

1. 산미 증식 계획(1920~1934) (자료 ❷)

목적	제1차 세계 대전 중 일본의 급속한 공업화·도시화 → 도시 인구 증가로 식량이 부족해지자 한국에서 쌀을 확보하고자 함
내용	종자 개량(다수확 품종), 비료 사용 확대, 농토 개간·밭을 논으로 변경(→ 논의 비중 확대) 각지에 수리 조합❸ 조직 → 쌀 증산 시도
결과	• 한국의 식량 사정 악화: 쌀의 증산량보다 일본 이출량이 더 많음 → 만주에서 잡곡 수입 • 한국 농민의 처지 악화: 높은 소작료, 쌀 증산에 드는 비용 부담

2. 산업 정책의 변화

(1) **회사령 폐지(1920)**

① **배경:** 제1차 세계 대전 이후 일본 기업의 자본 축적 → 한국에 진출하여 한국의 값싼 자원과 노동력을 활용하고자 함

② **내용:** 회사 설립을 허가제에서 신고제로 전환

③ **결과:** 한국인 기업 증가(대부분 소규모), 1920년대 후반 일본 대기업의 한국 본격 진출

(2) **관세 폐지(1923):** 한국과 일본 간 관세 폐지 → 일본 상품의 한국 수출 가속화 → 한국 기업이 큰 타격을 받음

(3) **금융 장악:** 신은행령❹을 발표(1928)하여 한국인 소유의 은행 합병 → 금융 분야에서 일본 자본의 지배 강화

한끝 더하기

❶ 동양 척식 주식회사

'척식'은 국외의 영토나 미개지를 개척하여 자국민의 이주와 정착을 정책적으로 촉진한다는 뜻이다. 일제는 1908년에 동양 척식 주식회사를 세워 식민지 개척에 활용하였다. 동양 척식 주식회사는 일제가 토지 조사 사업으로 확보한 대규모 토지를 넘겨받아 일본인 이민자들에게 싼값에 팔거나 한국인 소작농들에게 고율의 소작료를 적용하였다.

❷ 경작권

농민들이 황무지 개간, 제방 축조 등을 통해 획득하여 관습법적으로 보장받던 권리이다. 그러나 일제는 토지 조사 사업을 벌여 지주의 소유권을 절대적인 법적 권리로 인정하고 관습법적인 권리를 인정하지 않았기 때문에 많은 농민이 소작농으로 전락하였다.

❸ 수리 조합

수리 시설의 신설, 보수, 관리 등을 위해 만든 조직으로 지주가 부담하던 수리 시설 건설비와 조합비를 소작농에게 전가하는 일이 많았다. 이에 농민들은 전국적인 수리 조합 반대 운동을 벌였다.

❹ 신은행령

1928년 당시 금융 공황을 겪자, 은행의 자본금 최저 한도를 높여서 한국인의 은행 설립을 제한하고, 은행 간 합병을 강제하였다.

한끝 자료실

• 대표 자료 • 1910년대 일제의 경제 침탈

비판적 사고력

[토지 조사령(1912)]

제1조 토지의 조사 및 측량은 본령에 의한다.

제4조 토지 소유자는 조선 총독이 정하는 기간 내에 주소, 성명 또는 명칭 및 소유지의 소재, 지목, 자번호(땅의 번호), 사표(토지의 동서남북에 위치한 지형지물을 기록한 표시), 등급, 지적, 결 수를 임시 토지 조사 국장에게 통지해야 한다. 단, 국유지는 보관 관청이 임시 토지 조사 국장에게 통지해야 한다.

– 『조선 총독부 관보』

[회사령(1910)]

제1조 회사의 설립은 조선 총독의 허가를 받아야 한다.

제5조 회사가 본령 또는 본령에 의한 명령과 허가의 조건에 위반하거나 공공질서 및 선량한 풍속에 반하는 행위를 한 경우에는 조선 총독은 사업의 정지·금지, 지점의 폐쇄 또는 회사의 해산을 명할 수 있다. – 『조선 총독부 관보』

일제는 한국의 국권을 강탈한 후 토지 조사 사업을 실시하여 식민 통치에 필요한 재정을 확보하였다. 또한 회사령·어업령·삼림령 공포 및 기간 시설 구축 등을 통해 산업과 각종 자원을 통제하여 식민지 지배의 토대를 마련하였다.

• 시험에서는 이렇게 •

1910년대 일제의 경제 침탈을 보여 주는 법령을 제시하고, 법령의 시행 결과 또는 법령이 시행된 시기 일제의 경제 수탈 정책을 묻는 문제가 자주 출제됩니다. 1910년대 제정된 법령의 내용과 토지 조사 사업, 회사령 공포 등 일제가 실시한 경제 수탈 정책의 목적, 내용, 결과 등을 정리해 두세요.

자료 활용 문제

첫 번째 자료의 법령을 제정한 목적으로 가장 적절한 것은?

① 한국 자본의 성장 제한
② 한국의 각종 자원 독점
③ 일본인의 토지 소유 확대
④ 한국인의 자율적인 회사 설립
⑤ 일본 은행과 한국인 소유 은행의 합병

답 ③

자료 ① 일제의 간선 철도망과 주요 항만 건설

일제가 건설한 간선 철도망과 주요 항만

일제는 한국에서 생산되는 농산물, 자원 등의 일본 이출과 일본 상품의 한국 판매를 쉽게 하고자 철도, 도로, 항만과 통신망 등 기간 시설을 새롭게 건설하고 정비하였다. 철도는 1910년대 이후 호남선을 시작으로 경원선, 함경선 등의 철도를 건설하여 서울을 중심으로 X 자형 간선 철도망을 구축하였다. 이러한 철도망은 남북으로 길게 뻗어 만주까지 이어져 일제가 대륙으로 진출하는 발판이 되었다.

자료 ② 산미 증식 계획의 실시

연도	쌀 생산량 (만 석)	쌀의 일본 이출량 (만 석)
1920	1488	189
1922	1501	296
1924	1321	467
1926	1530	554
1928	1351	670

(조선 총독부, 『농업 통계표』, 1930)
(조선 총독부, 『조선 총독부 통계 연보』, 1920~1930)
※ 이출량은 정미, 현미, 기타를 합한 수치임

쌀 생산량과 쌀의 일본 이출량

일제는 1920년부터 산미 증식 계획을 추진하였다. 일제가 실시한 산미 증식 계획의 결과 늘어난 쌀 생산량보다 일본으로의 쌀 이출량이 더 많았다. 또한 한국 농민들은 높은 소작료, 종자 개량비, 비료 대금, 수리 조합비 등으로 생활이 더욱 어려워졌다. 이로 인해 몰락한 농민들은 화전민, 도시 빈민이 되거나 만주, 연해주, 일본 등지로 이주하였다.

개념 확인하기

1 일제는 한국의 경제를 수탈하고 일본인의 한국 이주를 도우려는 목적으로 (　　　)를 세웠다.

2 다음 설명이 맞으면 ○표, 틀리면 ×표를 하시오.

(1) 토지 조사 사업의 실시로 농민은 관습적인 경작권을 인정받았다. (　)
(2) 조선 총독부는 1920년에 회사령을 폐지하여 회사 설립을 신고제로 전환하였다. (　)
(3) 산미 증식 계획의 결과 만주로부터 조, 수수, 콩 등의 잡곡 수입이 증가하였다. (　)

3 다음 일제가 실시한 경제 정책의 목적을 〈보기〉에서 골라 기호를 쓰시오.

보기
ㄱ. 한국인의 민족 기업 육성 억제
ㄴ. 식민지 지배에 필요한 재정 마련
ㄷ. 일본의 식량 부족 문제를 한국에서 해결

(1) 회사령 공포 (　)
(2) 산미 증식 계획 실시 (　)
(3) 토지 조사 사업 실시 (　)

경제 구조의 변화와 경제생활

❶ 남면북양 정책

일제가 공업 원료 확보를 위해 남부 지방에 면화 재배, 북부 지방에 양 사육을 강요한 정책이다.

❷ 농촌 진흥 운동

일제는 농촌 진흥 운동을 전개하여 농민이 근검절약하면 농가 경제를 개선하고 자작농이 될 수 있다고 선전하였다. 그러나 식민지적 수탈 구조는 그대로 둔 채 농민들에게 노력할 것만을 요구하여 효과가 없었다.

❸ 조선 농지령(1934)

지주의 자의적인 소작권 이동을 막고 작물에 따라 소작 기간을 3~7년으로 하는 내용 등을 포함하였다. 그러나 이는 지주제를 유지하면서 소작 쟁의를 줄이고 소작지의 생산력을 높이고자 한 법령이었다.

❹ 공출

국민이 국가의 수요에 따라 농업 생산물이나 기물 따위를 의무적으로 정부에 내어놓는 것을 의미한다.

❺ 중앙아시아로의 강제 이주(1937)

소련은 일본과의 전쟁을 앞두고 한국인들이 일제에 협력하는 것을 예방한다는 명분을 내세워 연해주 지역의 한국인들을 약 6,000km나 떨어진 중앙아시아로 강제 이주시켰다.

❻ 관동 대지진 때의 한국인 학살(1923)

일본 관동 지역에 대지진이 일어나 민심이 크게 동요하자, 일본 당국은 한국인들이 집에 방화하였다거나 우물에 독을 넣었다는 낭설을 퍼뜨려 사회 불안의 원인을 한국인의 탓으로 돌렸다. 이로 인해 많은 재일 한국인이 학살당하였다.

3 1930~1940년대 일제의 경제 수탈 정책

1. 일제의 대륙 침략과 병참 기지화 정책

(1) **일제의 대륙 침략:** 일본이 대공황 극복을 위해 경제 블록 조성, 대륙 침략(만주 사변)

(2) **일제의 병참 기지화 정책**

① **만주 사변 이후:** 조선 공업화 정책(북부 지방에 중화학 공업 육성), 남면북양 정책❶ 실시(공업 제품의 원료 생산, 일본인 방직 자본가 보호 목적) 자료 ❸

② **중일 전쟁 이후:** 병참 기지화 정책(한국을 전쟁에 필요한 물자와 인력을 공급하는 병참 기지로 만듦) → 한국의 공업 구조 변화(소비재 산업 위축, 군수 산업 중심의 중화학 공업으로 변화)

2. 농촌의 상황과 농촌 진흥 운동의 추진

(1) **농촌의 상황:** 토지 조사 사업과 산미 증식 계획의 실시로 지주의 대토지 소유 확대(소작농 증가) → 지주의 횡포, 높은 소작료 등으로 농민 몰락

(2) **농촌 진흥 운동❷ 추진(1932~1940)**

배경	대공황의 영향으로 농촌 경제 악화 → 농민의 불만 고조, 농민 운동(소작 쟁의) 확산 → 농민의 불만을 잠재우고자 농촌 진흥 운동 추진
내용	농민 경제 안정 표방, 춘궁 퇴치·부채 근절 등을 목표로 내세우며 가마니 짜기 등 권장
한계	농민 개인의 책임과 정신력만 강조 → 소작료 인하, 자영농 육성 등 실질적인 문제를 해결 못함

(3) **조선 농지령❸ 제정:** 일제가 농촌 경제 안정 목적으로 제정 → 실제 운영 과정에서 지주의 권리 옹호 여전, 고율의 소작료를 해결 못함

3. 침략 전쟁 확대와 전시 물자 수탈

(1) **전개:** 국가 총동원법 제정(1938) → 인적·물적 자원 수탈 본격화 대표 자료

(2) **물적 자원 수탈의 심화**

① **전쟁 물자 확보:** 지하자원 약탈, 각종 세금 신설, 위문 금품 모금, 국방헌금 강요, 공출❹ 제도 실시(금속 제품 공출)

② **군량미 확보:** 산미 증식 계획 재개(1938), 미곡 공출제 실시, 한국인들에게 식량 배급제 실시 자료 ❹

4 국외로 이주한 동포들의 생활

만주	국권 피탈 이후 독립운동가들의 망명과 생활고에 시달리던 농민들의 이주 본격화(한인 사회 형성), 독립운동 기지 건설, 간도 참변·미쓰야 협정 등으로 동포들이 피해를 입음
연해주	국권 피탈 이후 독립운동가가 이주하여 민족 운동 전개, 러시아가 변방 개척을 목적으로 한인에게 토지를 제공하여 이주민 급증, 한인 집단촌 형성, 중앙아시아로의 강제 이주❺ 등으로 시련을 겪음
일본	19세기 말 유학생 중심으로 이주 시작, 제1차 세계 대전 이후 많은 한국인이 일자리를 찾아 이주, 관동 대지진 때의 한국인 학살❻·일제의 강제 동원 등으로 동포들이 희생당함
미주	20세기 초 하와이 사탕수수 농장 등으로 노동 이민 시작, 가혹한 노동 조건으로 비참한 생활을 함, 구미 위원부·대한인 국민회 등을 통해 독립운동 전개

한끝 자료실

• 대표 자료 • 국가 총동원법(1938)

비판적 사고력

> 제1조 국가 총동원이란 전시(전쟁에 준하는 사변의 경우를 포함)에 국방 목적을 달성하기 위해 국가의 전력을 가장 유효하게 발휘하도록 인적 및 물적 자원을 운용하는 것이다.
>
> 제4조 정부는 전시에 국가 총동원상 필요할 때에는 칙령이 정하는 바에 따라 제국 신민을 징용하여 총동원 업무에 종사하게 할 수 있다.
>
> 제8조 정부는 전시에 국가 총동원상 필요할 때에는 칙령이 정하는 바에 따라 물자의 생산·수리·배급·양도 및 기타의 처분, 사용·소비·소지 및 이동에 관해 필요한 명령을 내릴 수 있다. – 조선 총독부, 「조선 법령 집람 13집」, 1938

일제는 중일 전쟁이 일어난 이듬해인 1938년에 국가 총동원법을 제정하고 이를 한국에도 적용하였다. 이에 따라 일제는 한국을 침략 전쟁에 필요한 인적·물적 자원을 수탈할 수 있는 전시 동원 체제로 재편하였다. 이후 일제는 한국에서 노동력과 병력 등을 동원하였으며, 전쟁에 필요한 무기를 만들기 위해 놋그릇, 수저 등 금속 제품을 약탈하였다. 또한 부족한 전쟁 자금을 마련하기 위해 한국인을 대상으로 강제 저축을 실시하기도 하였다.

• 시험에서는 이렇게 •

국가 총동원법 사료를 보여 주고, 일제가 법령을 제정한 배경을 묻거나 법령 시행 시기 일제의 경제 수탈 정책을 찾는 문제가 자주 출제됩니다. 국가 총동원법으로 한국인의 모든 인적·물적 자원을 통제할 수 있도록 한 점과 국가 총동원 체제 시기 일제의 정책을 모두 파악해 두세요.

자료 활용 문제

자료의 법령이 시행된 시기 일제의 경제 수탈 정책으로 옳은 것은?

① 회사령 공포
② 신은행령 발표
③ 산미 증식 계획 재개
④ 조선 식산 은행 설립
⑤ 토지 조사 사업 시행

답 ③

자료 ③ 일제의 조선 공업화 정책

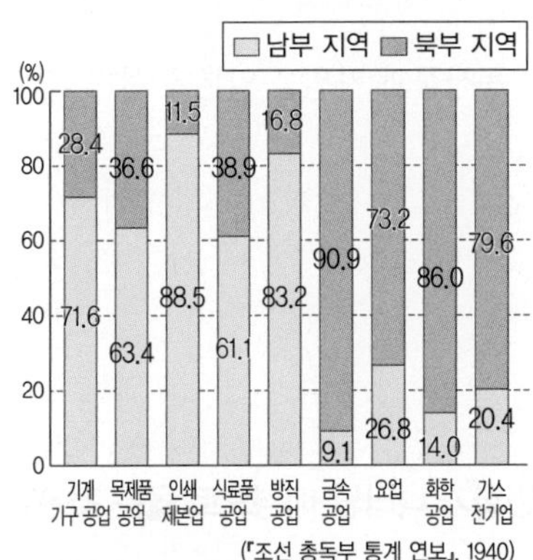

▲ 지역별 공업 생산액

일제는 한국을 중화학 공업 지대로 설정하고 조선 공업화 정책(식민지 공업화)을 실시하여 한국의 지하자원과 값싼 노동력을 수탈할 수 있도록 지원하였다. 일본 독점 자본이 한국에 대거 진출하여 석탄, 철 등의 지하자원이 풍부한 북부 지방에 대규모 공장을 세우고, 한국의 노동력과 자원을 수탈하였다. 이에 따라 한국의 산업은 군수 산업 위주로 개편되었으며, 산업 간 불균형과 지역에 따른 공업 격차가 심화되었다.

자료 ④ 일제의 미곡 공출

▲ 조선 총독부에서 공동 작업과 공출을 독려하고자 제작한 포스터

일제는 침략 전쟁을 확대하면서 전쟁 수행에 필요한 식량을 강제로 빼앗았다. 산미 증식 계획을 다시 시행하였고, 농가마다 목표량을 정해 강제로 쌀을 내놓게 하는 미곡 공출제를 실시하였다. 또한 식량 배급제를 실시하여 한국인의 쌀 소비를 통제하였다. 이에 따라 농민들은 곡식을 당국에 헐값에 넘기고 충분하지 않은 식량을 배급받으며 궁핍에 시달렸다.

개념 확인하기

4 중일 전쟁 이후 일제는 한국을 대륙 침략에 필요한 물자와 인력을 공급하는 곳으로 삼는 (　　　) 정책을 추진하였다.

5 다음 설명이 맞으면 ○표, 틀리면 ×표를 하시오.

(1) 일제는 남면북양 정책을 추진하여 쌀 부족 문제를 해결하고자 하였다. (　　)
(2) 일제는 1934년 농촌 경제 안정을 구실로 조선 농지령을 발표하였다. (　　)
(3) 농촌 진흥 운동의 실시로 소작료 인하, 자영농 육성 등의 성과를 거두었다. (　　)

6 다음 괄호 안의 내용 중 알맞은 말에 ○표를 하시오.

(1) 만주 지역의 한국인들은 1937년 소련에 의해 (미주, 중앙아시아)로 강제 이주당하였다.
(2) 일제는 1938년 (산미 증식 계획, 농촌 진흥 운동)을 재개하여 부족한 군량미를 확보하였다.
(3) 일제는 중일 전쟁 이후 (치안 유지법, 국가 총동원법)을 제정하여 본격적으로 인력과 물자의 수탈을 강화하기 시작하였다.

실력 다지기

중요해 대표 자료 링크

01 일제가 다음 법령에 따라 시행한 정책의 결과로 옳지 않은 것은?

> 토지 소유자는 조선 총독이 정하는 기간 내에 주소, 성명 또는 명칭 및 소유지의 소재, 지목, 자번호(땅의 번호), 사표(토지의 동서남북에 위치한 지형지물을 기록한 표시), 등급, 지적, 결 수를 임시 토지 조사 국장에게 통지해야 한다.
> – 『조선 총독부 관보』 제12호

① 조선 총독부의 지세 수입이 증가하였다.
② 살기 어려워진 농민들이 화전민이 되었다.
③ 황실 소유의 토지가 조선 총독부의 소유지가 되었다.
④ 지계가 발급되어 근대적인 토지 소유권이 확립되었다.
⑤ 농민이 가지고 있었던 관습적인 경작권이 일체 부정되었다.

대표 자료 링크

02 (가) 법령이 적용된 시기에 있었던 사실로 옳은 것은?

> 지식 Q&A
> (가) 에 대해 알려 줘.
>
> 답변하기
> 주요 조항은 다음과 같습니다.
> 제1조 회사의 설립은 조선 총독의 허가를 받아야 한다.
> 제5조 회사가 본령 또는 본령에 의한 명령과 허가의 조건에 위반하거나 …… 조선 총독은 사업의 정지·금지, 지점의 폐쇄 또는 회사의 해산을 명할 수 있다.

① 신은행령이 발표되었다.
② 국가 총동원법이 제정되었다.
③ 농촌 진흥 운동이 추진되었다.
④ 삼림령, 어업령 등의 법령이 공포되었다.
⑤ 조청 상민 수륙 무역 장정이 체결되었다.

03 교사의 질문에 대한 학생의 답변으로 가장 적절한 것은?

① 한국인의 기업 설립을 억제하려고 하였어요.
② 일본 기업의 한국 진출을 쉽게 하려는 의도였어요.
③ 한국인에 대한 교육의 기회를 확대하고자 하였어요.
④ 한국인을 정치에 참여시킨다는 명분을 내세우고자 하였어요.
⑤ 한국에서 생산되는 농산물과 자원을 일본에 쉽게 가져가고자 하였어요.

04 다음 그래프와 같은 변화가 나타난 배경으로 옳은 것은?

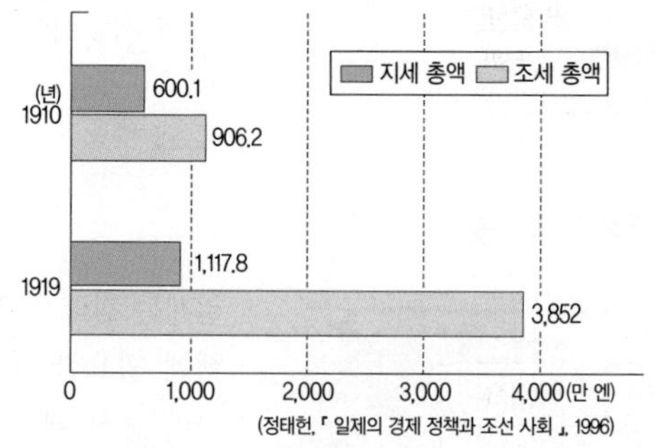

▲ 조선 총독부의 조세와 지세 총액

① 회사령이 폐지되었다.
② 토지 조사 사업이 시행되었다.
③ 산미 증식 계획이 추진되었다.
④ 여자 정신 근로령이 공포되었다.
⑤ 군국기무처에서 개혁 정책을 마련하였다.

중요해 이 문제에서 나올 수 있는 모든 선택지✓

05 (가) 정책의 실시 결과로 옳지 않은 것은?

일제의 (가)

▲ 일본으로 보낼 쌀을 쌓아 둔 군산항의 모습

- 배경: 일본의 공업화 진전으로 인한 쌀 부족 현상 심화
- 경과: 한국에서 종자 개량, 수리 시설 확충, 경지 정리, 농토 개간 등 실시 → 쌀 증산 성공

① 한국인의 식량 사정이 악화되었다.
② 만주로부터의 잡곡 수입량이 증가하였다.
③ 한국 농민이 쌀 증산에 드는 비용을 부담하였다.
④ 농업 구조가 밭농사에서 논농사 중심으로 바뀌었다.
⑤ 동양 척식 주식회사가 소유하는 토지가 줄어들었다.
⑥ 농민들이 비료 대금, 수리 조합비 등을 떠맡게 되어 생활이 더욱 어려워졌다.

06 다음 자료를 활용한 탐구 활동으로 가장 적절한 것은?

연도	쌀 생산량 (만석)	쌀 수출량 (일본, 만석)	유출 비율(%)	1인당 쌀 소비량 (1년, 석)
1912	1,156	52	4.5	0.77
1916	1,284	182	14.2	0.67
1920	1,270	186	14.7	0.63
1924	1,517	475	31.3	0.6
1928	1,729	742	42.9	0.54
1932	1,587	758	47.8	0.41

① 방곡령의 주요 내용을 찾아본다.
② 삼정이정청이 설치된 배경을 조사한다.
③ 남면북양 정책이 끼친 영향을 분석한다.
④ 산미 증식 계획의 전개 과정을 파악한다.
⑤ 토지 조사 사업을 실시한 명분을 알아본다.

07 (가)에 들어갈 내용으로 적절한 것만을 〈보기〉에서 고른 것은?

수행 평가 보고서
- 학습 주제: 19○○년대 일제의 산업 정책 내용 및 결과
- 수집 자료
  - 일제가 회사 설립을 신고제로 바꿈
  - 일제가 한국과 일본 사이의 관세를 폐지함
  - (가)

| 보기 |
ㄱ. 일제가 조선 광업령을 공포함
ㄴ. 일제가 동양 척식 주식회사를 설립함
ㄷ. 일제가 한국인 소유의 은행을 합병함
ㄹ. 일본 대기업이 한국에 본격적으로 진출함

① ㄱ, ㄴ ② ㄱ, ㄷ ③ ㄴ, ㄷ
④ ㄴ, ㄹ ⑤ ㄷ, ㄹ

08 다음 그래프와 같은 현상이 나타난 배경으로 가장 적절한 것은?

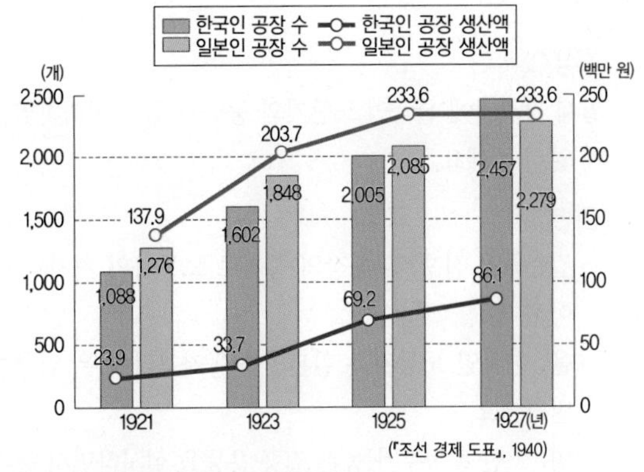

▲ 한국 내 한일 공장 수와 생산액 비교

① 회사령이 폐지되었다.
② 산미 증식 계획이 실시되었다.
③ 민족 말살 통치가 시행되었다.
④ 농촌 진흥 운동이 전개되었다.
⑤ 병참 기지화 정책이 추진되었다.

실력 다지기

대표 자료 링크

09 **다음 법령이 제정된 이후 추진된 정책으로 옳지 않은 것은?**

> 제4조 정부는 전시에 국가 총동원상 필요할 때에는 칙령이 정하는 바에 따라 제국 신민을 징용하여 총동원 업무에 종사하게 할 수 있다.
> 제8조 정부는 전시에 국가 총동원상 필요할 때에는 칙령이 정하는 바에 따라 물자의 생산·수리·배급·양도 및 기타의 처분, 사용·소비·소지 및 이동에 관해 필요한 명령을 내릴 수 있다.

① 공출 제도를 실시하여 금속 제품을 빼앗았다.
② 산미 증식 계획을 재개하여 군량을 마련하였다.
③ 식량 배급제를 실시하여 한국인의 쌀 소비를 통제하였다.
④ 경찰범 처벌 규칙을 만들어 한국인의 일상생활을 통제하였다.
⑤ 여자 정신 근로령을 제정하여 여성을 군수 공장에서 일하게 하였다.

10 **다음 인터넷 게시판의 질문에 옳게 답변한 사람을 고른 것은?**

> 지식 Q&A
> 일제 강점기에 한국인 노동자와 농민의 삶이 어떠하였는지 알려 주세요.
>
> 답변하기
> ㄴ 갑: 중일 전쟁 후 공장의 증가로 노동자의 처지가 나아졌어요.
> ㄴ 을: 한국인 노동자는 일본인 노동자보다 적은 임금을 받았어요.
> ㄴ 병: 조선 총독부가 농촌 진흥 운동을 실시하면서 농촌 경제가 안정되었어요.
> ㄴ 정: 토지 조사 사업으로 경작지를 잃은 농민들은 화전민이 되거나 만주·연해주 등지로 이주하였어요.

① 갑, 을　② 갑, 병　③ 을, 병
④ 을, 정　⑤ 병, 정

중요해

11 **(가)에 들어갈 내용으로 적절한 것은?**

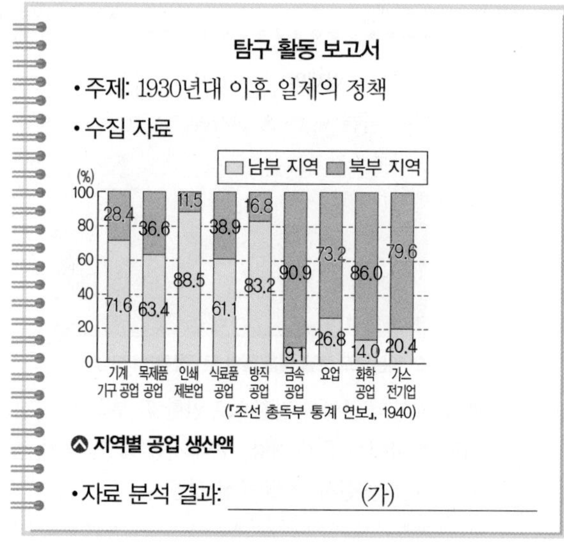

① 일제가 남면북양 정책을 실시하였다.
② 지역 간에 공업이 불균형하게 발전하였다.
③ 남부 지역에서 군수 산업이 크게 발달하였다.
④ 회사령 공포로 한국인의 기업 설립이 제한되었다.
⑤ 일제는 자국의 식량 부족 문제를 한국에서 해결하였다.

12 **(가) 지역으로 이주한 동포들에 대한 설명으로 옳은 것은?**

> (가) 지역은 두만강을 사이에 두고 국내와 가까워서 19세기부터 많은 한국인이 이주하여 살았다. 국권 피탈 이후 많은 민족 운동가는 (가) 지역으로 이주하여 한인 집단 거주지인 신한촌을 형성하였다. 이들은 독립운동 단체를 조직하여 민족 운동을 벌였다.

① 미쓰야 협정으로 많은 피해를 입었다.
② 사할린 지역에 끌려가 강제 노역에 시달렸다.
③ 관동 대지진 이후 많은 사람들이 학살당하였다.
④ 재미 한족 연합 위원회 등의 단체를 결성하였다.
⑤ 소련이 수십만 명을 중앙아시아로 강제 이주시켰다.

이 문제에서 나올 수 있는 모든 선택지✓

13 **다음 상황이 나타난 시기 일제의 경제 수탈 정책으로 옳지 않은 것은?**

> 곡식을 몽땅 공출해 가는 것도 모자라 놋쇠로 만든 그릇이며 대야는 물론 숟가락, 젓가락, 요강에다 은수저, 심지어 고춧가루까지 빼앗아 갔어. 조선 사람들에게 '생필품 배급제'라는 것을 실시했는데 곡식은 물론 소금, 광목, 고기 등이 배급으로 나왔지. 말이 배급이지 그 배급마저도 언제 나올지 막연하기 때문에 그 배급만 기다리다가 굶어 죽기 십상이여.
>
> –「일제의 전주 침탈과 식민 시대 구술 실록」

① 국방헌금을 강요하였다.
② 위문 금품을 모금하였다.
③ 식량 배급제를 실시하였다.
④ 국가 총동원법이 시행되었다.
⑤ 산미 증식 계획을 다시 실시하였다.
⑥ 호남선, 경원선 등의 철도를 건설하였다.

14 **밑줄 친 '이 지역'을 지도에서 옳게 고른 것은?**

> 이 지역으로 이주한 사람들은 주로 사탕수수 농장의 노동자로 일하였으며, 어려운 생활 속에서도 한인 사회를 형성하였다. 이들은 대한인 국민회를 조직하고 성금을 모아 독립운동을 후원하기도 하였다.

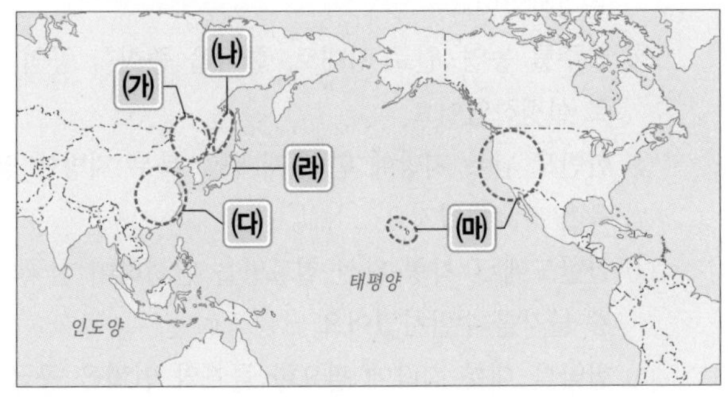

① (가) ② (나) ③ (다) ④ (라) ⑤ (마)

15 **㉠, ㉡에 해당하는 일제의 경제 수탈 정책을 시행 이유와 함께 서술하시오.**

> 신고산이 우루루 화물차 가는 소리에 지원병 보낸 어머니 가슴만 쥐어뜯고요 / 어랑어랑 어허야 / ㉠ 양곡 배급 적어서 콩깻묵만 먹고 사누나 / 신고산이 우루루 화물차 가는 소리에 정신대 보낸 어머니 딸이 가엾어 울고요 / 어랑어랑 어허야 / 풀만 씹는 어미 소 배가 고파서 우누나 / 신고산이 우루루 화물차 가는 소리에 ㉡ 금붙이 쇠붙이 밥그릇마저 모조리 긁어 갔고요
>
> –「신고산 타령」을 개작한 「화물차 가는 소리」

3단계로 완성하기

16 **다음 그래프와 같은 결과를 가져온 일제의 정책을 쓰고, 이 정책을 실시한 배경을 서술하시오.**

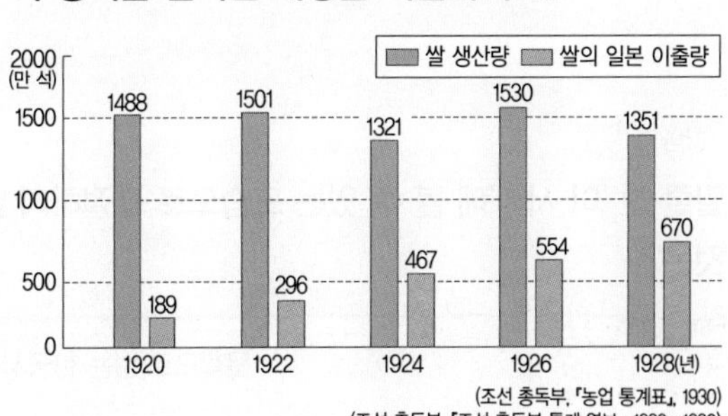

(조선 총독부, 「농업 통계표」, 1930)
(조선 총독부, 「조선 총독부 통계 연보」, 1920~1930)
※ 이출량은 정미, 현미, 기타를 합한 수치임

1단계 그래프를 분석하여 이와 같은 결과를 가져온 일제의 정책을 추론해 보세요.

2단계 일제가 위 정책을 실시한 배경을 써 보세요.

3단계 1단계와 2단계에서 정리한 내용을 바탕으로 답안을 완성해 보세요.

1등급 도전하기

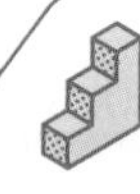

01 (가)에 들어갈 내용으로 가장 적절한 것은?

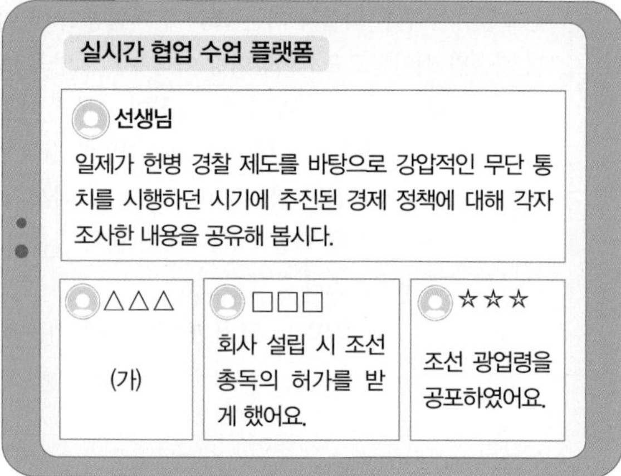

① 조선 농지령을 제정하였어요.
② 농촌 진흥 운동을 전개하였어요.
③ 쌀에 대한 공출 제도를 시행하였어요.
④ 지주의 소유권을 절대적인 법적 권리로 보장하였어요.
⑤ 국가 총동원법을 통해 인적·물적 수탈을 강화하였어요.

창의 융합

02 밑줄 친 '이 시기'에 볼 수 있는 모습으로 적절하지 않은 것은?

> 문학으로 읽는 한국사
>
> 섬에서 그들을 기다리고 있는 것은 숨막히는 더위와 강제 노동과 그리고 잠자리만씩이나 한 모기떼 ……. 그런 것뿐이었다. …… 연합군의 비행기가 날아들면서부터 일은 밤중까지 계속되었다. 산허리에 굴을 파들어가는 것이었다. 비행기를 집어넣을 굴이었다.
>
> [해설] 이 소설은 하근찬의 단편 소설 『수난 이대』로, 일제의 침략 전쟁이 아시아, 태평양 일대로 확대되던 <u>이 시기</u>에 일제의 징용에 끌려갔던 박만도가 과거를 회상한 내용이 담겨 있다.

① 식량 배급을 받는 가족
② 일본군 '위안부'로 끌려가는 여성
③ 일왕이 사는 궁을 향해 절하는 청년
④ 창씨개명을 거부하는 학생을 혼내는 교사
⑤ 반일 감정으로 토지 조사령에 응하지 않는 농민

03 다음 기사의 제목으로 가장 적절한 것은?

> 대개 조선인들이 생산한 쌀을 (일본에) 수출할 때, 결코 자신들이 충분히 소비하고 남은 것을 수출하는 것이 아니다. 생계가 곤란하여 먹을 것을 먹지 못하고 파는 것이다. …… 그러므로 조선 쌀의 수출이 증가하고 외국 쌀의 수입은 감소하는 반면, 속(만주산 잡곡)의 수입만이 증가하는 사실은 조선인의 생활난이 점점 심각해지고 있음을 실증하는 것이다.
>
> – 동아일보

① 공출 제도로 수저까지 빼앗겨
② 회사령 폐지, 일본 기업이 몰려온다
③ 철도 건설에 담긴 일제의 진짜 의도는?
④ 조일 통상 장정 체결, 관세 부과가 가능해지다
⑤ 산미 증식 계획 이후 한국인의 삶은 어떻게 변했나

04 교사의 질문에 대한 학생의 답변으로 적절하지 않은 것은?

조선 총독부에서 공동 작업과 공출을 독려하려고 제작한 포스터예요. 이 포스터를 제작한 시기 일제는 어떤 정책을 추진하였을까요?

① 한반도 북부 지방에 발전소를 세우고 중화학 공업을 육성하였어요.
② 만주를 농업·원료 지대로, 한국을 중화학 공업 지대로 설정하였어요.
③ 한반도 남부 지방에 면화 재배를, 북부 지방에 양 사육을 강요하였지요.
④ 한반도에 X 자형 간선 철도망을 완성하여 한국의 각종 물자를 수탈하였어요.
⑤ 한국을 대륙 침략에 필요한 물자와 인력을 공급하는 병참 기지로 만들려고 하였어요.

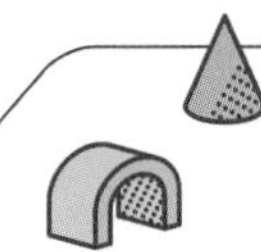

수능 준비하기

평가원 기출 | 응용

01 다음 상황이 나타난 시기에 볼 수 있는 모습으로 가장 적절한 것은?

① 균역법 마련을 명하는 국왕
② 토지 조사령을 공포하는 관리
③ 만민 공동회에 참여하는 지식인
④ 단발령 실시에 반발하여 봉기하는 의병장
⑤ 국민 징용령에 따라 군수 공장에 동원되는 농민

수능 만점 한끝

제시된 대화 속에서 태형을 집행, 회사령에 따라 회사 설립 허가를 받으러 감 등을 통해 시기를 파악하고, 당시에 볼 수 있는 사회 모습을 추론한다.

이렇게도 출제될 수 있어요!

제시된 대화 속 상황에 해당하는 시기에 일제가 추진한 정책, 제정한 법령 등을 묻는 문제가 출제될 수 있어요.

수능 기출 | 응용

02 밑줄 친 '법령'이 시행된 시기에 있었던 사실로 옳은 것은?

자료는 중일 전쟁을 일으킨 일제가 전쟁에 필요한 자원을 효율적으로 조달하기 위해 공포한 법령의 일부입니다. 일제는 이 법령을 일본, 조선, 대만 등지에 적용하였으며, 한국인을 탄광, 군수 공장 등에 강제로 동원하였습니다.

> 제4조 정부는 전시에 국가 총동원상 필요한 경우에 칙령이 정하는 바에 따라 제국 신민을 징용하여 총동원 업무에 종사시킬 수 있다.

① 호포제가 실시되었다.
② 쌍성총관부가 회복되었다.
③ 통리기무아문이 설치되었다.
④ 황국 신민 서사 암송이 강요되었다.
⑤ 집강소에서 폐정 개혁이 추진되었다.

수능 만점 한끝

자료의 법령이 제정된 시기를 파악하고, 해당 시기에 일제가 추진한 정책을 찾아본다.

문제의 핵심

1930~1940년대 일제의 식민 통치

자원 수탈	국가 총동원법 제정 → 인력과 물자 수탈
민족 말살 정책	황국 신민화 정책 추진 → 신사 참배, 일본식 성명 등 강요

민족 운동의 전개와 분화

핵심 미리 보기
- 국내외 항일 무장 투쟁
- 3·1 운동의 배경과 전개 과정
- 대한민국 임시 정부의 활동
- 다양한 민족 운동의 전개

1 1910년대 국내외 민족 운동

1. 국내 항일 비밀 결사의 활동

독립 의군부 (1912)	임병찬 등이 고종의 밀지를 받고 유생을 모아 조직, 복벽주의❶ 이념 추구, 전국적 의병 봉기 준비, 조선 총독부·일본 정부에 국권 반환 요구서 전달 계획 → 조직이 발각되어 해체됨
대한 광복회 (1915)	박상진 등이 대구에서 조직, 공화정 수립 목표, 만주에 무관 학교 설립을 위한 군자금 모금·친일파 처단 활동 전개 → 조직이 일제에 발각되어 해체됨

2. 국외 독립운동 기지의 건설 대표 자료

만주	• 북간도: 한인 집단촌 형성(용정촌, 명동촌), 간민회 조직, 서전서숙·명동 학교 설립(민족 교육 실시), 중광단 조직(이후 북로 군정서로 개편) • 서간도(남만주): 신민회가 삼원보에 자치 기관인 경학사 조직(이후 한족회로 발전하여 서로 군정서 조직), 신흥 강습소 운영(군사 교육·독립군 양성, 이후 신흥 무관 학교로 발전)
연해주	신한촌 건설, 권업회❷ 조직(권업신문 발간, 대한 광복군 정부 수립)
상하이	대동단결 선언 발표, 신한청년당❸ 조직
미주	대한인 국민회❹ 결성(안창호), 대조선 국민군단 조직(박용만), 재미 한족 연합 위원회 결성

2 3·1 운동

1. **배경:** 레닌의 민족 해방 운동 지원 선언, 윌슨의 민족 자결주의❺ 제시, 국외 독립운동(신한청년당의 외교 활동, 대한 독립 선언 및 2·8 독립 선언 발표)
2. **전개:** 민족 대표 33인이 독립 선언서 낭독 → 학생과 시민이 만세 시위 전개, 도시에서 농촌으로 시위 확산(무력 투쟁 전개), 일제의 무자비한 학살 자행(제암리 사건 등) 자료 ❶
3. **의의:** 일제 강점기 최대 규모의 항일 운동, 항일 운동의 활성화, 대한민국 임시 정부 수립에 영향, 일제의 무단 통치를 이른바 '문화 정치'로 바꿈, 중국 5·4 운동 등 반제국주의 운동에 영향

3 대한민국 임시 정부

1. 임시 정부의 수립과 통합 자료 ❷

(1) **각지에 임시 정부 수립:** 대한 국민 의회(연해주), 한성 정부(국내), 상하이 임시 정부(상하이) 등
(2) **대한민국 임시 정부 수립:** 한성 정부의 법통 계승, 외교 활동에 유리한 상하이에서 출범
(3) **대한민국 임시 정부의 체제:** 최초의 민주 공화제 정부, 대통령제(대통령 - 이승만, 국무총리 - 이동휘), 임시 의정원(입법)·국무원(행정)·법원(사법) 구성

2. 대한민국 임시 정부의 활동

(1) **조직 정비:** 연통제·교통국❻ 조직, 구미 위원부(외교)·군무부(군사) 설치
(2) **활동:** 독립운동 자금 마련을 위해 독립 공채 발행, 의연금 모금, 독립신문 발행, 파리 강화 회의에 독립 청원서 제출, 워싱턴 회의(1921)에 독립 요구서 제출

3. 국민 대표 회의와 임시 정부의 변화: 연통제와 교통국 마비, 외교 활동의 성과 미미 → 독립운동의 새로운 방향 논쟁 → 국민 대표 회의 개최(1923, 창조파와 개조파의 대립) → 결렬(많은 민족 운동가의 이탈) → 임시 정부의 세력 약화 및 변화

한끝 더하기

❶ 복벽주의
나라를 되찾아 임금을 다시 세우겠다는 주장으로, 대한 제국의 회복(고종의 복위 목표)을 추구하는 독립운동의 이념이다.

❷ 권업회
1911년 연해주 블라디보스토크의 신한촌에서 이상설 등이 중심이 되어 조직한 독립운동 단체이다. 교민들의 지위 향상, 민족의식 고취, 항일 투쟁을 위한 경제적 실력 배양에 노력하였다.

❸ 신한청년당
1918년 한국의 독립을 준비하기 위해 김규식, 여운형, 김구 등이 중국 상하이에서 조직한 단체이다. 독립 청원서를 작성하고 파리 강화 회의에 김규식을 민족 대표로 파견하는 등 외교 활동을 전개하였다.

❹ 대한인 국민회
1910년에 조직된 단체로 미국 본토, 하와이, 멕시코 등에 지부를 설치하였고, 독립운동 자금을 모아 만주와 연해주의 독립운동을 지원하였다.

❺ 민족 자결주의
자기 민족의 정치적 운명은 민족 스스로 결정할 권리가 있다는 주장이다. 하지만 이 주장은 패전국의 식민지에만 적용되는 원칙이었고, 승전국 일본의 식민 지배를 받고 있던 한국에는 적용되지 않았다.

❻ 연통제와 교통국
연통제는 대한민국 임시 정부의 비밀 행정 조직으로 정보 수집, 군자금 조달 등을 담당하였다. 교통국은 비밀 연락 업무를 맡은 통신 기관으로 국내 곳곳에 연락처를 두어 정보를 수집·분석하였다.

한끝 자료실

• 대표 자료 • 국외의 독립운동 기지 건설

정보 활용 능력

▲ 1910년대 국외 독립운동 기지 건설

1910년대 국내에서 독립운동을 하기 어렵다고 판단한 애국지사들은 국외로 이동하여 독립운동 기지를 건설하였다. 서간도(남만주)에서는 신민회가 삼원보에 신한민촌을 건설하였으며, 이곳에 경학사를 조직하고 신흥 강습소를 세웠다. 북간도에서는 이주 동포들이 한인 집단촌을 형성하고, 서전서숙과 명동 학교를 세웠다. 연해주에서는 블라디보스토크에 신한촌이 만들어졌고, 권업회가 1914년에 대한 광복군 정부를 조직하였다.

• 시험에서는 이렇게 •

국외의 독립운동 기지를 보여 주는 지도를 제시하고 각 지역의 독립운동을 묻는 문제가 자주 출제됩니다. 북간도, 서간도(남만주), 연해주, 상하이, 미주 지역에 설립된 단체, 학교 등을 구분하여 정리해 두세요.

자료 활용 문제

지도의 북간도 지역에서 전개된 독립운동으로 옳은 것은?

① 경학사 조직 ② 권업신문 발간
③ 명동 학교 설립 ④ 신흥 강습소 운영
⑤ 대조선 국민군단 창설

답 ③

자료 ① 3·1 독립 선언서(기미 독립 선언서)

> 우리는 지금 우리 조선이 독립한 나라이고 조선 사람이 자주적인 국민이라는 것을 선언하노라. 이 사실을 세계 여러 나라에 알려서 인류 평등이라는, 사람이라면 마땅히 지켜야 할 도리를 분명히 밝히고, 후손들에게 대대로 전하여 민족의 독자적 생존이라는 정당한 권리를 영원히 누릴 수 있도록 하는 바이다. – 3·1 독립 선언서, 1919

1919년 3월 1일 민족 대표들은 태화관에 모여 독립 선언식을 열고 경찰에 자진 체포되었다. 이후 탑골 공원에 모인 학생과 시민들은 독립 선언서를 발표한 후 만세 시위를 펼쳤고, 비슷한 시기 원산, 평양 등에서도 만세 시위가 일어났다.

자료 ② 대한민국 임시 정부의 수립

> **[대한민국 임시 헌장]**
> 제1조 대한민국은 민주 공화제로 함
> 제2조 대한민국은 임시 정부가 임시 의정원의 결의에 따라 이를 통치함
> 제3조 대한민국의 인민은 남녀·귀천 및 빈부의 계급이 없고 일체 평등함 – 1919. 4.
>
> **[대한민국 임시 헌법]**
> 제2조 대한민국의 주권은 대한 인민 전체에 있음
> 제4조 대한민국의 인민은 일체 평등함
> 제5조 대한민국의 입법권은 의정원이, 행정권은 국무원이, 사법권은 법원이 행사함
> – 1919. 9.

1919년 4월에 발표된 대한민국 임시 헌장은 9월에 공포된 대한민국 임시 헌법의 기초가 되었다. 대한민국 임시 정부는 임시 의정원(입법), 국무원(행정), 법원(사법)으로 구성되었고, 초대 대통령과 국무총리에 각각 이승만과 이동휘가 추대되었다. 이로써 우리 역사상 최초로 삼권 분립에 기초한 민주 공화제 정부가 수립되었다.

개념 확인하기

1 임병찬 등이 고종의 밀지를 받고 국내에서 전국 각지의 유생들을 모아 (　　　)를 조직하였다.

2 다음 지역과 각 지역에서 1910년대에 활동한 단체를 옳게 연결하시오.

(1) 미주 • • ㉠ 중광단
(2) 북간도 • • ㉡ 신한청년당
(3) 상하이 • • ㉢ 신흥 강습소
(4) 서간도 • • ㉣ 대한인 국민회
(5) 연해주 • • ㉤ 대한 광복군 정부

3 다음 설명이 맞으면 ○표, 틀리면 ×표를 하시오.

(1) 3·1 운동은 2·8 독립 선언의 영향을 받았다. (　　)
(2) 3·1 운동은 무력시위에서 점차 평화적 만세 시위로 변해 갔다. (　　)
(3) 대한민국 임시 정부는 독립운동 자금 마련을 위해 독립 공채를 발행하였다. (　　)
(4) 항일 운동 단체인 경학사는 부민단, 한족회로 발전하면서 서로 군정서를 조직하였다. (　　)

4 대한민국 임시 정부가 독립운동의 새로운 방향을 논의하기 위해 1923년에 (　　　)를 개최하였다.

민족 운동의 전개와 분화

4 무장 독립 투쟁과 의열 투쟁의 전개

1. 1920년대 무장 독립 투쟁

봉오동 전투	홍범도가 이끈 대한 독립군 등이 봉오동 계곡에서 일본군을 공격해 승리(1920. 6.)
청산리 대첩	일본군이 훈춘 사건을 일으켜 만주로 진격 → 청산리 부근에서 김좌진의 북로 군정서군, 홍범도의 대한 독립군 등이 일본군 대파(1920. 10.) 자료 3
독립군의 시련	청산리 대첩 이후 일본군이 간도 참변(1920) 자행 → 독립군이 미산(밀산)으로 이동[1] → 일부 독립군들이 러시아령 자유시로 이동, 러시아 적군에 의해 독립군 희생(자유시 참변)
독립군의 재정비	• 3부의 성립: 만주로 돌아온 독립군이 재정비하여 참의부, 정의부, 신민부 조직(공화주의 자치 정부로 민정 조직과 군정 조직을 갖춤) • 3부의 통합: 일제와 만주 군벌의 미쓰야 협정 체결(1925)로 독립군 활동 위축 → 민족 유일당 운동의 영향으로 3부가 남만주의 국민부와 북만주의 혁신 의회로 재편

2. 의열단과 의열 투쟁: 김원봉의 주도로 의열단[2] 결성(신채호의 「조선 혁명 선언」을 활동 지침으로 삼음) → 식민 통치 기관에 폭탄 투척(박재혁, 김익상, 김상옥, 김지섭, 나석주 등) 자료 4

5 실력 양성 운동의 전개

1. 물산 장려 운동: 회사령 폐지, 한일 간 관세 철폐 소식 → 조만식 등이 평양에서 조선 물산 장려회를 조직하여 물산 장려 운동 시작(1920), 서울에서 조선 물산 장려회 조직(1923) → 민족 산업의 보호와 성장 추구, '내 살림 내 것으로'·'조선 사람 조선 것' 등의 구호, 토산품 애용·근검저축·금주·단연 등의 실천 강조

2. 민립 대학 설립 운동: 일제가 한국인에게 기초적인 교육의 기회만 제공 → 이상재 등이 조선 민립 대학 기성회 조직(1923), 한국인의 힘으로 고등 교육을 담당할 대학을 설립하고자 함

3. 문맹 퇴치 운동: 농촌 계몽 운동의 일환으로 한글 보급 → 조선일보가 문자 보급 운동 전개(1929), 동아일보가 브나로드 운동 전개(1931)

4. 자치 운동[3] 과 참정권 운동: 일부 민족주의 세력이 일제의 식민 지배 인정, 이광수·최린·김성수 등이 자치 정부나 자치 의회 설치 요구, 일본 의회에 한국인 대표를 참여시키려 함

6 민족 유일당 운동의 전개 대표 자료

1. 사회주의의 유입과 확산: 3·1 운동 이후 사회주의 사상의 국내 유입 → 청년·지식인층을 중심으로 확산 → 많은 사회주의 단체 조직, 조선 공산당이 결성(1925)되어 사회 운동 주도

2. 민족 유일당 운동: 국외(중국에서 제1차 국공 합작 발생 → 한국 독립 유일당 북경 촉성회 결성, 3부 통합 운동 전개), 국내(비타협적 민족주의자들이 자치 운동 비판·일부 사회주의자와 조선 민흥회 결성, 사회주의자들이 정우회 선언 발표)

3. 신간회의 창립과 활동: 비타협적 민족주의자들과 사회주의자들이 연대하여 신간회 결성(국내 최대 항일 운동 단체[4]), 일제의 식민 통치 정책 비판, 민중 계몽, 원산 총파업 지원, 광주 학생 항일 운동 때 광주에 진상 조사단 파견

4. 신간회의 해소: 일제의 탄압, 집행부 내에서 타협주의 대두, 코민테른의 노선 변화로 사회주의 계열 이탈 → 신간회 해소(1931)

한끝 더하기

1 독립군의 이동

청산리 대첩 이후 독립군 부대들은 북만주의 미산(밀산)에 모였다. 이들 대부분은 약소민족의 민족 운동을 지원하겠다는 러시아의 약속을 기대하고 러시아로 이동하였다.

2 의열단의 활동과 변화

활동	박재혁(부산 경찰서), 김익상(조선 총독부), 김상옥(종로 경찰서), 김지섭(도쿄 궁성), 나석주(동양 척식 주식회사, 조선 식산 은행) 등이 폭탄 투척 의거 전개
변화	1920년대 후반 개인 폭력 투쟁의 한계 인식 → 조직적인 항일 무장 투쟁으로 노선 변경 → 단원들이 황푸 군관 학교에서 군사 교육을 받음, 1930년대 조선 혁명 군사 정치 간부 학교 설립

3 자치 운동

주권은 일본이 갖되 내정은 한국인들이 담당하게 하는 자치권을 달라거나(자치론), 조선 총독부는 그대로 두고 한국에 자치 의회를 구성하게 해 달라는 주장이다.

4 신간회의 의의

신간회는 국내에서 조직된 최대 규모의 항일 운동 단체로, 대중의 큰 지지를 받았으며, 민족 협동 전선을 결성하였다.

한끝 자료실

• 대표 자료 • 정우회 선언과 신간회 강령 ✦ 비판적 사고력

[정우회 선언]

민족주의 세력에 대해서는 그 부르주아 민주주의적 성질을 명백히 인식하는 동시에 …… 그것이 타락하는 형태로 출현되지 않는 것에 한해 제휴하여, 대중의 개량적 이익을 위해서도 종래의 소극적 태도를 버리고 분연히 싸워야 할 것이다.

– 조선일보, 1926. 11. 17.

[신간회 강령]

1. 우리는 정치적, 경제적 각성을 촉진함
2. 우리는 단결을 공고히 함
3. 우리는 기회주의를 일체 부인함

– 동아일보, 1927. 1. 20.

정우회는 1926년에 서울에서 조직된 사회주의 단체이다. 이 단체는 '정우회 선언'을 발표하여 민족주의 세력과의 제휴를 주장하였는데, 이는 신간회 창립의 계기가 되었다. 비타협적 민족주의자들과 사회주의자들이 연대하여 결성한 신간회는 140여 개의 지회와 4만여 명의 회원을 보유한 대중적 정치·사회단체로 성장하였으며, 한국인 본위의 교육 실시, 식민지 교육 반대, 타협적 정치 운동 반대 등을 주장하였다. 한편, 신간회의 자매단체로서 민족주의 계열과 사회주의 계열의 여성들이 참여한 근우회가 1927년에 창립되었다.

• 시험에서는 이렇게 •

신간회 강령 등 신간회와 관련이 있는 자료를 보여 주고 단체의 활동을 묻는 문제가 자주 출제됩니다. 신간회 창립 배경을 비롯한 주요 활동, 신간회 해소 과정 및 의의를 모두 파악해 두세요.

자료 활용 문제

두 번째 자료를 강령으로 한 단체에 대한 설명으로 옳은 것은?

① 독립 공채를 발행하였다.
② 물산 장려 운동을 벌였다.
③ 원산 총파업을 지원하였다.
④ 정부에 헌의 6조를 건의하였다.
⑤ 이상설과 이동휘를 정부통령으로 선임하였다.

답 ③

자료 ③ 봉오동 전투와 청산리 대첩

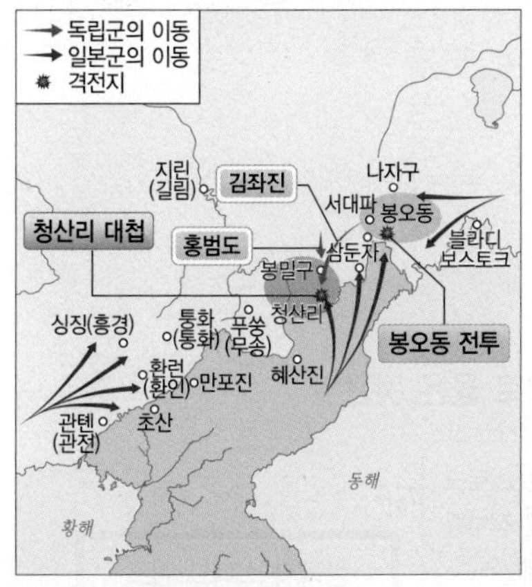

봉오동 전투와 청산리 대첩

3·1 운동 이후 만주 일대에서 조직된 여러 독립군이 국내 진입 작전을 전개하자, 일본군은 두만강을 건너 독립군을 공격하였다. 이때 홍범도의 대한 독립군을 비롯한 연합 부대는 일본군을 봉오동으로 유인하여 무찔렀다(봉오동 전투). 이후 일제는 대규모 병력을 동원하여 만주의 독립군을 공격하였다. 북로 군정서와 대한 독립군 등은 청산리 부근에서 일본군을 크게 무찔렀다(청산리 대첩). 이는 독립 전쟁사에서 가장 큰 승리로 기록되었다.

자료 ④ 의열단의 활동 지침이 된 「조선 혁명 선언」

우리는 '외교', '준비' 등의 미몽을 버리고 민중 직접 혁명의 수단을 취함을 선언하노라. …… 조선 민족의 생존을 유지하자면 강도 일본을 쫓아내야 할 것이며, 강도 일본을 쫓아내려면 오직 혁명으로써 할 뿐이니 …… 민중은 우리 혁명의 대본영이다. 폭력은 우리 혁명의 유일한 무기이다.

– 신채호, 「조선 혁명 선언」

신채호는 의열단을 이끌던 김원봉의 요청으로 1923년에 「조선 혁명 선언」을 작성하였다. 이 선언에서 외교론과 실력 양성론 등의 독립운동 방략을 비판하고 폭력 투쟁으로 민중의 직접 혁명을 달성할 것을 주장하였다.

개념 확인하기

5 다음 〈보기〉의 사건을 일어난 순서대로 나열하시오.

보기
ㄱ. 간도 참변　　ㄴ. 3부의 성립
ㄷ. 봉오동 전투　　ㄹ. 자유시 참변
ㅁ. 청산리 대첩

6 '내 살림 내 것으로'를 구호로 토산품 애용을 장려한 실력 양성 운동은?

7 다음 괄호 안의 내용 중 알맞은 말에 ○표를 하시오.

(1) (김상옥, 김익상)은 종로 경찰서에 폭탄을 투척하였다.
(2) (나석주, 신채호)는 동양 척식 주식회사와 조선 식산 은행에 폭탄을 투척하였다.

8 다음 신간회에 대한 설명이 맞으면 ○표, 틀리면 ×표를 하시오.

(1) 광주 학생 항일 운동 때 조사단을 파견하였다. ( )
(2) 타협적 민족주의 세력과 사회주의 세력이 연대하여 결성하였다. ( )

실력 다지기

01 밑줄 친 '이 단체'에 대한 설명으로 옳은 것은?

역사 인물 카드

- 이름: 임병찬
- 생몰 연대: 1851~1916년
- 주요 활동
  - 1906년 최익현과 함께 의병을 일으켰다가 쓰시마섬으로 끌려가 고초를 겪음
  - 1912년 비밀리에 의병과 유생을 규합하여 <u>이 단체</u>를 조직함

① 복벽주의를 지향하였다.
② 대동단결 선언을 발표하였다.
③ 자치 기관인 경학사를 세웠다.
④ 태극 서관과 자기 회사를 운영하였다.
⑤ 일제가 치안 유지법을 적용해 탄압하였다.

중요해

02 (가) 단체에 대한 설명으로 옳은 것은?

인공 지능 채팅 질문

박상진이 주도하여 1915년 대구에서 조직한 (가) 의 강령을 찾아 줘.

답변

1. 부호의 의연 및 일본인이 불법 징수하는 세금을 압수하여 무장을 준비함
2. 남북 만주에 사관 학교를 세워 독립 전사를 양성함
3. 종래의 의병 및 만주 이주민을 소집하여 훈련함

⋮

① 고종의 밀명을 받아 조직되었다.
② 기관지로 권업신문을 발간하였다.
③ 공화제 국가의 수립을 추구하였다.
④ 전국적인 의병을 일으키려 하였다.
⑤ 고종 강제 퇴위 반대 운동을 전개하였다.

대표 자료 링크

03 (가)~(다)에서 전개된 1910년대 독립운동에 대한 설명으로 옳은 것은?

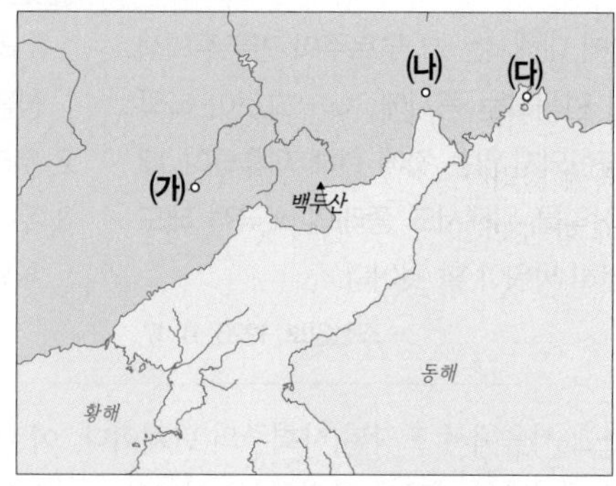

① (가) – 신흥 강습소가 건립되었다.
② (나) – 서로 군정서가 조직되었다.
③ (나) – 재미 한족 연합회가 결성되었다.
④ (다) – 대조선 국민군단이 활동하였다.
⑤ (다) – 서전서숙, 명동 학교 등이 설립되었다.

04 (가)에 들어갈 단체로 옳은 것은?

① 권업회
② 신한청년당
③ 대한인 국민회
④ 대한 광복군 정부
⑤ 대한민국 임시 정부

05 다음 독립 선언서의 낭독을 시작으로 전개된 민족 운동에 대한 설명으로 옳지 않은 것은?

> 우리는 지금 우리 조선이 독립한 나라이고 조선 사람이 자주적인 국민이라는 것을 선언하노라. 이 사실을 세계 여러 나라에 알려서 인류 평등이라는, 사람이라면 마땅히 지켜야 할 도리를 분명히 밝히고, 후손들에게 대대로 전하여 민족의 독자적 생존이라는 정당한 권리를 영원히 누릴 수 있도록 하는 바이다.

① 대한민국 임시 정부 수립의 계기가 되었다.
② 마지막까지 비폭력 평화 시위로 전개되었다.
③ 윌슨이 제창한 민족 자결주의의 영향을 받았다.
④ 학생, 노동자, 농민 등 다양한 계층이 참여하였다.
⑤ 고종 황제의 서거로 반일 감정이 고조된 상황에서 벌어졌다.

중요해

06 다음 헌법을 공포한 정부에 대한 설명으로 옳은 것만을 〈보기〉에서 고른 것은?

> 제1조 대한민국은 대한 인민으로 조직함
> 제2조 대한민국의 주권은 대한 인민 전체에 있음
> 제5조 대한민국의 입법권은 의정원, 행정권은 국무원, 사법권은 법원이 행사함 – 1919. 9.

보기
ㄱ. 삼권 분립의 원칙에 따라 구성되었다.
ㄴ. 우리나라 최초의 민주 공화제 정부였다.
ㄷ. 관민 공동회를 개최하여 헌의 6조를 채택하였다.
ㄹ. 조선 총독부와 일본 정부에 국권 반환 요구서를 보내려고 계획하였다.

① ㄱ, ㄴ ② ㄱ, ㄷ ③ ㄴ, ㄷ
④ ㄴ, ㄹ ⑤ ㄷ, ㄹ

이 문제에서 나올 수 있는 모든 선택지✓

07 (가) 단체의 활동으로 옳지 않은 것은?

> **초대장**
>
> 우리 박물관에서는 (가) 의 활동을 소개하는 특별 전시회를 개최합니다. 관심 있는 분들의 많은 관람 바랍니다.
> • 날짜: 20○○년 ○○월 ○○일
> • 장소: △△ 박물관 특별 전시실
> • 주요 전시물
>
> 
>
> 독립 공채

① 한일 관계 사료집을 간행하였다.
② 파리 강화 회의에 독립 청원서를 제출하였다.
③ 국내외 곳곳에 통신 기관인 교통국을 두었다.
④ 농촌 계몽을 위해 브나로드 운동을 전개하였다.
⑤ 연통제라 불리는 비밀 행정 조직을 운영하였다.
⑥ 독립신문을 발간하여 독립운동 소식을 전하였다.

08 밑줄 친 '회의'가 개최된 시기를 연표에서 옳게 고른 것은?

> 본 국민 대표 회의는 이천만 민중의 공정한 뜻에 바탕을 둔 국민적 대회합으로 최고의 권위를 지녀 …… 독립을 완성하기를 기도하고 이에 선언하노라. …… 본 대표 등은 국민이 위탁한 사명을 받들어 국민적 대단결에 힘쓰며 독립운동이 나아갈 방향을 확립하여 통일적 기관 아래서 대업을 완성하고자 하노라.

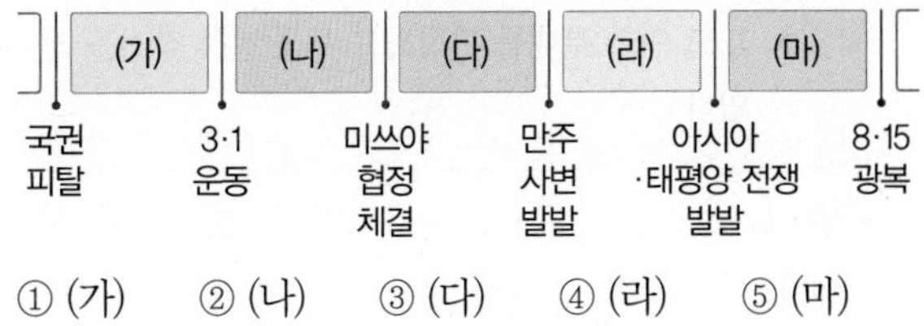

① (가) ② (나) ③ (다) ④ (라) ⑤ (마)

실력 다지기

09 다음 지도는 1920년대 무장 독립 투쟁을 나타낸 것이다. (가) 지역에서 일어난 전투에 대한 설명으로 옳은 것은?

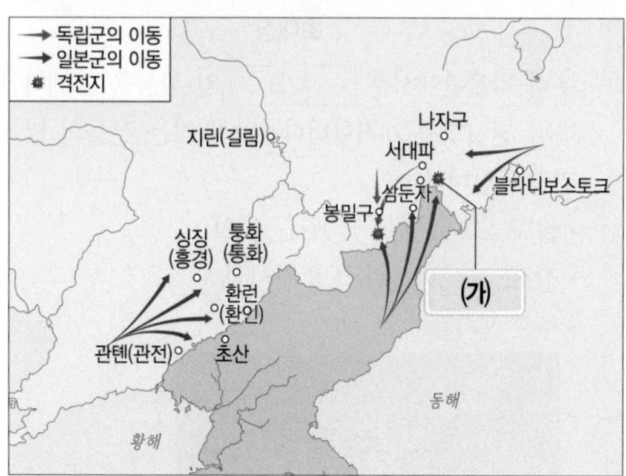

① 청산리 일대에서 전개되었다.
② 훈춘 사건을 계기로 일어났다.
③ 일제가 제암리 사건을 일으키는 계기가 되었다.
④ 자유시 참변 이후 흩어졌던 독립군이 참여하면서 승기를 잡았다.
⑤ 홍범도의 대한 독립군, 안무의 국민회군 등이 연합하여 일본에 승리하였다.

중요해

10 밑줄 친 독립운동 조직에 대한 설명으로 옳은 것만을 〈보기〉에서 고른 것은?

> 1920년대 전반 만주 지역의 독립운동 세력은 흩어진 조직을 정비하기 위해 노력하였다. 그 결과 <u>참의부, 정의부, 신민부</u>가 성립되었다.

보기
ㄱ. 3·1 운동을 계기로 수립되었다.
ㄴ. 일종의 공화주의 자치 정부였다.
ㄷ. 민정 조직과 군정 조직으로 구성되었다.
ㄹ. 13도 연합 부대를 편성하고 서울 진공 작전을 전개하였다.

① ㄱ, ㄴ ② ㄱ, ㄷ ③ ㄴ, ㄷ
④ ㄴ, ㄹ ⑤ ㄷ, ㄹ

11 다음 자료를 활동 지침으로 삼은 단체에 대한 설명으로 옳지 않은 것은?

> 조선 민족의 생존을 유지하자면 강도 일본을 쫓아내야 할 것이며, 강도 일본을 쫓아내려면 오직 혁명으로써 할 뿐이니 …… 민중은 우리 혁명의 대본영이다. 폭력은 우리혁명의 유일한 무기이다. 우리는 민중 속으로 가서 민중과 손을 맞잡아 끊임없는 폭력, 암살, 파괴, 폭동으로써 강도 일제의 통치를 타도하고, 우리 생활에 불합리한 일체의 제도를 개조하여 인류로써 인류를 압박하지 못하며, 사회로써 사회를 박탈하지 못하는 이상적 조선을 건설할지니라.

① 김원봉의 주도로 만주에서 결성되었다.
② 김상옥이 종로 경찰서에 폭탄을 투척하였다.
③ 신흥 무관 학교를 세워 무장 투쟁을 준비하였다.
④ 나석주가 동양 척식 주식회사에 폭탄을 투척하였다.
⑤ 1930년대에 조선 혁명 군사 정치 간부 학교를 설립하였다.

중요해 이 문제에서 나올 수 있는 모든 선택지✓

12 다음 사진과 관련된 민족 운동에 대한 설명으로 옳지 않은 것은?

① 경제적 실력 양성 운동으로 전개되었다.
② 사회주의 세력의 비판을 받기도 하였다.
③ 평양에서 시작되어 전국으로 확산되었다.
④ '내 살림 내 것으로'라는 구호를 내걸었다.
⑤ 회사령 폐지와 관세 철폐 움직임에 영향을 받았다.
⑥ 나라에 진 빚을 갚기 위한 애국 계몽 운동으로 시작되었다.

13 (가)에 들어갈 내용으로 가장 적절한 것은?

① 홍범 14조의 주요 내용은 무엇이었을까?
② 신민회, 대한 자강회는 어떤 활동을 펼쳤을까?
③ 교육 입국 조서가 반포된 목적은 무엇이었을까?
④ 오산 학교와 대성 학교가 설립된 배경은 무엇일까?
⑤ 조선 민립 대학 기성회의 모금 운동은 어떻게 전개되었을까?

대표 자료 링크

14 (가) 단체에 대한 설명으로 옳은 것은?

> **한국사 조사 보고서**
> • 단체명: (가)
> • 결성 시기: 1927년
> • 조사 내용
> 1. 우리는 정치적, 경제적 각성을 촉진함
> 2. 우리는 단결을 공고히 함
> 3. 우리는 기회주의를 일체 부인함

① 독립문을 건립하였다.
② 정우회 선언을 발표하였다.
③ 국채 보상 운동을 전개하였다.
④ 조선 공산당 결성을 주도하였다.
⑤ 광주 학생 항일 운동에 조사단을 파견하였다.

15 (가)에 들어갈 단체를 쓰고, 이 단체의 창립 배경을 서술하시오.

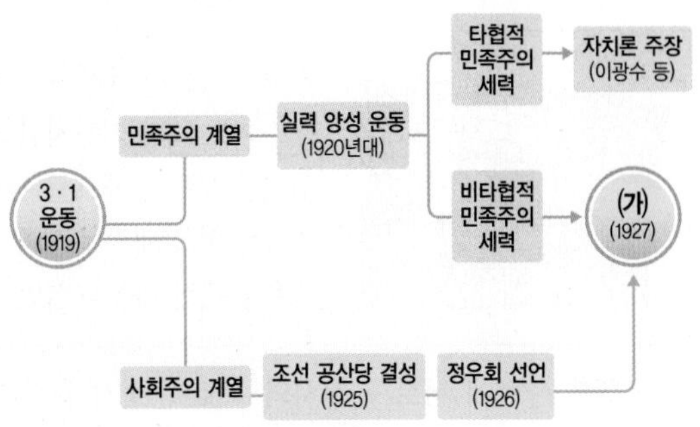

▲ 1920년대 국내 민족 운동의 흐름

3단계로 완성하기

16 (가), (나) 주장이 대립한 회의의 명칭을 쓰고, (가), (나) 주장을 비교하여 회의의 결과를 서술하시오.

> (가) 대한민국 임시 정부가 진가를 발휘하지 못한 것은 사실이지만, 이는 임시 정부에서 근무하는 사람의 능력 때문입니다. 헌법을 개정하고 임시 정부 내 조직을 변경한다면 개선될 것입니다.
> (나) 임시 정부의 체제나 행정 조직을 개편하는 것만으로는 독립운동을 지도할 유능한 기관을 확보할 수 없습니다. 헌법을 제정하여 임시 정부를 해체하고 새로운 정부를 수립합시다.

① 단계 (가), (나) 주장이 대립한 회의를 써 보세요.

② 단계 (가), (나)의 주요 주장을 정리해 보세요.

③ 단계 1단계와 2단계에서 정리한 내용을 바탕으로 답안을 완성해 보세요.

정답과 해설 07쪽

1등급 도전하기

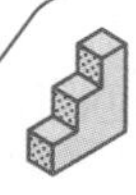

01 (가) 단체의 활동으로 옳지 않은 것은?

자료는 상하이에서 수립된 (가) 의 기관지인 독립신문으로, 한때 한문판까지 만들어 국내외 소식과 독립운동 관련 내용을 실었다.

① 군무부 산하에 서로 군정서와 북로 군정서 등을 편제하였다.
② 광복군 사령부, 광복군 총영 등을 두어 직할 부대를 편성하였다.
③ 조선 총독부와 일본 정부에 국권 반환 요구서를 보내려고 계획하였다.
④ 독립 공채를 발행하거나 의연금을 거두어 독립운동 자금을 마련하였다.
⑤ 미국에 구미 위원부를 설치하여 한국의 독립 문제를 국제 여론화하는 데 힘썼다.

02 (가), (나) 시기 사이에 있었던 사실로 옳은 것은?

(가) 소비에트 러시아 정부로부터 지원을 약속받은 독립군들은 시베리아에 위치한 자유시로 이동하였다. 그러나 독립군 군사 지휘권을 둘러싸고 내부에서 분쟁이 일어났고, 러시아 적군에 의해 무장 해제를 당하는 과정에서 수많은 독립군이 희생되었다.
(나) 무장 독립 세력의 결집을 위해 3부 통합 운동이 전개되었지만, 통합체의 조직 방법을 둘러싸고 갈등이 생겼다. 그 결과 완전한 통합을 이루지는 못하였지만, 남만주의 국민부와 북만주의 혁신 의회로 재편되었다.

① 미쓰야 협정이 체결되었다.
② 대한 제국의 군대가 해산되었다.
③ 13도 창의군이 서울 진공 작전을 전개하였다.
④ 대한 독립군 등이 봉오동 전투에서 승리하였다.
⑤ 독립군 연합 부대가 청산리 대첩에서 큰 승리를 거두었다.

창의 융합

03 밑줄 친 '운동'에 대한 설명으로 옳은 것은?

한국사 신문

토산 애용 부인회, 경성 부인의 새로운 부르짖음

최근 토산 장려의 운동이 일어나 캄캄한 우리의 앞길도 다소 밝은 빛이 보이는 터이니 중류층 이상의 여러 부인들이 토산 애용 부인회를 발기하고 창립총회를 열었다. 매월 한 차례 모임을 열어 토산으로 옷을 지어 입을 것과 회원을 많이 모집할 것 등을 결정하고, 앞으로 우리 부인들도 세상일 좀 하자는 등의 연설 후 오후 네 시 반에 폐회하였다.

① 회사령 폐지 등에 영향을 주었다.
② 국채를 갚기 위한 목적에서 시작되었다.
③ 황국 중앙 총상회가 주도하여 전개되었다.
④ 평양에서 시작되어 전국적으로 확산되었다.
⑤ 대동 상회 등 근대적 상회사가 설립되는 계기가 되었다.

04 교사의 질문에 대한 학생의 답변으로 가장 적절한 것은?

포스터의 '배우자, 가르치자, 다 함께'는 이 운동의 구호예요. 이 운동에 대해 발표해 볼까요?

① 조선일보가 전개한 문맹 퇴치 운동이었어요.
② 동아일보가 주도한 농촌 계몽 운동이었어요.
③ 대한 제국 시기에 전개된 애국 계몽 운동이었어요.
④ 고종이 반포한 교육 입국 조서에 따라 확산되었지요.
⑤ 원산 학사 등 근대 학교가 설립되는 계기가 되었어요.

정답과 해설 08쪽

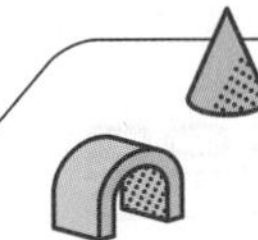

수능 준비하기

수능 기출 | 응용

01 밑줄 친 '이 운동'에 대한 설명으로 옳은 것은?

사료로 읽는 한국사

19△△년 △월 △△일

저녁 8시 45분, '대한 독립 만세!' 거리의 군중들의 용감한 외침이 우리 집 창문을 통해 들려온다. 외침은 거의 30분이나 계속됐다. 여기저기의 침묵은 경찰, 헌병 그리고 일본 민간인들이 그들을 잡으러 나왔다는 뜻이다. 지도자가 총대에 맞거나 총검에 베여 쓰러진다. 날마다 이런 일이 생기고, 병원들은 시위에서 부상 당한 환자들로 완전히 엉망이 되고 있다.

[해설] 사료는 선교사의 부인인 매티 윌콕스 노블이 작성한 일지의 일부로, <u>이 운동</u>에 관한 서술이다. 노블 부인은 일제의 강압적 통치에 대한 반발, 고종의 서거, 민족 자결주의 대두를 배경으로 일어난 <u>이 운동</u>에 대하여 자신이 보고 들은 것을 상세히 기록하였다.

① 단발령에 대한 반발로 일어났다.
② 치안 유지법에 의해 탄압을 받았다.
③ 대한매일신보 등 언론의 지원을 받았다.
④ 만민 공동회가 개최되는 배경이 되었다.
⑤ 이른바 '문화 정치' 실시의 계기가 되었다.

수능 만점 한끝

자료에 언급된 '이 운동'의 배경을 파악하고, '이 운동'의 영향으로 옳은 것을 찾아본다.

문제의 핵심

3·1 운동

배경	윌슨의 민족 자결주의 주창, 2·8 독립 선언 발표
영향	대한민국 임시 정부 수립, 일제의 통치 방식 변화, 중국의 5·4 운동 등 반제국주의 운동에 영향

평가원 기출 | 응용

02 밑줄 친 '이 단체'에 대한 설명으로 옳은 것은?

한국사 용어 사전

<u>이 단체</u>는 정우회 선언을 계기로 1927년에 결성되었으며, '기회주의를 일체 부인한다.' 등의 내용이 담긴 강령을 발표하였다. 1929년에는 광주 학생 항일 운동의 진상 규명을 위한 조사단을 파견하였다. 또한 진상 보고를 위한 대규모 민중 대회를 준비하였으나, 그 계획이 사전에 발각되어 지도부가 대거 검거되었다.

① 교조 신원 운동을 전개하였다.
② 정부와 전주 화약을 체결하였다.
③ 이상설, 이동휘를 정부통령에 선임하였다.
④ 오산 학교와 대성 학교를 세워 민족 교육을 실시하였다.
⑤ 비타협적 민족주의자와 사회주의자가 협동하여 창립하였다.

수능 만점 한끝

정우회 선언을 계기로 1927년 결성, 기회주의 일체 부인, 광주 학생 항일 운동의 진상 규명을 위한 조사단 파견 등의 내용을 통해 이 단체가 무엇인지 파악하고, 단체의 결성 배경에 대해 찾아본다.

이렇게도 출제될 수 있어요!

단체 결성 배경, 주요 활동, 해소 결정 계기 등을 묻는 문제로 출제될 수 있어요.

04 사회·문화의 변화와 대중운동

핵심 미리 보기
- ☑ 일제 강점기 사회 구조와 생활 모습의 변화
- ☑ 다양한 사회 운동의 전개
- ☑ 민족 문화 수호 노력과 문예 활동

1 도시와 농촌의 변화

1. 교통과 도시의 발달(식민지 도시화)

(1) **교통의 발달**: 1920년대 일제가 한반도에 X 자형 간선 철도망 완성 → 일제의 대륙 침략 전쟁 확대 및 한국의 물자 수탈에 활용

(2) **도시의 발달과 도시 빈민 형성**

① **도시의 발달**: 도시 인구 증가·도시화 진행, 일본인 거주 지역과 한국인 거주 지역 구분

② **도시 빈민 형성**: 도시로 몰려든 농민들이 도시 외곽에 빈민촌 형성(토막민 거주) 자료 ❶

2. 농촌의 변화와 농민 몰락

(1) **농촌 구조의 개편**: 일제의 토지 조사 사업, 산미 증식 계획 실시 → 지주의 대토지 소유 확대(소작농 증가), 한반도가 일본의 식량 공급지가 됨

(2) **농민의 삶**: 지주의 횡포, 높은 소작료 등 → 농민 몰락(화전민❶, 도시 빈민으로 전락)

(3) **일제의 대책**: 농촌 진흥 운동 실시, 조선 농지령 제정 → 농촌 문제는 해결 못함

3. 생활 양식의 변화

(1) **대중문화의 유행**: 1920~1930년대 신문·잡지 등을 통해 대중문화 유행, 신문과 잡지에 실린 광고는 대중의 소비에 영향을 줌, 서양식 복장과 쇼핑·외식을 즐기는 '모던 걸'과 '모던 보이'❷ 등장

(2) **의식주 생활의 변화**

의	서양식 복장 보편화(고무신·구두·양복 등 확산, 단발머리 유행), 일제의 의복 생활 통제(흰옷 대신 색깔 있는 옷 착용 강요, 중일 전쟁 이후 국민복·몸뻬 착용 강요)
식	커피·빵·아이스크림·맥주 등 서양 식품 및 일본식 음식 소비, 일반 서민들은 식량 부족을 겪음
주	도시를 중심으로 문화 주택 보급, 농촌은 초가집이 대부분

2 다양한 사회 운동

1. 농민 운동: 일제의 식민지 경제 정책으로 농민의 생활고 가중 → 1920년대 소작인 조합·농민 조합 조직, 소작 쟁의 전개(암태도 소작 쟁의❸ 등), 조선 농민 총동맹 결성(1927) → 1930년대 이후 사회주의 혁명을 지향하는 비합법적 농민 조합 결성 → 항일 투쟁으로 이어짐

2. 노동 운동: 회사령 폐지로 노동자 수 증가, 열악한 노동 환경 → 1920년대 노동조합 조직·노동 단체에 참여, 노동 쟁의 전개(원산 총파업❹ 등), 조선 노동 총동맹 결성(1927) → 1930년대 이후 사회주의 혁명을 지향하는 비합법적 노동조합 결성 → 항일 투쟁으로 이어짐 자료 ❷

3. 청년·학생 운동 대표 자료

6·10 만세 운동 (1926)	순종이 서거하자 조선 공산당·학생 단체·천도교 세력이 만세 시위 계획 → 사전에 발각되어 학생들 주도로 전개, 민족 협동 전선의 토대 마련(민족 유일당에 대한 공감대 형성)
광주 학생 항일 운동 (1929)	• 전개: 일본 남학생의 한국 여학생 희롱 사건을 계기로 한일 학생 충돌 → 일본 경찰의 편파적 대처에 분노한 학생들이 대규모 시위 전개 → 신간회의 지원, 국내외로 확산 • 의의: 3·1 운동 이후 최대 규모의 항일 민족 운동

한끝 더하기

❶ 화전민
불을 질러 밭을 일구는 농민을 뜻한다. 화전민은 빈농 중에서도 가장 빈곤한 계층이었다.

❷ 모던 걸과 모던 보이
경성에서 주로 단발머리와 양장, 양복 차림으로 거리를 활보하던 신식 여성과 남성을 가리킨다. 일제 강점기에 근대 문물의 유입으로 의식주 생활에 변화가 나타났음을 보여 준다.

❸ 암태도 소작 쟁의(1923~1924)
전라남도 암태도에서 소작인들이 일으킨 쟁의이다. 소작인들은 70% 이상의 소작료를 징수하던 지주에 맞서 투쟁하였고, 1년여 만에 소작료를 약 40%로 낮추는데 성공하였다.

❹ 원산 총파업(1929)

원산 인근의 라이징 선 석유 회사에서 일본인 감독이 한국인 노동자를 구타하자, 이 일에 분노한 노동자들이 일본인 감독의 파면, 노동 조건의 개선을 요구하며 파업을 벌였다. 이는 원산 지역의 노동자들이 참여하는 대규모 총파업으로 발전하였다.

한끝 자료실

• 대표 자료 • 청년·학생의 항일 운동

비판적 사고력

[6·10 만세 운동 당시 격문]	[광주 학생 항일 운동 당시 격문]
• 조선은 조선인의 조선이다! • 학교의 용어는 조선어로! • 8시간 노동제를 실시하라! • 동양 척식 주식회사를 철폐하라! • 일본인 지주에게 소작료를 주지 말자!	학생, 대중이여 궐기하라! 우리의 슬로건 아래로! • 검거된 학생들을 즉시 우리 손으로 탈환하자. • 경찰의 교내 침입을 절대 반대한다. • 언론, 출판, 집회, 결사의 자유를 획득하자. • 조선인 본위의 교육 제도를 확립하라. • 식민지 노예 교육 제도를 철폐하라.

3·1 운동 이후 청년과 학생들은 민족 운동을 활발히 전개하였다. 1926년 순종의 장례일에는 학생들을 중심으로 6·10 만세 운동이 일어났다. 1929년 나주역에서 일어난 일본 학생과 한국 학생 간의 충돌은 광주 시내 한일 학생 간의 충돌로 번졌는데, 이는 한국 학생의 민족 감정을 고조하여 광주 학생 항일 운동이 일어나는 계기가 되었다. 광주 학생 항일 운동은 3·1 운동 이후 최대 규모의 항일 민족 운동이었다.

• 시험에서는 이렇게 •

6·10 만세 운동 당시 격문과 광주 학생 항일 운동 당시 격문을 제시하고, 해당 운동에 관해 묻는 문제가 자주 출제됩니다. 6·10 만세 운동과 광주 학생 항일 운동의 핵심 주장과 전개 과정을 정리해 두세요.

자료 활용 문제

첫 번째 격문을 발표한 민족 운동에 대한 설명으로 옳은 것은?

① 신간회의 지원을 받았다.
② 민족 협동 전선의 토대를 마련하였다.
③ 대한민국 임시 정부 수립에 영향을 주었다.
④ 일본의 황무지 개간권 요구를 철회시켰다.
⑤ 조선 민립 대학 기성회의 주도로 전개되었다.

답 ②

자료 ① 도시 빈민의 삶

> 경성부의 발표에 의하면 경성부 내의 토막민 수가 1,583호이고 인구가 5,000여 명에 달한다고 한다. …… 이것은 도시의 미관상이나 위생상으로도 큰 문제이고 토막민 자체에 대한 사회적 책임으로 보아 중대한 사회 문제라고 아니할 수 없는 것이다.
>
> – 동아일보, 1931. 11. 22.

일제 강점기 근대 문물이 유입되었지만 농촌의 주택은 여전히 초가집이 대부분이었고, 토막민들은 도시 외곽에서 땅을 파고 짚이나 거적 같은 것을 둘러서 살았다. 또한 서민들은 쌀 부족으로 잡곡밥이나 나무껍질 등을 먹기도 하였다.

자료 ② 1920~1930년대의 농민·노동 운동

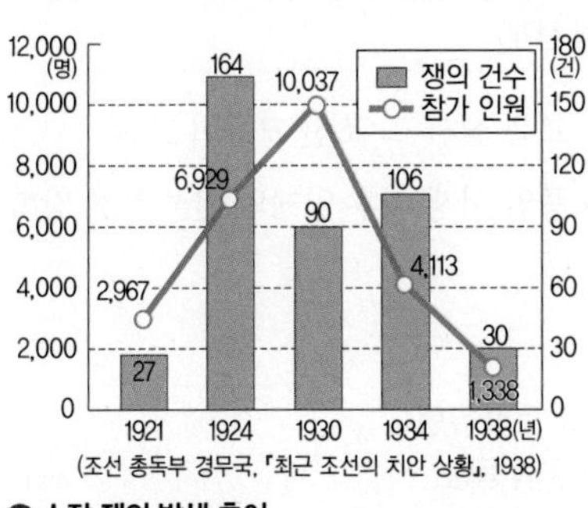

(조선 총독부 경무국, 『최근 조선의 치안 상황』, 1938)

◎ 소작 쟁의 발생 추이

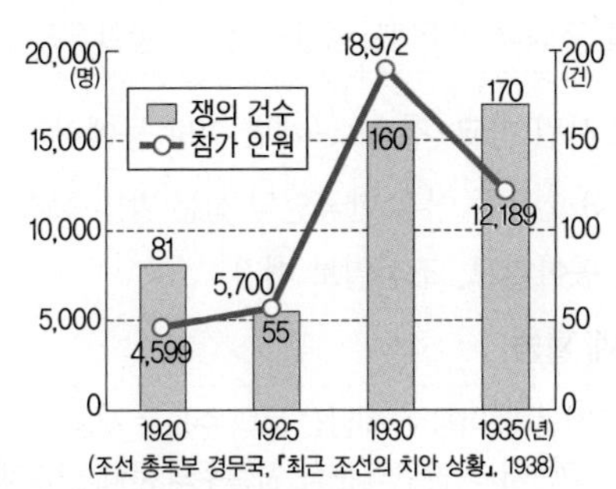

(조선 총독부 경무국, 『최근 조선의 치안 상황』, 1938)

◎ 노동 쟁의 발생 추이

1920년대 농민·노동 운동은 생존권 투쟁의 성격을 띠었다. 1930년대에 들어서면서 농민·노동 운동은 사회주의 혁명을 지향하는 비합법적인 농민 조합·노동조합을 중심으로 전개되었다. 계급 해방을 요구하기도 하였으며, 점차 일제의 식민 통치에 반대하는 정치적 성격을 띠게 되었다.

개념 확인하기

1 1923년 전라남도 암태도에서 농민들이 높은 소작료에 반대하며 1년여에 걸친 투쟁을 일으킨 농민 운동은?

2 일제 강점기의 생활 모습과 사회 운동에 대한 설명이 맞으면 ○표, 틀리면 ×표를 하시오.

(1) 대부분의 도시는 일본인 거주 지역과 한국인 거주 지역이 구분되었다. ( )
(2) 1930년대 노동 운동은 주로 합법적 조직인 노동조합을 중심으로 전개되었다. ( )
(3) 서구 문물이 본격적으로 유입되면서 구두, 양복, 단발머리 등 서양식 복장이 유행하였다. ( )
(4) 조선 총독부가 농촌 진흥 운동을 실시하고 조선 농지령을 제정한 결과 농촌의 경제적 상황이 크게 개선되었다. ( )

3 다음 괄호 안의 내용 중 알맞은 말에 ○표를 하시오.

(1) 1929년에 노동자들이 일본인 감독의 민족 차별에 항의하며 (원산 총파업, 암태도 소작 쟁의)을/를 전개하였다.
(2) 순종 서거 후 조선 공산당이 학생 단체, 천도교 세력과 함께 (6·10 만세 운동, 광주 학생 항일 운동)을 계획하였다.

사회·문화의 변화와 대중운동

4. **소년 운동:** 방정환을 중심으로 천도교 소년회 조직, 어린이날 제정, 잡지 『어린이』 발행

5. **형평 운동:** 백정에 대한 사회적 차별 폐지 주장, 조선 형평사 조직 대표 자료

6. **여성 운동**

① **배경:** 근대 교육을 받은 여성들이 여성 계몽 노력, 여성의 지위 향상 주장

② **내용:** 조선 여성 동우회 결성, 근우회❶ 조직(국내외에 지회 설치, 기관지 『근우』 발간) 자료 ③

3 민족 문화 수호 운동과 다양한 문예 활동

1. **한글 연구:** 우리말과 글을 없애려는 일제에 맞서 국어학자들이 한글 보급 노력

조선어 연구회(1921)	한글 기념일인 '가갸날' 제정, 기관지 『한글』 발행
조선어 학회(1931)	조선어 연구회를 확대·개편하여 조직, 문맹 퇴치 운동 지원, 한글 맞춤법 통일안과 표준어 제정, 『우리말(조선말) 큰사전』 편찬 사업 추진 → 조선어 학회 사건(1942)❷으로 타격

2. **한국사 연구:** 일제의 식민 사관❸에 맞서 한국사 연구 자료 ④

(1) **민족주의 사학:** 한국사의 독자성과 주체성 및 민족정신 강조

① **박은식:** 국혼 강조, 『한국통사』·『한국독립운동지혈사』(한국 독립운동 역사 정리) 저술

② **신채호:** 고대사 연구에 주력, 『조선상고사』·『조선사연구초』 저술, 우리 민족 고유 정신 강조

③ **정인보, 안재홍, 문일평 등:** 1930년대에 민족주의 사학을 계승하여 조선학 운동❹ 전개

(2) **사회 경제 사학:** 유물 사관❺의 입장에서 한국사 연구, 백남운의 『조선사회경제사』 저술

(3) **실증 사학:** 문헌 고증을 통한 객관적 역사 서술 추구, 진단 학회 조직·『진단 학보』 발행

3. **종교계의 활동**

개신교	교육 운동, 신사 참배 거부 운동
불교	한용운 등이 사찰령❻ 폐지 운동
천도교	『개벽』·『신여성』 등 잡지 발간, 청년·여성·소년 운동 등 대중운동 전개
천주교	고아원·양로원 설립 등 사회사업 추진, 만주에서 의민단 조직(→ 항일 무장 투쟁 전개)
원불교	새 생활 운동(저축 강조, 남녀평등과 허례허식 폐지 등) 전개
대종교	단군 숭배, 만주에서 중광단 결성(→ 항일 무장 투쟁 전개)

4. **교육 운동:** 사립 학교·강습소·개량 서당 등에서 민족 교육 실시 → 조선 교육회 조직

5. **언론 활동:** 3·1 운동 이후 한국인의 신문 발행 허가 → 중일 전쟁 이후 일제의 언론 통제 강화 → 1940년 동아일보, 조선일보 폐간

6. **다양한 문예 활동**

문학	• 1910년대: 이광수, 최남선 등의 주도로 계몽적 성격의 문학 유행 • 1920년대: 낭만주의 문학, 사실주의 문학, 신경향파 문학 등장 • 1930년대 이후: 저항 문학(윤동주, 이육사 등), 친일 문학 등장
예술	• 연극: 3·1 운동 이후 토월회❼ 조직(1923), 1930년대 극예술 연구회가 연극 공연 • 영화: 나운규의 「아리랑」 발표(1926) → 나라 잃은 민족의 슬픔과 정서 반영 • 음악: 민족적 정서가 짙은 가곡·동요 등장(윤극영의 「반달」), 안익태가 「애국가」 작곡 • 미술: 한국 전통 회화 계승·발전(안중식 등), 서양화 기법 도입(나혜석, 이중섭 등)

한끝 더하기

❶ **근우회**

1927년에 조직된 근우회는 여성계의 민족 협동 전선으로서 신간회의 자매단체라고 할 수 있다. 부인 야학 등을 진행하며 계몽 활동을 하였고, 여성 노동자에 대한 차별을 없애기 위해 노력하였다.

❷ **조선어 학회 사건(1942)**

1942년 일제가 『우리말(조선말) 큰사전』 편찬 작업을 준비하던 조선어 학회 회원들을 치안 유지법 위반으로 대거 검거한 사건이다.

❸ **일제의 식민 사관**

일제는 조선사 편수회를 통해 정체성론, 타율성론, 당파성론 등의 식민 사관을 유포하여 한국인의 주체성을 박탈하고 일제의 식민 통치를 정당화하였다.

❹ **조선학 운동**

정약용의 저서를 모은 『여유당전서』를 간행하는 등 우리 민족의 전통 사상과 문화 속에서 민족의 고유한 특색을 찾아내 문화적으로 민족의 주체성을 유지하려는 민족 운동이다.

❺ **유물 사관**

사회주의 사상에 기반한 역사관으로, 역사 발전의 원동력을 물질적인 생산력과 생산 관계의 변화로 파악한다.

❻ **사찰령**

1911년 일제가 한국 불교를 억압하고 민족정신을 말살하기 위해 제정한 법령이다.

❼ **토월회**

1923년 도쿄의 한국인 유학생들이 중심이 되어 결성한 신극 운동 단체이다.

한끝 자료실

• 대표 자료 • 형평 운동

비판적 사고력

> 공평은 사회의 근본이고 사랑은 인간의 본성이다. 우리는 계급을 타파하고 모욕적인 칭호를 폐지하여 교육을 장려하고 우리도 참다운 인간으로 되고자 함이 본사(本社)의 취지이다. 지금까지 백정은 어떠한 지위와 압박을 받아 왔던가? …… 따라서 이 문제를 선결하는 것이 우리들의 급선무라고 설정함은 당연한 것이다.
>
> – 조선 형평사 설립 취지문, 1923

▲ 형평사 대회 포스터

백정들은 차별 대우에 항의하여 1923년 경남 진주에서 조선 형평사를 만들고 백정에 대한 평등한 대우를 요구하는 형평 운동을 전개하였다. 형평 운동은 여론의 지지를 받아 전국적인 운동으로 발전하였고, 전국에 지사가 세워지면서 백정의 인권이 향상되었다. 조선 형평사는 다른 분야의 사회 운동 단체와 협력하면서 항일 민족 운동을 전개하기도 하였다.

• 시험에서는 이렇게 •

조선 형평사 설립 취지문을 제시하고, 형평 운동에 대해 묻는 문제가 자주 출제됩니다. 1923년 백정들이 진주에서 조선 형평사를 조직하였다는 점을 알아 두세요.

자료 활용 문제

자료와 관련된 사회 운동에 대한 설명으로 옳은 것은?

① '가갸날'을 제정하였다.
② 천도교 세력이 주도하였다.
③ 대구에서 시작되어 확산되었다.
④ 조선 여성의 공고한 단결을 내세웠다.
⑤ 백정에 대한 차별 철폐를 요구하였다.

답 ⑤

자료 ③ 근우회 행동 강령

> 1. 여성에 대한 사회적·법률적 일체 차별 철폐
> 2. 일체 봉건적 인습과 미신 타파
> 3. 조혼 폐지 및 결혼의 자유
> 4. 인신매매 및 공창(公娼) 폐지
> 5. 농민 부인의 경제적 이익 옹호
> 6. 부인 노동의 임금 차별 철폐 및 산전 산후 임금 지불
> 7. 부인 및 소년공의 위험 노동 및 야업 폐지
>
> – 동아일보, 1929. 7. 25.

1927년 신간회가 결성되자, 여성 운동 진영도 통합 단체로서 근우회를 결성하였다. 근우회는 행동 강령을 내세워 여성의 사회적 지위를 보장하고 낡은 악습을 철폐하려고 노력하였다.

자료 ④ 일제 강점기 한국사 연구

> • 옛 사람이 나라는 멸망할 수 있으나 그 역사는 결코 없어질 수 없다고 말하였다. 나라가 형체라면 역사는 정신이기 때문이다. 이제 우리나라의 형체는 없어져 버렸지만, 정신은 살아남아야 한다. – 박은식, 『한국통사』
>
> • 역사란 무엇인가? 인류 사회의 아(我)와 비아(非我)의 투쟁이 시간부터 발전하며 공간부터 확대하는 심적 활동 상태의 기록이니 …… 조선사라 하면 조선 민족이 그리되어 온 상태의 기록이다. – 신채호, 『조선상고사』
>
> • …… 조선의 역사 발전은 …… 다른 민족의 역사 발전 법칙과 구별되어야 하는 독자적인 것이 아니며, 세계사적·일원론적인 역사 법칙에 따라 다른 여러 민족과 거의 동일한 발전 과정을 거쳐 왔다. – 백남운, 『조선사회경제사』

민족주의 사학자들은 자주적으로 민족사를 연구하고 민족정신을 굳건히 지키면 독립을 이룰 수 있다고 보았다. 사회 경제 사학자인 백남운은 한국사가 세계사의 보편적인 법칙에 따라 발전하였다고 주장하며 식민 사관의 정체성론을 반박하였다.

개념 확인하기

4 1926년 우리 민족의 애환을 담아 나운규가 단성사에서 개봉한 영화 (   )은 대중의 관심을 받으며 6개월 동안 110만여 명이 관람하였다.

5 다음 설명에 해당하는 인물을 〈보기〉에서 골라 기호를 쓰시오.

보기	
ㄱ. 박은식	ㄴ. 방정환
ㄷ. 백남운	ㄹ. 신채호

(1) 어린이날 제정을 위해 노력하였다. (   )
(2) 국혼을 중시하고 『한국통사』를 저술하였다. (   )
(3) 유물 사관을 바탕으로 한국사를 연구하였다. (   )
(4) 『조선사연구초』, 『조선상고사』 등 저술하였다. (   )

6 다음 괄호 안의 내용 중 알맞은 말에 ○표를 하시오.

(1) (대종교, 천주교)는 중광단을 조직하여 항일 무장 투쟁을 전개하였다.
(2) (조선어 학회, 조선어 연구회)는 '가갸날'을 제정하고 『한글』을 발행하였다.
(3) 천도교는 (『개벽』, 『삼천리』)(이)라는 잡지를 발간하여 민족의식을 고취하려하였다.

실력 다지기

01 다음 기사에 나타난 시기의 사회 모습으로 옳지 않은 것은?

> 경성부의 발표에 의하면 경성부 내의 토막민 수가 1,583호이고 인구가 5,000여 명에 달한다고 한다. …… 이것은 도시의 미관상이나 위생상으로도 큰 문제이고 토막민 자체에 대한 사회적 책임으로 보아 중대한 사회 문제라고 아니할 수 없는 것이다. – 동아일보

① 일본인이 도시의 경제권을 장악하였다.
② 구두와 양복 등 서양식 복장이 보편화되었다.
③ 개항장을 중심으로 거류지 무역이 이루어졌다.
④ 도시에서 일본인 거주 지역과 한국인 거주 지역이 구분되었다.
⑤ 철도를 운행하면서 사람들에게 근대적 시간관념이 정착하였다.

02 (가)에 들어갈 내용으로 가장 적절한 것은?

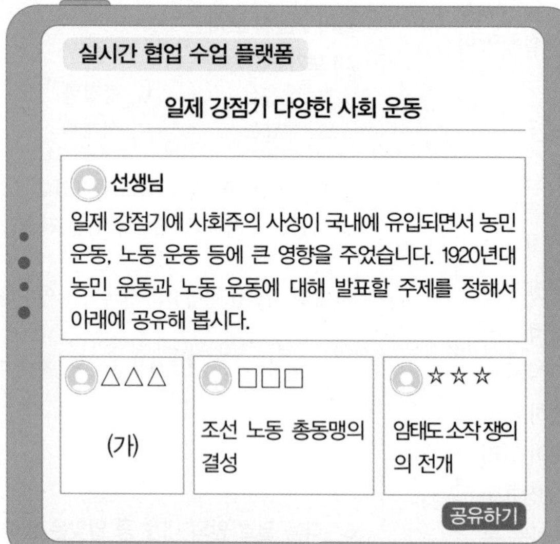

① 당백전 발행의 목적
② 금난전권의 폐지 배경
③ 국채 보상 운동의 성과
④ 원산 총파업의 전개 과정
⑤ 조선 농지령 제정의 영향

중요해

03 (가) 시기에 소작 쟁의가 늘어난 배경으로 옳은 것만을 〈보기〉에서 고른 것은?

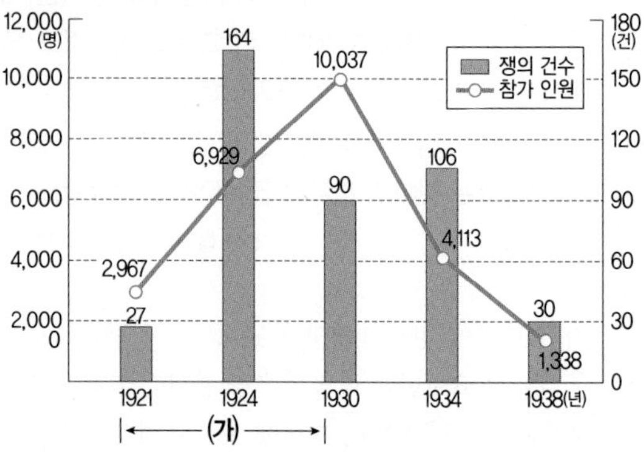

▲ 소작 쟁의 발생 추이

| 보기 |
ㄱ. 사회주의 사상이 확산되었다.
ㄴ. 농민의 수리 조합비 부담이 늘었다.
ㄷ. 일제가 화폐 정리 사업을 추진하였다.
ㄹ. 국가 총동원법으로 인적·물적 수탈이 심화되었다.

① ㄱ, ㄴ ② ㄱ, ㄷ ③ ㄴ, ㄷ
④ ㄴ, ㄹ ⑤ ㄷ, ㄹ

04 (가)에 들어갈 내용으로 가장 적절한 것은?

> **수행 평가 보고서**
> • 탐구 주제: (가)
> • 모둠별 조사 내용
> – 1모둠: 순종의 서거 후 국내 사회 동향을 알아본다.
> – 2모둠: 천도교, 조선 공산당, 학생들의 만세 시위 계획을 조사한다.
> – 3모둠: 학생 운동 세력의 역할과 위상 강화 과정을 살펴본다.

① 신간회 해소 배경
② 형평 운동의 영향
③ 브나로드 운동의 성과
④ 6·10 만세 운동의 전개
⑤ 태화관과 탑골 공원의 만세 운동

정답과 해설 08쪽

대표 자료 링크

05 교사의 질문에 대한 학생의 답변으로 적절한 것은?

이 글은 1929년에 일어난 학생 운동의 격문이에요. 이 운동에 대해 말해 볼까요?

• 검거자를 즉시 우리 손으로 탈환하자.
• 교내에 경찰의 침입을 절대 반대한다.
• 조선인 본위의 교육 제도를 확립하라.
• 식민지적 노예 교육 제도를 철폐하라.
• 일본 제국주의를 타도하라.

① 순종의 인산일을 계기로 일어났어요.
② 영남 만인소가 작성되는 배경이 되었어요.
③ 대구에서 시작되어 전국으로 확산되었지요.
④ 신간회에서 조사단을 파견하여 지원하였어요.
⑤ 일제가 제암리 학살 등을 저지르며 탄압하였어요.

06 (가) 단체에 대한 설명으로 옳은 것은?

보고서 개요

• 주제: (가) 의 활동
• 수집 자료

▲ 어린이날 포스터

첫째, 어린이를 재래의 윤리적 압박으로부터 해방하여 그들에 대한 인격적 대우를 허락하게 하라.
둘째, 어린이를 재래의 경제적 압박으로부터 해방하여 만 14세 이하의 그들에 대한 무상, 유상 노동을 폐지하게 하라.

① 독립문을 건립하였다.
② 방정환 등을 중심으로 활동하였다.
③ 정우회 선언을 계기로 결성되었다.
④ 오산 학교와 대성 학교를 설립하였다.
⑤ 『우리말(조선말) 큰사전』 편찬을 추진하였다.

중요해 대표 자료 링크

07 다음 취지서를 발표한 단체에 대한 설명으로 옳은 것은?

공평은 사회의 근본이고 사랑은 인간의 본성이다. 우리는 계급을 타파하고 모욕적인 칭호를 폐지하여 교육을 장려하고 우리도 참다운 인간으로 되고자 함이 본사(本社)의 중요한 뜻이다. 지금까지 백정은 어떠한 지위와 압박을 받아 왔던가? …… 따라서 이 문제를 선결하는 것이 우리들의 급선무라고 설정함은 당연한 것이다.

① 신분 제도의 철폐를 요구하였다.
② 민족 유일당 운동의 결과 만들어졌다.
③ 백정에 대한 차별 철폐를 주장하였다.
④ 천도교인들이 중심이 되어 결성되었다.
⑤ 고등 교육을 담당할 대학의 설립을 시도하였다.

08 다음과 같은 일제의 움직임에 맞선 역사학자들의 노력으로 옳지 않은 것은?

일제는 타율성론, 정체성론, 당파성론 등을 주장하였다. 조선 총독부는 이를 체계적으로 날조하고 퍼뜨리기 위해 조선사 편수회를 설치하고, 『조선사』를 만들었다.

① 정인보 등이 조선학 운동을 전개하였다.
② 이규보가 영웅 서사시인 「동명왕편」을 저술하였다.
③ 박은식이 한국 독립운동의 역사를 정리한 『한국독립운동지혈사』를 저술하였다.
④ 신채호가 『조선사연구초』 등을 저술하여 우리 민족의 고유한 정신을 강조하였다.
⑤ 백남운이 한국사가 세계사의 보편적 발전 법칙에 따라 발전하였음을 강조하였다.

09 밑줄 친 '이 단체'에 대한 설명으로 옳은 것은?

① 육영 공원을 설립하였다.
② 교육 입국 조서를 반포하였다.
③ 의회 설립 운동을 전개하였다.
④ 기관지로 『근우』를 발간하였다.
⑤ 연통제와 교통국을 운영하였다.

10 (가) 종교에 해당하는 설명으로 옳은 것은?

① 사찰령 폐지 운동을 전개하였다.
② 신사 참배 거부 운동을 전개하였다.
③ 의민단을 조직하여 항일 투쟁을 전개하였다.
④ 허례허식 폐지 등 새 생활 운동을 전개하였다.
⑤ 일부 신자들이 만주에서 중광단을 조직하였다.

이 문제에서 나올 수 있는 모든 선택지✓

11 다음 영화가 제작되고 상영된 시기의 문예 경향으로 거리가 먼 것은?

① 토월회가 신극 운동을 전개하였다.
② 취미 등을 위주로 한 잡지 『별건곤』이 발행되었다.
③ 나혜석 등이 서양화 기법을 도입한 작품을 그렸다.
④ 윤극영의 「반달」과 같은 민족적 정서가 짙은 곡이 발표되었다.
⑤ 사회주의 사상의 영향을 받은 신경향파 문학이 등장하였다.
⑥ 현대식 극장인 원각사에서 「은세계」와 같은 작품이 공연되었다.

중요해

12 다음 역사서를 집필한 역사가에 대한 설명으로 옳은 것은?

> 역사란 무엇인가? 인류 사회의 아(我)와 비아(非我)의 투쟁이 시간부터 발전하며 공간부터 확대하는 심적 활동 상태의 기록이니 …… 조선사라 하면 조선 민족이 그리 되어 온 상태의 기록이다. －『조선상고사』

① 진단 학회를 조직하였다.
② 유물 사관의 영향을 받았다.
③ 정인보와 함께 조선학 운동을 전개하였다.
④ 대한민국 임시 정부의 초대 대통령을 역임하였다.
⑤ 고대사 연구를 통해 민족의 전통과 정신을 강조하였다.

13 (가)에 들어갈 내용으로 적절한 것은?

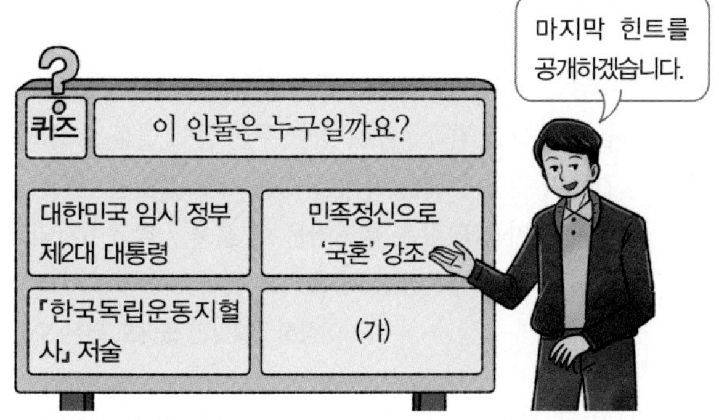

① 척화비 건립
② 어린이날 제정
③ 『한국통사』 저술
④ 「조선 혁명 선언」 작성
⑤ 『조선사회경제사』 저술

중요해

14 (가)에 들어갈 내용으로 옳은 것만을 〈보기〉에서 고른 것은?

일제 강점기 한글 연구

조선어 연구회를 조직하였다. → 기관지 『한글』을 창간하였다. → 조선어 연구회가 조선어 학회로 발전하였다. → (가) → 조선어 학회 사건이 일어났다.

보기
ㄱ. 표준어를 만들었다.
ㄴ. '가갸날'을 제정하였다.
ㄷ. 한글 맞춤법 통일안을 제정하였다.
ㄹ. 『우리말(조선말) 큰사전』을 완성하였다.

① ㄱ, ㄴ ② ㄱ, ㄷ ③ ㄴ, ㄷ
④ ㄴ, ㄹ ⑤ ㄷ, ㄹ

15 다음 밑줄 친 ㉠에 해당하는 식민 사관(이론)을 쓰고, 이를 반박한 역사학자의 주장을 서술하시오.

일제는 한국의 역사가 외세의 영향을 받아 타율적으로 전개되었고 ㉠ 발전 없이 정체되었으며, 한국은 잘못된 민족성을 가졌기 때문에 당파를 만들어 싸움을 한다는 식민 사관을 주장하였다. 조선 총독부는 조선사 편수회를 설치하고 한국의 역사를 왜곡하여 정리한 『조선사』를 만들어 식민 사관을 퍼뜨리려 하였다. 이에 한국의 역사학계는 일제의 한국사 왜곡에 맞서 우리 역사를 지키기 위해 노력하였다.

3단계로 완성하기

16 밑줄 친 '만세 시위'가 무엇인지 쓰고, 이 시위가 국내 민족 운동에 끼친 영향을 서술하시오.

사진은 순종 장례일에 서울 태평로를 가득 메운 시민들의 모습이다. 당시 학생들은 미리 준비한 격문을 뿌리며 서울 곳곳에서 만세 시위를 벌였다.

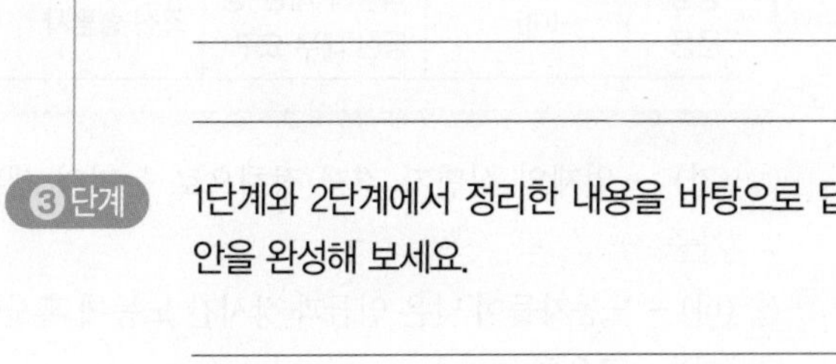

❶단계 밑줄 친 '만세 시위'가 무엇인지 추론해 보세요.

❷단계 위 '만세 시위'를 어떤 세력이 주도하였는지 써 보세요.

❸단계 1단계와 2단계에서 정리한 내용을 바탕으로 답안을 완성해 보세요.

1등급 도전하기

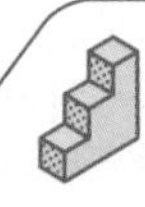

01 다음 모습이 나타난 시기에 볼 수 있는 모습으로 적절하지 않은 것은?

모던 걸과 모던 보이 풍자화

모던 걸 아가씨들 둥근 종아리는 데파트 출입에 굵어만 가고, 저 모던 보이들의 굵은 팔뚝은 네온의 밤거리에 야위어 가네. 뚱딴지 서울 꼴불견 많다. 뚱딴지 뚱딴지 뚱딴지 서울 ……

- 「뚱딴지 서울」

① 문화 주택에 거주하는 젊은 부부
② 105인 사건으로 체포되는 신민회 회원
③ 손님에게 빵과 커피를 제공하는 카페 주인
④ 일본인 거주 지역을 활보하는 일본인 남성
⑤ 개량 서당에서 근대 학문을 배우고 있는 학생

02 (가)~(마)에 들어갈 내용으로 적절하지 않은 것은?

일제 강점기 사회 운동

구분	배경	전개	대표적 단체
농민 운동	(가)	암태도 소작 쟁의	조선 농민 총동맹
노동 운동	(나)	원산 총파업	조선 노동 총동맹
여성 운동	여성에 대한 차별과 억압 지속	남녀평등 운동 전개	(다)
소년 운동	아이들의 지위 열악	(라)	천도교 소년회
형평 운동	(마)	백정에 대한 평등한 대우 요구	조선 형평사

① (가) – 일제의 식민지 경제 정책으로 농민의 생활고 가중
② (나) – 노동자들이 낮은 임금과 장시간 노동에 혹사당함
③ (다) – 근우회
④ (라) – 어린이라는 용어 사용
⑤ (마) – 백정에 대한 신분적 차별 여전

참의 융합

03 다음 작품으로 알 수 있는 당시 문학계 동향으로 가장 적절한 것은?

지금은 남의 땅, 빼앗긴 들에도 봄은 오는가? / 나는 온몸에 햇살을 받고 / 푸른 하늘 푸른 들이 맞붙은 곳으로 / 가르마 같은 논길을 따라 꿈속을 가듯 걸어만 간다. …… 살진 젖가슴과 같은 부드러운 이 흙을 / 발목이시리도록 밟아도 보고 좋은 땀조차 흘리고 싶다. ……

- 이상화, 「빼앗긴 들에도 봄은 오는가」

① 일부 문인들이 일제의 침략 전쟁을 찬양하였다.
② 일제에 대한 저항 의식을 담은 작품이 등장하였다.
③ 사회주의 사상의 영향을 받은 문학 경향이 나타났다.
④ 식민지 현실에 관심을 둔 사실주의 문학이 유행하였다.
⑤ 이광수, 최남선 등의 주도로 계몽적 성격의 문학이 유행하였다.

04 다음 강령을 내세운 단체에 대한 설명으로 옳은 것은?

1. 여성에 대한 사회적·법률적 일체 차별 철폐
2. 일체 봉건적 인습과 미신 타파
3. 조혼 폐지 및 결혼의 자유
4. 인신매매 및 공창(公娼) 폐지
5. 농민 부인의 경제적 이익 옹호
6. 부인 노동의 임금 차별 철폐 및 산전·산후 임금 지불
7. 부인 및 소년공의 위험 노동 및 야업(夜業) 폐지

① 6·10 만세 운동에 참여하였다.
② 암태도 소작 쟁의를 지원하였다.
③ 『신여성』이라는 잡지를 발간하였다.
④ 민족주의와 사회주의 계열의 여성이 참여하였다.
⑤ 하부에 애국반을 조직하고 반상회를 운영하였다.

정답과 해설 10쪽

수능 준비하기

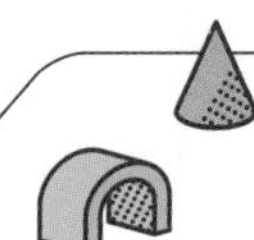

수능 기출

01 (가) 단체에 대한 설명으로 옳은 것은?

한국사 신문 19△△년 △△월 △△일

(가), 어린이날 제정!

부모 중에는 배우고자 하는 자식을 막는 사람들도 있다. 이러한 사람들을 볼 때 누가 한숨을 쉬지 않고 눈물을 흘리지 않겠는가. 이에 천도교회 소년들이 중심이 된 (가) 에서는 어린이를 위하는 부모의 마음이 더 두터워지기를 바라는 마음에서 5월 1일을 '어린이날'이라 하고, "항상 10년 후의 조선을 생각하십시오."라고 쓴 인쇄물을 시내에 배포할 계획이다.

① 정우회 선언을 계기로 결성되었다.
② 한글 맞춤법 통일안을 제정하였다.
③ 방정환 등이 주축으로 활동하였다.
④ 오산 학교와 대성 학교를 설립하였다.
⑤ 청산리 대첩에서 일본군을 격파하였다.

수능 만점 한끝

자료의 어린이날, 천도교회 소년들 등의 내용을 통해 해당 단체를 추론하고, 단체에 관한 내용을 찾아본다.

이렇게도 출제될 수 있어요!

해당 단체를 이끈 인물을 자료로 제시하고, 단체의 활동이 무엇인지 묻는 문제가 출제될 수 있어요.

평가원 기출

02 다음 자료를 활용한 탐구 활동으로 가장 적절한 것은?

지금 한국의 형체는 허물어졌으나 오직 정신만은 남아 있을 수 없는 것일까. 이것이 『한국통사』를 저술하는 까닭이다. …… 오늘날 우리 민족은 모두 조상의 피로써 신체를 이루고, 조상의 혼으로써 정신을 삼고 있다. 우리 조상은 신성한 교화가 있고 신성한 학문과 무공을 가졌으니, 우리 민족이 어찌 다른 데에서 구해야만 하겠는가. 무릇 우리 형제는 늘 생각하고 잊지 말 것이며, 형체와 정신을 전멸시키지 말 것을 간절히 바라노라.

① 평양 천도의 배경을 살펴본다.
② 민족주의 사학의 내용을 알아본다.
③ 좌우 합작 위원회의 활동을 정리한다.
④ 홍경래가 난을 일으킨 원인을 찾아본다.
⑤ 진보당 사건으로 탄압받은 인물을 조사한다.

수능 만점 한끝

자료의 오직 정신, 『한국통사』 저술 등을 통해 해당 인물을 추론해 보고, 이를 바탕으로 자료와 관련한 탐구 활동 내용을 선택한다.

문제의 핵심

일제 강점기 주요 사학자의 저술

인물	저술
박은식	『한국통사』, 『한국독립운동지혈사』
신채호	『조선상고사』, 『조선사연구초』
백남운	『조선사회경제사』

독립 국가 건설 노력

핵심 미리 보기
- ☑ 1930년대 이후 민족 운동의 전개
- ☑ 1940년대 국내외에서 전개된 건국 준비 활동

한끝 더하기

❶ 동북 항일 연군
일제에 반대하는 세력은 사상에 관계없이 모두 받아들인다는 원칙을 내세우고 1936년에 동북 인민 혁명군을 확대·개편하여 조직한 무장 부대이다.

❷ 보천보 전투(1937)
동북 항일 연군 중 일부가 함경남도 일대를 습격하여 경찰 주재소와 면사무소 등 일제의 통치 기구를 파괴한 사건이다.

❸ 만보산 사건(1931)
중국 지린성에서 수로 개착 문제를 둘러싸고 한국 농민과 중국 농민이 충돌한 사건이다. 일제가 이 사건을 조작하여 한국인에 대한 중국인들의 감정이 나빠지면서 중국 내에서의 독립운동이 어려워졌다.

❹ 상하이 사변(1932)
일제가 이봉창의 의거 사건을 다룬 중국 신문의 내용을 빌미로 상하이를 기습 공격하여 점령한 사건이다.

❺ 한국 독립당
안창호, 김구, 조소앙 등이 대한민국 임시 정부를 지지하기 위해 1930년에 조직한 정당이다. 지청천 등이 만주에서 결성한 한국 독립당과는 다른 정당이다.

1 1930년대 이후 민족 운동의 전개

1. 만주에서의 항일 투쟁 대표 자료

(1) 한중 연합 작전

① **배경:** 만주 사변(1931)으로 중국인의 반일 감정 고조 → 독립군이 중국인 부대와 연합

② **활동 단체**

한국 독립군 (북만주)	한국 독립당이 결성, 총사령관 지청천, 중국 호로군과 연합, 쌍성보·사도하자·대전자령 전투 등에서 일본군 격퇴 → 일제의 공세 강화로 중국 관내로 이동, 일부는 한국광복군에 참여
조선 혁명군 (남만주)	조선 혁명당이 편성, 총사령관 양세봉, 중국 의용군과 연합, 영릉가·흥경성 전투에서 일본군 격퇴 → 1930년대 후반까지 항일 투쟁 전개, 일부는 동북 항일 연군에 가담

(2) 항일 유격 투쟁

① **배경:** 중국 공산당의 항일 무장 투쟁, 만주에서 한국인 사회주의 세력의 항일 유격대 조직

② **항일 유격 투쟁의 전개**

동북 인민 혁명군	중국 공산당이 만주 일대의 항일 유격대를 통합하여 조직(1933)
동북 항일 연군❶	동북 인민 혁명군을 확대·개편하여 조직, 동북 항일 연군 내의 한인 유격대가 조국 광복회 조직(사회주의 세력과 민족주의 세력 포함, 1936) → 보천보 전투❷에서 일본군 격퇴 → 1930년대 후반 일본군의 대공세로 소련의 연해주로 이동

2. 중국 관내의 항일 투쟁

(1) 한인 애국단의 활동

① **배경:** 국민 대표 회의 이후 대한민국 임시 정부의 활동 위축, 만보산 사건❸ 등으로 중국 내 독립운동이 어려워짐 → 침체된 임시 정부에 활기를 불어넣고자 김구가 상하이에서 한인 애국단 조직(1931)

② **전개**

이봉창 의거	도쿄에서 일왕이 탄 마차에 폭탄 투척(1932. 1.)
윤봉길 의거	상하이 훙커우 공원에서 열린 일왕의 생일 및 상하이 사변❹ 전승 기념식장에 폭탄 투척 → 일본군 장교와 여러 고위 관리 처단(1932. 4.)

③ **영향:** 중국인의 반한 감정이 크게 완화됨, 중국 국민당 정부가 한국의 독립운동을 적극 지원하게 됨

(2) 민족 운동 단체의 결성: 독립운동 세력의 통합

① **배경:** 일제의 만주 점령 → 독립운동가들이 중국 관내로 이동

② **독립운동 세력의 통합**

민족 혁명당 (조선 민족 혁명당)	의열단, 조선 혁명당, 한국 독립당❺ 등 민족주의 계열과 사회주의 계열의 단체가 연합하여 결성(1935) → 조소앙, 지청천 등 민족주의 계열의 이탈로 세력 약화 → 조선 민족 전선 연맹 조직(1937) 자료 ❶
조선 의용대	조선 민족 전선 연맹의 군사 조직으로 김원봉(총대장)이 창설(1938), 정보 수집·포로 심문 활동 등 전개 → 일부는 화북 지방으로 이동하여 조선 의용대 화북 지대 결성, 나머지 세력은 김원봉의 지휘 아래 한국광복군에 합류 자료 ❷
한국 광복 운동 단체 연합회	김구의 한국 국민당이 민족 혁명당에서 탈퇴한 조소앙·지청천 등 민족주의 세력과 연합 도모, 미주 지역의 대한인 국민회 등과 함께 결성(1937)

한끝 자료실

• 대표 자료 • 1930년대 만주 지역 독립군의 활동

정보 활용 능력

(국외 독립운동 사적지, 2019)

독립군과 중국군의 활동 지역
1931년 이전의 일본군 점령지
1932년의 일본군 점령지

한국 독립군 (총사령관 지청천)
① 쌍성보 전투(1932)
② 사도하자 전투(1933)
③ 대전자령 전투(1933)

조선 혁명군 (총사령관 양세봉)
④ 영릉가 전투(1932)
⑤ 흥경성 전투(1933)

치치하얼, 하얼빈, 창춘(장춘), 지린(길림), 닝안(영안), 블라디보스토크, 옌지(연길), 봉천, 백두산, 청진, 신의주, 동해, 황해

▲ 1930년대 만주 지역에서의 무장 독립 투쟁

북만주 일대에서는 지청천이 이끄는 한국 독립군이 중국 호로군과 연합하여 일본군에 승리하였다. 남만주 일대에서는 양세봉이 이끄는 조선 혁명군이 중국 의용군과 힘을 모아 일본군을 물리쳤다. 그러나 일본군의 공격이 거세지면서 중국군의 활동이 위축되었고, 독립군의 활동도 점차 어려워졌다. 조선 혁명군은 총사령관 양세봉이 전사한 이후 세력이 약해졌으나 1930년대 후반까지 항일 투쟁을 전개하였으며, 일부는 동북 항일 연군에 가담하였다. 지청천을 비롯한 한국 독립군의 일부는 중국 관내로 이동하여 대한민국 임시 정부에 합류하였고, 한국광복군을 만드는 데 참여하였다.

• 시험에서는 이렇게 •

1930년대 한국 독립군과 조선 혁명군의 활동을 묻는 문제가 자주 출제됩니다. 두 단체의 활동 지역, 총사령관, 연합한 중국군, 주요 전투를 정리해 두세요.

자료 활용 문제

지도의 북만주 지역에서 활약한 독립군에 대한 설명으로 옳은 것은?

① 양세봉이 이끌었다.
② 중국 의용군과 연합하였다.
③ 동북 항일 연군으로 개편되었다.
④ 청산리에서 일본군을 격파하였다.
⑤ 대전자령 전투에서 일본군에 승리하였다.

답 ⑤

자료 ❶ 민족 혁명당

> 본 당은 혁명적 수단으로써 원수이며 적인 일본의 침탈 세력을 박멸한다. 그리하여 5천 년 독립 자주해 온 국토와 주권을 회복하고 정치·경제·교육의 평등에 기초를 둔 진정한 민주 공화국을 건설하여 국민 전체의 생활 평등을 확보하고 나아가 세계 인류의 평등과 행복을 촉진한다.
>
> – 민족 혁명당 강령

민족 혁명당은 민족주의 계열과 사회주의 계열이 만든 중국 관내 최대 규모의 통일 전선 정당이었다. 이 단체는 민주 공화국 수립, 토지 국유화 등을 강령으로 내걸고 항일 운동을 전개하였다. 하지만 김구 등 대한민국 임시 정부를 고수하려는 독립운동 세력은 임시 정부의 해체를 전제로 한 민족 혁명당에 참가하지 않았고, 조소앙, 지청천 등이 탈당하면서 민족 혁명당은 통일 전선 정당으로서의 성격이 약해졌다.

자료 ❷ 조선 의용대의 활동

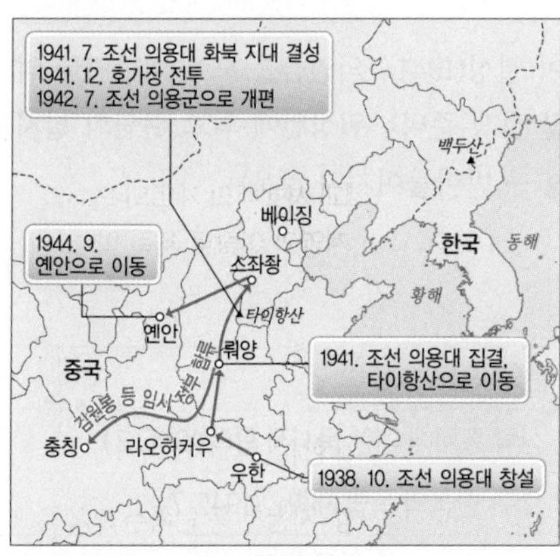

▲ 조선 의용대와 조선 의용군의 활동

중국 국민당 정부의 지원을 받아 1938년에 창설된 조선 의용대는 중국 국민당 정부의 대일 전선에 배치되어 정보 수집, 포로 심문, 후방 교란 등의 활동을 하며 중국군을 지원하였다. 이후 일부 세력은 화북 지방으로 이동하여 조선 의용대 화북 지대로 개편하고 일본군에 맞서 호가장 전투, 반소탕전 등에서 성과를 거두었다. 화북 지방으로 이동하지 않은 나머지 병력은 한국광복군에 합류하였다.

개념 확인하기

1 다음에서 설명하는 군사 조직을 〈보기〉에서 골라 기호를 쓰시오.

보기
ㄱ. 조선 의용대 ㄴ. 한국 독립군

(1) 조선 민족 전선 연맹의 군사 조직으로 김원봉이 창설하였다. ( )
(2) 중국 호로군과 연합하여 쌍성보 전투에서 일본군을 무찔렀다. ( )

2 다음 빈칸에 들어갈 한인 애국단원을 쓰시오.

(1) ( )은 일본 도쿄에서 일왕이 탄 마차에 수류탄을 던졌다.
(2) ( )은 상하이 훙커우 공원에 폭탄을 던져 일본군 장교와 고위 관리들을 처단하였다.

3 다음 설명이 맞으면 ○표, 틀리면 ×표를 하시오.

(1) 윤봉길 의거 이후 중국 국민당 정부에서 대한민국 임시 정부를 지원하기로 결정하였다. ( )
(2) 1935년 중국 관내에서 민족주의 계열과 사회주의 계열의 통합 단체로 한국 독립당이 만들어졌다. ( )
(3) 동북 항일 연군 내의 한인 유격대가 만주의 한국인 사회주의 세력과 민족주의 세력을 포함하여 조국 광복회를 결성하였다. ( )

독립 국가 건설 노력

❶ 대한민국 임시 정부의 이동

대한민국 임시 정부는 일제의 탄압을 피해 근거지를 옮겨 다니다가 1940년 9월 중국 국민당을 따라 충칭에 자리 잡았다.

❷ 대한민국 임시 정부의 형태 변화

1919~1925년	대통령제
1925~1927년	국무령 중심의 내각 책임제
1927~1940년	국무 위원 중심의 집단 지도 체제
1940~1944년	주석제
1944~1948년	주석제, 부주석제

❸「한국광복군 행동 준승 9개 항」

중국 군사 위원회가 한국광복군의 활동을 규제하기 위해 요구한 조치이다.

❹ 국내 진공 작전

한국 내에 거점을 확보하고자 한인 청년들을 잠수함이나 항공기로 국내에 투입하려는 계획이었다. 일명 '독수리 작전(Eagle Project)'이라고 불렸다.

❺ 삼균주의

정치, 경제, 교육에서의 균등을 바탕으로 개인과 개인, 민족과 민족, 국가와 국가 간의 균등을 이루는 것을 의미한다.

2 건국 준비 활동

1. 대한민국 임시 정부

(1) 대한민국 임시 정부의 이동과 체제 정비

① **이동**[1]: 윤봉길 의거 후 일제의 탄압 강화로 이동 시작(1932) → 충칭에 정착(1940)

② **체제 정비**[2]: 1940년 주석 중심의 단일 지도 체제 마련(김구를 주석으로 선출)

(2) 민족 운동 세력의 결집: 한국 국민당, 한국 독립당, 조선 혁명당이 합당하여 한국 독립당 결성(1940) → 김원봉이 이끄는 조선 민족 혁명당의 합류 → 통합 세력으로 발전

(3) 한국광복군의 창설과 활동 자료 ❸

창설	• 대한민국 임시 정부의 정규군으로 충칭에서 창설(1940), 사령관에 지청천 임명 • 김원봉이 이끄는 조선 의용대의 합류로 전력 강화(1942)
활동	• 중국 국민당의 군사 원조를 받음,「한국광복군 행동 준승 9개 항」[3] 수용 → 대한민국 임시 정부가 한국광복군의 지휘권 확보(독자적인 군사 활동 가능, 1944) • 1944년 아시아·태평양 전쟁 발발 직후 대한민국 임시 정부의 대일 선전 포고 → 이후 연합군과 합동 작전 전개 → 미얀마·인도 전선에 참여, 미국 전략 정보국(OSS)과 협력하여 국내 진공 작전[4] 계획(일제의 항복으로 작전 계획을 실현하지 못함)

(4) 대한민국 건국 강령 발표(1941. 11.): 조소앙의 삼균주의[5]에 기초 → 민주 공화정 수립, 보통 선거 제도 실시, 토지와 주요 산업 국유화, 무상 교육 실시 주장 대표 자료

2. 여러 단체들의 활동

(1) 조선 독립 동맹

결성	중국 화북 지방에서 한국인 사회주의자들을 중심으로 결성(1942)
활동	건국 강령 발표(보통 선거에 의한 민주 공화국 수립 등 주장), 국내외 독립운동 세력과의 통합 논의 전개 → 일제의 패망으로 중단 대표 자료
군사 조직	조선 의용대 화북 지대를 기반으로 조선 의용군 결성(1942) → 중국 공산당의 팔로군과 함께 대일 항전 전개

(2) 조선 건국 동맹

결성	여운형을 중심으로 한 민족 지도자들이 국내에서 비밀리에 결성(1944)
활동	건국 강령 마련(일제 타도, 민주주의 국가 건설 등 주장), 전국에 조직망 설치, 농민 동맹 조직, 군사 위원회 설치(일본군의 후방 교란과 무장 봉기 목적), 국외 독립운동 세력(조선 독립 동맹, 대한민국 임시 정부)과의 연계 모색

(3) 재미 한족 연합 위원회: 미주 지역 한인 동포들이 결성(1941), 의연금을 모아 대한민국 임시 정부 지원, 한인 국방 경위대 조직(무장 독립 전쟁 준비), 워싱턴에 외교 위원회 설치 후 미 국무부에 임시 정부를 승인해 달라고 요청(→ 받아들여지지 않음)

3. 국제 사회의 한국 독립 약속

(1) 국제 사회의 한국 독립 언급

카이로 회담	미·영·중 참여, 최초로 한국의 독립 문제 논의(1943. 11.)
얄타 회담	미·영·소 참여, 소련의 대일전 참전 결정, 신탁 통치에 대한 묵시적 합의(1945. 2.)
포츠담 회담	미·영·중·소 참여 → 일본의 무조건 항복 요구, 한국의 독립 재확인(1945. 7.)

(2) 한국의 독립: 미국이 일본에 원자 폭탄 투하 → 일본 항복, 한국의 광복(1945. 8. 15.)

한끝 자료실

대표 자료 건국을 위한 준비 ······ 비판적 사고력

[대한민국 임시 정부의 건국 강령(1941)]

2. 삼균 제도를 골자로 한 헌법을 실시하여 정치·경제·교육의 민주적 시설로 실제상 균형을 도모하며, 전국의 토지와 대생산 기관의 국유가 완성되고 전국의 학령 아동 전체가 고급 교육의 무상 교육을 완성한다.
4. 보통 선거에는 만 18세 이상 남녀로 선거권을 행사하되 신앙, 교육, 거주 연수, 사회 출신, 재정 상황 등을 분별치 아니한다.

[조선 독립 동맹의 건국 강령(1942)]

본 동맹은 조선에 대한 일본 제국주의의 지배를 전복하고, 독립 자유의 조선 민주 공화국 건립을 목적으로 하여 아래의 제 임무를 규정한다.

1. 전 국민의 보통 선거에 의한 민주 정권을 수립한다.
6. 조선에 있는 일본 제국주의자의 일체 자산 및 토지를 몰수하고, 일본 제국주의와 밀접한 관계에 있는 대기업을 국영으로 귀속하며, 토지 분배를 실행한다.

대한민국 임시 정부와 조선 독립 동맹은 각각 활동하는 지역이 달랐지만, 모두 광복 이전에 일제의 패망에 대비하여 독립 국가의 수립을 준비하였다. 두 단체가 제시한 건국 강령은 광복 이후 정치적으로는 보통 선거에 의한 민주 공화국의 수립, 경제적으로는 주요 산업의 국유화, 교육에 있어서는 무상 교육 혹은 의무 교육 실시를 내세우는 등 큰 틀에서 대체적으로 의견을 같이하였다.

• 시험에서는 이렇게 •

대한민국 임시 정부, 조선 독립 동맹 등 각 단체의 건국 강령을 보여 주고, 건국 강령에 담긴 주요 정책을 묻거나 공통적인 특징을 묻는 문제가 출제될 수 있어요. 또한 건국 강령을 발표한 단체에 대해 묻는 문제가 자주 출제됩니다. 건국 강령의 주요 내용과 각 단체의 건국 준비 활동을 정리해 두세요.

자료 활용 문제

두 번째 자료를 강령으로 삼은 단체에 대한 설명으로 옳은 것은?

① 국내에서 비밀리에 결성되었다.
② 중국 국민당 정부의 지원을 받았다.
③ 사회주의자들을 중심으로 조직되었다.
④ 조소앙의 삼균주의를 기초로 한 건국 강령을 발표하였다.
⑤ 한인 국방 경위대를 조직하여 무장 독립 전쟁을 준비하였다.

답 ③

자료 ③ 대한민국 임시 정부와 한국광복군의 활동

[대한민국 임시 정부의 대일 선전 포고]

우리는 삼천만 한국 인민과 정부를 대표하여 삼가 중국, 영국, 미국 및 기타 모든 나라의 대일 선전이 일본을 물리치고 동아시아를 재건하는 가장 유효한 수단이 됨을 축하하여 이에 특히 다음과 같이 성명한다.

1. 한국 전 인민은 현재 이미 반침략 전선에 참가하였으니 추축국에 전쟁을 선포한다.
3. 한국·중국 및 서태평양으로부터 왜구를 완전히 몰아내기 위하여 최후 승리를 거둘 때까지 혈전한다.

– 대한민국 임시 정부의 대일 선전 성명서, 1941

[한국광복군과 미군의 OSS 훈련]

나는 목숨을 걸고 탈출하여 …… 충칭으로 가는 6,000리 장정의 길에 나섰고 …… 이범석 장군의 부관이 되어 시안에 있는 제2 지대로 찾아가서 미국 전략 정보국(OSS) 특별 훈련을 받았다. 국내 지하 공작원으로 진입하려고 하던 때에 일본의 패망을 맞이하였다.

– 김준엽, 「장정」

1941년 아시아·태평양 전쟁이 발발하자 대한민국 임시 정부는 정식으로 일제에 대일 선전 포고를 하고, 한국광복군이 연합군과 합동 작전을 전개하도록 하였다. 이러한 가운데 1943년 한국광복군은 영국군의 요청에 따라 미얀마·인도 전선에 공작대를 파견하여 일본군 포로 심문, 문서 번역, 선전 활동 등을 담당하였다. 한편, 대한민국 임시 정부는 중국에 주둔하고 있던 미국 전략 정보국(OSS)과 협력하여 한국광복군 일부를 국내 투입 유격 요원으로 훈련에 참여시키고, 국내 진공 작전을 계획하였다. 그러나 일제가 연합군에 항복하면서 작전 계획을 실현하지 못하였다.

개념 확인하기

4 다음 설명이 맞으면 ○표, 틀리면 ×표를 하시오.

(1) 대한민국 임시 정부는 1940년 항저우에 정착하였다. ( )
(2) 미주 지역의 한국인들은 1941년 재미 한족 연합 위원회를 결성하여 대한민국 임시 정부를 지원하였다. ( )
(3) 조선 독립 동맹은 1944년 여운형을 중심으로 한 민족 지도자들이 국내에서 비밀리에 결성한 단체이다. ( )

5 대한민국 임시 정부의 건국 강령은 조소앙의 (　　　)에 기초하였다.

6 다음 내용이 포함된 선언을 〈보기〉에서 골라 기호를 쓰시오.

보기
ㄱ. 카이로 선언　　ㄴ. 포츠담 선언

(1) 한국의 독립 재확인 ( )
(2) 최초로 한국의 독립 약속 ( )

실력 다지기

01 다음과 같은 합의들이 이루어진 배경으로 옳은 것은?

- 한중 양군은 최악의 상황이 오는 경우에도 장기간 항전할 것을 맹세한다. 중동 철도를 경계선으로 서부 전선은 중국이 맡고, 동부 전선은 한국이 맡는다. 전시의 후방 전투 훈련은 한국 장교가 맡고, 한국군에 필요한 군수품 등은 중국군이 공급한다.
- 중국과 한국 양국의 군민은 한마음 한뜻으로 일제에 대항하여 싸우고, 인력과 물자는 서로 나누어 쓰며, 합작의 원칙 아래 국적과 관계없이 그 능력에 따라 항일 공작을 나누어 맡는다.

① 자유시 참변으로 독립군 세력이 약화되었다.
② 만주 사변으로 중국인의 반일 감정이 높아졌다.
③ 대한민국 임시 정부가 충칭에서 군대를 창설하였다.
④ 독립군이 봉오동 전투에서 일본군에 대승을 거두었다.
⑤ 중일 전쟁 이후에 독립운동 단체들이 통합을 이루었다.

대표 자료 링크

02 (가), (나)에 들어갈 독립군 부대에 대한 설명으로 옳지 않은 것은?

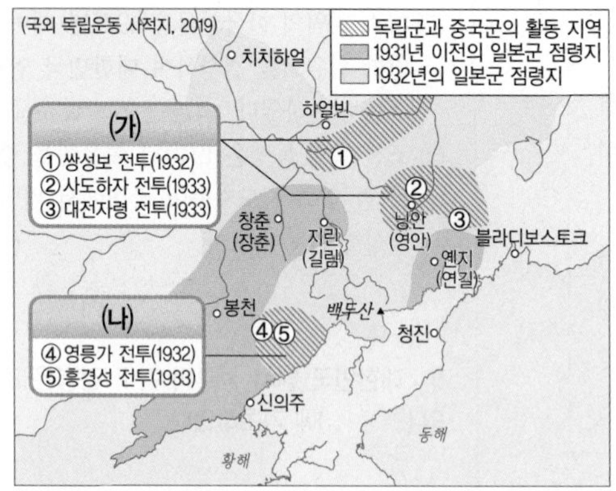

① (가) – 한국 독립당 산하의 군대였다.
② (가) – 중국 호로군과 연합하여 항일전을 수행하였다.
③ (나) – 양세봉이 총사령관으로 부대를 지휘하였다.
④ (나) – 중국 의용군과 연합하여 일본군을 격퇴하였다.
⑤ (나) – 일부가 중국 관내로 이동하여 한국광복군에 합류하였다.

03 (가) 단체에 대한 설명으로 옳은 것은?

① 3부 통합 운동의 결과로 결성되었다.
② 조선 민족 전선 연맹으로 개편하였다.
③ 동북 인민 혁명군이 개편되어 결성되었다.
④ 호가장 전투, 반소탕전에서 큰 전과를 올렸다.
⑤ 백운평, 완루구 등지에서 일본군을 격퇴하였다.

[04~05] 다음을 읽고 물음에 답하시오.

(가) 은/는 거사 당일 김구에게 도시락과 물통 모양의 폭탄을 전달받고, 일본 국왕의 생일과 상하이 사변의 승리를 축하하는 기념식장에 폭탄을 던졌다.

거사 직후의 모습

04 (가)에 들어갈 인물을 쓰시오.

중요해

05 위 사건의 영향으로 옳은 것은?

① 국내에서 신간회가 창립되었다.
② 3부가 국민부와 혁신 의회로 재편되었다.
③ 간도 참변이 일어나 한국인들이 희생당하였다.
④ 독립운동가들이 국민 대표 회의의 개최를 요구하였다.
⑤ 중국 국민당 정부가 한국의 독립운동을 적극 지원하였다.

이 문제에서 나올 수 있는 모든 선택지✓

06 다음 내용을 강령으로 하는 단체에 대한 설명으로 옳지 않은 것은?

> 본 당은 혁명적 수단으로써 원수이며 적인 일본의 침탈 세력을 박멸한다. 그리하여 5천 년 독립 자주해 온 국토와 주권을 회복하고 정치·경제·교육의 평등에 기초를 둔 진정한 민주 공화국을 건설하여 국민 전체의 생활 평등을 확보하고 나아가 세계 인류의 평등과 행복을 촉진한다.

① 난징에서 조선 민족 전선 연맹을 결성하였다.
② 중국 관내 최대 규모의 통일 전선 정당이었다.
③ 민족주의 계열과 사회주의 계열의 단체가 연합하였다.
④ 3부 통합 운동의 결과 남만주 지역에서 결성된 군정부였다.
⑤ 대한민국 임시 정부를 고수하려는 세력은 참가하지 않았다.
⑥ 의열단 계열이 주도권을 잡자 조소앙, 지청천 등이 탈당하였다.

07 (가)에 들어갈 내용으로 가장 적절한 것은?

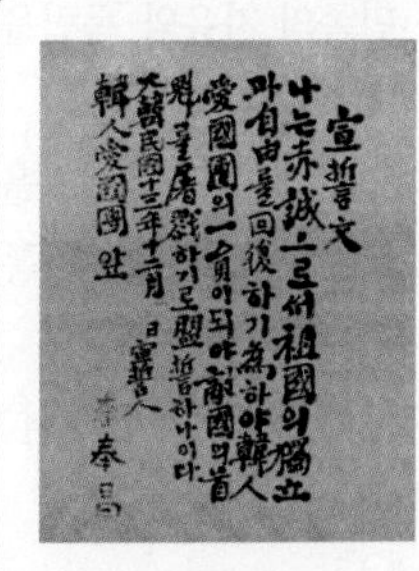

제시된 자료는 한인 애국단원 이봉창이 두터운 천 위에 붓으로 쓴 자필 선서문이다. 이봉창은 의거 전에 이 선서문을 가슴에 달고 사진을 찍었다. 1932년 1월 그는 ______(가)______

① 청산리에서 일본군을 크게 무찔렀다.
② 하얼빈에서 이토 히로부미를 저격하였다.
③ 서울에서 이완용을 습격하여 중상을 입혔다.
④ 도쿄에서 일본 국왕을 향해 폭탄을 투척하였다.
⑤ 상하이 훙커우 공원에서 일본군 장교 등을 살상하였다.

중요해

08 (가) 단체에 대한 설명으로 옳은 것만을 〈보기〉에서 고른 것은?

> 일본은 가장 야만적이고, 난폭한 수단으로 중국의 항일 중심지인 우한을 공격해 왔다. 이때를 당하여 전 중국 민중은 …… 항일 전쟁에 돌입하였다. 이에 있어서 우리는 모름지기 이 정의로운 전쟁에 참여하고 본 전쟁 중에 조국의 독립을 쟁취해야 할 것이다. 그러므로 우리는 우선 조선 민족 전선 연맹의 기치 아래 일치단결하고, …… [(가)]을/를 조직한 것이다.
>
> – [(가)] 성립 선언, 1938. 10.

보기

ㄱ. 중국 국민당 정부의 지원을 받았다.
ㄴ. 일부 병력이 화북 지역으로 이동하였다.
ㄷ. 영릉가, 흥경성에서 일본군을 격퇴하였다.
ㄹ. 13도 연합 부대를 편성하고 서울 진공 작전을 전개하였다.

① ㄱ, ㄴ ② ㄱ, ㄷ ③ ㄴ, ㄷ
④ ㄴ, ㄹ ⑤ ㄷ, ㄹ

09 (가)에 들어갈 조직으로 옳은 것은?

> 한국사 신문 1940년 9월 ○○일
>
> **[(가)]이/가 창설되다**
>
> 대한민국 임시 정부의 군대로 [(가)]이/가 창설되었다. 대한민국 임시 정부의 주석 김구는 "일본 제국주의를 타도하여 연합군의 일원으로 항전할 것을 목적으로 한다."라고 [(가)] 창설의 취지를 천명하였다. [(가)]의 사령관으로는 지청천, 참모장에 이범석이 임명되었다.

① 한국광복군
② 조선 의용대
③ 조선 혁명군
④ 한인 애국단
⑤ 북로 군정서군

10 (가)에 들어갈 내용으로 가장 적절한 것은?

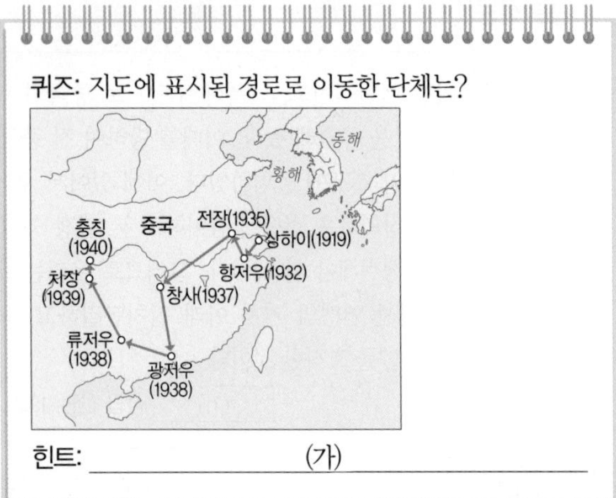

① 조선 의용군 편성
② 한인 국방 경위대 조직
③ 코민테른의 노선 변화로 해소
④ 중국 관내 최대의 통일 전선 정당
⑤ 아시아·태평양 전쟁 발발 이후 일본에 선전 포고

중요해

11 밑줄 친 '이 부대'에 대한 설명으로 옳은 것은?

① 재미 한족 연합 위원회에서 조직하였다.
② 호가장 전투, 반소탕전 등에 참가하였다.
③ 조선 의용대 화북 지대를 기반으로 편성되었다.
④ 미 국무부에 대한민국 임시 정부를 승인해 달라고 요청하였다.
⑤ 미국 전략 정보국(OSS)과 협력하여 국내 진공 작전을 준비하였다.

12 다음 건국 강령에 대한 설명으로 옳지 않은 것은?

> 제3장 건국
> 4. 보통 선거에는 만 18세 이상 남녀로 선거권을 행사하되 신앙, 교육, 거주 연수, 사회 출신, 재정 상황을 분별치 아니한다.
> 6. 대생산 기관의 공구와 시설을 국유로 하고 토지, 광산, 어업, 농림, 수리, 소택과 수상·육상·공중의 운수 사업과 은행·전신·교통 등과 대규모 농·공·상기업과 성시, 공업 구역의 공용적 주요 산업은 국유로 하고 소규모 및 중등 기업은 사영으로 한다.

① 조소앙의 삼균주의에 기초하였다.
② 사회주의적인 요소를 포괄하고 있다.
③ 민주 공화정의 수립을 목표로 작성되었다.
④ 항일 무장 투쟁을 위해 한국광복군의 창설을 명시하였다.
⑤ 일제로부터 독립한 후 세우고자 하는 국가의 이념과 체제를 밝혔다.

13 (가) 단체에 대한 설명으로 옳지 않은 것은?

> (가) 의 건국 강령(1944)
> 1. 각인 각파를 대동단결하여 거국일치로 일본 제국주의 모든 세력을 몰아내고 조선 민족의 자유와 독립을 회복할 것
> 2. 반추축 제국(연합국)과 협력하여 대일 연합 전선을 형성하고 조선의 완전한 독립을 저해하는 일체 반동 세력을 박멸할 것
> 3. 건설 부면에 있어서 일체 시정을 민주주의적 원칙에 의거하고, 특히 노농 대중의 해방에 치중할 것

① 전국에 조직망을 만들었다.
② 여운형 등의 주도로 국내에서 결성되었다.
③ 주석 중심의 단일 지도 체제를 마련하였다.
④ 국외 독립운동 세력과의 연계를 모색하였다.
⑤ 무장봉기를 목적으로 군사 위원회를 설치하였다.

14 밑줄 친 부분에 해당하는 설명으로 옳은 것만을 〈보기〉에서 고른 것은?

아시아·태평양 전쟁이 진행되고 있는 1940년대에 국내외의 독립운동 세력들은 일제가 패망한 이후를 대비하여 건국 준비 활동을 하였다.

| 보기 |
ㄱ. 사회주의자들이 중심이 되어 조선 독립 동맹을 결성하였다.
ㄴ. 독립 협회가 관민 공동회를 개최하여 헌의 6조를 채택하였다.
ㄷ. 조선 건국 동맹이 대한민국 임시 정부 등 국외 세력과의 연계를 모색하였다.
ㄹ. 대한 광복군 정부가 이상설과 이동휘를 정부통령으로 선출하여 활동을 전개하였다.

① ㄱ, ㄴ ② ㄱ, ㄷ ③ ㄴ, ㄷ
④ ㄴ, ㄹ ⑤ ㄷ, ㄹ

중요해

15 다음 선언이 발표된 시기를 연표에서 옳게 고른 것은?

(미국, 영국, 중국) 3대 연합국은 한국 인민의 노예 상태에 유의하여 적당한 시기(in due course)에 한국이 자유롭게 되고 독립하게 될 것을 결의한다. 이와 같은 목적으로 일본과 교전 중인 여러 국가와 협조하여 일본의 무조건 항복을 촉진하는 데 필요한 중대하고도 장기적인 행동을 속행한다.

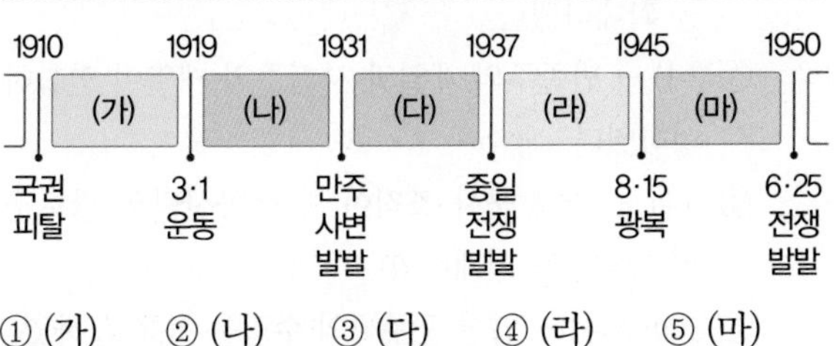

① (가) ② (나) ③ (다) ④ (라) ⑤ (마)

16 (가)에 들어갈 단체를 쓰고, 이 단체의 결성 배경을 서술하시오.

나는 적성(참된 정성)으로써 조국의 독립과 자유를 회복하기 위하여 (가) 의 일원이 되어 적국의 수괴를 도륙하기로 맹서하나이다.

– 대한민국 13년 12월 선서인 이봉창

3단계로 완성하기

17 (가), (나)에 들어갈 단체를 각각 쓰고, 두 건국 강령에서 공통으로 지향하는 국가의 모습을 서술하시오.

• (가) 의 건국 강령(1941)
2. 삼균 제도를 골자로 한 헌법을 실시하여 정치·경제·교육의 민주적 시설로 실제상 균형을 도모하며, 전국의 토지와 대생산 기관의 국유가 완성되고 전국의 학령 아동 전체가 고급 교육의 무상 교육을 완성한다.

• (나) 의 건국 강령(1942)
1. 전 국민의 보통 선거에 의한 민주 정권을 수립한다.
6. 조선에 있는 일본 제국주의자의 일체 자산 및 토지를 몰수하고, 일본 제국주의와 밀접한 관계에 있는 대기업을 국영으로 귀속하여, 토지 분배를 실행한다.

❶단계 자료를 통해 (가), (나)에 들어갈 단체를 찾아보세요.

❷단계 두 건국 강령에서 공통적으로 지향하는 정치 체제를 추론해 보세요.

❸단계 1단계와 2단계에서 정리한 내용을 바탕으로 답안을 완성해 보세요.

1등급 도전하기

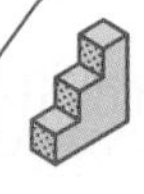

01 (가), (나)에 들어갈 독립군 부대에 대한 설명으로 옳은 것만을 〈보기〉에서 고른 것은?

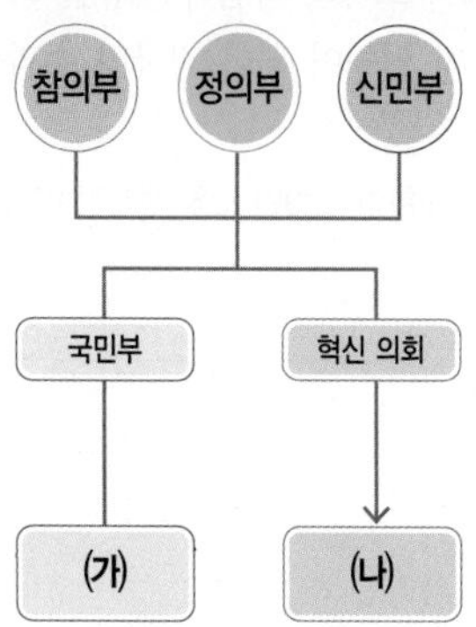

보기
ㄱ. (가) – 황푸 군관 학교에서 군사 훈련을 받았다. ㄴ. (나) – 쌍성보, 대전자령에서 일본군을 격퇴하였다. ㄷ. (가), (나) – 중국군과 연합 작전을 전개하였다. ㄹ. (가), (나) – 1930년대 후반 소련 지역으로 이동하였다.

① ㄱ, ㄴ ② ㄱ, ㄷ ③ ㄴ, ㄷ ④ ㄴ, ㄹ ⑤ ㄷ, ㄹ

02 다음 지도와 같이 활동한 독립군에 대한 설명으로 옳은 것은?

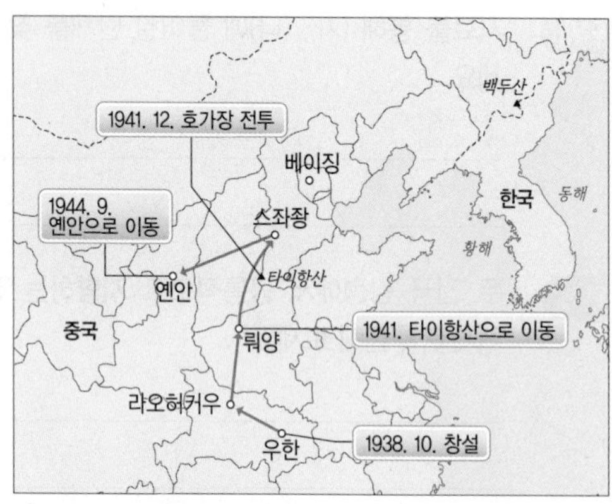

① 봉오동에서 일본군을 크게 격파하였다.
② 미국과 협력하여 국내 진공 작전을 계획하였다.
③ 중국군과 연합하여 사도하자 전투에서 승리하였다.
④ 미얀마·인도 전선에서 연합군의 일원으로 참여하였다.
⑤ 화북 지방으로 이동한 일부 병력이 호가장에서 일본군과 싸웠다.

창의 융합

03 밑줄 친 '나'가 속한 군사 조직에 대한 설명으로 옳은 것은?

> 나는 목숨을 걸고 탈출하여 …… 충칭으로 가는 6,000리 장정의 길에 나섰고 …… 이범석 장군의 부관이 되어 시안에 있는 제2 지대로 찾아가서 OSS 특별 훈련을 받았다. 국내 지하 공작원으로 진입하려고 하던 때에 투항을 맞이하였다.
>
> – 김준엽, 『장정』

① 중국 의용군과 연합하여 대일 항전을 전개하였다.
② 조선 의용대의 본부가 합류하여 전력을 강화하였다.
③ 조선 민족 전선 연맹에 속하여 항일전을 전개하였다.
④ 영릉가 전투와 흥경성 전투에서 큰 전과를 거두었다.
⑤ 약소민족의 민족 운동을 지원하겠다는 러시아의 약속을 기대하고 러시아로 이동하였다.

04 (가)~(다) 단체에 대한 설명으로 옳은 것은?

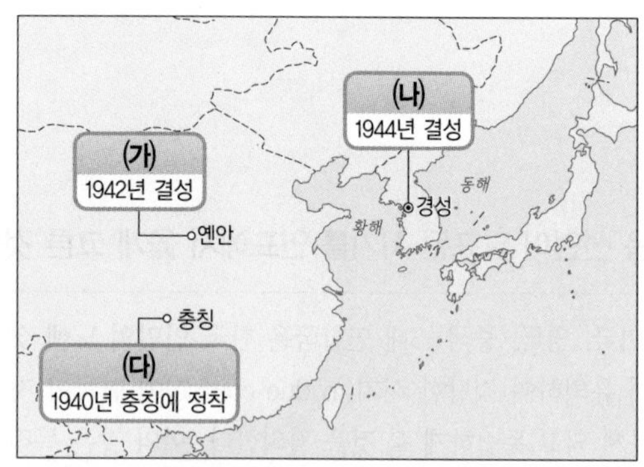

광복 직전 국내외 독립운동 단체

① (가) – 삼균주의에 기초한 건국 강령을 발표하였다.
② (가) – 여운형의 주도로 결성되어 전국적으로 조직망을 확대하였다.
③ (나) – 민족주의 계열과 사회주의 계열이 연합하여 결성하였다.
④ (다) – 산하 군사 조직이 중국 공산당의 팔로군과 함께 항일전을 전개하였다.
⑤ (가)~(다) – 입헌 군주국의 수립을 목표로 하였다.

정답과 해설 12쪽

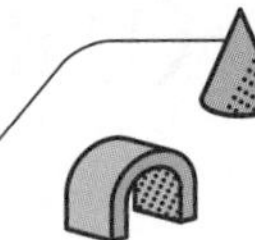

수능 준비하기

평가원 기출 | 응용

01 밑줄 친 '한국인'에 대한 설명으로 옳은 것은?

- 제목: 홍커우 사건 요지
- 발신일: ○○○○년 5월 1일
- 발신자: 중국 주재 프랑스 전권 공사
- 수신자: 프랑스 외무부 장관

그제 오전 일왕의 생일을 축하하기 위해 개최된 기념식에서 폭탄 투척 사건이 일어났습니다. 일본 공사 및 군 고위 인사들이 상하이 홍커우 공원에서 약 1만 명의 군사를 사열하고 연설을 하기 위해 단상에 모여 있었습니다. 일본 공사 시게미쓰가 연설하기 직전에 한 한국인이 고위 인사들 사이로 폭탄을 던졌습니다. 시라카와 대장을 비롯한 많은 인사들이 쓰러졌으며 크고 작은 부상을 입었습니다.

① 수선사 결사를 주도하였다.
② 「조선 혁명 선언」을 작성하였다.
③ 한인 애국단의 단원으로 활약하였다.
④ 만국 평화 회의에 특사로 파견되었다.
⑤ 개화 정책을 비판하는 영남 만인소를 올렸다.

수능 만점 한끝

일왕의 생일을 축하하기 위해 개최된 기념식에서의 폭탄 투척 사건, 상하이 홍커우 공원, 시라카와 대장 등의 내용을 통해 밑줄 친 '한국인'이 누구인지 파악하고, 그의 활동을 찾아본다.

이렇게도 출제될 수 있어요!

자료의 사건이 일어난 지역을 지도에서 고르거나 '한국인'이 속한 단체의 다른 활동을 고르는 문제가 출제될 수 있어요.

수능 기출 | 응용

02 (가) 군대에 대한 설명으로 옳은 것은?

(가) 을/를 창설할 때에 "우리의 분산된 역량을 독립군에 집중하여 전면적인 조국 광복 전쟁을 전개한다."는 등의 활동 목표를 세우고, 아울러 그 목표를 달성하기 위하여 노력하였지만, 뜻대로 일이 진행되지 않았다. …… 그러다가 (가) 은/는 미국 전략 정보국(OSS)과 합작하여 국내 진공 계획을 수립하게 된 것이기 때문에, 이는 우리 독립운동사에 있어서 획기적인 전환이라 할 수 있을 것이다. 이 역사적인 계획 실천의 첫 역군이 되고자 우리는 이곳에 온 것이다.

① 쌍성보 전투에서 승리하였다.
② 서울 진공 작전을 전개하였다.
③ 고종의 밀명을 받아 조직되었다.
④ 미얀마·인도 전선에 투입되었다.
⑤ 청산리에서 일본군을 격파하였다.

수능 만점 한끝

자료에서 미국 전략 정보국(OSS), 국내 진공 계획 수립 등을 통해 (가) 군대를 추론하고, (가) 군대의 활동을 고른다.

문제의 핵심

한국광복군

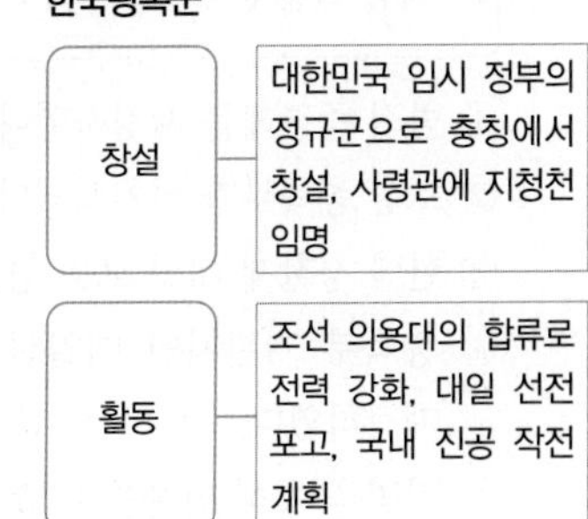

구분	내용
창설	대한민국 임시 정부의 정규군으로 충칭에서 창설, 사령관에 지청천 임명
활동	조선 의용대의 합류로 전력 강화, 대일 선전 포고, 국내 진공 작전 계획

대단원 마무리하기

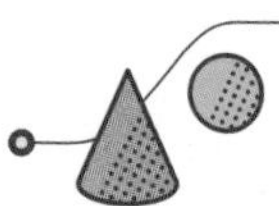

01 (가)에 들어갈 내용으로 적절한 것만을 〈보기〉에서 고른 것은?

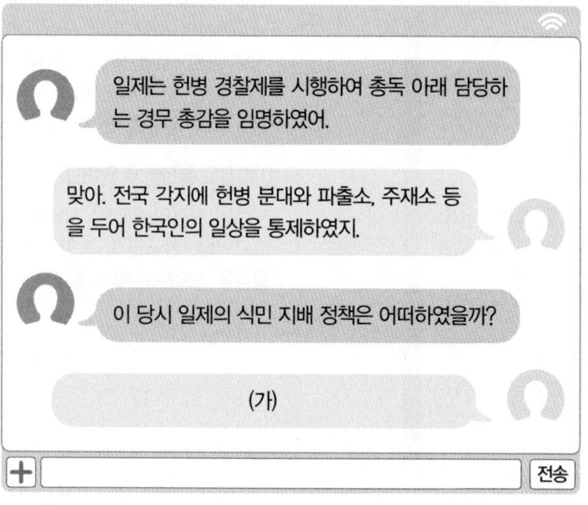

보기
ㄱ. 공출 제도를 실시하였어.
ㄴ. 한국인에게만 조선 태형령을 적용하였어.
ㄷ. 초등 교육 기관의 명칭을 국민학교로 바꿨어.
ㄹ. 학교 교원들에게 제복을 입고 칼을 차게 하였어.

① ㄱ, ㄴ ② ㄱ, ㄷ ③ ㄴ, ㄷ
④ ㄴ, ㄹ ⑤ ㄷ, ㄹ

02 다음 정책이 추진된 시기에 있었던 사실로 옳은 것은?

- 친일 인사가 각 종교 단체 지도자가 되도록 후원한다.
- 수재 교육을 명목으로 친일 지식인을 많이 양성한다.
- 조선인 부호들과 민중을 대립하게 하고, 이들에게 일본 자본을 공급해 친일화한다.
- 각종 친일 단체를 조직하고 후원한다.

① 범죄 즉결례를 제정하였다.
② 조선 총독부가 설치되었다.
③ 헌병 경찰제 대신 보통 경찰제가 실시되었다.
④ 총독부 기관지인 매일신보만 남기고 한국어 신문을 폐간하였다.
⑤ 헌병을 통해 납세를 강요하고 위생을 단속하는 등 한국인의 일상을 감시하였다.

03 다음 방침을 토대로 일제가 실시한 일제의 식민 통치에 대한 탐구 활동으로 적절하지 않은 것은?

> 조선 통치의 방침인 일시동인(一視同仁)의 대의를 존중하고 동양 평화를 확보하여 민중의 복리를 증진시키는 것은 대원칙으로 일찍이 정한 바이다. …… 정부는 관제를 개혁하여 총독 임용의 범위를 확장하고 경찰 제도를 개정하며, 또한 일반 관리나 교원 등의 복제를 폐지함으로써 시대의 흐름에 순응하고 …… 조선인의 임용과 대우 등에 관해서 더욱 고려하여 각각 그 할 바를 얻게 하고 …… 장래 기회를 보아 지방 자치 제도를 실시하여 국민 생활을 안정시키고 일반 복리를 증진시킬 것이다.
>
> – 사이토 총독의 시정 방침

① 일제가 치안 유지법을 제정한 목적을 파악한다.
② 일제의 검열로 기사가 삭제된 신문을 찾아본다.
③ 일제가 친일파 육성을 위해 실시한 정책을 조사한다.
④ 3·1 운동 전과 후의 경찰 관서와 인원, 비용을 비교해 본다.
⑤ 일제가 국민 징용령을 내려 한국인 노동력을 강제로 동원하게 된 배경과 의도를 조사한다.

04 (가)에 들어갈 내용으로 가장 적절한 것은?

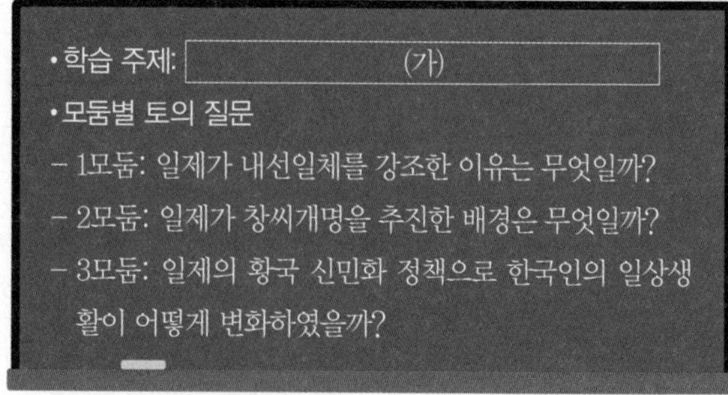

① 민족 말살 통치의 실시
② 애국 계몽 운동의 영향
③ 이른바 '문화 정치'의 실상
④ 강압적인 무단 통치의 모습
⑤ 한국인의 언론·집회·결사의 자유 탄압

05 (가)에 들어갈 내용으로 적절한 것만을 〈보기〉에서 고른 것은?

보기

ㄱ. 일본인 대지주가 증가하였어.
ㄴ. 토지를 잃은 농민들이 소작농으로 전락하였어.
ㄷ. 한국의 산업 구조가 군수 산업 중심으로 개편되었어.
ㄹ. 전쟁 물자에 필요한 식량과 물자가 강제로 공출되었어.

① ㄱ, ㄴ　② ㄱ, ㄷ　③ ㄴ, ㄷ
④ ㄴ, ㄹ　⑤ ㄷ, ㄹ

06 다음 주장에 따라 실시된 정책의 결과로 옳지 않은 것은?

일본 인구는 해마다 70만 명씩 늘어나고, 국민 생활이 향상되면 1인당 소비량도 점차 늘어나게 될 것이므로 앞으로 쌀이 계속 모자랄 것이다. 따라서 지금 쌀 증산 계획을 수립하여 일본 제국의 식량 문제를 해결하는 데 도움을 주는 것이 진실로 급한 국가 정책이라고 믿는다.

① 한국인의 1인당 쌀 소비량이 감소하였다.
② 만주로부터의 잡곡 수입량이 증가하였다.
③ 증산량보다 더 많은 양의 쌀이 일본으로 빠져 나갔다.
④ 소유권이 불분명한 토지가 조선 총독부의 소유가 되었다.
⑤ 높은 소작료, 종자 개량비 부담 때문에 농민들의 생활이 어려워졌다.

+단원 통합

07 다음 그래프의 상황이 전개된 배경으로 적절한 것은?

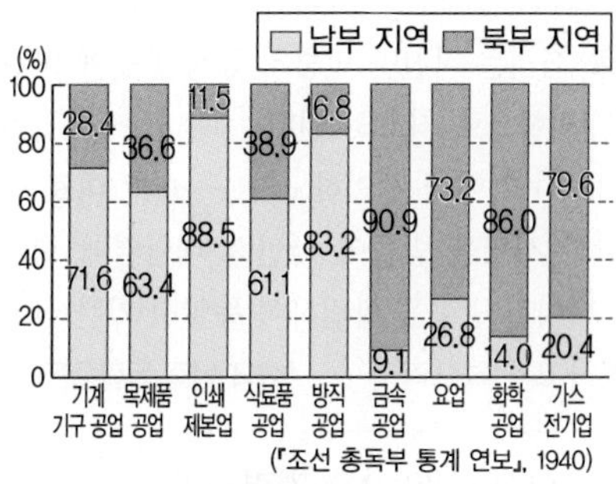

(『조선 총독부 통계 연보』, 1940)

▲ 지역별 공업 생산액(1940)

① 토지 조사 사업이 시행되었다.
② 병참 기지화 정책이 추진되었다.
③ 일본 상품의 관세가 폐지되었다.
④ 회사 설립이 신고제로 전환되었다.
⑤ 한국에서 많은 양의 쌀이 일본으로 빠져나갔다.

08 (가) 민족 운동의 영향으로 적절한 것만을 〈보기〉에서 고른 것은?

기념행사 안내

- 날짜: 2024년 △△월 △△일
- 행사 취지: (가) 이/가 일어난 날을 기념하여 당시의 사건을 살펴보는 시간을 갖는다.
- 행사 내용
  - 유관순 열사의 삶을 들여다보는 뮤지컬 「소녀의 꿈 유관순」 상영
  - 제암리 사건의 사진과 기록을 볼 수 있는 전시 진행

보기

ㄱ. 대한민국 임시 정부가 수립되었다.
ㄴ. 일제의 통치 방식이 민족 말살 통치로 바뀌었다.
ㄷ. 중국의 5·4 운동 등 반제국주의 운동이 일어났다.
ㄹ. 미국 대통령 윌슨이 민족 자결주의 원칙을 제시하였다.

① ㄱ, ㄴ　② ㄱ, ㄷ　③ ㄴ, ㄷ
④ ㄴ, ㄹ　⑤ ㄷ, ㄹ

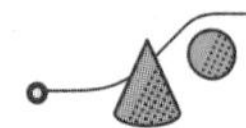

09 **밑줄 친 '국민 대표 회의'에 대한 설명으로 옳은 것은?**

> 본 국민 대표 회의는 이천만 민중의 공정한 뜻에 바탕을 둔 국민적 대회합으로 최고의 권위를 지녀 …… 독립을 성하기를 기도하고 이에 선언하노라 …… 본 대표 등은 국민이 위탁한 사명을 받들어 국민적 대단결에 힘쓰며 독립운동이 나아갈 방향을 확립하여 통일적 기관 아래서 대업을 완성하고자 하노라. -『한국 민족 독립운동 사료』

① 개조파와 창조파의 대립으로 결렬되었다.
② 박은식을 대통령으로 추대하는 것에 합의하였다.
③ 대한민국 임시 정부의 조직만 바꾸기로 결정하였다.
④ 대한민국 임시 정부를 해체하고 새로운 정부를 수립하기로 결정하였다.
⑤ 헌법을 개정하여 국무령 중심의 내각 책임제를 실시하기로 합의하였다.

+단원 통합

10 **다음과 같은 민족 운동이 일어난 배경으로 가장 적절한 것은?**

▲ 물산 장려회에서 만든 포스터

> 우리가 우리의 손에 산업 권리 생활의 제일 조건을 장악하지 아니하면 도저히 우리의 생명·인격·사회의 발전을 기대하지 못할지니 …… 조선 사람은 조선 사람이 지은 것을 사서 쓰고, 조선 사람은 단결하여 그가 쓰는 물건은 스스로 제작하여 공급하기를 목적하노라.

① 제2차 조선 교육령이 제정되었다.
② 기업 설립을 조선 총독이 허가하도록 하였다.
③ 어업령, 삼림령, 조선 광업령 등이 공포되었다.
④ 한국과 일본 사이의 관세를 철폐하려는 움직임이 나타났다.
⑤ 일제가 치안 유지법을 제정하여 사회주의 세력을 탄압하였다.

11 **다음과 같은 재판 기록을 남긴 민족 운동에 대한 설명으로 옳은 것은?**

> • 6월 10일 국장에서 격문을 뿌리며 만세를 부른 목적은 세 살 난 어린아이라도 다 알 일인데 물을 필요가 없다.
> • 조선의 형편은 당신들이 더 잘 알텐데 나에게 물을 것이 없다. 조선 사람들은 지금 거진 다 못 살게 된 상태이다.
> • 이 같은 행동을 한 목적은 자유를 부르짖으면 반드시 자유가 온다는 굳은 신념 아래서 자유를 얻기 위해 한 것이다. - 동아일보, 1926. 11. 4

① 민립 대학 기성회가 주도하였다.
② 신간회가 진상 조사단을 파견하였다.
③ 민족 협동 전선의 토대를 마련하였다.
④ 2·8 독립 선언의 영향을 받아 일어났다.
⑤ 3·1 운동 이후 최대 규모의 항일 민족 운동이었다.

12 **(가)가 일제 강점기에 주도한 사회 운동에 대한 설명으로 옳은 것은?**

▲ 조선 형평사 대회 포스터

> 공평은 사회의 근본이고 사랑은 인간의 본성이다. 우리는 계급을 타파하고 모욕적인 칭호를 폐지하며, 교육을 장려하여 우리도 참다운 인간으로 되고자 함이 본사(本社)의 취지이다. 지금까지 (가) 은/는 어떠한 지위와 압박을 받아 왔던가? 과거를 회상하면 종일 통곡과 피눈물을 금할 수 없다. …… 따라서 이 문제를 해결하는 것이 우리들의 급선무라고 설정함은 당연한 것이다.

① 5월 1일을 어린이날로 제정하였다.
② 법제상의 신분제 폐지를 요구하였다.
③ 방정환을 중심으로 한 단체가 주도하였다.
④ 고등 교육을 담당할 대학의 설립을 시도하였다.
⑤ 신분 해방 운동을 넘어 항일 민족 운동으로 발전하였다.

13 (가), (나) 주장에 대한 설명으로 옳은 것은?

(가) 옛사람이 말하기를 나라는 멸망할 수 있으나 그 역사는 결코 없어질 수 없다고 하였으니, 이는 나라가 형체라면 역사는 정신이기 때문이다. 이제 우리나라의 형체는 없어져 버렸지만, 정신은 살아남아야 할 것이다.

(나) 우리나라 역사 발전의 전 과정은 …… 이른바 외관의 특수성은 다른 문화 민족의 역사 발전 법칙과 구별해야만 하는 독자적인 것은 아니다. 세계사의 일원론적 역사 법칙을 통하여 다른 모든 민족과 거의 비슷한 발전 과정을 거쳐 온 것이다.

① (가) – 유물 사관 입장에서 한국사를 연구하였다.
② (가) – 한국사 발전 과정의 세계사적 보편성을 강조하였다.
③ (나) – 식민지 사관의 정체성론을 비판하였다.
④ (나) – 한국사의 독자성 및 민족정신을 강조하였다.
⑤ (가), (나) – 역사적 사실을 객관적으로 고증하는 데 전력을 기울였다.

14 (가), (나)에 들어갈 독립군 부대에 대한 설명으로 옳은 것만을 〈보기〉에서 고른 것은?

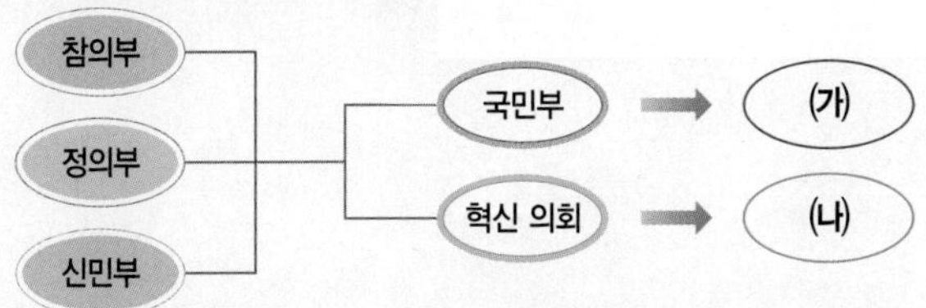

보기
ㄱ. (가) – 쌍성보 전투에서 승리하였다.
ㄴ. (가) – 남만주 일대에서 양세봉이 이끌었다.
ㄷ. (나) – 영릉가 전투에서 승리하였다.
ㄹ. (가), (나) – 중국군과 연합하여 일본군에 맞섰다.

① ㄱ, ㄴ ② ㄱ, ㄷ ③ ㄴ, ㄷ
④ ㄴ, ㄹ ⑤ ㄷ, ㄹ

15 (가)에 들어갈 단체로 옳은 것은?

김구는 적극적인 의열 투쟁을 벌여 국민 대표 회의 이후 침체된 대한민국 임시 정부에 활기를 불어 넣고자 (가) 을/를 조직하였다.

① 의열단 ② 신한청년단 ③ 구미 위원부
④ 조선 형평사 ⑤ 한인 애국단

16 밑줄 친 부분의 결과로 가장 적절한 것은?

1931년 일제가 만주 사변을 일으켜 만주를 점령하자 대일 전선이 화북 지역으로 옮겨졌고, 중국 관내가 무장 투쟁의 거점으로 떠올랐다. 이에 만주의 무장 독립운동 단체들은 중국 관내로 이동하였고, <u>중국 관내의 독립운동 세력들 사이에서는 항일 전선을 하나로 통합하려는 노력이 나타났다.</u>

① 민족 혁명당이 조직되었다.
② 조국 광복회가 결성되었다.
③ 신간회의 해소가 결정되었다.
④ 국민부와 혁신 의회가 조직되었다.
⑤ 대한민국 임시 정부가 충칭에 정착하였다.

+단원 통합

17 (가)를 군사 조직으로 둔 단체의 활동에 대한 설명으로 옳지 <u>않은</u> 것은?

(가) 은/는 1943년 영국군의 요청에 따라 미얀마·인도 전선에 파견되어 일본군 포로 심문, 문서 번역, 선전 활동 등을 하였다.

① 호가장 전투에 참전하였다.
② 대한민국 임시 헌장을 개정·발표하였다.
③ 삼균주의를 기초로 한 건국 강령을 발표하였다.
④ 아시아·태평양 전쟁이 일어나자 대일 선전 포고를 하였다.
⑤ 주석 중심의 단일 지도 체제를 마련하고 김구를 주석으로 선출하였다.

Ⅱ 대한민국의 발전

무엇을 배울까?

이 단원에서 배울 내용

☑ **냉전 체제와 대한민국 정부 수립**
냉전과 8·15 광복, 통일 정부 수립을 위한 노력, 대한민국 정부의 수립, 친일파 청산과 농지 개혁 추진

☑ **6·25 전쟁과 남북 분단의 고착화**
6·25 전쟁, 전후 복구 노력, 이승만의 장기 독재, 북한의 사회주의 경제 체제 확립

☑ **민주화를 위한 노력**
4·19 혁명, 장면 정부, 5·16 군사 정변, 박정희 정부와 유신 체제, 5·18 민주화 운동, 6월 민주 항쟁

☑ **산업화의 성과와 사회·환경 문제 ~ 문화 변동과 일상생활**
경제 개발 5개년 계획, 3저 호황, 산업화와 도시화, 농민 운동과 노동 운동, 교육·언론·대중문화의 변화

냉전 체제와 대한민국 정부 수립

핵심 미리 보기
- ☑ 광복과 통일 정부 수립 노력
- ☑ 대한민국 정부의 수립
- ☑ 친일파 청산 노력과 농지 개혁 추진

❶ 트루먼 독트린(1947)

미국 대통령 트루먼이 발표한 외교 선언으로, 공산주의의 확산을 막기 위해 자유 민주주의 국가에 군사적, 경제적 지원을 하겠다는 내용을 담고 있다.

❷ 광복 후 남한의 여러 정치 세력

우익 세력에는 송진우와 김성수가 중심이 된 한국 민주당, 이승만을 중심으로 한 독립 촉성 중앙 협의회, 김구를 중심으로 한 한국 독립당이 있었다. 좌익 세력에는 박헌영이 중심인 조선 공산당이 있었다.

❸ 미소 군정

미국은 군정청을 설치하여 남한 지역을 직접 통치하였고, 소련은 북한 각 지역의 인민 위원회에 행정권을 이양하는 간접 통치의 방식을 취하였다.

❹ 미소 공동 위원회

한국에 민주주의 임시 정부 수립 논의를 위해 1946년과 1947년 두 차례 열렸다. 그러나 임시 정부 단체의 참여 범위를 두고 미국과 소련이 대립하여 결국 결렬되었다.

❺ 제주 4·3 사건의 진상 규명

2000년에 '제주 4·3 사건 진상 규명 및 희생자 명예 회복에 관한 특별법'이 제정되어 정부 차원의 진상 조사가 진행되었다. 그 결과 2003년 정부는 국가 권력에 의한 대규모 희생이 이루어졌음을 인정하고 제주도민에게 공식 사과하였다.

1 냉전과 8·15 광복

1. 냉전 체제

(1) **냉전 체제의 형성과 전개:** 미국이 트루먼 독트린❶ 발표 이후 서유럽에 경제 원조 제공, 소련이 코민포름(공산당 정보국)과 코메콘(동유럽 경제 상호 원조 회의) 설립 → 미국 중심의 자본주의 진영과 소련 중심의 공산주의 진영의 대립

(2) **동아시아 지역 내 군사 충돌:** 중국의 제2차 국공 내전, 한반도의 6·25 전쟁, 베트남 전쟁 발발

2. 8·15 광복과 국가 건설을 위한 움직임

(1) **8·15 광복:** 우리 민족의 끈질긴 독립운동, 일본의 항복, 연합국의 승리 → 광복(1945)

(2) **조선 건국 준비 위원회:** 광복 직후 여운형, 안재홍 등이 좌우 연합체로 조직, 전국에 145개 지부 조직, 치안대 설치(질서 유지 담당) → 일부 우익 세력의 이탈, 미군의 진주에 대비하여 중앙 조직을 정부 형태로 개편, 각 지부를 인민 위원회로 바꿈, 조선 인민 공화국 수립 선포(1945. 9.)

(3) **광복 후 남한의 여러 정치 세력❷:** 송진우, 김성수, 이승만, 김구, 박헌영 등 활동

(4) **미소 군정❸의 실시:** 38도선 이북 지역은 소련군이, 이남 지역은 미군이 점령

(5) **모스크바 3국 외상 회의(1945. 12.)** 대표 자료

개최	미국, 영국, 소련의 외무 장관이 모스크바에서 전후 처리 및 한국 문제 논의
결정 사항	한반도에 민주주의 임시 정부 수립, 미소 공동 위원회❹ 구성, 최고 5년간의 신탁 통치 실시
국내 반응	우익 세력의 신탁 통치 반대 운동, 좌익은 처음에 반대하였으나 총체적 지지로 입장 변경

2 통일 정부 수립을 위한 노력

1. 좌우 합작 운동(1946~1947)

배경	제1차 미소 공동 위원회 결렬, 이승만의 남한 단독 정부 수립 주장(정읍 발언)
전개	김규식과 여운형 등이 좌우 합작 위원회 조직, 좌우 합작 7원칙 발표 → 신탁 통치·토지 개혁·친일파 처벌 문제 등에서 좌우익 대립, 미군정의 지원 철회, 여운형 암살 → 활동 중단 자료 ❶

2. 남북 협상(1948. 4.) 자료 ❷

배경	제2차 미소 공동 위원회(1947. 5.) 결렬 → 미국이 한반도 문제를 유엔 총회에 상정 → 유엔 총회에서 인구 비례에 의한 남북한 총선거 실시 결의 → 소련과 북한이 유엔 한국 임시 위원단의 북한 방문 거부 → 유엔 소총회에서 선거 가능 지역에서 총선거 실시 결정
전개	김구, 김규식 등이 유엔의 남한만의 총선거 실시 결정에 반대 → 남북 협상(남북 연석회의)에 참석, 단독 정부 수립 반대 등에 합의 → 남북에서 각각 단독 정부 수립 절차 진행으로 실패

3. 단독 정부 수립을 둘러싼 갈등

(1) **제주 4·3 사건:** 1947년 3·1절 기념식 후 군중과 경찰 사이의 충돌, 경찰 발포로 사상자 발생 → 단독 정부 수립을 반대하는 좌익과 일부 주민의 봉기(1948. 4. 3.) → 제주 일부 지역에서 5·10 총선거 무산 → 무력 진압 과정에서 민간의 희생자 발생❺

(2) **여수·순천 10·19 사건:** 정부가 제주 4·3 사건 잔여 세력 진압 시도 → 군대 내 좌익 세력이 제주도 출동 거부, 통일 정부 수립을 주장하며 여수·순천 장악(1948. 10. 19.) → 정부의 무력 진압 과정에서 민간인 희생자 발생

한끝 자료실

• 대표 자료 • 모스크바 3국 외상 회의와 좌우익의 대립
문제 해결력 및 의사 결정력

> 1. 조선을 독립국으로 재건설하고, 민주주의 원칙 위에서 발전하게 하며, 일본이 남긴 잔재들을 청산하기 위해 조선 민주주의 임시 정부를 수립한다.
> 2. 조선 민주주의 임시 정부를 수립하기 위해 …… 남조선 미군 사령부 대표들과 북조선 소련 사령부 대표들로 (미소) 공동 위원회를 조직한다.
> 3. 공동 위원회는 …… 5년 이내를 기한으로 하는 조선에 대한 4개국의 신탁 통치 협약을 작성하는 것이다. …… 미·소·영·중 정부의 공동 심의를 받아야 한다.
>
> – 모스크바 3국 외상 회의의 결정 사항, 1945. 12.

모스크바 3국 외상 회의에서 한국의 민주주의 임시 정부 수립과 이를 돕기 위한 미소 공동 위원회 개최, 최고 5년간 신탁 통치 등이 결정되었다. 이에 우익 세력은 신탁 통치 반대 운동을 전개하였다. 좌익 세력도 처음에는 신탁 통치에 반대하였지만 이후 회의 결정의 본질이 민주주의 임시 정부 수립에 있다고 보고, 회의 결정에 대한 총체적 지지로 입장을 바꾸었다. 그 결과 좌우익의 대립이 더 커졌다.

• 시험에서는 이렇게 •

모스크바 3국 외상 회의의 결정 사항에 대한 좌우익의 입장 차이를 묻는 문제가 자주 출제됩니다. 모스크바 3국 외상 회의의 주요 결정 사항과 이에 대한 좌우익의 반응을 정리해 두세요.

자료 활용 문제

자료의 결정 사항에 대한 설명으로 옳은 것은?

① 러일 전쟁 중에 발표되었다.
② 소련의 대일전 참전을 결의하였다.
③ 공산주의의 팽창을 저지하려 하였다.
④ 한반도의 독립을 최초로 약속하였다.
⑤ 국내 좌우익의 대립이 커지는 결과를 낳았다.

답 ⑤

자료 ❶ 좌우 합작 7원칙

> 1. 모스크바 3국 외상 회의의 결정에 따라 남북의 좌우 합작으로 민주주의 임시 정부를 수립할 것
> 2. 미소 공동 위원회의 속개를 요청하는 공동 성명을 발표할 것
> 3. 토지는 몰수, 유조건 몰수, 매수하여 농민에게 무상으로 분배하고, 중요 산업을 국유화할 것
> 4. 친일파, 민족 반역자를 처단할 조례를 제정할 것
>
> – 좌우 합작 7원칙, 1946. 10.

제1차 미소 공동 위원회가 결렬되고 이승만이 남한만의 단독 정부 수립을 주장하자, 여운형·김규식 등의 중도 세력이 좌우 합작 위원회를 결성하고 좌우 합작 7원칙을 발표하였다. 그 주요 내용은 '통일 임시 정부 수립, 유상 매입과 무상 분배 원칙의 토지 개혁, 친일 반민족 행위자 처벌' 등이었다.

자료 ❷ 남북 협상 공동 성명

> 1. 남과 북에서 외국 군대는 즉시 철수해야 한다.
> 2. 외국군 철수 후 제 남북은 내전과 무질서를 반대한다.
> 3. 남북 정당 사회단체 협의회를 소집하여 임시 정부를 수립하고 총선거를 통해 입법 기관을 선출한 다음 헌법을 제정하고 통일 정부를 수립한다.
> 4. 남한의 단독 선거를 반대한다.

유엔 소총회에서 남한만의 총선거 실시를 결정하자, 김구와 김규식 등은 통일 정부 수립을 위한 회담을 북한 지도부에 제안하였다. 그 결과 1948년 4월 김구와 김규식이 평양에서 열린 남북 협상에 참여하였다. 협상 결과 미·소 군대 철수, 통일 정부 수립 협의, 단독 선거 반대 등을 요구하는 공동 성명이 채택되었다.

개념 확인하기

1 다음 인물과 그의 활동을 옳게 연결하시오.

(1) 김규식 • 　　• ㉠ 정읍 발언 발표
(2) 여운형 • 　　• ㉡ 남북 협상에 참여
(3) 이승만 • 　　• ㉢ 조선 건국 준비 위원회 조직

2 다음 설명이 맞으면 ○표, 틀리면 ×표를 하시오.

(1) 좌우 합작 7원칙은 좌우익 모두에게 반발을 샀다. ( )
(2) 이승만은 남한만의 단독 정부 수립에 적극 반대하였다. ( )
(3) 미국은 군정청을 설치하고 남한 지역을 직접 통치하였다. ( )
(4) 좌익 세력은 모스크바 3국 외상 회의의 결정 사항을 처음부터 찬성하였다. ( )

3 다음 〈보기〉의 사건을 일어난 순서대로 나열하시오.

보기
ㄱ. 8·15 광복
ㄴ. 남북 협상 전개
ㄷ. 좌우 합작 위원회 조직
ㄹ. 제1차 미소 공동 위원회 개최
ㅁ. 모스크바 3국 외상 회의 개최
ㅂ. 유엔에서 남한만의 총선거 결정

냉전 체제와 대한민국 정부 수립

3 대한민국 정부의 수립

1. 대한민국 정부의 수립 과정

(1) **5·10 총선거[1](1948. 5. 10.)**: 미군정이 38도선 이남 지역에서 5·10 총선거 실시 → 임기 2년, 198명의 국회 의원으로 이루어진 제헌 국회 구성 → 제헌 국회에서 국호를 '대한민국'으로 결정, 제헌 헌법 제정

(2) **제헌 헌법 공포(1948. 7. 17.)**: 3·1 운동의 정신을 계승한 민주 공화국 체제, 삼권 분립·대통령 중심제 채택, 국회에서 대통령·부통령 선출 규정 대표 자료

(3) **대한민국 정부 수립**: 이승만 대통령의 대한민국 정부 수립 선포(1948. 8.) → 유엔 총회에서 대한민국 정부를 한반도에서 유일한 합법 정부로 승인

2. 북한 정권의 수립

(1) **광복 직후 북한의 정치 상황**: 각 지역에 인민 위원회 조직, 소련군이 인민 위원회에 행정권 이양 → 소련과 좌익 세력 등이 조만식 등 우익 세력 축출, 소련의 후원을 받으며 김일성 세력 성장

(2) **북조선 임시 인민 위원회 출범(1946. 2.)**: 김일성이 위원장에 취임, 무상 몰수·무상 분배 방식의 토지 개혁[2] 실시, 노동법·남녀평등권법·산업 국유화법 등을 공포하여 사회주의 경제 기반 조성

(3) **정권 수립 과정**: 북조선 인민 위원회 수립(1947) → 조선 인민군 창설 → 남북 협상 참여 → 총선거 실시(1948. 8.) → 제1차 최고 인민 회의 개최(헌법 제정, 김일성을 수상으로 선출, 내각 구성) → 조선 민주주의 인민 공화국이라는 별도의 정권 수립(1948. 9. 9.)

4 친일파 청산과 농지 개혁 추진

1. 반민족 행위자 처벌을 위한 노력 자료 3

구분	내용
배경	친일파 청산을 통한 사회 정의와 민족정기 확립 요구, 미군정의 친일 관료 유지 정책
전개	제헌 국회에서 반민족 행위 처벌법[3] 제정(1948) → 반민족 행위 특별 조사 위원회(반민 특위) 설치 → 친일 혐의자 체포·조사
위기	반공을 중시하는 이승만 정부의 비협조적인 태도, 국회 프락치 사건[4], 일부 경찰의 반민 특위 사무실 습격 사태 등으로 반민 특위의 활동 제약
결과	반민족 행위 처벌법의 공소 시효를 1949년 8월로 단축하자는 개정 법안이 국회 통과 → 반민 특위 활동 중단 → 친일파 청산이 제대로 이루어지지 못함

2. 농지 개혁의 실시 자료 4

구분	내용
배경	광복 이후 농민의 자기 토지 소유 기대 고조, 북한의 토지 개혁(1946) → 남한의 토지 개혁 요구, 미군정의 토지 개혁 시도(일본인 소유의 토지만 몰수 후 유상으로 매각)
전개	농지 개혁법 제정(1949) → 이승만 정부의 농지 개혁 시행(1950)
특징	한 가구당 3정보 이상의 농지 소유 금지, 3정보 이상의 토지는 유상 매수·유상 분배
결과	지주·소작제의 소멸, 농민 중심의 농지 소유 확립에 기여
한계	유상 분배에 따른 농민들의 부담, 6·25 전쟁으로 농지 개혁 일시 중단 → 지주들이 미리 토지를 팔아 농지 개혁 대상의 토지 감소

한끝 더하기

1 5·10 총선거

21세 이상 모든 국민에게 투표권을 부여하였고, 보통·평등·직접·비밀 선거 원칙에 따라 치러졌다.

2 북한의 토지 개혁

1946년 3월 북한이 무상 몰수·무상 분배 방식으로 실시하였다. 북한은 농민에게 분배한 토지에 대해 매매, 소작, 저당 등을 금지하여 소유권의 제한을 두었다.

3 반민족 행위 처벌법(1948)

> 제1조 일본 정부와 통모하여 한일 합병에 적극 협력한 자, 한국의 주권을 침해하는 조약 또는 문서에 조인한 자와 모의한 자는 사형 또는 무기 징역에 처하고 그 재산과 유산의 전부 혹은 2분의 1 이상을 몰수한다.

제헌 국회는 일제 강점기 반민족 행위자 처벌 및 재산 몰수 등의 조항이 담긴 반민족 행위 처벌법을 제정하였다.

4 국회 프락치 사건

제헌 국회의 국회 의원 10여 명이 남조선 노동당의 프락치 활동을 했다는 혐의로 기소된 사건이다. 이들 중에는 반민 특위 소속 국회 의원도 포함되었고, 이 사건의 영향으로 반민 특위 활동은 위축되었다.

한끝 자료실

• 대표 자료 • 제헌 헌법

정보 활용 능력

> 제1조 대한민국은 민주 공화국이다.
> 제2조 대한민국의 주권은 국민에게 있고 모든 권력은 국민으로부터 나온다.
> 제4조 대한민국의 영토는 한반도와 그 부속 도서로 한다.
> 제5조 대한민국은 정치, 경제, 사회, 문화의 모든 영역에 있어 각인의 자유, 평등과 창의를 존중하고 보장하며 공공복리의 향상을 위하여 이를 보호하고 조정하는 의무를 진다.
> 제8조 모든 국민은 법률 앞에 평등하며 성별, 신앙 또는 사회적 신분에 의하여 정치적, 경제적, 사회적 생활의 모든 영역에 있어서 차별을 받지 아니한다.

5·10 총선거로 구성된 제헌 국회가 1948년 7월 17일 제헌 헌법을 공포하였다. 제헌 헌법은 전문에 대한민국이 3·1 운동으로 대한민국 임시 정부를 세워 전 세계에 선포한 독립 정신을 계승하고 있다고 명시하여 대한민국이 대한민국 임시 정부의 법통을 계승한 민주 공화국임을 분명히 하였다. 또한 삼권 분립과 대통령 중심제를 채택하고, 대통령을 국회에서 선출하는 간선제를 채택하였으며, 평등과 공공복리를 강조하였다.

• 시험에서는 이렇게 •

제헌 헌법을 제정한 제헌 국회의 활동을 묻거나, 제헌 헌법의 주요 내용을 확인하는 문제가 자주 출제됩니다. 제헌 헌법의 각 조항을 파악하고, 제헌 국회의 활동도 함께 정리해 두세요.

자료 활용 문제

자료의 헌법을 제정한 국회에 대한 설명으로 옳은 것은?

① 소련의 지원을 받았다.
② 조만식 등을 축출하였다.
③ 대통령과 부통령을 선출하였다.
④ 좌우 합작 위원회를 조직하였다.
⑤ 남북 통일 정부 수립에 앞장섰다.

답 ③

자료 ③ 반민족 행위자 처벌의 실상

취급 건수	682건	영장 발부	408건
기소	221건		
재판 종결	38건		
	• 사형 1건 • 징역 6건 • 집행 유예 5건 • 공민권 정지 18건 • 무죄 6건 • 형 면제 2건		

(특위 관계 기관 연석회의, 1949)

▲ 반민족 행위자 처벌 실태

반민족 행위 특별 조사 위원회는 1949년부터 사회 각계의 친일 반민족 행위자들을 검거하였다. 이에 따라 친일 경찰 노덕술, 친일 사업가 박흥식, 김연수, 민족 지도자였다가 변절한 이광수 등도 체포되었다. 하지만 기소된 사람 중 실형을 선고받은 사람은 소수에 불과하였다. 대부분 감형되거나 형 집행 정지로 풀려났으며, 실제로 사형은 집행되지 않았다.

자료 ④ 농지 개혁법의 시행과 농지의 변화

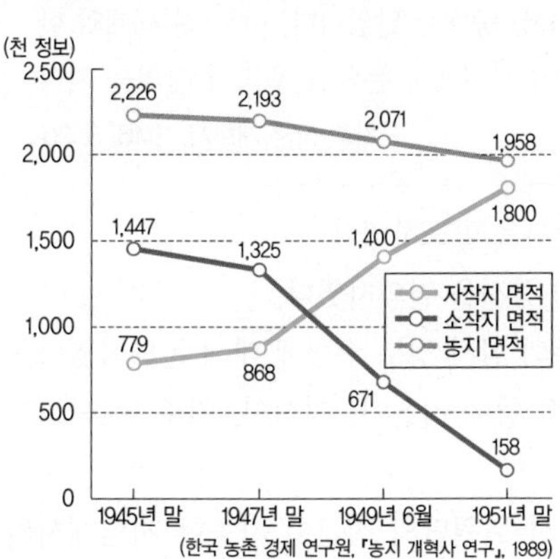

(한국 농촌 경제 연구원, 『농지 개혁사 연구』, 1989)

▲ 농지 개혁 실시 전후 자·소작지 면적 변화

정부 수립 이후 토지 개혁은 농지를 중심으로 이루어졌다. 이승만 정부는 1950년 유상 매수·유상 분배 방식을 원칙으로 하는 농지 개혁을 시행하였다. 한 가구당 농지 소유 상한을 3정보(약 3만 m^2)로 제한을 두고 그 이상의 토지는 지가 증권을 발급하여 정부가 매입하였다. 또한 농지를 받은 농민들은 매년 평균 수확량의 30%씩 5년 동안 분할 상환하도록 하였다.

개념 확인하기

4 5·10 총선거로 구성된 제헌 국회는 국호를 (㉠)으로 정하고 (㉡)을 공포하였다.

5 다음 빈칸에 들어갈 알맞은 말을 쓰시오.
(1) 제1차 최고 인민 회의에서 ( )이 수상으로 선출되었다.
(2) 이승만 정부는 유상 매수·유상 분배 방식으로 ( )을 실시하였다.
(3) 반민 특위 소속 국회 의원 중 일부가 ( )으로 기소되자, 반민 특위의 활동이 위축되었다.
(4) 북한에서 1946년 2월에 ( )가 출범하였고, 이를 중심으로 사회주의 체제의 기초가 마련되었다.

6 다음 괄호 안의 내용 중 알맞은 말에 ○표를 하시오.
(1) 이승만 정부는 반민족 행위 특별 조사 위원회의 활동에 (협조적, 비협조적)이었다.
(2) 단독 선거를 환영하였던 (우익, 좌익) 세력은 적극적으로 5·10 총선거에 참여하였다.
(3) 대한민국 정부가 시행한 농지 개혁에 따르면, 한 가구당 (3정보, 5정보)까지만 농지로 소유할 수 있었다.

실력 다지기

01 밑줄 친 '국제 질서'가 동아시아 지역에 미친 영향으로 옳은 것만을 〈보기〉에서 고른 것은?

> 제2차 세계 대전 이후 세계는 미국과 소련을 중심으로 재편되기 시작하였다. 소련이 동유럽에 영향력을 행사하자, 미국은 트루먼 독트린을 발표하고 서유럽 경제 부흥을 돕기 위해 노력하였다. 그러자 소련은 코민포름과 코메콘을 결성해 동유럽 국가의 결속을 강화하고자 하였다. 이에 따라 미국 중심의 자본주의 진영과 소련 중심의 공산주의 진영이 이념과 체제의 우위를 경쟁하는 국제 질서가 형성되었다.

보기

ㄱ. 6·25 전쟁이 일어났다.
ㄴ. 베트남 전쟁이 발발하였다.
ㄷ. 우리나라가 8·15 광복을 맞이하였다.
ㄹ. 미국이 히로시마에 원자 폭탄을 투하하였다.

① ㄱ, ㄴ ② ㄱ, ㄷ ③ ㄴ, ㄷ
④ ㄴ, ㄹ ⑤ ㄷ, ㄹ

02 (가) 단체에 대한 설명으로 옳은 것은?

> 국내에서 활동하던 여운형은 광복 직후 안재홍 등과 함께 (가) 을/를 조직하였다. (가) 의 강령은 아래와 같다.
> - 우리는 완전한 독립 국가의 건설을 기함
> - 우리는 전 민족의 정치적·경제적·사회적 기본 요구를 실현할 수 있는 민주주의적 정권의 수립을 기함
> - 우리는 일시적 과도기에 있어 국내 질서를 자주적으로 유지하며 대중 생활의 확보를 기함 – 매일신보, 1945. 9.

① 한국광복군을 창설하였다.
② 한국 민주당을 결성하였다.
③ 한국 독립당을 조직하였다.
④ 독립 촉성 중앙 협의회를 결성하였다.
⑤ 광복 후 질서를 담당하는 치안대를 조직하였다.

중요해 대표 자료 링크

03 다음 자료의 결정 사항을 발표한 회의에 대한 설명으로 옳은 것은?

> 1. 조선을 독립국으로 재건설하고, 민주주의 원칙 위에서 발전하게 하며, 일본이 남긴 잔재들을 청산하기 위해 조선 민주주의 임시 정부를 수립한다.
> 2. 조선 민주주의 임시 정부를 수립하기 위해 …… 남조선 미군 사령부 대표들과 북조선 소련 사령부 대표들로 (미소) 공동 위원회를 조직한다.
> 3. 공동 위원회는 …… 5년 이내를 기한으로 하는 조선에 대한 4개국의 신탁 통치 협약을 작성하는 것이다. …… 미·소·영·중 정부의 공동 심의를 받아야 한다.

① 개조파와 창조파가 대립하였다.
② 미국, 중국, 소련의 외무 장관이 모였다.
③ 한국의 독립을 국제적으로 처음 약속하였다.
④ 우익 세력이 회의의 결정 사항에 찬성하였다.
⑤ 한반도 문제를 포함한 전후 처리 문제를 논의하였다.

04 밑줄 친 '위원회'에 대한 설명으로 옳은 것은?

> 나는 큰 즐거움과 기대를 가지고 모스크바 3국 외상 회의에서 결정된 사항을 이행하기 위하여 서울에서 개최되는 이 위원회의 개회식에 참석한 소련 대표를 환영합니다. 오늘은 조선 역사상 중대한 날입니다. …… 전 세계와 한국인의 이목이 이 자리에서 논의될 우리의 심의를 지켜보고 있습니다. – 하지 장군 개회사, 1946. 3. 20.

① 좌우 합작 7원칙을 발표하였다.
② 소련의 대일전 참전을 결의하였다.
③ 한국의 민주주의 임시 정부 수립에 대해 논의하였다.
④ 송진우, 김성수 등이 자본가, 지식인, 지주 등을 모아 조직하였다.
⑤ 유엔 한국 임시 위원단의 접근이 가능한 지역에서의 총선거 실시를 결정하였다.

중요해

05 다음 원칙을 발표한 단체에 대한 설명으로 옳은 것만을 〈보기〉에서 고른 것은?

> 1. 모스크바 3국 외상 회의의 결정에 따라 남북의 좌우 합작으로 민주주의 임시 정부를 수립할 것
> 2. 미소 공동 위원회의 속개를 요청하는 공동 성명을 발표할 것
> 3. 토지는 몰수, 유조건 몰수, 체감 매상 등으로 농민에게 무상으로 분배하고, 중요 산업을 국유화할 것
> 4. 친일파, 민족 반역자를 처단할 조례를 제정할 것

보기
ㄱ. 광주 학생 항일 운동을 지원하였다.
ㄴ. 미군정의 지원과 대중적 지지를 받았다.
ㄷ. 통일 정부 수립을 위해 남북 협상을 전개하였다.
ㄹ. 여운형, 김규식 등 중도 세력을 중심으로 결성되었다.

① ㄱ, ㄴ ② ㄱ, ㄷ ③ ㄴ, ㄷ
④ ㄴ, ㄹ ⑤ ㄷ, ㄹ

06 다음 주장을 한 인물에 대한 설명으로 옳은 것은?

> 무기 휴회된 미소 공동 위원회가 재개될 기색도 보이지 않으며 통일 정부를 고대하나 여의치 않으니 우리는 남방만이라도 임시 정부 혹은 위원회 같은 것을 조직하여 38 이북에서 소련이 철퇴하도록 세계 공론에 호소해야 할 것이니 여러분도 결심해야 할 것이다.

① 5·10 총선거에 불참하였다.
② 단독 정부 수립을 주장하였다.
③ 신탁 통치 결정에 찬성하였다.
④ 좌우 합작 운동에 참여하였다.
⑤ 좌익 세력인 조선 공산당을 조직하였다.

07 다음 사건에 대한 탐구 활동으로 가장 적절한 것은?

> **지식 Q&A**
> (가) 사건에 대해 알려 주세요.
>
> **답변하기**
> 1947년 삼일절 발포 사건에 반발하여 총파업이 일어났습니다. 미군정이 이를 강압적으로 진압하면서 사태는 더욱 악화되었습니다. 이러한 상황에서 1948년 4월 제주도 좌익 세력과 일부 주민들은 통일 정부 수립을 내세우며 무장봉기를 일으켰습니다. 미군정이 경찰과 군대를 동원해 무력으로 이를 제압하는 과정에서 수많은 무고한 제주도민이 희생되었습니다.

① 좌우 합작 운동의 배경과 전개 과정을 분석한다.
② 조선 건국 준비 위원회의 활동 내용을 파악한다.
③ 모스크바 3국 외상 회의의 결정 사항을 알아본다.
④ 남한만의 단독 선거 결정이 미친 영향을 조사한다.
⑤ 제1차 미소 공동 위원회가 결렬된 이유를 찾아본다.

08 다음 주장이 제기된 배경으로 옳은 것은?

> 지금 우리나라가 당면한 건국 사업은 실로 곤란한 바 크다. 나 김구가 북조선에 가겠다고 하니 외국 사람도 말릴 뿐 아니라 동포들이 매일같이 떼를 지어 울어 가면서 나의 북조선행을 말린다. 그러나 내가 이번 북조선행을 결연히 결정하게 된 이유는 지금까지 나는 3상 회담이나 미소 공동 위원회니 유엔 한국 임시 위원단이니 하여 좋은 성과가 행여나 있지 않을까 하고 몇 해를 경과하였다. 그러나 혼란은 더하여졌다. 이렇게 어려운 형편에 우리가 외국 사람들에게 의존하는 것보다도 비록 주의가 다를지라도 내 동포가 낫다는 것을 느꼈기 때문이다.

① 이집트에서 카이로 회담이 개최되었다.
② 남한 지역에서 5·10 총선거가 실시되었다.
③ 대한민국 임시 정부가 건국 강령을 발표하였다.
④ 일부 좌익 군인들이 여수·순천 10·19 사건을 일으켰다.
⑤ 유엔 소총회에서 유엔 한국 임시 위원단의 접근 가능한 지역에서의 총선거 실시를 결정하였다.

이 문제에서 나올 수 있는 모든 선택지✓

09 교사의 질문에 대한 학생의 답변으로 적절하지 않은 것은?

① 38도선 이남 지역에서만 실시되었어요.
② 유엔 소총회의 결정에 따라 시행되었어요.
③ 좌익 세력과 남북 협상파가 참가하였어요.
④ 남한 단독 정부를 수립하는 계기가 되었어요.
⑤ 선거의 결과에 따라 제헌 국회가 구성되었어요.
⑥ 유엔 한국 임시 위원단의 감시 아래 실시되었어요.
⑦ 보통·평등·비밀·직접 선거 원칙에 따라 치러졌어요.

중요해

10 다음과 같은 정당별 분포를 보인 국회에 대한 설명으로 옳지 않은 것은?

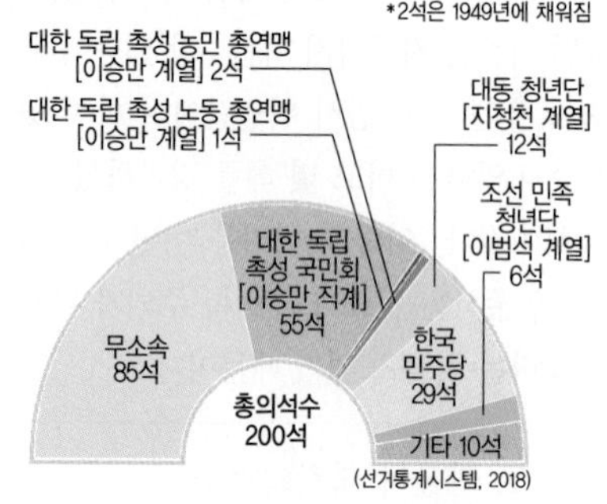

(선거통계시스템, 2018)

① 농지 개혁법을 제정하였다.
② 산업 국유화법을 제정하였다.
③ 국호를 대한민국으로 정하였다.
④ 이승만을 대통령으로 선출하였다.
⑤ 반민족 행위 처벌법을 제정하였다.

대표 자료 링크

11 다음 헌법에 대한 설명으로 옳은 것은?

> 제1조 대한민국은 민주 공화국이다.
> 제2조 대한민국의 주권은 국민에게 있고 모든 권력은 국민으로부터 나온다.
> 제4조 대한민국의 영토는 한반도와 그 부속 도서로 한다.
> 제5조 대한민국은 정치, 경제, 사회, 문화의 모든 영역에 있어 각인의 자유, 평등과 창의를 존중하고 보장하며 공공복리의 향상을 위하여 이를 보호하고 조정하는 의무를 진다.

① 대통령의 중임에 제한을 두지 않았다.
② 남북 통일 정부 수립에 영향을 주었다.
③ 삼권 분립과 대통령 중심제를 채택하였다.
④ 이 헌법을 제정한 국회의 임기는 4년이었다.
⑤ 대통령은 국민의 직접 투표로 선출하도록 하였다.

12 (가), (나) 시기 사이에 있었던 사실로 옳은 것만을 〈보기〉에서 고른 것은?

> (가) 좌익 중심의 정치 세력이 북한 최초의 중앙 권력 기관인 북조선 임시 인민 위원회를 구성하였다.
> (나) 총선거를 통해 구성된 내각은 김일성을 초대 수상으로 하는 조선 민주주의 인민 공화국이라는 별도의 정권을 수립하였다.

보기

ㄱ. 무상 몰수·무상 분배 방식의 토지 개혁이 실시되었다.
ㄴ. 신탁 통치에 반대하는 조만식 등 우익 세력이 축출되었다.
ㄷ. 남북 연석회의가 열려 단독 정부 수립을 반대하는 결의문이 채택되었다.
ㄹ. 조선 건국 준비 위원회가 각 지부를 인민 위원회로 바꾸고 조선 인민 공화국 수립을 선포하였다.

① ㄱ, ㄴ ② ㄱ, ㄷ ③ ㄴ, ㄷ
④ ㄴ, ㄹ ⑤ ㄷ, ㄹ

13 다음 자료를 활용한 탐구 활동으로 적절한 것만을 〈보기〉에서 고른 것은?

반민족 행위자 처벌 실태

취급 건수	682건	영장 발부	408건
기소	221건		
재판 종결	38건		
	• 사형 1건 • 집행 유예 5건 • 무죄 6건	• 징역 6건 • 공민권 정지 18건 • 형 면제 2건	

(특위 관계 기관 연석회의, 1949)

| 보기 |

ㄱ. 이승만이 정읍 발언을 한 이유를 분석한다.
ㄴ. 국회 프락치 사건의 영향이 무엇인지 확인한다.
ㄷ. 반민족 행위 특별 조사 위원회의 활동을 찾아본다.
ㄹ. 여운형의 암살이 좌우 합작 운동에 끼친 영향을 조사한다.

① ㄱ, ㄴ ② ㄱ, ㄷ ③ ㄴ, ㄷ
④ ㄴ, ㄹ ⑤ ㄷ, ㄹ

중요해

14 다음 그래프에 나타난 변화를 가져온 개혁에 대한 설명으로 옳지 않은 것은?

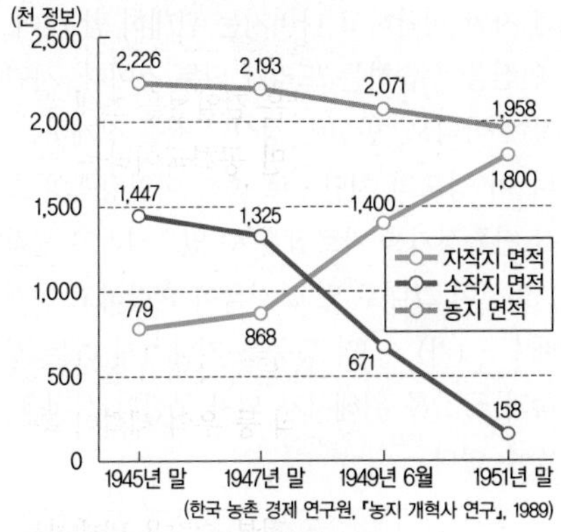

▲ 한국 농촌의 자·소작지 면적 변화

① 일본인 소유의 토지만 유상으로 매각하였다.
② 유상 매수·유상 분배 방식을 원칙으로 하였다.
③ 지주·소작제가 거의 사라지는 데 영향을 주었다.
④ 한 가구당 농지 소유 상한을 3정보로 제한하였다.
⑤ 농민 중심의 농지 소유를 확립하는 데 기여하였다.

15 다음 성명이 발표된 회의의 명칭을 쓰고, 이 회의가 열리게 된 배경을 서술하시오.

1. 남과 북에서 외국 군대는 즉시 철수해야 한다.
2. 외국군 철수 후 제 남북은 내전과 무질서를 반대한다.
3. 남북 정당 사회단체 협의회를 소집하여 임시 정부를 수립하고 총선거를 통해 입법 기관을 선출한 다음 헌법을 제정하고 통일 정부를 수립한다.
4. 남한의 단독 선거를 반대한다.

3단계로 완성하기

16 (가)에 해당하는 회의 명칭을 쓰고, 이 회의의 결정 사항에 대한 국내 좌우익 세력의 반응을 서술하시오.

• 한국의 독립 부여는 이번 (가) 의 신탁 관리 결의로써 수포로 돌아갔다. …… 신탁 관리제를 배격하는 국민 운동을 동원하여 자주독립을 완전히 획득하기까지 항쟁 개시를 선언한다.
• 임시 민주 정부를 조직한다는 국제적 결정은 조선을 위해 가장 정당한 것이라 우리는 인정한다. …… (가) 의 결정은 카이로 결정을 더욱 발전시키고 구체화한 것이다.

1단계 (가)에 해당하는 회의가 무엇인지 써 보세요.

2단계 이 회의 결정에 대한 국내 좌우익 세력의 반응을 각각 정리해 보세요.

3단계 1단계와 2단계에서 정리한 내용을 바탕으로 답안을 완성해 보세요.

1등급 도전하기

01 다음 역할극에서 표현하는 국제회의가 결렬된 직후의 사실로 옳은 것은?

① 좌우 합작 위원회가 조직되었다.
② 조선 인민 공화국의 수립이 선포되었다.
③ 미국이 한반도 문제를 유엔 총회에 상정하였다.
④ 이승만이 정읍에서 남한 단독 정부 수립을 주장하였다.
⑤ 미국과 소련이 각각 38도선 이남 지역과 이북 지역을 점령하였다.

02 다음 두 사건 사이에 있었던 사실로 옳은 것은?

한국사 신문	한국사 신문
유엔, 남한만의 단독 선거 실시 결정	**여수·순천 10·19 사건 발생**
유엔은 소총회를 열어 유엔 한국 임시 위원단이 접근이 가능한 지역에서 총선거를 실시하기로 결정하였다. 이에 따라 통일 정부 수립을 지향하는 세력의 반발이 있을 것으로 예상된다.	여수에 주둔하는 군대 내의 좌익 세력이 제주도 출동을 거부하며 여수와 순천을 일시 점령하였다. 이에 정부가 여수와 순천 일대에 계엄령을 선포할 것으로 보여 혼란이 예상된다.

① 남북 협상이 전개되었다.
② 좌우 합작 7원칙이 발표되었다.
③ 조선 건국 준비 위원회가 결성되었다.
④ 모스크바 3국 외상 회의가 개최되었다.
⑤ 제1차 미소 공동 위원회가 개최되었다.

03 (가), (나)에 들어갈 내용으로 적절하지 않은 것은?

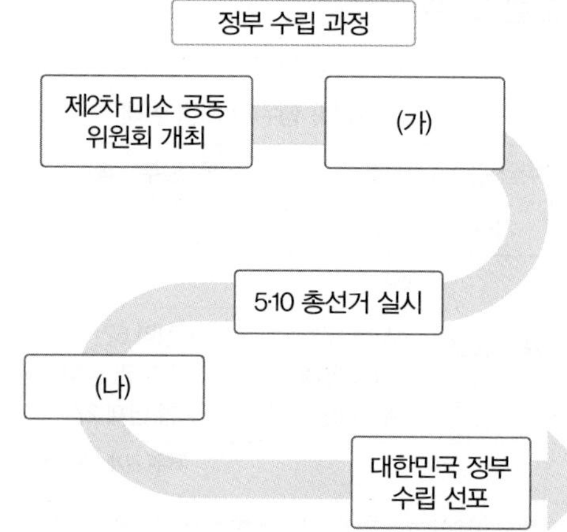

① (가) – 제주에서 무장봉기하는 좌익 세력
② (가) – 한국에 도착한 유엔 한국 임시 위원단
③ (가) – 정부의 농지 개혁 실시를 환영하는 농민
④ (나) – 제헌 헌법이 제정되는 모습
⑤ (나) – 제헌 국회에서 대통령을 선출하는 국회 의원

04 (가) 단체에 대한 설명으로 옳지 않은 것은?

> 가장 심했던 자만 처단하고 나머지는 관대히 할 것이 인정을 펴고 인심을 수습하는 도리가 되는 것이다. 사람을 벌하려는 것이 아니오, 반민족 정신인 죄를 징계하는 것이 목적이니 이 정도의 처단으로 족히 이일징백의 효과를 거두어서 민족정기를 바로잡을 수 있으리라고 생각한다. 더욱이 38선이 그대로 있고 시국이 혼란하고 인재가 부족한 이때 (가) 의 활동을 지나치게 하는 것은 도저히 민족과 국가를 위해서가 되지 못한다는 것을 생각하지 않을 수 없다.

① 반민족 행위 처벌법에 따라 조직되었다.
② 일부 경찰에 의해 사무실을 습격당하였다.
③ 국회 프락치 사건으로 활동이 위축되었다.
④ 이승만은 반공을 내세워 활동을 방해하였다.
⑤ 6·25 전쟁으로 활동이 중단되었다가 전쟁 이후 해체되었다.

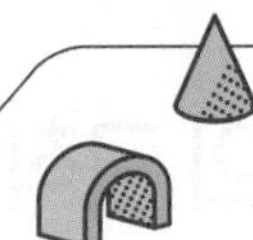

수능 준비하기

수능 기출 | 응용

01 (가) 선거에 대한 설명으로 옳은 것은?

이 자료는 유엔 한국 임시 위원단이 참관한 가운데 시행된 우리나라 역사상 최초의 보통 선거인 (가) 을/를 홍보한 포스터이다. 이 포스터에는 투표하는 모습과 함께 국민들에게 투표를 독려하는 구호가 실려 있다.

총선거 실시 포스터

① 신탁 통치를 결정하였다.
② 제헌 국회 의원을 선출하였다.
③ 좌우 합작 운동의 계기가 되었다.
④ 아관 파천이 일어나는 원인이 되었다.
⑤ 조선 태형령이 시행되는 배경이 되었다.

수능 만점 한끝

자료의 사진이 5·10 총선거를 홍보하는 포스터임을 파악하고, 5·10 총선거의 결과가 무엇인지 추론한다.

이렇게도 출제될 수 있어요!

제헌 헌법을 제시한 후 제헌 헌법을 제정한 제헌 국회의 활동을 묻거나, 제헌 헌법이 제정된 배경으로 5·10 총선거 내용을 묻는 문제가 출제될 수 있어요.

평가원 기출 | 응용

02 다음 내용의 보고서를 작성한 위원회에 대한 설명으로 옳은 것은?

조사 보고서

- 피의자: ○○○
- 피의자는 반민족 행위의 죄가 현저하므로 반민족 행위 처벌법에 의거하여 아래와 같이 조사서를 작성 보고함
- 범죄 개요
  - 일본의 전쟁 승리를 위한 항공 전력 확대를 목적으로 조선비행기공업 주식회사를 설립함
  - 일본의 국가 정책을 추진할 목적으로 설립된 각 단체의 핵심 간부로서 지도적 행동을 함
  - 사회 문화 부문에 있어서 민족정신과 신념을 배반하고, 일본 침략주의와 그 시책을 수행하는 데 협력 지도함

1949년 1월

① 남북 협상에 참여하였다.
② 제헌 국회에 의해 구성되었다.
③ 정우회 선언을 계기로 결성되었다.
④ 민립 대학 설립 운동을 추진하였다.
⑤ 조선 인민 공화국 수립을 선포하였다.

수능 만점 한끝

제헌 국회에서 제정한 반민족 행위 처벌법에 따라 구성된 반민족 특별 조사 위원회(반민 특위)의 활동을 파악한다.

문제의 핵심

반민족 행위 특별 조사 위원회

구분	내용
활동	1949년부터 활동 시작, 친일 혐의자 체포·조사
위기	이승만 정부의 비협조, 국회 프락치 사건 등으로 활동 위축

6·25 전쟁과 남북 분단의 고착화

핵심 미리 보기
- ☑ 6·25 전쟁의 전개 과정
- ☑ 남한의 반공 독재 체제 강화 과정과 전후 사회 변화
- ☑ 북한의 사회주의 독재 체제 강화

1 6·25 전쟁

1. 배경

(1) **한반도와 주변 정세의 변화:** 한반도에서 미군과 소련군의 철수(남한과 북한에 각각 군사적·경제적 지원 계속), 38도선 부근에서 남북 간의 잦은 무력 충돌 지속, 남한 사회의 혼란(지리산 주변에서 좌익 세력의 무장 활동), 미국의 애치슨 선언❶ 발표(1950. 1.)

(2) **북한의 전쟁 준비:** 소련의 전차·비행기 등 무기 지원 및 북한의 남침 계획 승인, 국공 내전에 참여한 조선 의용군 등이 인민군에 편입되어 북한의 군사력 강화

2. 전개 과정 대표 자료

(1) **북한의 남침:** 북한의 기습적 남침(1950. 6. 25.) → 서울 함락 → 국군이 낙동강 유역까지 후퇴 → 유엔군 참전, 낙동강 방어선 구축

(2) **국군·유엔군의 반격:** 국군과 유엔군의 인천 상륙 작전 전개(1950. 9. 15.) → 서울 수복(1950. 9. 28.) → 국군과 유엔군의 압록강 진격

(3) **중국군의 참전:** 북한을 돕고자 중국군 참전(1950. 10. 19.) → 흥남 철수(1950. 12.) → 서울 재함락(1·4 후퇴, 1951. 1.) → 서울 재수복(1951. 3. 14.)

(4) **전선의 교착과 휴전:** 38도선 부근에서 공방전 전개 → 정전 협상 → 이승만의 반공 포로 석방(1953. 6.) → 판문점에서 정전 협정 조인(1953. 7. 27.)

3. 결과: 인적 피해(민간인 학살❷로 수백만 명 희생, 이산가족과 전쟁고아 발생), 물적 피해(도로·주택·철도 등 사회 간접 시설 파괴, 농토의 황폐화)

4. 영향: 남북 간의 적대감 심화 및 분단의 고착화, 한미 상호 방위 조약 체결(한미 군사 협력 강화, 미군의 한국 계속 주둔 인정), 중국의 사회주의권 내 정치적 위상 강화, 6·25 전쟁 특수로 일본의 경제 성장 (자료 ❶)

2 남한의 반공 독재 강화

1. 장기 집권을 위한 개헌 (자료 ❷)

(1) 발췌 개헌(1952)

배경	제2대 국회 의원 선거에서 이승만 정부에 비판적인 사람들이 다수 당선 → 간선제를 통한 이승만의 재선이 어려워짐
과정	이승만이 지지 세력 결집하여 자유당 창당, 대통령 직선제 개헌 시도 → 국회의 부결 → 부산 일대에 계엄령❸ 선포, 공포 분위기 조성(직선제 개헌에 반대하는 국회 의원 일부 구속, 경찰 및 군인 등을 동원하여 국회 포위)
결과	대통령 직선제를 중심으로 내각 중심제를 절충한 개헌안 통과 → 제2대 대통령 선거에서 이승만 당선

(2) 사사오입 개헌(1954)

목적	제3대 국회 의원 선거에서 자유당이 다수당이 됨, 이승만 대통령의 장기 집권 도모
과정	여당인 자유당이 개헌 당시 대통령(이승만)에 한해 연임 횟수 제한을 철폐하는 개헌안을 국회에 제출 → 한 표가 모자라 부결되었지만 사사오입(반올림)의 논리❹로 개헌안 통과
결과	제3대 대통령 선거에서 이승만 당선

한끝 더하기

❶ 애치슨 선언

미국 국무 장관 애치슨은 태평양 방위선을 '알류산 열도 – 일본과 오키나와 – 필리핀 군도'로 이어지는 선으로 발표하였다. 이는 한국과 타이완을 미국의 극동 방위선에서 제외함을 의미하였다.

❷ 6·25 전쟁 중 일어난 민간인 학살

6·25 전쟁 과정에서 사람들은 좌익 또는 우익에 몰려 억울하게 학살당하였다. 그 사례로 남한 정부에 의한 국민 보도 연맹 사건, 국군에 의한 거창 민간인 희생 사건, 미군에 의한 노근리 민간인 희생 사건, 북한군에 의한 영광·화순 민간인 희생 사건 등이 있다.

❸ 계엄령

전시나 사변 또는 이에 준하는 국가 비상 사태가 일어났을 때 질서 유지를 위해 그 지역은 사법권과 행정권의 일부 혹은 전부를 계엄 사령관이 행사할 것을 국가 원수가 선포하는 명령이다.

❹ 사사오입(반올림)의 논리

제3대 국회의 개헌 정족수는 재적 의원 203명의 3분의 2 이상인 136명이었는데, 자유당은 203명의 3분의 2는 135.333 …… 명이므로 135명이 개헌의 정족수라고 주장하며 개헌안을 통과시켰다.

한끝 자료실

• 대표 자료 • 6·25 전쟁의 전개 과정

✦ 정보 활용 능력

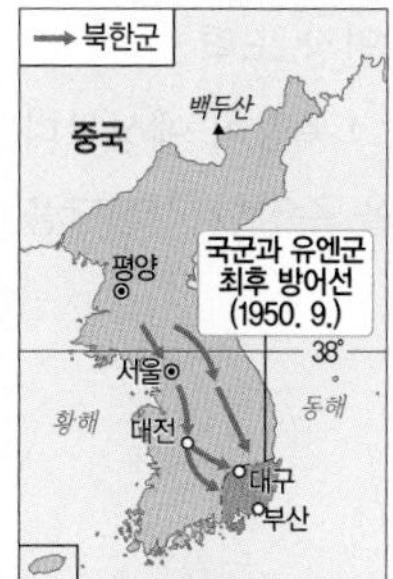

북한군의 남침

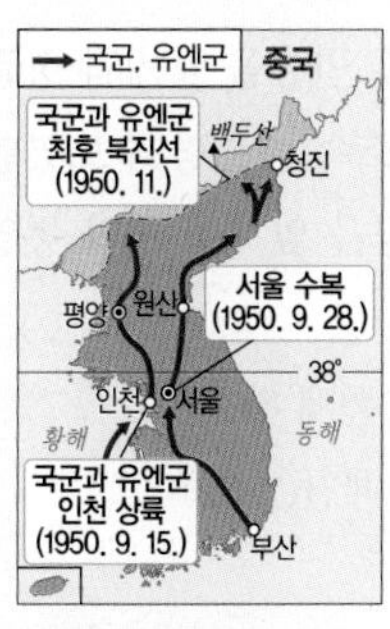

국군·유엔군의 반격

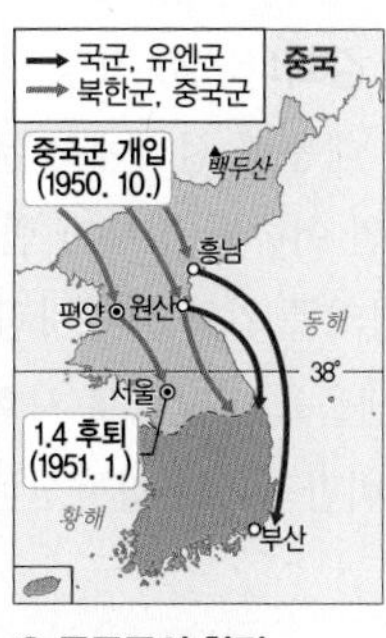

중국군의 참전

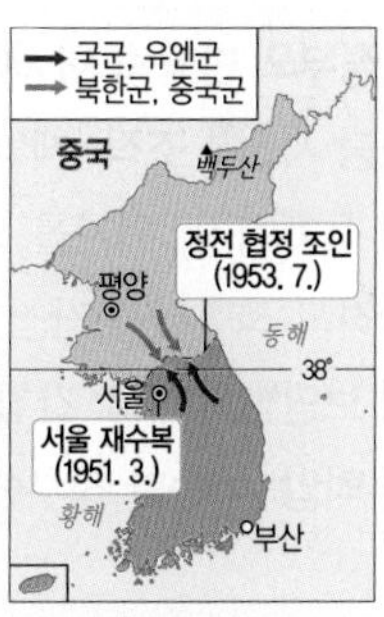

전선의 교착과 휴전

6·25 전쟁은 1950년 북한의 기습적인 남침으로 시작되었다. 전쟁 초기 낙동강 유역까지 밀린 국군은 유엔군과 함께 인천 상륙 작전에 성공하여 전세를 뒤집었다. 그러나 중국이 군대를 보내 북한을 지원하였고 중국군은 순식간에 남하하였다. 이후 남한과 북한은 38도선 부근에서 치열한 공방전을 이어 갔다. 전선이 교착 상태에 빠지자 소련의 제의로 1951년 7월부터 정전 협상이 모색되었다. 정전 협상은 군사 분계선 설정, 포로 교환 문제 등으로 난항을 겪었으나, 결국 1953년 7월에 정전 협정이 체결되었다.

• 시험에서는 이렇게 •

6·25 전쟁과 관련된 지도 및 사진 자료를 제시하여 전쟁 당시 일어난 역사적 사실을 묻는 문제가 자주 출제됩니다. 6·25 전쟁의 전개 과정을 순서대로 정리해 두세요.

자료 활용 문제

다음 〈보기〉의 사건을 일어난 순서대로 나열하시오.

| 보기 |
ㄱ. 1·4 후퇴
ㄴ. 북한군의 남침
ㄷ. 중국군의 참전
ㄹ. 인천 상륙 작전
ㅁ. 정전 협정 조인

답 ㄴ-ㄹ-ㄷ-ㄱ-ㅁ

자료 ① 한미 상호 방위 조약(1953. 10.)

> 제2조 무력 공격에 의해 위협을 받는다고 인정할 때는 서로 협력한다.
> 제3조 각 당사국은 …… 공통한 위험에 대처하기 위하여 각자의 헌법상의 수속에 따라 행동할 것을 선언한다.
> 제4조 상호 합의에 의해 미합중국의 육군, 해군과 공군을 대한민국의 영토 내와 그 부근에 배치하는 권리를 대한민국은 허락하고 미합중국은 수락한다.

6·25 전쟁이 끝난 이후 한미 상호 방위 조약이 체결되었다. 이에 따라 미군은 한국에 계속 주둔하였고, 한반도를 비롯한 동아시아에서 미국의 영향력이 강화되었다.

자료 ② 장기 집권을 위한 개헌

[발췌 개헌안(1952)]

제31조 입법권은 국회가 행한다. 국회는 민의원과 참의원으로써 구성한다.

제53조 대통령과 부통령은 국민의 보통, 평등, 직접, 비밀 투표에 의하여 각각 선거한다.

[사사오입 개헌안(1954)]

제55조 1항 대통령과 부통령의 임기는 4년으로 한다. 단 재선에 의하여 1차 중임할 수 있다.

부칙 이 헌법 공포 당시의 대통령에 대해서는 제55조 1항 단서의 제한을 적용하지 아니한다.

제2대 국회 의원 선거에서 이승만 정부에 비판적인 후보가 대거 당선되자, 이승만 정부는 1952년 대통령을 간선제 대신 직선제로 뽑는 발췌 개헌을 추진하였다. 1954년 이승만 정부는 장기 집권을 위해 당시 대통령에 한해 중임 제한 규정을 적용하지 않는다는 사사오입 개헌안을 발표하였다.

개념 확인하기

1 다음 6·25 전쟁에 대한 설명이 맞으면 ○표, 틀리면 ×표를 하시오.

(1) 북한의 남침으로 시작되었다. ( )
(2) 정전 협정 조인 후 미국이 애치슨 선언을 발표하였다. ( )
(3) 국군과 유엔군이 인천 상륙 작전으로 전세를 역전하였다. ( )
(4) 중국군이 개입하여 남하하였지만 서울은 함락되지 않았다. ( )
(5) 전쟁이 끝난 후 체결된 한미 상호 방위 조약으로 미군이 한국에 계속 주둔하게 되었다. ( )

2 다음 빈칸에 들어갈 내용을 쓰시오.

(1) 미국은 ( )을 발표하여 한국과 타이완을 미국의 극동 방위선에서 제외하였다.
(2) 38도선 부근에서 공방전을 전개한 끝에 1953년 판문점에서 ( )이 조인되었다.
(3) 1952년 ( )이 단행되면서 대통령 직선제와 내각 중심제를 절충한 개헌이 이루어졌다.
(4) 1954년 ( )을 통해 개헌 당시 대통령인 이승만 대통령에 한해서 연임 횟수 제한을 없앴다.

6·25 전쟁과 남북 분단의 고착화

❶ 진보당 사건

1956년 제3대 대통령 선거에서 무소속 후보였던 조봉암이 유효 표의 30%를 얻어 이승만의 새로운 경쟁자로 떠올랐다. 이에 이승만 정부는 평화 통일론을 주장하였던 조봉암과 진보당 간부들을 간첩 혐의를 씌워 탄압하고 조봉암을 사형에 처하였다. 조봉암은 2011년에 이루어진 재심에서 무죄 판결을 받았다.

❷ 국가 보안법(1959년 시행)

제6조 국헌을 위배하여 정부를 참칭하거나 국가를 변란할 목적으로 결사 또는 집단을 구성한 자를 처벌한다.
제22조 ① 헌법상의 기관에 대한 명예를 훼손한 자는 10년 이하의 징역에 처한다.
② 전항에서 헌법상 기관이라 함은 대통령, 국회 의장, 대법원장을 말한다.

국가 보안법 개정으로 정부 비판까지 처벌할 수 있도록 처벌 범위가 확대되었다.

❸ 천리마운동

1956년부터 대중의 노동력 동원을 바탕으로 사회주의 경제를 건설하기 위해 실시되었다. 초반에는 천리마운동이 경제 발전에 이바지하기도 하였지만, 점차 노동력 강제 동원이라는 한계점이 나타났고 과도한 목표 설정으로 인한 부작용도 적지 않았다. 결국 천리마운동은 1970년대에 이르러 퇴색되었다.

2. 이승만 정부의 반공 독재 체제 강화: 6·25 전쟁 이후 반공을 앞세워 정권 연장 노력

(1) **진보당 사건❶ 조작:** 제3대 대통령 선거에서 무소속 대통령 후보였던 조봉암이 예상보다 많이 득표하자, 위기를 느낀 이승만 정부가 반공을 앞세워 평화 통일을 주장한 진보당을 해산하고 조봉암에 간첩 혐의를 씌워 사형시킴

(2) **국가 보안법❷ 개정:** 간첩 색출을 명분으로 사회 통제 강화

(3) **언론 억압:** 이승만 정부에 비판적이던 경향신문 폐간(1959)

3 전후 경제 복구와 생활 모습의 변화

1. 전후 경제 복구

전후 경제 상황	생활필수품 부족, 화폐 가치 폭락으로 물가 급등, 국내 실업 문제 등 발생
전후 복구 노력	미국의 경제 원조를 기반으로 복구 산업 추진 → 소비재 중심의 2차 산업 성장(삼백 산업), 철도 및 항만 보수, 시멘트·비료 공장 등 건설 대표 자료
한계	1950년대 말 무상 원조의 유상 원조 변환 → 경제 성장률 감소, 농산물 가격 폭락으로 농가 소득 감소

2. 전후 생활 모습의 변화

(1) **인구의 도시 집중 심화:** 피란민의 도시 이동 → 날품팔이로 생계 유지, 무허가 판잣집 증가

(2) **교육 기회의 확대:** 초등학교 의무 교육제 시행, 중등학교 확대 (자료 ❸)

(3) **반공 이념의 강화:** 전후 반공 이념의 강화 → 공산주의자 탄압으로 국민의 기본권 침해

(4) **공동체 의식의 약화:** 전쟁 과정에서 많은 사람이 고향을 떠나면서 대가족 중심의 전통적인 가족 질서와 공동체 의식 약화

(5) **여성의 역할 증대:** 전쟁에 동원된 많은 남성이 죽거나 다치면서 가정과 사회에서 여성의 책임과 역할 증대

(6) **서구식 대중문화 유입:** 전쟁에 참여한 미군 등을 통해 서구식 대중문화가 유입되어 전통적인 가치관과 충돌

4 전후 북한의 정치와 경제

1. 김일성의 1인 독재 체제 강화

(1) **배경:** 광복 이후 북한 내 여러 정치 세력 성장, 김일성의 권력 독점에 대한 비판 제기

(2) **전개:** 북한 정권 내 반대파 숙청 → 김일성 1인 독재 체제 강화 (자료 ❹)

2. 사회주의 경제 체제 확립

북한의 전후 복구	중국과 소련의 무상 원조와 기술 지원 등에 의존 → 전후 복구 3개년 계획 추진(1953~1956), 천리마운동❸ 전개(대중의 노동력을 높여 사회주의 경제 건설·생산력 강화 목표 → 자본 투자와 기술 혁신의 부족으로 한계에 이름), 경제 개발 5개년 계획 실시(1957~1961)
사회주의 경제 체제의 확립	농지를 협동조합 소유로 전환, 소규모 개인 상공업을 생산 협동 조합으로 전환 → 개인의 생산 수단 소유 금지

한끝 자료실

• 대표 자료 • 미국의 경제 원조

+ 문제 해결력 및 의사 결정력

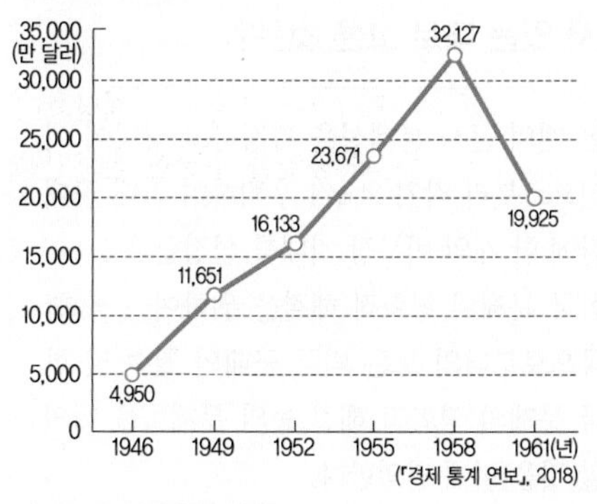

▲ 미국의 경제 원조 추이

▲ 미국이 원조한 밀가루

6·25 전쟁 이후 이승만 정부는 미국의 경제 원조를 바탕으로 경제 복구 사업을 추진하였다. 미국의 원조 물자가 대개 밀, 사탕수수, 면화 등 소비재 산업의 원료에 집중되어 남한에서는 제분업, 제당업, 면방직 공업 등 이른바 삼백 산업이 발달하였다. 한국 경제는 미국의 대규모 원조와 정부의 재정 투입에 힘입어 비교적 빠른 속도로 회복하였다. 그러나 대량의 농산물이 들어오면서 국내 농산물 가격이 폭락하여 농가 소득이 크게 줄었다. 또한 미국의 경제 불황으로 1950년대 말부터 원조가 감소하고 무상 원조가 유상 차관으로 바뀌면서 한국 경제가 어려워졌다.

• 시험에서는 이렇게 •

미국의 경제 원조 추이 그래프를 제시하고 해당 시기의 한국 경제의 특징을 묻는 문제가 자주 출제됩니다. 미국 경제 원조가 활발하게 이루어지던 1950년대에는 삼백 산업이 발달하였으며, 이를 토대로 한국 경제는 빠른 속도로 회복할 수 있었음을 파악해 두세요. 또한 국내 농산물 가격 폭락, 미국의 유상 원조 변환에 따른 경제 성장률 감소 등의 한계도 있었음을 같이 정리해 두세요.

자료 활용 문제

자료를 통해 알 수 있는 1950년대 한국 경제의 특징으로 옳은 것은?

① 회사령이 공포되었다.
② 농지 개혁이 이루어졌다.
③ 토지 조사 사업이 실시되었다.
④ 산미 증식 계획이 시행되었다.
⑤ 미국의 경제 원조에 의존하였다.

답 ⑤

자료 ③ 교육 기회의 확대

▲ 1950년대 전시 학교의 모습

남한에서는 전쟁 중에도 학생들이 피난지에서 임시로 만든 학교에 다닐 정도로 교육에 대한 열의가 높았다. 1950년대에 교육 제도도 정비되어 초등학교 의무 교육제를 시행하고, 중등학교를 늘려 교육 기회를 확대하였다. 서울의 경우 1946년 37개에 불과하던 중등 교육 학교가 1960년에 중학교 100개교, 고등학교 95개교로 급증하였다.

자료 ④ 김일성의 반대파 숙청

▲ 박헌영

6·25 전쟁을 거치면서 김일성은 자신의 권력 기반을 강화하기 위해 대대적인 숙청 작업을 벌였다. 1953년 무렵 박헌영과 옛 남로당 세력을 반국가 반혁명 간첩 혐의로 처벌하였다. 1956년에 김일성의 권력 독점과 경제 정책에 대한 비판이 제기되자, 김일성은 연안파와 소련파 등 일부 반대파를 숙청하였다(8월 종파 사건). 이를 토대로 김일성은 1인 독재 체제를 더욱 강화하였다.

개념 확인하기

3 다음 설명이 맞으면 ○표, 틀리면 ×표를 하시오.

(1) 이승만 정부는 정부에 비판적이었던 경향신문을 폐간하였다. ( )
(2) 6·25 전쟁 이후 남북한의 집권 세력은 독재 체제를 강화하였다. ( )
(3) 이승만 정부는 자유당을 해산시키고 조봉암을 사형에 처하였다. ( )

4 다음 괄호 안의 내용 중 알맞은 말에 ○표를 하시오.

(1) 전쟁 이후 정부는 중등학교를 늘려 교육 기회를 (축소, 확대)하였다.
(2) 6·25 전쟁 이후 한국은 (미국, 소련)의 경제 원조를 기반으로 전후 복구 사업을 추진하였다.
(3) 전쟁 과정에서 많은 사람이 고향을 떠나면서 전통적인 가족 질서와 공동체 의식이 (강화, 약화)되었다.

5 북한에서 노동력을 최대한 동원하여 생산력을 높이기 위해 1956년부터 전개된 운동은?

실력 다지기

01 **다음 선언이 발표된 이후 국내의 정치 상황으로 적절한 것은?**

> 이 방위선은 알류샨 열도에서 일본을 거쳐 오키나와, 필리핀 군도로 이어진다. …… 기타 태평양 지역은 …… 군사적 공격으로부터 안전을 보장할 수 없다는 점을 명백히 밝힌다.

① 북한의 남침으로 6·25 전쟁이 발발하였다.
② 북한에서 북조선 임시 인민 위원회가 수립되었다.
③ 미국이 군정청을 설치하여 남한 지역을 직접 통치하였다.
④ 김구와 김규식이 남북한 정치 지도자 회담을 제안하였다.
⑤ 이승만이 정읍에서 남한만의 단독 정부 수립을 주장하였다.

대표 자료 링크

02 **다음은 6·25 전쟁의 전개 과정을 나타낸 지도이다. (가), (나) 지도에 해당하는 시기 사이에 있었던 사실로 옳은 것은?**

(가)

(나)

① 애치슨 선언이 발표되었다.
② 인천 상륙 작전이 전개되었다.
③ 반민족 행위 처벌법이 제정되었다.
④ 한미 상호 방위 조약이 체결되었다.
⑤ 소련의 제의로 정전 협상이 시작되었다.

중요해

03 **다음 협정문을 작성한 이후에 있었던 사실로 옳은 것만을 〈보기〉에서 있는 대로 고른 것은?**

> 제1조 1항 한 개의 군사 분계선을 확정하고 쌍방이 이 선으로부터 각기 2㎞씩 후퇴하여 적대 군대 간에 한 개의 비무장 지대를 설정한다.
> 제4조 60항 한국 문제의 평화적 해결을 위하여 …… 한국으로부터의 모든 외국 군대의 철수 및 한국 문제의 평화적 해결 등의 문제들을 협의할 것을 이에 건의한다.

보기
ㄱ. 한미 상호 방위 조약이 체결되었다.
ㄴ. 여수·순천 10·19 사건이 발생하였다.
ㄷ. 이승만 정부가 반공 포로를 석방하였다.
ㄹ. 38도선 부근에서 치열한 공방전이 계속되었다.

① ㄱ ② ㄴ ③ ㄱ, ㄷ
④ ㄴ, ㄹ ⑤ ㄱ, ㄷ, ㄹ

04 **다음 작품에서 다루는 전쟁의 영향으로 옳지 않은 것은?**

> • 즉결 처분도 성행하였다. …… 빨갱이가 간다는 뒷손가락질 한 번으로 그 자리에서 총을 맞고 즉사한 사례도 있었다. －『그 많던 싱아는 누가 다 먹었을까』
>
> • 한 많은 피란살이 설움도 많아
> 그래도 잊지 못할 판잣집이여
> 경상도 사투리에 아가씨가 슬피 우네
> 이별의 부산 정거장 －「이별의 부산 정거장」

① 미군이 한국에 계속 주둔하게 되었다.
② 많은 이산가족과 전쟁고아가 생겨났다.
③ 전쟁 특수로 일본의 경제가 성장하였다.
④ 제헌 국회에서 농지 개혁법을 제정하였다.
⑤ 사회 기반 시설과 산업 시설이 파괴되었다.

이 문제에서 나올 수 있는 모든 선택지✓

05 다음과 같은 인명 피해를 낸 전쟁 기간 중에 있었던 사실로 옳지 않은 것은?

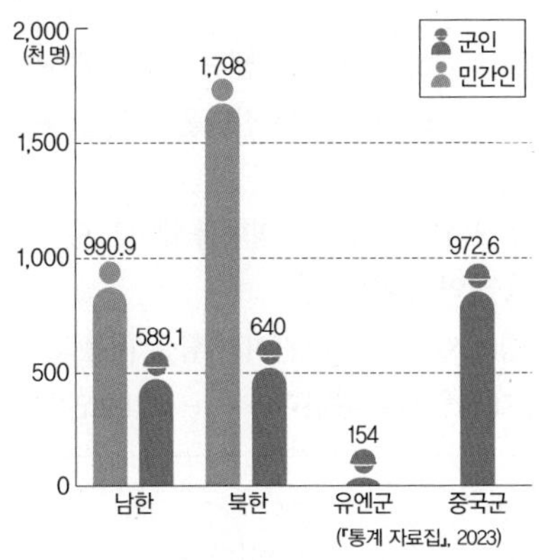

(『통계 자료집』, 2023)

① 발췌 개헌안이 통과되었다.
② 인천 상륙 작전이 전개되었다.
③ 사사오입 개헌안이 통과되었다.
④ 국민 보도 연맹 사건이 발생하였다.
⑤ 이승만 대통령이 반공 포로를 석방하였다.
⑥ 제2대 대통령 선거에서 이승만이 당선되었다.
⑦ 일본이 샌프란시스코 강화 조약으로 주권을 회복하였다.

06 다음 조약의 영향으로 옳은 것만을 〈보기〉에서 고른 것은?

> 제2조 무력 공격에 의해 위협을 받는다고 인정할 때는 서로 협력한다.
> 제3조 각 당사국은 …… 공통한 위험에 대처하기 위하여 각자의 헌법상의 수속에 따라 행동할 것을 선언한다.
> 제4조 상호 합의에 의해 미합중국의 육군, 해군과 공군을 대한민국의 영토 내와 그 부근에 배치하는 권리를 대한민국은 허락하고 미합중국은 수락한다.

| 보기 |
ㄱ. 유엔군이 남한에 처음 파병되었다.
ㄴ. 미군이 한국에 계속 주둔하게 되었다.
ㄷ. 미소 공동 위원회가 두 차례 개최되었다.
ㄹ. 동아시아에서 미국의 영향력이 강화되었다.

① ㄱ, ㄴ ② ㄱ, ㄷ ③ ㄴ, ㄷ
④ ㄴ, ㄹ ⑤ ㄷ, ㄹ

07 다음 사건이 발생한 국회에 대한 설명으로 옳은 것은?

> 1950년 5월에 실시된 국회 의원 선거에서 이승만 정부에 비판적인 후보가 다수 당선되어 이승만이 국회에서 대통령에 재선될 가능성이 낮아졌다. 이러한 상황에서 이승만 정부는 6·25 전쟁 중 임시 수도였던 부산 일원에 계엄령을 선포하였다. 그 후 백골단, 땃벌대 등 폭력 조직을 동원하여 국회 의원들을 위협하면서 야당 의원 50여 명을 국제 공산당의 정치 자금을 받았다는 혐의로 헌병대로 연행해 그중 10명을 구속하였다.

① 제헌 헌법을 제정하였다.
② 반민족 행위 처벌법을 제정하였다.
③ 대통령에 이승만, 부통령에 이시영을 선출하였다.
④ 6·25 전쟁 중 치러진 국회 의원 선거로 구성되었다.
⑤ 대통령 직선제와 양원제를 골자로 하는 개헌안을 통과시켰다.

[08~09] 다음을 읽고 물음에 답하시오.

> 제55조 1항 대통령과 부통령의 임기는 4년으로 한다. 단 재선에 의하여 1차 중임할 수 있다.
> 부칙 이 헌법 공포 당시의 대통령에 대해서는 제55조 1항 단서의 제한을 적용하지 아니한다.

08 위 개헌안이 통과된 사건을 무엇이라고 하는지 쓰시오.

09 위 개헌안과 관련된 사실에 대한 설명으로 옳은 것은?

① 대통령 직선제를 내세웠다.
② 제3대 국회에서 통과되었다.
③ 조봉암의 대통령 당선을 위해 추진되었다.
④ 미국이 한국에 계속 주둔하기로 합의하였다.
⑤ 원조 경제를 활용한 전후 복구 사업 추진을 위한 것이다.

실력 다지기

중요해 **10** (가) 개헌의 결과로 옳은 것은?

> **지식 Q&A**
> (가) 개헌안이 어떻게 통과될 수 있었는지 알려 주세요.
>
> **답변하기**
> 당시 개헌 정족수는 재적 의원 203명의 3분의 2 이상인 136명이었습니다. 그런데 자유당은 203명의 3분의 2는 135.333 …… 명이므로 135명만으로도 개헌안 통과가 가능하다고 주장하며 부결된 개헌안을 억지로 통과시켰습니다.

① 반민족 행위 처벌법이 마련되었다.
② 국회에서 대통령과 부통령을 선출하였다.
③ 제2대 대통령 선거에서 이승만이 당선되었다.
④ 개헌 당시 대통령에 한해서 연임 횟수 제한이 없어졌다.
⑤ 대통령 직선제를 중심으로 내각 책임제를 절충한 방식이 마련되었다.

11 밑줄 친 '그'에 대한 설명으로 옳은 것만을 〈보기〉에서 고른 것은?

> 이승만 정부는 그가 평화 통일을 주장하고 간첩과 접선하여 정치 자금을 받았다며 1959년 7월 사형에 처하였다. 하지만 그는 2011년에 이루어진 재심에서 무죄 판결을 받았다.

보기
ㄱ. 진보당을 창당하였다.
ㄴ. 경향신문을 폐간하였다.
ㄷ. 평화 통일을 주장하였다.
ㄹ. 국회 프락치 사건으로 구속되었다.

① ㄱ, ㄴ ② ㄱ, ㄷ ③ ㄴ, ㄷ
④ ㄴ, ㄹ ⑤ ㄷ, ㄹ

중요해 **12** 다음 자료를 활용한 이승만 정부에 대한 탐구 주제로 가장 적절한 것은?

> 제6조 국헌을 위배하여 정부를 참칭하거나 국가를 변란할 목적으로 결사 또는 집단을 구성한 자를 처벌한다.
> 제22조 ① 헌법상의 기관에 대한 명예를 훼손한 자는 10년 이하의 징역에 처한다.
> ② 전항에서 헌법상 기관이라 함은 대통령, 국회의장, 대법원장을 말한다. – 국가 보안법(1959)

① 남북 협상 추진
② 전후 복구 노력
③ 농지 개혁의 실시
④ 반공 독재 체제의 강화
⑤ 친일파 청산을 위한 노력

대표 자료 링크
13 (가)에 들어갈 내용으로 적절하지 않은 것은?

① 국내 농산물 가격이 폭락하였습니다.
② 토산품 애용을 강조한 물산 장려 운동이 전개되었습니다.
③ 화폐 가치가 폭락하여 인플레이션 현상이 발생하기도 하였습니다.
④ 미국의 무상 원조가 유상 차관으로 바뀌면서 경제가 어려워졌습니다.
⑤ 제분업, 제당업, 면방직 공업 등 이른바 삼백 산업이 발달하였습니다.

14 **(가) 전쟁의 영향을 받아 변화한 남한의 모습으로 옳지 않은 것은?**

> 황해도 평산군의 박규철, 박용철 형제는 (가) 이/가 전쟁이 일어나자 각각 국군과 북한군으로 참전하였다. 1950년 9월 죽령 전투에서 박규철은 북한군 한 명을 생포하였는데, 붙잡은 북한군은 다름 아닌 자신의 동생 박용철이었다. 형제는 서로를 알아보았고, 이후 박용철은 형을 따라 국군이 되었다. 오늘날 이 형제의 사연이 담긴 「형제의 상」 조형물이 전쟁기념관에 전시되어 있다.

① 반공 이념이 강화되었다.
② 도시로 피란민들이 몰려들었다.
③ 서구식 대중문화가 유입되었다.
④ 가정과 사회에서 여성의 책임과 역할이 커졌다.
⑤ 전통적인 가족 질서와 공동체 의식이 강화되었다.

15 **다음 포스터에 해당하는 북한의 경제 정책에 대한 설명으로 옳은 것만을 〈보기〉에서 고른 것은?**

| 보기 |

ㄱ. 북조선 임시 인민 위원회에서 시행하였다.
ㄴ. 사회주의 경제를 건설하기 위해 실시되었다.
ㄷ. 무상 몰수·무상 분배 방식을 원칙으로 삼았다.
ㄹ. 대중의 노동력을 동원하여 생산력을 높이고자 하였다.

① ㄱ, ㄴ ② ㄱ, ㄷ ③ ㄴ, ㄷ
④ ㄴ, ㄹ ⑤ ㄷ, ㄹ

16 **다음을 읽고 물음에 답하시오.**

> (가) 은/는 1956년 연안파가 자신의 권력 독점과 사회주의 건설 정책을 비판하며 권력을 장악하려 하자, 이를 기회로 삼아 ㉠ 반대파에 대한 대대적인 숙청 작업을 진행하였다.

(1) (가)에 들어갈 인물을 쓰시오.

(2) 밑줄 친 ㉠의 배경과 영향을 정치 체제와 연관하여 서술하시오.

3단계로 완성하기

17 **다음 자료에 해당하는 개헌을 쓰고, 이 개헌이 단행된 배경을 서술하시오.**

> 제31조 입법권은 국회가 행한다. 국회는 민의원과 참의원으로써 구성한다.
> 제53조 대통령과 부통령은 국민의 보통, 평등, 직접, 비밀 투표에 의하여 각각 선거한다.

❶단계 자료의 개헌이 무엇인지 써 보세요.

❷단계 자료의 개헌이 단행된 배경을 정리해 보세요.

❸단계 1단계와 2단계에서 정리한 내용을 바탕으로 답안을 완성해 보세요.

1등급 도전하기

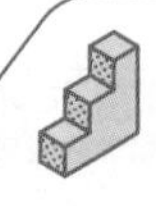

창의 융합

01 다음 노랫말에 나타난 상황이 전개된 시기를 지도에서 옳게 고른 것은?

> 눈보라가 휘날리는 바람찬 흥남 부두에
> 목을 놓아 불러봤다 찾아를 봤다.
> 금순아 어데로 가고 길을 잃고 헤매였더냐
> 피눈물을 흘리면서 1·4 이후 나 홀로 왔다.

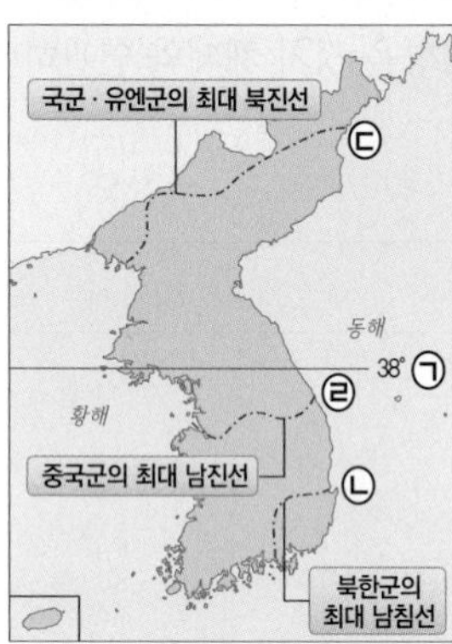

① ㉠ 이전
② ㉠과 ㉡ 사이
③ ㉡과 ㉢ 사이
④ ㉢과 ㉣ 사이
⑤ ㉣ 이후

02 밑줄 친 '전쟁'의 결과로 옳은 것은?

> 김일성은 북조선 뒤에 소련과 중국이 있고, 미국 스스로 대규모 전쟁을 벌이려 하지 않을 것이기에 미국이 개입하지 않을 것이라는 견해를 밝혔다. 다음은 두 사람의 대화 내용이다.
> 김일성: …… 마오쩌둥 동지는 중국 혁명만 완성되면 우리를 돕고, 필요한 경우 병력도 지원하겠다는 말을 여러 차례 했습니다.
> 스탈린: 완벽한 <u>전쟁</u> 준비가 필수입니다. …… 이동 전투 수단을 기계화해야 합니다. 이와 관련된 귀하의 요청을 모두 들어주겠습니다.
> – 소련 공산당 중앙 위원회 국제국

① 일본의 경제는 더욱 악화되었다.
② 민간인의 인명 피해는 거의 없었다.
③ 미군이 한국에서 전면 철수하게 되었다.
④ 사회주의권 내 중국의 정치적 위상이 강화되었다.
⑤ 애치슨이 한반도를 미국 극동 방위선에서 제외하였다.

03 다음은 대통령 선거에서 각 후보자들이 내세운 구호이다. 이에 대한 학생들의 발표 내용으로 적절하지 <u>않은</u> 것은?

> **제3대 대통령 선거**
> • 기호1 무소속 후보 조봉암: 혁신밖에 살 길 없다.
> • 기호2 민주당 후보 신익희: 못살겠다 갈아 보자.
> • 기호3 자유당 후보 이승만: 갈아 봤자 더 못산다.

① 선거 이후 진보당 사건이 일어났어요.
② 6·25 전쟁 중에 선거가 실시되었어요.
③ 선거 결과 이승만이 대통령에 당선되었어요.
④ 선거에서 조봉암이 유효 표의 30%가량을 얻었어요.
⑤ 사사오입 개헌으로 개정된 헌법에 따라 선거가 실시되었어요.

04 교사의 질문에 대한 학생의 답변으로 적절한 것만을 〈보기〉에서 고른 것은?

| 보기 |
ㄱ. 농지 개혁이 추진되었어요.
ㄴ. 많은 양의 쌀이 유출되었어요.
ㄷ. 국내 농산물 가격이 폭락하였어요.
ㄹ. 소비재 중심의 삼백 산업이 성장하였어요.

① ㄱ, ㄴ ② ㄱ, ㄷ ③ ㄴ, ㄷ
④ ㄴ, ㄹ ⑤ ㄷ, ㄹ

정답과 해설 18쪽

수능 준비하기

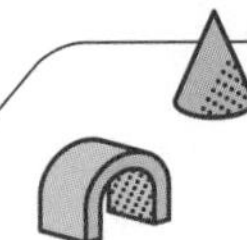

평가원 기출 | 응용

01 다음 협정으로 중단된 전쟁 중에 있었던 사실로 옳지 않은 것은?

> **제1조 군사 분계선과 비무장 지대**
>
> 제1항 한 개의 군사 분계선을 확정하고 쌍방이 이 선으로부터 각기 2km씩 후퇴함으로써 적대 군대 간에 한 개의 비무장 지대를 설정한다. 한 개의 비무장 지대를 설정하여 이를 완충 지대로 함으로써 적대 행위의 재발을 초래할 수 있는 사건의 발생을 방지한다.
>
> ……
>
> 1953년 7월 27일 10시에 한국 판문점에서 영문·한국문·중국문으로 작성한다. 이 3개 국어의 각 협정 본문은 동등한 효력을 가진다.

① 중국군이 참전하였다.
② 조선 건국 동맹이 결성되었다.
③ 인천 상륙 작전이 실시되었다.
④ 이승만 정부가 반공 포로를 석방하였다.
⑤ 국군과 유엔군이 압록강까지 진출하였다.

수능 만점 한끝

군사 분계선과 비무장 지대, 1953년 7월, 판문점 등을 통해 해당 협정을 추론하고, 이 협정으로 중단된 전쟁 시기에 있었던 사실이 아닌 것을 찾아본다.

이렇게도 출제될 수 있어요!

6·25 전쟁의 전개 과정을 담은 지도, 6·25 전쟁과 관련된 문학 작품, 6·25 전쟁 보도 자료 등을 활용하여 6·25 전쟁의 전개 과정을 묻는 문제가 출제될 수 있어요.

교육청 기출 | 응용

02 (가), (나) 시기 사이에 있었던 사실로 옳은 것은?

> (가) 제헌 국회 의원을 선출하기 위한 선거가 5월 10일 오전 7시부터 유엔 한국 임시 위원단의 감시하에 남한 전역에서 시작되었다. 수백만의 남녀 유권자는 국회 의원을 선출하기 위해 투표장으로 향하였다.
>
> (나) 지난 11월 27일 부결되었던 헌법 개정안이 정족수 계산 착오를 이유로 부결이 취소되었다. 정부는 야당의 반대에도 불구하고 사사오입의 논리를 내세워 '재적 의원 3분의 2는 135이므로 이번 개헌안은 통과된 것이다.'라고 발표하였다.

① 갑신정변이 일어났다.
② 발췌 개헌이 이루어졌다.
③ 조선 태형령이 제정되었다.
④ 조선 건국 준비 위원회가 결성되었다.
⑤ 제1차 미소 공동 위원회가 개최되었다.

수능 만점 한끝

(가)는 제헌 국회 의원을 선출하기 위한 선거를 통해 1948년의 5·10 총선거임을, (나)는 사사오입의 노리를 내세움 등을 통해 1954년의 사사오입 개헌임을 파악하고, (가), (나) 사이에 있었던 사실을 고른다.

이렇게도 출제될 수 있어요!

(가), (나)가 일어난 시기 사이에 발발한 6·25 전쟁의 전개 과정을 묻는 문제가 출제될 수 있어요.

민주화를 위한 노력

핵심 미리 보기
☑ 4·19 혁명의 전개와 의의
☑ 박정희 정부와 유신 체제
☑ 5·18 민주화 운동과 6월 민주 항쟁의 전개

한끝 더하기

❶ 3·15 부정 선거

1960년 3월 15일에 치러진 정부통령 선거에서 이승만 정부와 자유당은 이기붕을 부통령에 당선시키기 위해 4할 사전 투표, 투표함 바꿔치기 등의 방법을 동원하여 부정을 저질렀다.

❷ 내각 책임제

내각 책임제에서 대통령은 상징적인 존재였으며, 정부를 운영하는 실질적인 권한은 국무총리가 행사하였다.

❸ 혁명 공약

박정희를 비롯한 군인 세력이 발표한 것으로 반공 강조, 경제 개발 강조, '선 건설 후 통일'론, 민정 이양 약속 등의 내용을 담고 있다.

❹ 한일 회담

중앙정보부장 김종필과 일본의 외무상 오히라가 만나 일본이 한국에 무상 3억 달러, 유상 2억 달러, 민간 차관 1억 달러 이상 제공할 것을 약속하였다.

❺ 브라운 각서

- 한국에 있는 대한민국 국군의 현대화 계획을 위하여 수년 동안 상당량의 장비를 제공한다(군사 원조).
- 이미 약속한 바 있는 1억 5,000만 달러 차관에 추가하여 차관을 제공한다(경제 원조).

한국 정부는 브라운 각서를 통해 미국으로부터 한국군의 현대화와 경제 발전을 위한 기술과 차관 제공 등을 약속받았다.

❻ 닉슨 독트린(1969)

미국 대통령 닉슨이 베트남 전쟁 개입 종결 등을 위해 발표한 외교 정책이다. 아시아 자유 국가들의 자주적 방위 노력을 촉구함으로써 미국의 군사적 부담을 줄이고자 하였다.

1 4·19 혁명과 장면 정부

1. 4·19 혁명

배경	이승만 정부의 부정부패·경기 침체, 3·15 부정 선거❶
전개	각지에서 부정 선거 규탄 시위 → 마산에서 경찰의 발포로 사상자 발생(3·15 의거) → 김주열의 시신 발견 → 전국에서 대규모 시위 전개(4. 19.) → 정부의 계엄령 선포 → 대학교수단의 시국 선언 발표(4. 25.) → 이승만 대통령의 하야(4. 26.) (자료 ❶)
의의	학생과 시민의 힘으로 독재 정권을 무너뜨린 민주주의 혁명

2. 장면 정부

(1) **성립:** 이승만 하야 후 허정 과도 정부 수립, 헌법 개정(양원제 국회 구성, 내각 책임제❷) → 총선거에서 민주당 승리 → 국회에서 대통령에 윤보선, 국무총리에 장면 선출

(2) **정치적·사회적 민주화:** 지방 자치제 실시, 학생·노동 운동 활발, 통일 논의 활성화

(3) **경제 개발 노력:** 경제 개발 5개년 계획 마련, 국토 건설 사업 추진

(4) **한계:** 민주당의 분열로 인한 정치적 혼란, 민주화 요구와 통일 논의에 소극적 대처

2 박정희 정부와 유신 체제

1. 5·16 군사 정변(1961. 5. 16.)

(1) **발생:** 박정희를 비롯한 군인 세력이 군사 정변을 일으켜 정권 장악 → 장면 정부 붕괴

(2) **군정 실시:** '혁명 공약'❸ 발표 → 국가 재건 최고 회의 후 군정 실시 → 중앙정보부 설치

(3) **민정 이양:** 헌법 개정(대통령 중심제, 단원제 국회 구성) → 박정희가 대통령에 당선(1963)

2. 박정희 정부

(1) **한일 국교 정상화:** 정부의 경제 발전 자금 마련 추진 → 한일 회담❹ 추진 → 학생과 시민의 한일 회담 반대 집회 확산(6·3 시위 등) → 정부의 휴교령·계엄령 선포, 시위 진압 → 한일 협정 체결(1965) → 경제 개발 자금 획득 ⇔ 과거사 문제 미해결 (자료 ❷)

(2) **베트남 파병(1964~1973):** 미국의 파병 요청 → 브라운 각서❺ 체결(1966) → 미국의 차관 제공·파병 군인들의 송금·군수 물자 수출 등으로 외화 획득 ⇔ 고엽제 피해와 라이따이한(한국·베트남 혼혈인) 등 문제 발생

(3) **3선 개헌:** 제6대 대통령 선거에서 박정희 당선(1967), 박정희 정부가 대통령의 3회 연임을 허용하는 3선 개헌 추진 → 야당 의원들과 학생들의 3선 개헌 반대 운동 → 편법적으로 3선 개헌안 통과(1969) → 박정희가 대통령에 당선(1971)

3. 유신 체제의 성립 대표 자료

배경	닉슨 독트린❻ 발표 후 냉전 체제 완화, 경제 불안, 대북 정책 변경(7·4 남북 공동 성명 발표), 야당의 성장
성립	비상계엄 선포, 국회 해산 → 비상 국무 회의에서 헌법 개정안(유신 헌법) 마련 → 국민 투표로 유신 헌법 확정(10월 유신, 1972)
유신 헌법의 내용	대통령 임기 6년, 중임 제한 규정 철폐, 통일 주체 국민 회의의 간접 선거로 대통령 선출, 대통령이 입법·사법·행정권 장악(국회 의원 3분의 1 추천권, 국회 해산권, 긴급 조치권 등을 가짐) → 박정희의 영구 집권, 독재 체제 뒷받침

한끝 자료실

• 대표 자료 • 유신 헌법(1972)

비판적 사고력

> 제39조 대통령은 통일 주체 국민 회의에서 토론 없이 무기명 투표로 선거한다.
> 제40조 통일 주체 국민 회의는 국회 의원 정수의 3분의 1에 해당하는 수를 선거한다.
> 제53조 대통령은 천재지변 또는 중대한 재정·경제상의 위기에 처하거나, 국가의 안전 보장 또는 공공의 안녕질서가 중대한 위협을 받거나 받을 우려가 있어, 신속한 조치를 할 필요가 있다고 판단할 때에는 내정·외교·국방·재정·사법 등 국정 전반에 걸쳐 필요한 긴급 조치를 할 수 있다.

유신 헌법은 대통령 임기를 6년으로 하고 중임 제한 규정을 두지 않았다. 통일 주체 국민 회의에는 대통령 선출권과 대통령의 추천을 받아 국회 의원 3분의 1을 뽑을 수 있는 권한을 부여하였다. 또한 국가의 안전 보장과 관련된 중대한 사태가 발생하였을 때 대통령이 긴급 조치를 발동할 수 있었다. 이러한 유신 헌법은 박정희의 영구 집권과 독재 체제를 뒷받침하였다.

• 시험에서는 이렇게 •

유신 헌법을 제시하고 유신 헌법의 영향을 묻거나, 유신 헌법이 제정된 시기의 상황을 묻는 문제가 자주 출제됩니다. 유신 헌법의 주요 내용을 정리해 두세요.

자료 활용 문제

자료의 헌법을 제정한 결과로 옳은 것은?

① 대통령 직선제가 실시되었다.
② 이승만 대통령이 하야하였다.
③ 대통령의 영구 집권이 가능해졌다.
④ 한국이 베트남에 파병하게 되었다.
⑤ 중앙정보부를 설치하여 군정을 실시하였다.

답 ③

자료 ① 4·19 혁명의 전개(1960)

> • 시간이 없는 관계로 어머님을 뵙지 못하고 떠납니다. 끝까지 부정 선거에 데모로 싸우겠습니다. …… 어머님, 데모에 나간 저를 책하지 마십시오. 우리들이 아니면 누가 데모를 하겠습니까. 저는 아직 철없는 줄 잘 압니다. 그러나 조국과 민족을 위하는 길이 어떻다는 걸 알고 있습니다. – 한성여자중학교 진영숙이 어머니께 남긴 편지
>
> • 1. 마산, 서울 기타 각지의 학생 데모는 …… 학생들의 순진한 정의감의 발로이며 부정과 불의에 항거하는 민족정기의 표현이다.
> 5. 3·15 선거는 불법 선거이다. 공명선거에 의하여 정부통령 선거를 다시 실시하라.
> – 대학교수단의 시국 선언문

3·15 부정 선거를 반대하는 시위 과정에서 실종되었던 김주열 학생의 시신이 발견되자 시민의 분노가 폭발하였고 시위는 전국으로 확산되었다. 4월 18일 시위를 마치고 돌아가던 고려대 학생들이 정치 폭력배의 습격을 받았다는 소식에 분노한 학생과 시민들은 4월 19일 전국에서 대규모 시위를 전개하였다. 4월 25일에는 대학교수단이 시국 선언을 발표하고 가두시위를 벌였다. 마침내 이승만은 대통령직에서 물러났다.

자료 ② 한일 협정(1965)

> 제1조 양 체약 당사국 간에 외교 및 영사 관계를 수립한다. …… 양 체약 당사국은 또한 양국 정부에 의하여 합의되는 장소에 영사관을 설치한다.
> 제2조 1910년 8월 22일 및 그 이전에 대한 제국과 대일본 제국 간에 체결된 모든 조약 및 협정이 이미 무효임을 확인한다.

한일 협정 체결 후 박정희 정부는 일본으로부터 경제 개발에 필요한 자금을 일부 얻었다. 하지만 식민 지배에 대한 사과, 일본군 '위안부'·원폭 피해자 등에 대한 배상, 독도 문제 등은 아직까지 제대로 해결되지 못하였다.

개념 확인하기

1 다음 〈보기〉의 사건을 일어난 순서대로 나열하시오.

보기
ㄱ. 3·15 부정 선거 ㄴ. 김주열 시신 발견 ㄷ. 대학교수단의 시위 ㄹ. 이승만 하야 성명 발표

2 다음 설명이 맞으면 ○표, 틀리면 ×표를 하시오.

(1) 장면 정부는 경제 개발 5개년 계획을 마련하였다. ( )
(2) 이승만 정부의 붕괴 후 세워진 과도 정부는 대통령 중심제와 양원제 국회를 골자로 헌법을 개정하였다. ( )

3 다음 빈칸에 들어갈 내용을 쓰시오.

(1) 1961년 박정희 중심의 일부 군인들이 무력을 앞세워 ( )을 일으키고 정권을 장악하였다.
(2) 박정희 정부는 국민의 거센 반발에도 불구하고 ( ) 체결을 강행하여 일본으로부터 경제 개발 자금을 받았다.
(3) ( )은 대통령 임기를 6년으로 하고 중임 제한 규정을 두지 않았으며, 대통령이 긴급 조치를 발동할 수 있도록 규정하였다.

민주화를 위한 노력

한끝 더하기

❶ 민청학련 사건

중앙정보부가 전국 민주 청년 학생 총연맹의 배후에 북한의 지령에 따라 국가 전복을 노리는 인민 혁명당 재건 위원회가 있다고 주장하며 관련자들을 처벌한 사건이다. 이때 처벌된 사람들은 2007년 재심 결과 모두 무죄 판결을 받았다.

❷ YH 무역 사건

1979년 8월 YH 무역의 부당한 폐업 공고에 항의하며 신민당사에서 농성 중인 여성 노동자들을 박정희 정부가 강제 진압한 사건이다.

❸ 부마 민주 항쟁(1979)

YH 무역 사건에 항의하는 신민당 총재 김영삼이 국회 의원직에서 제명당하자, 이를 계기로 1979년 10월 부산과 마산 지역 시민들이 유신 철폐와 독재 반대를 외치며 전개한 시위를 말한다.

❹ 4·13 호헌 조치

1987년 4월 13일 전두환 대통령이 발표한 조치이다. 시국 혼란을 이유로 들어 일체의 개헌 논의를 금지하고 당시 헌법에 규정된 대통령 간선제를 고수하겠다는 내용이 담겨 있다.

4. 유신 체제의 전개와 붕괴

(1) **유신 반대 운동의 확산**: 김대중 납치 사건(1973), 민청학련 사건(1974)❶ 등 유신 반대 운동 탄압 → 헌법 개정 청원 100만인 서명 운동, 3·1 민주 구국 선언 발표 (자료 ❸)

(2) **부마 민주 항쟁과 유신 체제의 붕괴**: 1978년 총선에서 야당이 여당보다 높은 득표율 획득, 제2차 석유 파동, 미국의 박정희 정부 인권 탄압 비판, YH 무역 사건❷과 이를 비판한 김영삼의 의원직 제명 문제 발생 → 부산, 마산 일대에서 유신 반대 시위 발생(부마 민주 항쟁❸) → 사태 해결을 놓고 정권 내부에서 갈등 발생 → 박정희가 김재규에게 피살됨.(10·26 사태, 1979) → 유신 체제의 붕괴

3 5·18 민주화 운동과 6월 민주 항쟁

1. 신군부의 등장과 서울의 봄

(1) **신군부의 등장**: 유신 체제 붕괴 후 통일 주체 국민 회의에서 최규하를 대통령으로 선출 → 전두환과 노태우 등 신군부 세력이 쿠데타를 일으켜 군사권 장악(12·12 사태, 1979) → 계엄령 유지, 정치 개입 본격화(헌법 개정 지연)

(2) **서울의 봄**: 학생과 민주 인사들이 신군부 퇴진, 계엄령 철폐, 유신 헌법 폐지 등을 요구하며 1980년 5월까지 지속적으로 민주화 운동 전개

2. 5·18 민주화 운동(1980) (자료 ❹)

배경	신군부의 계엄령 확대, 모든 정치 활동 금지, 국회와 대학 폐쇄, 민주화 운동 탄압
전개	광주에서 신군부의 비상계엄 확대와 휴교령에 반대하는 시위 발생(5. 18.) → 신군부의 공수 부대원 투입·학생들에 대한 무자비한 진압, 시민들의 합류로 시위 확산 → 계엄군의 무차별 발포(5. 21.) → 시민들이 시민군 조직 → 신군부가 무력으로 시민군 진압(5. 27.)
의의	1980년대 이후 전개된 민주화 운동의 원동력이 됨, 아시아 여러 나라의 민주화 운동에 영향, 5·18 민주화 운동 기록물이 유네스코 세계 기록 유산에 등재(2011)

3. 전두환 정부

(1) **신군부의 집권**: 신군부가 국가 보위 비상 대책 위원회 설치, 국정 장악 → 통일 주체 국민 회의에서 전두환 대통령 선출(1980) → 헌법 개정(임기 7년 단임, 선거인단을 통한 대통령 간선제) → 민주 정의당을 창당한 전두환이 대통령에 당선(1981)

(2) **전두환 정부의 정책**: 강압 정책(언론사 통폐합·보도 지침 등으로 언론 억압, 삼청 교육대 운영, 민주화 요구 탄압, 민주화 운동 주도자를 국가 보안법 위반으로 구속 등), 유화 정책(대입 본고사 폐지와 과외 금지, 중고생의 두발과 교복 자율화, 야간 통행금지 해제, 해외여행 자유화, 프로 스포츠 육성 등)

4. 6월 민주 항쟁(1987) (대표 자료)

배경	전두환 정부의 강압적 통치, 부천 경찰서 성 고문 사건(1986)·박종철 고문치사 사건(1987) 발생
전개	시민들의 대통령 직선제 개헌 요구 → 4·13 호헌 조치❹로 정부가 대통령 직선제 개헌 거부 → 야당·종교계·학생 운동 조직 등이 민주 헌법 쟁취 국민운동 본부 결성·직선제 개헌과 전두환 정권 퇴진 운동 전개, 이한열의 최루탄 피격 → 시민들이 호헌 철폐와 독재 타도를 외치며 전국적인 민주화 요구 시위 전개
결과	6·29 민주화 선언(대통령 직선제 개헌 약속) → 노태우 후보의 대통령 당선

한끝 자료실

• 대표 자료 • 6·29 민주화 선언
문제 해결력 및 의사 결정력

> 첫째, 여야 합의하에 조속히 대통령 직선제 개헌을 하고, 새 헌법에 의해 대통령 선거로 1988년 2월 평화적 정부 이양을 실현토록 하겠습니다.
> 둘째, 대통령 선거법을 개정하여 …… 최대한의 공명정대한 선거 관리가 이루어져야 합니다.
> 셋째, 자유 민주주의적 기본 질서를 부인한 반국가 사범이나 살상·방화·파괴 등으로 국기를 흔들었던 극소수를 제외한 시국 관련 사범들은 석방해야 합니다.

6월 민주 항쟁이 지속되자 전두환 정부는 국민의 민주화 요구에 굴복하여 1987년 6월 29일 여당 대통령 후보인 노태우를 통해 대통령 직선제 개헌, 기본권 보장 등을 주요 내용으로 하는 6·29 민주화 선언을 발표하였다. 이에 따라 5년 단임의 대통령 직선제를 핵심으로 하는 헌법 개정이 이루어졌다. 그 결과 국민이 직접 대통령을 선출하는 것이 가능해졌다.

• 시험에서는 이렇게 •

6·29 민주화 선언으로 대통령 직선제를 골자로 하는 헌법 개정이 이루어졌음을 묻는 문제가 자주 출제됩니다. 6·29 민주화 선언의 핵심 내용을 정리해 두세요.

자료 활용 문제

자료에 나타난 선언의 결과로 옳은 것은?

① 남북 협상이 이루어졌다.
② 제헌 국회가 구성되었다.
③ 4·13 호헌 조치가 발표되었다.
④ 대통령 직선제 개헌이 이루어졌다.
⑤ 국가 보위 비상 대책 위원회가 설치되었다.

답 ④

자료 ③ 유신 체제에 대한 저항

> 1. 이 나라는 민주주의 기반 위에 서야 한다.
> 2. 경제 입국의 구상과 자세가 근본적으로 재검토되어야 한다.
> 3. 민족 통일은 오늘 이 겨레가 짊어진 지상의 과업이다.
>
> – 3·1 민주 구국 선언, 1976. 3. 1.

1976년 3월 1일에 김대중과 함석헌 등 재야인사들이 명동 성당에 모여 3·1 민주 구국 선언을 발표하였다. 이를 통해 유신 체제의 민주주의 탄압과 박정희 정부의 경제 발전 논리를 비판하였다.

자료 ④ 5·18 민주화 운동

> 우리는 왜 총을 들 수밖에 없었는가? 그 대답은 너무나 간단합니다. …… 정부 당국에서는 17일 야간에 계엄령을 확대 선포하고 일부 학생과 민주 인사, 정치인을 도무지 믿을 수 없는 구실로 불법 연행하였습니다. …… 20일 밤부터 계엄 당국은 발포 명령을 내려 무차별 발포를 시작하였다는 것입니다. 이 고장을 지키고자 이 자리에 모이신 민주 시민 여러분! 그런 상황에서 우리가 할 수 있는 일이 무엇이겠습니까?
>
> – 광주 시민군의 궐기문, 1980. 5. 25.

1980년 5월 18일 전라남도 광주에서는 신군부의 비상계엄 확대와 휴교령에 반대하는 시위가 일어났다. 5월 21일 계엄군이 시위 진압 과정에서 시위대를 향해 총을 쏘자, 이에 분노한 시민들이 시민군을 조직하였다. 계엄군은 언론을 통제하였고, 광주 외곽을 봉쇄하여 시내로의 진입을 차단하였다. 광주 시민들은 수습 위원회를 조직하고 구속자 석방과 비상계엄 철폐 등을 조건으로 협상하려 하였다. 그러나 신군부는 5월 27일 새벽, 전남 도청의 시민군을 무자비하게 진압하였다.

개념 확인하기

4 다음에서 설명하는 민주화 운동을 〈보기〉에서 골라 기호를 쓰시오.

보기
ㄱ. 부마 민주 항쟁
ㄴ. 5·18 민주화 운동

(1) 광주에서 비상계엄 확대와 휴교령에 반대하는 시위가 일어났다. ( )
(2) YH 무역 사건을 계기로 일어나 박정희 정부의 몰락에 영향을 주었다. ( )

5 다음 설명이 맞으면 ○표, 틀리면 ×표를 하시오.

(1) 10·26 사태 이후 박정희가 대통령으로 선출되었다. ( )
(2) 신군부는 7년 단임의 대통령 간선제로 개헌을 단행하였다. ( )
(3) 신군부는 국가 재건 최고 회의를 설치하여 국정을 장악하였다. ( )
(4) 노태우는 대통령 직선제 개헌을 주요 내용으로 하는 4·13 호헌 조치를 발표하였다. ( )

6 1987년에 일어난 (㉠)의 결과 6·29 민주화 선언이 발표되었고, 이에 따라 대통령 (㉡)로의 헌법 개정이 이루어졌다.

실력 다지기

01 다음 자료를 활용한 탐구 활동으로 가장 적절한 것은?

> 1960년 3월 15일에 정부통령 선거가 실시되었다. 선거를 한 달 앞두고 야당 대통령 후보인 조병옥이 갑자기 사망하여 이승만의 당선이 확실시되었으나, 이승만은 당시 80대의 고령이었으므로 대통령에게 건강상의 문제가 생겼을 때 대통령직을 승계할 부통령 선거가 중요하였다. 자유당과 이승만 정부는 이기붕을 부통령으로 당선시키기 위해 사전 투표, 대리 투표 등 대대적인 부정 선거를 벌였다.

① 제헌 국회의 활동을 조사한다.
② 4·19 혁명의 배경을 조사한다.
③ 제2대 대통령 선거의 결과를 찾아본다.
④ 사사오입 개헌의 추진 과정을 파악한다.
⑤ 5·10 총선거 결과 정당별 분포 상황을 분석한다.

중요해

02 다음 선언 이후 일어난 사실로 옳은 것은?

> 1. 마산, 서울 기타 각지의 학생 데모는 …… 학생들의 순진한 정의감의 발로이며 부정과 불의에 항거하는 민족 정기의 표현이다.
> 4. 누적된 부패와 부정과 횡포로 민족적 참극과 치욕을 초래한 대통령을 비롯하여 여야 국회 의원 및 대법관들은 그 책임을 지고 물러서라.
> 5. 3·15 선거는 불법 선거이다. 공명선거에 의하여 정부통령 선거를 다시 실시하라. – 대학교수단의 시국 선언문

① 남북 협상이 이루어졌다.
② 제1차 미소 공동 위원회가 열렸다.
③ 초대 대통령의 3선 제한이 철폐되었다.
④ 유엔군이 한반도에 처음으로 파견되었다.
⑤ 이승만 대통령 중심의 독재 체제가 붕괴되었다.

03 (가) 정부에 대한 설명으로 옳은 것은?

> 지식 Q&A
> (가) 에 대해 알려 주세요.
>
> 답변하기
>
> 
>
> ▲ 정부 출범 모습
>
> (가) 은/는 헌정 역사상 유일한 내각 책임제 정부입니다. 정부 운영의 실질적 권한은 국무총리가 행사하였습니다.

① 농지 개혁을 시행하였다.
② 5·10 총선거를 실시하였다.
③ 사사오입 개헌안을 통과시켰다.
④ 반민족 행위 처벌법을 제정하였다.
⑤ 경제 개발 5개년 계획안을 마련하였다.

04 다음 상황이 전개된 정부 시기에 있었던 사실로 옳은 것은?

> 
>
>
> ▲ 남북 학생 회담 지지 집회
>
> 4·19 혁명 이후 통일이 필요하다고 여기는 사람들이 늘어나면서 통일 운동이 활발하게 전개되었다. 1961년에는 대학생들을 중심으로 남북 학생 회담을 요구하는 통일 운동이 추진되기도 하였다.

① 여당인 민주당 내부에서 갈등이 심하였다.
② 국가 보위 비상 대책 위원회가 설치되었다.
③ 반민 특위가 반민족 행위자 처벌 활동을 하였다.
④ 정치인의 활동이 금지되고 폭력배가 처벌을 받았다.
⑤ 초대 대통령의 연임 횟수 제한을 없애는 개헌이 이루어졌다.

05 다음 공약을 발표한 세력에 대한 설명으로 옳은 것만 을 〈보기〉에서 고른 것은?

> 1. 반공을 제1의 국시(國是)로 한다.
> 2. 미국 및 자유 우방과의 유대를 공고히 한다.
> 3. 민생고를 해결하고 국가 자주 경제 재건에 총력을 기울인다.
> 4. 통일을 위하여 공산주의와 대결할 실력 배양에 힘쓴다.
> 6. 이와 같은 과업이 성취되면 참신하고도 양심적인 정치인들에게 언제든지 정권을 이양하고 우리들 본연의 임무로 복귀할 준비를 갖춘다.

보기

ㄱ. 발췌 개헌을 단행하였다.
ㄴ. 5·16 군사 정변을 일으켰다.
ㄷ. 12·12 사태를 일으켜 군사권을 장악하였다.
ㄹ. 국가 재건 최고 회의를 만들어 군정을 실시하였다.

① ㄱ, ㄴ ② ㄱ, ㄷ ③ ㄴ, ㄷ
④ ㄴ, ㄹ ⑤ ㄷ, ㄹ

중요해

06 다음 협정에 대한 설명으로 옳은 것은?

> 제1조 양 체약 당사국 간에 외교 및 영사 관계를 수립한다. 양 체약 당사국 간은 대사급 외교 사절을 지체 없이 교환한다. 양 체약 당사국은 또한 양국 정부에 의하여 합의되는 장소에 영사관을 설치한다.
> 제2조 1910년 8월 22일 및 그 이전에 대한 제국과 대일본 제국 간에 체결된 모든 조약 및 협정이 이미 무효임을 확인한다.

① 5·16 군사 정변 이전에 체결되었다.
② 7·4 남북 공동 성명의 배경이 되었다.
③ 과거사 문제를 제대로 해결하지 못하였다.
④ 이승만의 장기 집권을 위한 기반을 마련하였다.
⑤ 미국이 한국에 브라운 각서를 전달하는 계기가 되었다.

07 (가)에 들어갈 내용으로 가장 적절한 것은?

① 남북 분단이 고착화되었어.
② 라이따이한 문제가 등장하였지.
③ 우리나라의 외교권이 박탈당하였어.
④ 반민 특위 활동이 사실상 중단되었지.
⑤ 신탁 통치를 둘러싸고 좌익과 우익이 대립하였어.

중요해 대표 자료 링크

08 다음 헌법이 제정된 결과로 옳지 않은 것은?

> 제39조 대통령은 통일 주체 국민 회의에서 토론 없이 무기명 투표로 선거한다.
> 제40조 통일 주체 국민 회의는 국회 의원 정수의 3분의 1에 해당하는 수를 선거한다.
> 제53조 대통령은 천재지변 또는 중대한 재정·경제상의 위기에 처하거나, 국가의 안전 보장 또는 공공의 안녕질서가 중대한 위협을 받거나 받을 우려가 있어, 신속한 조치를 할 필요가 있다고 판단할 때에는 내정·외교·국방·재정·사법 등 국정 전반에 걸쳐 필요한 긴급 조치를 할 수 있다.

① 대통령의 3회 연임이 허용되었다.
② 대통령에게 국회 해산권이 주어졌다.
③ 대통령이 국회 의원 3분의 1을 추천하였다.
④ 대통령이 긴급 조치를 발동할 수 있게 되었다.
⑤ 통일 주체 국민 회의에서 대통령을 선출하였다.

09 다음 선언이 발표된 배경으로 옳은 것은?

> 우리는 이를 보고만 있을 수 없어 여야의 정치적인 전략이나 이해를 넘어 이 나라의 먼 앞길을 내다보면서 이 선언을 선포하는 바이다.
> 1. 이 나라는 민주주의 기반 위에 서야 한다.
> 2. 경제 입국의 구상과 자세가 근본적으로 재검토되어야 한다.
> 3. 민족 통일은 오늘 이 겨레가 짊어진 지상의 과업이다.

① 국가 보위 비상 대책 위원회가 언론을 억압하였다.
② 대통령 사망 후 신군부 세력이 정권을 장악하였다.
③ 미국의 요청에 따라 베트남에 전투 부대를 파견하기 시작하였다.
④ 유신 헌법에 규정된 긴급 조치권으로 인해 국민의 기본권이 제한되었다.
⑤ 이기붕을 부통령으로 당선시키기 위해 대대적인 부정 선거가 전개되었다.

이 문제에서 나올 수 있는 모든 선택지✓

10 (가) 시기에 있었던 사실로 옳지 않은 것은?

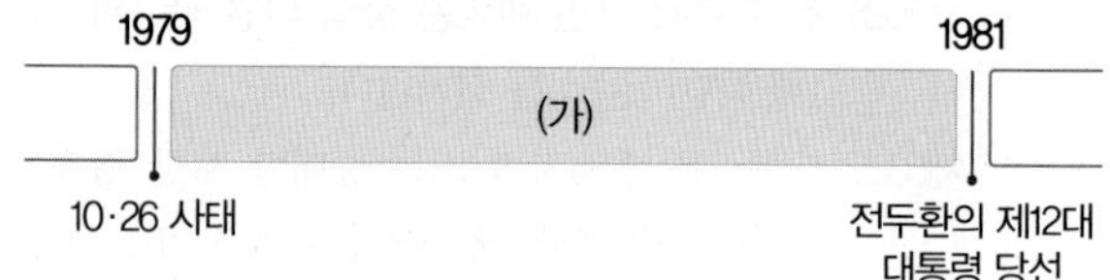

① 12·12 사태가 발생하였다.
② 삼청 교육대가 설치되었다.
③ YH 무역 사건이 일어났다.
④ 5·18 민주화 운동이 전개되었다.
⑤ 국가 보위 비상 대책 위원회가 설치되었다.
⑥ 대통령 간선제를 규정한 헌법 개정이 이루어졌다.
⑦ 서울의 봄이라 불리는 민주화 운동이 전개되었다.
⑧ 최규하가 통일 주체 국민 회의에서 대통령으로 선출되었다.

중요해★

11 밑줄 친 '우리'가 주장한 내용으로 가장 적절한 것은?

> 우리는 왜 총을 들 수밖에 없었는가? 그 대답은 너무나 간단합니다. …… 정부 당국에서는 17일 야간에 계엄령을 확대 선포하고 일부 학생과 민주 인사, 정치인을 도무지 믿을 수 없는 구실로 불법 연행하였습니다. …… 20일 밤부터 계엄 당국은 발포 명령을 내려 무차별 발포를 시작하였다는 것입니다. 이 고장을 지키고자 이 자리에 모이신 민주 시민 여러분! 그런 상황에서 우리가 할 수 있는 일이 무엇이겠습니까?
>
> – 광주 시민군의 궐기문, 1980. 5. 25.

① 이승만 정권 타도
② 3선 개헌 결사 반대
③ 유신 철폐와 독재 타도
④ 굴욕적인 대일 외교 반대
⑤ 구속자 석방과 비상계엄 철폐

12 ㉠, ㉡의 사례로 옳지 않은 것은?

> 5·18 민주화 운동 이후 신군부는 새로운 헌법을 마련하여 대통령의 임기를 7년 단임으로 하고 선거인단을 통한 간접 선거로 대통령을 선출하도록 하였다. 이 헌법에 따라 전두환이 대통령으로 선출되었다. 새롭게 출범한 전두환 정부는 ㉠ 강압 정책과 ㉡ 유화 정책을 함께 실시하였다.

① ㉠ – 삼청 교육대를 운영하였다.
② ㉠ – 야간 통행금지를 강화하였다.
③ ㉠ – 언론사 통폐합, 보도 지침 등을 통해 기사 내용을 검열·단속하였다.
④ ㉡ – 중고생의 두발과 교복을 자율화하였다.
⑤ ㉡ – 대입 본고사를 폐지하고 과외를 금지하였다.

13 다음 선언문이 발표될 당시 등장하였을 구호로 가장 적절한 것은?

> 국가의 미래요 소망인 꽃다운 젊은이를 야만적인 고문으로 죽여 놓고 그것도 모자라 뻔뻔스럽게 국민을 속이려 했던 현 정권에게 국민의 분노가 무엇인지를 분명히 보여 주고, 국민적 여망인 개헌을 일방적으로 파기한 4·13 폭거를 철회시키기 위한 민주 장정을 시작한다.

① 유신 헌법 철폐하라!
② 부정 선거 책임자를 즉시 처벌하라!
③ 비상계엄 철폐하고 신군부 퇴진하라!
④ 대일 굴욕 외교 반대, 한일 회담 중지하라!
⑤ 군부 독재 타도하고 직선제 개헌 쟁취하자!

중요해 대표 자료 링크

14 다음 선언문에 대한 설명으로 옳은 것만을 〈보기〉에서 고른 것은?

> 첫째, 여야 합의하에 조속히 대통령 직선제 개헌을 하고, 새 헌법에 의해 대통령 선거로 1988년 2월 평화적 정부 이양을 실현토록 하겠습니다.
> 셋째, 자유 민주주의적 기본 질서를 부인한 반국가 사범이나 살상·방화·파괴 등으로 국기를 흔들었던 극소수를 제외한 시국 관련 사범들은 석방해야 합니다.

| 보기 |
ㄱ. 6·10 국민 대회 선언문이다.
ㄴ. 여당 대통령 후보였던 노태우가 발표하였다.
ㄷ. 6월 민주 항쟁에서 국민들이 요구한 내용을 일부 수용하였다.
ㄹ. 7년 단임의 대통령 간선제를 핵심으로 하는 헌법 개정을 약속하였다.

① ㄱ, ㄴ　② ㄱ, ㄷ　③ ㄴ, ㄷ
④ ㄴ, ㄹ　⑤ ㄷ, ㄹ

15 다음을 읽고 물음에 답하시오.

> 박정희 정부는 1972년 10월 남북 통일을 위해 사회 질서를 안정시킨다는 명분으로 전국에 비상계엄을 선포하고 국회를 해산하였다. 그리고 비상 국무 회의가 마련한 헌법 개정안인 (가) 을/를 국민 투표를 거쳐 확정하였다.

(1) (가)에 들어갈 헌법을 쓰시오.

(2) (가) 헌법에 명시된 대통령의 권한을 세 가지 서술하시오.

3단계로 완성하기

16 ㉠이 가리키는 사건을 쓰고, ㉡이 지니는 역사적 의의를 서술하시오.

> 시간이 없는 관계로 어머님을 뵙지 못하고 떠납니다. 끝가지 ㉠ 부정 선거에 ㉡ 데모로 싸우겠습니다. …… 어머님, 데모에 나간 저를 책하지 마십시오. 우리들이 아니면 누가 데모를 하겠습니까. 저는 아직 철없는 줄 잘 압니다. 그러나 조국과 민족을 위하는 길이 어떻다는 걸 알고 있습니다. – 한성여자중학교 진영숙이 어머니께 남긴 편지

1단계 ㉠, ㉡이 가리키는 사건을 써 보세요.

2단계 ㉡의 결과와 성격을 정리해 보세요.

3단계 1단계와 2단계에서 정리한 내용을 바탕으로 답안을 완성해 보세요.

1등급 도전하기

01 밑줄 친 '개헌'에 따라 나타난 사실을 <보기>에서 고른 것은?

> **국민에게 드리는 글**
> 민권이 마침내 승리하여 이제 대통령이 물러나게 되었습니다. 애국적인 학생, 시민 여러분이 보여 준 위대한 힘으로 새 국면을 맞이하여 국회가 다음과 같이 결정하였습니다.
> 1. 지난 선거를 무효로 한다.
> 2. 개헌을 단행한 후 총선거를 즉각 실시한다.
> 이제 국민 여러분은 냉정을 되찾고 질서를 존중하고 유종의 미를 거두어줄 것을 호소합니다.

보기
ㄱ. 양원제 국회가 개원하였다.
ㄴ. 국가 재건 최고 회의가 설치되었다.
ㄷ. 국무총리가 행정부의 수반을 맡았다.
ㄹ. 반민족 행위 특별 조사 위원회가 구성되었다.

① ㄱ, ㄴ ② ㄱ, ㄷ ③ ㄴ, ㄷ
④ ㄴ, ㄹ ⑤ ㄷ, ㄹ

02 다음과 같은 조치가 발표된 시기에 볼 수 있는 모습으로 가장 적절한 것은?

> **긴급 조치 1호**
> • (유신) 헌법을 부정, 비방 및 개정, 폐지를 요구하는 행위를 금지한다.
> • 이 조치를 위반한 자와 이 조치를 비방한 자는 영장 없이 체포, 수색할 수 있으며 비상 군법 회의에서 심판, 처단한다.

① 6·3 시위에 참여하는 학생
② 프로 야구를 관람하는 시민
③ 내각 책임제 정부에서 근무하는 공무원
④ 발췌 개헌 통과 소식을 전하는 아나운서
⑤ 3·1 민주 구국 선언을 발표하는 재야인사

03 밑줄 친 '헌법'에 대한 설명으로 옳은 것은?

> 극소수의 반민주·반민족·반민중적인 군부 세력이 중심이 되어 있는 현재의 군사 독재 정권은 …… 5·18 민주화 운동을 무력으로 짓눌러 수천 명의 동포를 살상한 뒤에 국민의 주권을 유린하는 헌법을 제정하여 통치권을 장악하였다. …… 현행 헌법은 …… 실질적으로 군사 독재 정권의 장기 집권을 제도적으로 보장하고 있다.

① 국회를 양원제로 운영하도록 하였다.
② 대통령을 직선제로 선출하게 하였다.
③ 대통령의 임기는 6년으로 규정하였다.
④ 대통령이 1회에 한하여 중임할 수 있도록 하였다.
⑤ 선거인단이 간접 선거로 대통령을 선출하도록 하였다.

04 참의 융합
(가) 민주화 운동의 결과로 옳은 것은?

사진으로 살펴보는 한국사

(가)

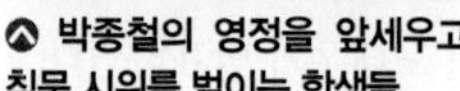
▲ 박종철의 영정을 앞세우고 침묵 시위를 벌이는 학생들

▲ 6·10 국민대회에서 직선제 개헌을 요구하는 시민들

① 이승만 대통령이 하야하였다.
② 6·29 민주화 선언이 발표되었다.
③ 대한민국 건국 강령이 공포되었다.
④ 국가 보위 비상 대책 위원회가 설치되었다.
⑤ 내각 책임제, 국회 양원제로 헌법 개정이 이루어졌다.

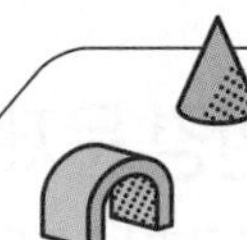

수능 준비하기

평가원 기출

01 (가) 민주화 운동의 결과로 가장 적절한 것은?

한국사 다큐멘터리 조회수 1,983

4월 25일 오후 대학교수들은 "학생의 피에 보답하라."라고 적힌 플래카드를 앞세우고 거리로 나섰다. 이들은 시국 선언문을 통해 " (가) 은/는 우리나라의 정치적 위기를 극복하기 위한 계기이다."라고 외쳤다. 또한 (가) 의 배경이 된 3·15 부정 선거에 주목하고 그 주모자에 대한 무거운 처벌 및 정부통령 선거의 재실시 등을 요구하였다.

① 조선 형평사가 조직되었다.
② 3·1 민주 구국 선언이 발표되었다.
③ 모스크바 3국 외상 회의가 개최되었다.
④ 내각 책임제를 골자로 한 개헌이 이루어졌다.
⑤ 유상 매입, 유상 분배의 농지 개혁법이 제정되었다.

수능 만점 한끝

자료의 '대학교수단, 시국 선언문, 3·15 부정 선거에 주목' 등을 통해 해당 민주화 운동을 추론하고, 이 민주화 운동의 결과를 찾아본다.

이렇게도 출제될 수 있어요!

4·19 혁명에 참여한 각계각층의 사람들의 모습, 이승만 대통령의 하야 선언, 4·19 혁명과 관련이 있는 사진 등을 제시하고, 4·19 혁명의 배경 또는 전개 과정을 묻는 문제가 출제될 수 있어요.

평가원 기출

02 다음 자료를 활용한 탐구 활동으로 가장 적절한 것은?

> 지금 광주에서 일어나고 있는 모든 참상은 여러분들이 상상조차 할 수 없는 사실입니다. 지난 18일 이후 공수 특전단들이 선량한 시민들과 지성인들을 상대로 무자비한 진압을 하고 있습니다. …… 계엄 사령부가 양심의 소리에 따라 행동한 학생, 교수, 시민을 폭도로 몰아 또다시 학살을 감행하리라는 것은 자명한 사실입니다. …… 고립된 우리 광주 시민들에게는 무엇보다도 한시가 절박합니다. …… 우리의 삶을 위해 일어섭시다!
>
> – ○○ 대학교 교수 일동

① 임오군란의 영향을 살펴본다.
② 물산 장려 운동의 배경을 알아본다.
③ 모스크바 3국 외상 회의 결과를 분석한다.
④ 신군부에 저항한 민주화 운동의 사례를 조사한다.
⑤ 경제 협력 개발 기구(OECD)에 가입한 이유를 파악한다.

수능 만점 한끝

자료에서 18일 이후 공수 특전단들의 무자비한 진압, 광주 시민 등을 통해 해당 민주화 운동을 파악하고, 이와 관련 있는 탐구 활동을 고른다.

이렇게도 출제될 수 있어요!

5·18 민주화 운동 기록물, 전개 과정 등을 다룬 시각 자료를 제시한 후, 해당 민주화 운동이 일어난 시기의 상황을 묻는 문제가 출제될 수 있어요.

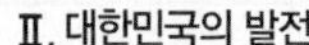

산업화의 성과와 사회·환경 문제 ~ 문화 변동과 일상생활

핵심 미리 보기
- ☑ 1960~1980년대의 우리나라 경제 성장 과정
- ☑ 산업화로 나타난 사회·문화의 변화

한끝 더하기

❶ 수출 100억 달러 달성(1977)

⊙ 수출 100억 달러 기념 아치
1977년 수출 100억 달러를 달성하자 이를 기념하고자 기념 아치가 세워졌다.

❷ 석유 파동
제1차 석유 파동(1973)은 석유 수출국 기구(OPEC)가 원유 가격을 크게 올리면서 일어났고, 제2차 석유 파동(1978)은 이란이 원유 수출을 중단하면서 발생하였다. 두 차례의 석유 가격 급등으로 세계 경제가 크게 흔들렸다.

❸ 3저 호황
1980년대 중후반 저유가, 저달러, 저금리 상황을 배경으로 한국 경제가 누린 호황을 말한다. 이에 따라 원유와 수입 원자재의 가격이 큰 폭으로 떨어져 외환을 절약하였고, 국제 금리의 하락으로 외채 이자 부담이 줄어들었다.

❹ 정경 유착
정치권과 경제계가 서로의 이익을 위해 밀접한 관계를 맺는 경우를 일컫는다.

1 산업화와 경제 성장

1. 1960~1970년대의 경제 성장 대표 자료

(1) 제1, 2차 경제 개발 5개년 계획(1962~1971)

배경	박정희 정부의 집권 정당성 확보 필요, 박정희 정부가 장면 정부의 경제 개발 5개년 계획 보완 → 국가 주도의 경제 성장 정책 적극 추진
특징	노동 집약적 경공업 육성(섬유, 가발, 신발 등), 수출 주도형 정책 실시, 기간산업 육성(정유, 비료, 시멘트 등), 대규모 산업 단지·수출 자유 지역 조성, 사회 간접 자본 확충(경부 고속 국도 건설 등), 해외 자본 유치(한일 국교 정상화, 베트남 파병 등), 서독에 광부와 간호사 파견(1966~1976)으로 외화 획득
성과	연평균 8%가 넘는 높은 성장률 달성, 수출 규모 약 20배 이상 증가
경제 위기	외국 자본에 의존 → 1960년대 말 세계 경제 침체로 경공업 제품의 수출 부진, 기업들의 무리한 확장으로 재무 구조 악화, 환율 상승으로 외채 부담 증가 → 부도 위기인 대기업에 금융 혜택 제공(8·3 조치, 1972)

(2) 제3, 4차 경제 개발 5개년 계획(1972~1981)

배경	경공업을 중심으로 한 경제 성장의 한계 인식
특징	중화학 공업 육성(철강, 화학, 비철 금속, 기계, 조선, 전자 등), 수출 주도형 정책 지속, 포항 제철소와 울산·거제 조선소 설립, 공업 단지·원자력 발전소 건설
성과	중화학 공업 생산액 비중 증가, 수출 100억 달러 달성❶(1977), 고도성장 이룩
경제 위기	• 제1차 석유 파동❷(1973) → 중동 건설 사업에서 외화를 벌어들여 극복 • 제2차 석유 파동(1978), 중화학 공업에 대한 과잉·중복 투자 → 국가 재정 악화, 기업 부담 증가, 실업률 증가, 경제 성장률 감소

2. 1980년대의 경제 변화와 시장 개방

(1) **경제 상황:** 1970년대 말 제2차 석유 파동 이후 경제 위기 지속, 1980년대 초반 마이너스 경제 성장률 기록

(2) **경제 성장 노력**

① **경제 안정화 정책:** 중화학 공업 중심으로 구조 조정 시행, 부실기업 정리

② **위기 극복:** 3저 호황❸으로 위기 극복, 중화학 공업 발달로 높은 성장, 기술 집약적 산업 육성(자동차, 반도체 등) → 연평균 10%가 넘는 경제 성장률 기록, 수출액 300억 달러 돌파, 1인당 국민 소득 5천 달러 달성 자료 ❶

3. 경제 성장 과정의 문제점: 성장 위주의 경제 정책으로 많은 문제점 발생

(1) **경제 의존도 심화:** 원자재·시설·자본·기술 등이 부족한 상황에서 경제 개발을 추진하여 외국에 대한 경제 의존도 심화, 외국 자본을 들여와 경제 성장을 추진하면서 외채가 크게 증가 자료 ❷

(2) **산업간 불균형:** 공업 중심의 경제 개발 추진으로 산업 간 불균형 증가

(3) **재벌의 등장과 정경 유착❹:** 8·3 조치 이후 재벌이 성장 → 재벌 중심의 산업 구조 형성, 정경 유착과 독점으로 기업 간의 공정 경쟁 저해, 부실기업 증가

(4) **경제적 불균형:** 노동자들이 열악한 작업 환경에 시달림, 저임금·저곡가 정책 추진으로 노동자와 농민들의 경제적 어려움 심화 → 도시와 농촌 간 소득 격차 증가

한끝 자료실

• 대표 자료 • 경제 성장 속 산업 비중의 변화 ····· 정보 활용 능력

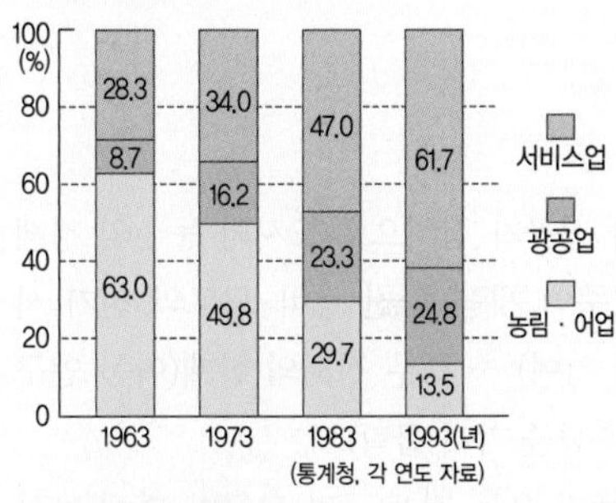

▲ 산업의 비중 변화

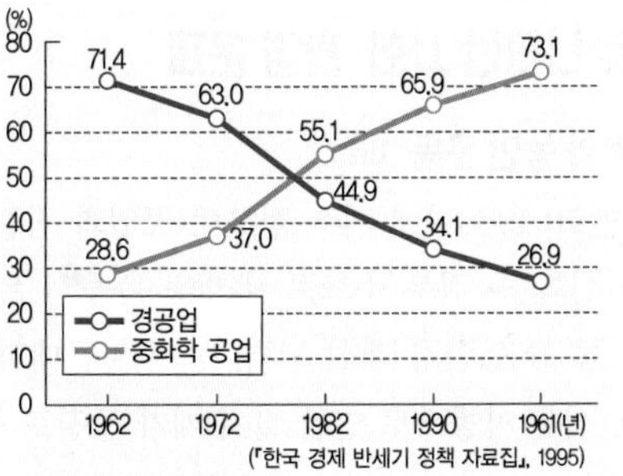

▲ 공업 구조의 변화

박정희 정부는 장면 정부가 마련한 경제 개발 5개년 계획을 보완하여 1962년부터 제1차 경제 개발 5개년 계획을 실시하였다. 이 시기에는 노동 집약적 경공업 육성에 집중하였다. 1970년대에는 중화학 공업을 집중 육성하여 2차 산업의 비중이 1차 산업을 능가하였다. 경제 성장 과정에서 사람들이 도시로 이동하면서 농림·어업과 같은 1차 산업의 비중이 감소하고 2, 3차 산업의 비중이 증가하였다.

• 시험에서는 이렇게 •

1960년대와 1970년대의 경제 성장 과정을 비교하는 문제가 자주 출제됩니다. 제1, 2차 경제 개발 5개년 계획과 제3, 4차 경제 개발 5개년 계획의 특징을 비교하여 정리해 두세요.

자료 활용 문제

자료에서 알 수 있는 1970년대 경제의 특징으로 옳은 것은?

① 미국 원조에 의존하였다.
② 삼백 산업이 발달하였다.
③ 노동 집약적 산업이 발달하였다.
④ 중화학 공업을 집중 육성하였다.
⑤ 3저 호황을 맞이하여 고도성장을 달성하였다.

답 ④

자료 ① 한국 경제의 고도성장

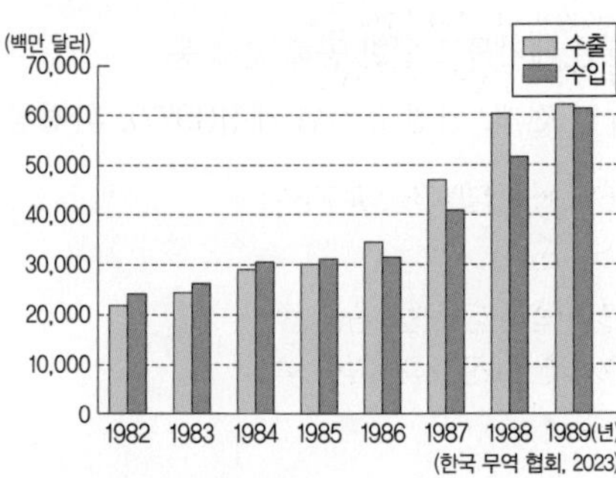

▲ 1980년대의 수출과 수입

1970년대에는 중화학 공업을 육성하여 경제가 급속히 성장하였다. 1977년에는 수출액이 100억 달러를 넘어섰고, 1972년에서 1977년 사이에 연평균 8.9%에 달하는 고도성장을 이루었다. 1980년대 중반 이후 한국 경제는 저유가, 저금리, 저달러의 3저 호황을 맞이하였다. 이러한 흐름에 힘입어 수출 부진이 해소되고 자동차, 반도체 산업 등 기술 집약적 산업이 성장하였다. 이 시기 한국은 연평균 성장률이 10%가 넘는 높은 경제 성장률을 기록하였고, 수출액이 300억 달러를 돌파하였다. 가계 소득도 꾸준히 증가하여 1980년대 말에는 1인당 국민 소득이 5천 달러에 다가섰다.

자료 ② 우리나라의 높은 무역 의존도

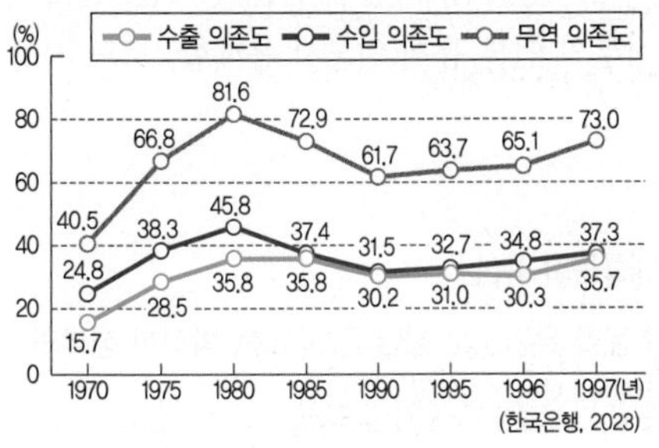

▲ 한국의 무역 의존도 변화

1980년대 이후 한국 경제는 성장 위주의 경제 정책으로 많은 문제가 나타났다. 특히 산업 분야 성장이 고르지 못하였고 원자재, 자본, 기술 등이 부족한 상황에서 경제 개발을 시작하였기 때문에 외국에 대한 경제 의존도가 높아져 세계 경제 상황에 큰 영향을 받게 되었다.

개념 확인하기

1 다음 시기와 각 시기에 집중 육성하기 시작한 산업을 옳게 연결하시오.

(1) 1960년대 •   • ㉠ 경공업
(2) 1970년대 •   • ㉡ 중화학 공업
(3) 1980년대 •   • ㉢ 기술 집약적 산업

2 다음 설명이 맞으면 ○표, 틀리면 ×표를 하시오.

(1) 1960년대에 반도체 등 기술 집약적 산업이 집중 육성되었다. ( )
(2) 경제 성장 과정에서 대외 의존도 심화로 외채가 증가하였다. ( )
(3) 제1, 2차 경제 개발 5개년 계획 기간에 수출 100억 달러를 돌파하였다. ( )

3 다음 시기에 있었던 사실을 〈보기〉에서 있는 대로 골라 기호를 쓰시오.

보기
ㄱ. 3저 호황
ㄴ. 기간산업 육성
ㄷ. 경부 고속 국도 개통
ㄹ. 수출 100억 달러 달성

(1) 1960년대 ( )
(2) 1970년대 ( )
(3) 1980년대 ( )

산업화의 성과와 사회·환경 문제 ~ 문화 변동과 일상생활

2 산업화로 나타난 사회·환경 문제

1. 농촌의 변화와 농민 운동 자료 ③

(1) **농촌의 변화:** 1960년대 이후 정부의 공업화 집중과 저곡가 정책으로 도시와 농촌의 경제적 격차 심화 → 정부 주도로 새마을 운동❶ 추진(주택 개량·하천 정비·도로와 전기 시설 확충 등 농촌 환경 개선 노력, 농어촌 근대화에 기여) → 정부 정책의 한계(이농 인구의 증가, 석유 파동으로 인한 쌀 수매가 동결로 농축산물 가격 급락)

(2) **농민 운동:** 1970년대 후반 농촌 권익을 지키고자 농민 운동 전개(함평 고구마 피해 보상 운동❷) → 1980년대 전국 농민 운동 연합 결성, 농산물 수입 개방 반대 운동 전개

2. 노동 문제와 노동 운동

(1) **노동 문제:** 정부·기업의 저임금 정책 지속 → 노동자들이 저임금·장시간 노동에 시달림

(2) **노동 운동** 대표 자료

1970년대	전태일 분신 사건(1970) 이후 노동 조건에 대한 사회적 관심 고조, 여성 노동자 중심의 생존권 보장 요구 투쟁(YH 무역 사건)
1980년대	최저 임금 인상 요구·대학 출신 노동자 파업 증가, 민주화 이후 노동조합 활성화

3. 환경 문제

(1) **환경 문제의 발생:** 도시화로 인한 환경 오염, 산업 폐기물로 인한 공해 문제 등

(2) **환경 문제 해결을 위한 노력:** 시민 단체의 캠페인 전개, 환경 보전법 제정(1977), 환경청 설치(1980)

3 문화와 일상생활의 변화

1. 도시화와 일상생활의 변화

(1) **도시화 현상:** 산업화의 진전으로 제조업과 서비스업 비중 증가 → 도시화 현상 발생

(2) **도시화의 부작용:** 무허가 집단 거주 지역 등장, 교통 문제·위생 문제 등 발생, 대규모 도시 개발 과정에서 도시 빈민의 생존권 위협(광주 대단지 사건❸ 발생)

(3) **일상생활의 변화:** 바쁜 도시 생활, 서구화 → 라면 등 분식 확산, 외식 문화 확산, 아파트 등 주거 시설 등장, 텔레비전·냉장고·세탁기 등 생활필수품 보급

2. 교육의 변화: 국가주의 교육❹ 강화(박정희 정부의 국민 교육 헌장·국기에 대한 맹세 제정), 입시 경쟁 과열 및 사교육비 문제 해결 노력(1970년대 중학교 무시험 진학 제도 실시, 고교 평준화 제도 도입 → 1980년대 과외 전면 금지, 대학 졸업 정원제 시행)

3. 언론 활동의 변화: 이승만 정부(경향신문 폐간 등)와 박정희 정부(일부 언론의 폐간, 동아일보 백지 광고 사태❺ 등)의 언론 탄압 → 전두환 정부의 언론 통제(언론사 통폐합, 보도 지침 등) → 6월 민주 항쟁 이후 언론 자유 확대

4. 대중문화의 성장 자료 ④

1960년대	텔레비전 방송국 개국, 라디오와 영화 등 대중문화 확산
1970년대	텔레비전 보급, 미국과 유럽의 반전·저항 문화 유입으로 청년 문화 유행, 박정희 정부의 예술·문화 통제 강화(미니스커트·장발 단속, 금서 및 금지곡 지정 등)
1980년대	상업적 프로 스포츠 등장, 민주화 이후 대중문화 통제 완화

한끝 더하기

❶ 새마을 운동

박정희 정부가 1970년부터 시작한 운동으로, 주택 개량, 도로와 전기 시설 확충 등 농촌의 생활 환경 개선을 위해 노력하였다. 점차 도시와 직장으로 확대되면서 '근면·자조·협동'을 강조하는 국민 의식 개혁으로까지 이어졌다. 그러나 농가 소득이 크게 향상되지 못하였으며, 유신 체제 유지에 이용되었다는 지적을 받기도 하였다.

❷ 함평 고구마 피해 보상 운동

1976년 전라남도 함평 농협은 고구마를 모두 구매하겠다고 약속하였으나, 고구마 수매 가격을 낮추려는 농협과 관련 기업의 농간으로 수매가 제대로 이루어지지 않았다. 함평 농민들은 3년여에 걸친 투쟁 끝에 피해를 보상받았다.

❸ 광주 대단지 사건(1971)

서울시가 빈민가를 철거하면서 주민들을 경기도 광주 대단지에 집단 이주시켰다. 그러나 약속한 편의 시설을 마련하지 않는 등 졸속 행정에 이주민들이 집단 반발하였다.

❹ 국가주의 교육

박정희 정부는 국가와 민족이라는 이름 아래 개인을 희생하는 국가주의 교육을 강조하였다. 이를 위해 국민 교육 헌장과 국기에 대한 맹세 등을 제정하여 학생들에게 암송하도록 강요하였다. 또한 학교에 학도 호국단을 설치하고 군사 교육을 실시하였다.

❺ 동아일보 백지 광고 사태(1974~1975)

동아일보 기자들은 박정희 정부의 언론 통제에 대항하여 자유 언론 실천 선언(1974)을 발표하였다. 이에 정부는 광고주들에게 압력을 넣어 동아일보에 광고를 싣지 못하게 하였다. 이때 국민들의 격려 글이 한동안 동아일보 광고면을 메웠다.

한끝 자료실

• 대표 자료 • 노동 운동의 전개

문제 해결력 및 의사 결정력

- 먼지 속에 둘러싸여 하루를 보내노라면 눈에서 눈물이 나오고 코를 풀면 시커먼 콧물이 나온다. …… 졸지 말고 일 잘하라고 주인아저씨가 사다 준 잠 안오는 약을 먹고 억지로 밤을 새워 일한 다음날에는 팔다리가 제대로 펴지지 않고 눈만 멀뚱멀뚱 산송장이 되는 일도 있다. – 조영래, 『전태일 평전』
- 저희들은 근로 기준법의 혜택을 조금도 못 받으며 …… 시다공들은 평균 연령 15세의 어린이들로서, …… 1주 98시간의 고된 작업에 시달립니다. …… 1일 15시간의 작업 시간을 1일 10~12시간으로 단축해 주십시오. 1개월 휴일 2일을 늘려서 일요일마다 쉬기를 원합니다. 건강 진단을 정확하게 하여 주십시오. …… 인간으로서의 최소한의 요구입니다. – 전태일, 대통령에게 드리는 글, 1969. 12.

산업화 과정에서 노동자들은 저임금과 장시간 노동에 내몰렸다. 당시 동대문 평화 시장의 재단사로 일하던 전태일은 노동청을 비롯한 각계에 노동 문제를 알렸으나, 여전히 근로 기준법은 지켜지지 않았다. 결국 1970년 11월 13일 전태일은 근로 기준법 준수 등 노동 문제 개선을 요구하며 분신자살하였고, 이를 계기로 지식인, 노동자, 학생들이 노동 문제에 관심을 가지게 되었다.

• 시험에서는 이렇게 •

전태일의 노동 운동과 관련된 자료를 제시하여 1970년대의 노동 운동 상황을 묻는 문제가 자주 출제됩니다. 이 외에도 YH 무역 사건 등 노동 운동의 사례를 제시하여 산업화로 나타난 노동 문제를 묻는 문제가 출제될 수 있어요. 산업화 이후 노동 문제와 노동 운동의 현황을 정리해 두세요.

자료 활용 문제

자료를 활용한 탐구 주제로 가장 적절한 것은?

① 민주화의 진전
② 대중문화 통제의 완화
③ 산업화 이후 노동 문제
④ 유신 체제에 대한 저항
⑤ 환경 문제를 해결하려는 노력

답 ③

자료 ③ 농촌 문제와 농민 운동

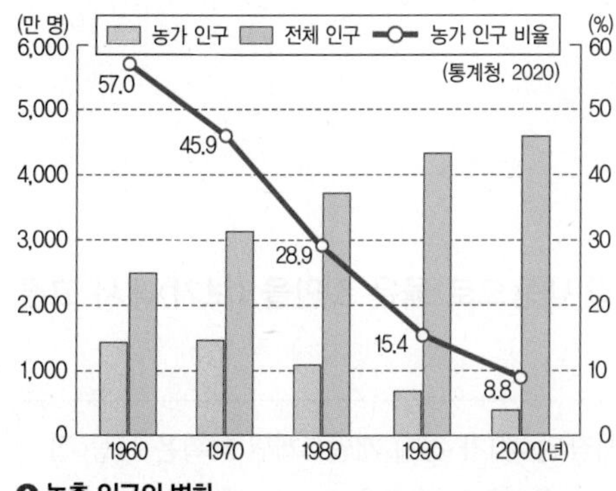

▲ 농촌 인구의 변화

박정희 정부는 저임금 정책을 유지하려고 곡물의 가격을 낮게 책정하는 저곡가 정책을 이어갔다. 그 결과 도시와 농촌의 소득 격차가 커졌고 이농 인구가 늘어나게 되었다. 이를 극복하고자 박정희 정부가 새마을 운동을 추진하였으나 농가 소득이 크게 향상되지 못하였다.

자료 ④ 대중문화의 발달

▲ 1970년대 청바지를 입고 통기타를 치는 청년들

▲ 프로 야구 개막식(1982)

경제 성장과 함께 대중 매체가 보급되면서 대중문화가 성장하였다. 1960년대에는 텔레비전 방송이 시작되었고, 1970년대에는 청바지, 통기타로 대표되는 청년 문화가 널리 퍼졌다. 1980년대에는 상업적 프로 스포츠 시대가 열렸다.

개념 확인하기

4 다음 빈칸에 들어갈 내용을 쓰시오.

(1) 1970년 노동자 (   )의 분신을 계기로 노동 문제에 대한 사회적 관심이 높아졌다.
(2) 박정희 정부는 1970년부터 농촌 생활 환경과 소득 증대를 추구하며 (   )을 전개하였다.

5 다음 설명이 맞으면 ○표, 틀리면 ×표를 하시오.

(1) 산업화의 진전으로 농업보다 제조업과 서비스업의 비중이 높아졌다. (   )
(2) 박정희 정부는 보도 지침 등을 마련하여 언론과 대중 매체를 통제하였다. (   )
(3) 1960년대 후반 정부는 국민 교육 헌장을 제정하여 국가주의 교육을 강조하였다. (   )

6 다음 중 산업화와 도시화 과정에서 등장한 문제만을 〈보기〉에서 있는 대로 골라 기호를 쓰시오.

보기
ㄱ. 국민 소득 감소 ㄴ. 도시 빈민 증가 ㄷ. 도시 주택 부족 ㄹ. 대중문화의 쇠퇴

실력 다지기

01 교사의 질문에 대한 학생의 답변으로 가장 적절한 것은?

① 남면북양 정책이 실시되었어요.
② YH 무역 사건이 발생하였어요.
③ 제2차 석유 파동이 발생하였어요.
④ 제1차 경제 개발 5개년 계획이 실시되었어요.
⑤ 저유가, 저달러, 저금리 상황을 배경으로 3저 호황이 나타났어요.

02 밑줄 친 일이 있었던 시기의 정부에 대한 설명으로 옳은 것은?

> 남해 독일 마을은 대한민국의 가난을 극복하기 위해 <u>독일로 떠나야 했던 파독 광부와 간호사들</u>이 은퇴 후 귀국하여 정착한 마을이다.

① 한일 협정을 맺었다.
② 농지 개혁을 실시하였다.
③ 천리마운동을 주도하였다.
④ 국가 총동원법을 제정하였다.
⑤ 미국 원조를 활용한 전후 복구를 추진하였다.

03 다음은 제1, 2차 경제 개발 5개년 계획을 정리한 것이다. ㉠~㉤ 중 적절하지 않은 것은?

> 1. 배경
>   – 장면 정부가 주도하여 시행 ··········· ㉠
> 2. 특징
>   – 합판, 가발 등 경공업 산업 육성 ··········· ㉡
>   – 화학 비료, 시멘트 등 기간산업 육성
> 3. 추진
>   – 도로, 항만 등 사회 간접 자본 확충 ··········· ㉢
>   – 대규모 산업 단지와 수출 자유 지역 조성
> 4. 성과
>   – 연평균 8%가 넘는 높은 성장률 기록 ··········· ㉣
> 5. 경제 위기
>   – 외국 자본의 의존도 심화 ··········· ㉤

① ㉠ ② ㉡ ③ ㉢ ④ ㉣ ⑤ ㉤

중요해

04 (가)에 들어갈 내용으로 옳은 것만을 〈보기〉에서 고른 것은?

> 1962년에 시작된 제1차 경제 개발 5개년 계획은 노동 집약적 경공업을 육성하고 수출을 늘리는 데 힘썼다. 1969년에 경공업 제품 수출이 부진한 가운데 경제 위기가 나타나자, 박정희 정부는 제3, 4차 경제 개발 5개년 계획을 추진하였다. 이 계획에 따라 ______(가)______

| 보기 |
ㄱ. 중화학 공업을 집중 육성하였다.
ㄴ. 삼백 산업을 중심으로 소비재 공업이 발달하였다.
ㄷ. 포항에 제철소를, 울산과 거제 등지에 조선소를 건립하였다.
ㄹ. 자동차, 반도체 산업 등 기술 집약적 산업이 크게 성장하였다.

① ㄱ, ㄴ ② ㄱ, ㄷ ③ ㄴ, ㄷ
④ ㄴ, ㄹ ⑤ ㄷ, ㄹ

대표 자료 링크

05 다음은 공업 구조의 변화를 나타낸 그래프이다. (가) 시기에 있었던 사실로 옳은 것은?

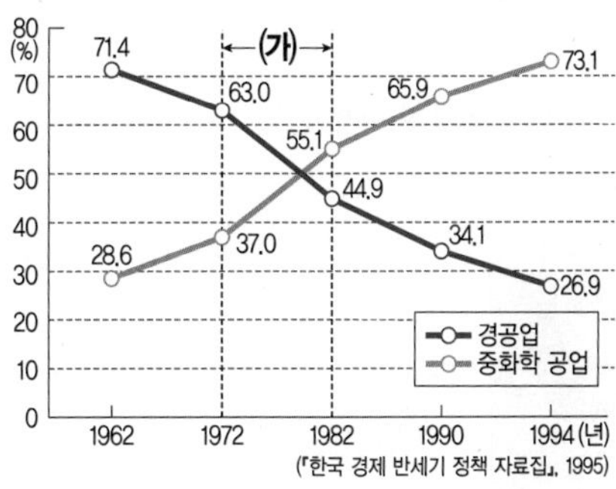

① 토지 조사령이 제정되었다.
② 산미 증식 계획이 실시되었다.
③ 수출액이 100억 달러를 돌파하였다.
④ 베트남 특수로 해외 수출이 증가하였다.
⑤ 한일 협정을 체결하여 경제 개발 자금을 확보하였다.

중요해

06 (가)에 들어갈 제목으로 가장 적절한 것은?

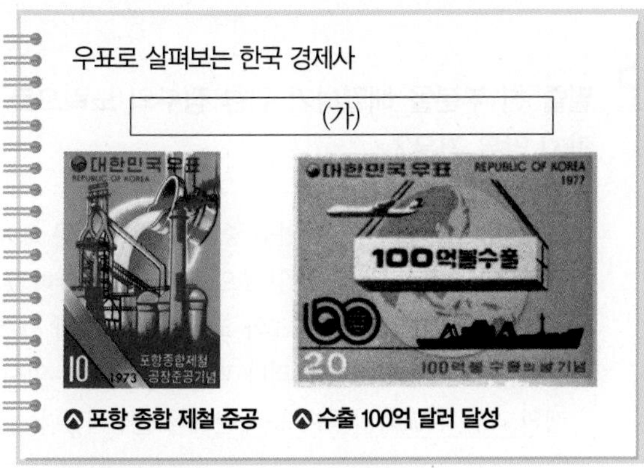

① 3저 호황이 경제에 미친 영향
② 중화학 공업 육성과 고도성장
③ 원조 경제로 인한 생활 모습 변화
④ 장면 정부의 경제 개발 정책 마련
⑤ 제1차 경제 개발 5개년 계획의 추진

07 (가)에 들어갈 내용으로 가장 적절한 것은?

> 1970년대 말 한국 경제는 중화학 공업에 대한 과잉·중복 투자와 ___(가)___(으)로 인한 경제 불황, 10·26 사태에 따른 사회 불안정 등으로 위기 상황을 맞게 되었다. 전두환 정부는 이러한 경제 위기를 극복하기 위해 부실 기업을 정리하고 중화학 공업에 대한 투자를 제한하여 경제를 안정시키려 하였다.

① 제2차 석유 파동
② 미국의 원조 감소
③ 브라운 각서 체결
④ 국민 정신 총동원 운동
⑤ 제2차 경제 개발 5개년 계획

중요해

08 (가) 시기에 이전보다 수출이 늘어난 배경으로 가장 적절한 것은?

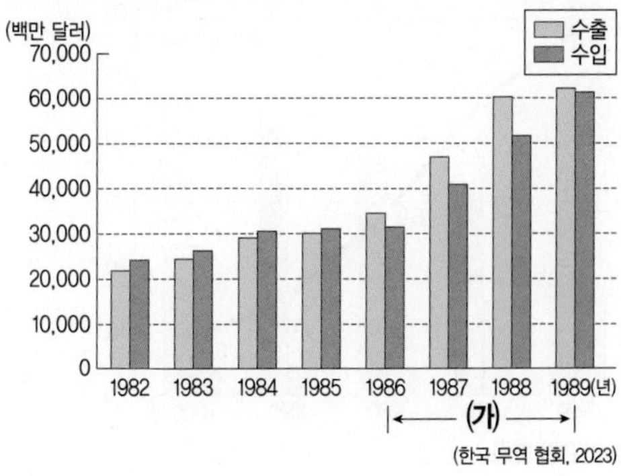

① 제1차 석유 파동이 일어났다.
② 기간산업이 육성되기 시작하였다.
③ 노동 집약적 경공업이 크게 발달하였다.
④ 베트남 파병으로 해외 자본을 유치하였다.
⑤ 저유가, 저달러, 저금리의 3저 호황을 맞이하였다.

실력 다지기

이 문제에서 나올 수 있는 모든 선택지✓

09 (가)에 들어갈 내용으로 적절하지 않은 것은?

1960~1970년대에 경제 개발 계획을 추진한 결과 한국 경제는 급속한 경제 성장을 이루었어.

하지만 경제 성장 과정에서 문제점도 나타났어. 고도성장을 이루었지만 ______(가)______

① 부의 양극화 현상이 커졌지.
② 산업 간 불균형이 심화되었어.
③ 외국에 대한 경제 의존도가 낮아졌지.
④ 재벌 중심의 산업 구조가 형성되었어.
⑤ 정경 유착으로 인한 부패가 심해졌지.
⑥ 농촌에서 노동력 부족 문제가 나타났어.
⑦ 저임금 정책으로 노동자의 경제적 어려움이 커졌지.

10 다음 그래프와 같은 변화가 나타나게 된 배경으로 적절한 것은?

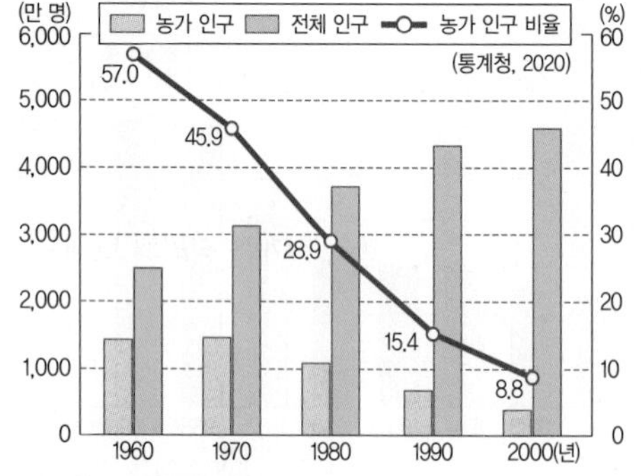

▲ 농촌 인구의 변화

① 두 차례의 석유 파동이 발생하였다.
② 고도성장 이후 환경 오염 문제가 발생하였다.
③ 박정희 정부가 유신 반대 운동을 탄압하였다.
④ 대기업 육성 정책을 토대로 하여 재벌이 성장하였다.
⑤ 저곡가 정책으로 도시와 농촌의 소득 격차가 커졌다.

중요해

11 (가)에 대한 설명으로 옳지 않은 것은?

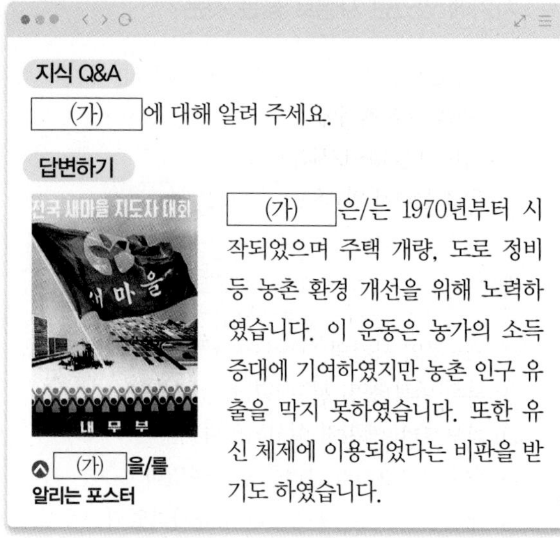

① 근면, 자조, 협동을 강조하였다.
② 도시와 농촌의 균형 있는 발전을 추구하였다.
③ 정부의 농업 정책에 맞서 전개된 농민 운동이다.
④ 점차 도시로 확산되어 국민 의식 개혁 운동으로 이어졌다.
⑤ 유신 체제를 정당화하는 데 이용되었다는 지적을 받기도 한다.

12 밑줄 친 부분을 해결하기 위한 정부의 노력으로 적절하지 않은 것은?

> 우리나라는 경제 성장과 인구 증가, 그리고 높은 교육열 등을 바탕으로 교육이 양적으로 크게 성장하였다. 1960~1970년대에는 중학교와 고등학교의 수가 늘어났고 취학률도 높아졌다. 그러나 과도한 교육열은 <u>입시 경쟁의 과열, 사교육비 증가 등의 문제</u>를 발생시켰다.

① 과외를 전면 금지하였다.
② 국민 교육 헌장을 선포하였다.
③ 고교 평준화 제도를 시행하였다.
④ 대학 졸업 정원제를 시행하였다.
⑤ 중학교 무시험 진학 제도를 실시하였다.

중요해 대표 자료 링크

13 다음과 같이 주장한 인물에 대한 설명으로 옳은 것은?

저희들은 근로 기준법의 혜택을 조금도 못 받으며 …… 시다공들은 평균 연령 15세의 어린이들로서, …… 1주 98시간의 고된 작업에 시달립니다. …… 1일 15시간의 작업 시간을 1일 10~12시간으로 단축해 주십시오. 1개월 휴일 2일을 늘려서 일요일마다 쉬기를 원합니다. 건강 진단을 정확하게 하여 주십시오. …… 인간으로서의 최소한의 요구입니다. – 대통령에게 드리는 글, 1969. 12.

① YH 무역 사건의 피해자였다.
② 자유 언론 실천 선언을 발표하였다.
③ 정부통령 선거의 재실시를 주장하였다.
④ 함평 고구마 피해 보상 운동에 앞장섰다.
⑤ 근로 기준법 준수 및 노동 환경 개선을 주장하였다.

14 다음 상황이 나타난 시기에 볼 수 있는 모습으로 적절한 것만을 〈보기〉에서 고른 것은?

유신 체제 속에서 정부는 문화, 예술에 대한 검열과 통제를 강화하였다. 수많은 금서와 금지곡을 지정하였으며, 방송에서는 반공 의식을 고취하거나 정부 정책을 홍보하는 프로그램을 방영하도록 하였다. 당시 극장에서는 영화 관람 전에 정부 홍보용 '대한 뉴스'를 상영하였다.

| 보기 |

ㄱ. 경향신문을 폐간하는 정부
ㄴ. 미니스커트를 단속하는 경찰관
ㄷ. 프로야구 개막식 시구에 참여하는 대통령
ㄹ. 장발에 청바지를 입고 통기타를 치는 청년

① ㄱ, ㄴ ② ㄱ, ㄷ ③ ㄴ, ㄷ
④ ㄴ, ㄹ ⑤ ㄷ, ㄹ

15 다음 그래프를 통해 알 수 있는 우리나라의 경제 성장 과정의 특징을 서술하시오.

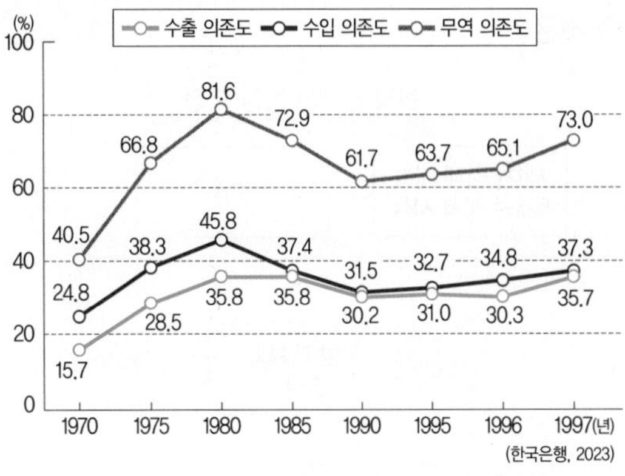

3단계로 완성하기

16 (가) 운동의 이름을 쓰고, 그 성과와 한계를 서술하시오.

박정희 정부는 1970년부터 도시와 농촌의 균형 있는 발전을 이루기 위해 근면, 자주, 협동을 구호로 내건 (가) 을/를 추진하였다.

1단계 (가) 운동의 이름을 써 보세요.

2단계 (가) 운동의 성과와 한계를 정리해 보세요.

3단계 1단계와 2단계에서 정리한 내용을 바탕으로 답안을 완성해 보세요.

1등급 도전하기

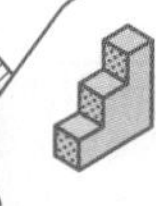

01 (가) 시기에 있었던 사실로 옳은 것만을 〈보기〉에서 고른 것은?

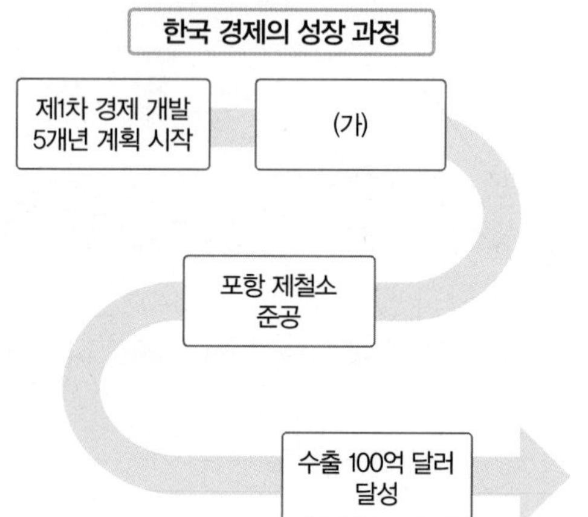

보기
ㄱ. 삼백 산업이 발달하였다.
ㄴ. 경부 고속 국도가 개통되었다.
ㄷ. 제2차 석유 파동이 발생하였다.
ㄹ. 베트남 특수로 경제가 성장하였다.

① ㄱ, ㄴ ② ㄱ, ㄷ ③ ㄴ, ㄷ
④ ㄴ, ㄹ ⑤ ㄷ, ㄹ

02 다음과 같은 경제 개발 계획에 대한 설명으로 옳은 것은?

> 첫째, 낙동강 하류 또는 아산만에 제2제철 기지를 설정한다. …… 넷째, 거제도 일대에 조선 기지를 설정한다. 다섯째, 구미 공업 단지를 중심으로 전자 공업 단지를 조성한다. 여섯째, 원료 및 제품의 수송 등 입지 조건이 양호한 여수, 광양 지역에 종합 화학 기지를 설정한다.

① 민간 주도의 경제 성장 정책이었다.
② 수출 주도형 중화학 공업화 목표를 철회하였다.
③ 포항에 제철소를 건설하여 철강을 집중 생산하였다.
④ 공업 구조가 중화학 공업 중심에서 경공업 중심으로 바뀌는 결과를 가져왔다.
⑤ 수출의 증가로 저임금 문제가 해결되고 노동 환경이 개선되는 결과를 가져왔다.

창의 융합

03 다음은 역사 사진전 구성안이다. (가), (나)에 들어갈 장면으로 적절한 것은?

〈역사 사진전: 대중문화의 성장〉

(가)	(나)
1970년대	1980년대
유럽의 반전·저항 문화가 유입되어 청년 문화가 널리 퍼졌다.	컬러텔레비전 방송이 시작되었고, 전두환 정부가 유화 정책을 펼쳤다.

① (가) – 가요 금지곡 지정을 해제하는 모습
② (가) – 라디오 방송이 처음으로 시작되는 모습
③ (가) – 기차에서 통기타를 치며 노래를 부르는 사람들
④ (나) – 미니스커트를 단속하는 모습
⑤ (나) – 텔레비전 방송국이 처음 개국하는 모습

04 다음은 산업화 속 우리나라의 사회 문제를 시간 순서대로 정리한 책이다. 찢어진 부분에 들어갈 내용으로 적절한 것은?

전태일 분신 사건 발생	YH 무역 사건 발생
평화 시장의 노동자 전태일은 비인간적인 노동 조건을 개선해 달라고 호소하였다. 하지만 자신의 요구가 받아들여지지 않자, '우리는 기계가 아니다.' 등을 외치며 분신하였다.	YH 무역의 여성 노동자들은 회사의 일방적인 폐업 조치에 항의하며 야당 당사에서 농성을 벌였다. 그러나 이 사건은 경찰의 강제 진압으로 끝이 났다.

① 한일 협정이 체결되었다.
② 12·12 사태가 발생하였다.
③ 언론 탄압으로 경향신문이 폐간되었다.
④ 1인당 국민 소득 5천 달러를 달성하였다.
⑤ 함평 고구마 피해 보상 운동이 전개되었다.

정답과 해설 23쪽

수능 준비하기

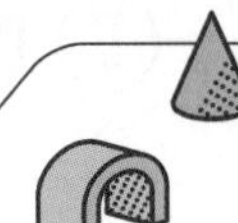

교육청 기출 | 응용

01 (가) 정부 시기에 있었던 사실로 옳은 것은?

- **제목:** (가) 의 경제 개발 정책과 사회 변화
- **기획 의도:** (가) 이/가 실시한 수출 주도형 공업화 정책의 성과와 한계를 조명한다.
- **편성 내용**
  - 1부: 경제 개발 5개년 계획을 시행하다.
  - 2부: 한강의 기적, 수출 100억 달러를 달성하다.
  - 3부: 농촌의 소득 증대를 내세운 새마을 운동을 시작하다.

① 3저 호황을 맞이하였다.
② 유신 헌법이 공포되었다.
③ 삼청 교육대를 운영하였다.
④ 사사오입 개헌이 이루어졌다.
⑤ 동양 척식 주식회사가 설립되었다.

수능 만점 한끝

경제 개발 5개년 계획, 한강의 기적, 새마을 운동 등과 관련이 있는 (가) 정부를 파악하고, 그 정부 시기의 사실을 추론한다.

이렇게도 출제될 수 있어요!

베트남 파병, 일본 국교 정상화 등 박정희 정부 시기의 업적을 제시한 후, 박정희 정부 시기의 경제 정책을 묻는 문제가 출제될 수 있어요.

교육청 기출 | 응용

02 밑줄 친 '활동'으로 옳은 것은?

[이달의 역사 인물]

○○○, 노동 운동의 불을 지피다.

"노동자들을 위해서 내가 뚫어 놓은 작은 바늘구멍을 자꾸 넓혀서 그 벽을 허물어야 합니다."

평화 시장의 재단사였던 ○○○은/는 열악한 조건에서 근무하던 노동자의 권리를 찾기 위해 노력하였다. 그는 동료 재단사들과 바보회를 조직하여 직공들의 근로 실태를 조사하였고, 청와대에 진정서를 제출하는 등 노동자들의 권리 향상을 위한 다양한 <u>활동</u>을 전개하였다.

① 형평 운동에 참여하였다.
② 베트남 전쟁에 파병하였다.
③ 4·13 호헌 조치에 반발하였다.
④ 근로 기준법 준수를 요구하였다.
⑤ 제1차 경제 개발 계획을 마련하였다.

수능 만점 한끝

자료의 역사 인물이 누구인지 파악하고, 이 인물이 노동 문제를 해결하고자 펼친 노력을 찾아본다.

문제의 핵심

전태일의 노동 운동

전개	근로 기준법 준수 등 노동 문제 개선 요구, 분신자살
의의	노동 문제에 대한 사회적 관심 고조

대단원 마무리하기

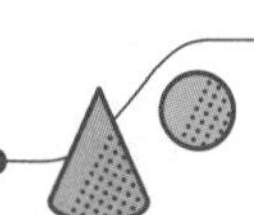

01 다음과 같은 강령으로 활동한 단체에 대한 설명으로 옳은 것만을 〈보기〉에서 고른 것은?

> • 우리는 완전한 독립 국가의 건설을 기함
> • 우리는 전 민족의 정치적·경제적·사회적 기본 요구를 실현할 수 있는 민주주의적 정권의 수립을 기함
> • 우리는 일시적 과도기에 있어 국내 질서를 자주적으로 유지하며 대중 생활의 확보를 기함

보기
ㄱ. 김구, 김규식 등이 주도하였다.
ㄴ. 일부 우익 세력이 이탈하기도 하였다.
ㄷ. 조선 독립 동맹을 바탕으로 조직되었다.
ㄹ. 전국 각지에 지부를 두고 치안대를 조직하여 질서 유지에 노력하였다.

① ㄱ, ㄴ ② ㄱ, ㄷ ③ ㄴ, ㄷ
④ ㄴ, ㄹ ⑤ ㄷ, ㄹ

02 다음 상황이 나타난 배경으로 옳은 것은?

신탁 통치 절대 반대

3상 결정 절대 지지

① 트루먼 독트린이 발표되었다.
② 이승만이 정읍 발언을 하였다.
③ 제1차 미소 공동 위원회가 결렬되었다.
④ 대한민국 임시 정부가 건국 강령을 발표하였다.
⑤ 모스크바 3국 외상 회의에서 한반도 문제가 결정되었다.

03 (가), (나)가 발표된 시기 사이에 있었던 사실로 옳지 않은 것은?

> (가) 이제 우리는 무기 휴회된 미소 공동 위원회가 재개될 기색도 보이지 않으며, 통일 정부를 고대하나 여의치 않으니 우리는 남방만이라도 임시 정부 혹은 위원회 같은 것을 조직하여 38 이북에서 소련이 철퇴하도록 세계 공론에 호소하여야 될 것이니 여러분도 결심해야 할 것이다.
> (나) 한국이 있어야 한국 사람이 있고, 한국 사람이 있고야 민주주의도, 공산주의도, 무슨 단체도 있을 수 있는 것이다. 자주독립적 통일 정부를 수립하려는 이때 …… 나는 통일된 조국을 건설하려다가 38도선을 베고 쓰러질지언정 일신에 구차한 안일을 취하여 단독 정부를 세우는 데는 협력하지 아니하겠다.

① 좌우 합작 7원칙이 발표되었다.
② 제2차 미소 공동 위원회가 열렸다.
③ 유엔 한국 임시 위원단이 파견되었다.
④ 조선 인민 공화국 수립이 선포되었다.
⑤ 선거 감시가 가능한 지역만 총선거를 실시하도록 결의하였다.

+단원 통합

04 밑줄 친 '헌법'에 대한 설명으로 옳은 것은?

> 유구한 역사와 전통에 빛나는 우리 대한 국민은 기미 3·1 운동으로 대한민국을 건립하여 세계에 선포한 위대한 독립 정신을 계승하여 이제 민주 독립 국가를 재건함에 있어서 …… 우리들의 정당 또 자유로이 선거된 대표로서 구성된 국회에서 단기 4281년 7월 12일 이 헌법을 제정한다.

① 삼권 분립을 채택하였다.
② 제2대 국회에서 제정하였다.
③ 대통령 직선제를 규정하였다.
④ 대통령 연임 횟수 제한을 없앴다.
⑤ 대통령에게 긴급 조치권이 주어졌다.

05 다음 법에 따라 구성된 위원회에 대한 설명으로 옳은 것만을 〈보기〉에서 고른 것은?

> 제1조 일본 정부와 통모하여 한일 합병에 적극 협력한 자, 한국의 주권을 침해하는 조약 또는 문서에 조인한 자와 모의한 자는 사형 또는 무기징역에 처하고 그 재산과 유산의 전부 혹은 2분의 1 이상을 몰수한다.
> 제3조 일제하 독립운동자나 그 가족을 악의로 살상, 박해한 자 또는 이를 지휘한 자는 사형, 무기 또는 5년 이상의 징역에 처하고 그 재산의 전부 혹은 일부를 몰수한다.

보기
ㄱ. 사사오입 개헌안을 통과시켰다.
ㄴ. 미소 공동 위원회 개최, 최고 5년간 신탁 통치 등을 결정하였다.
ㄷ. 민족 반역자 명단을 작성하고 친일 협의자를 검거하는 데 앞장섰다.
ㄹ. 반공을 내세운 이승만 정부의 비협조적인 태도로 활동에 어려움을 겪었다.

① ㄱ, ㄴ ② ㄱ, ㄷ ③ ㄴ, ㄷ
④ ㄴ, ㄹ ⑤ ㄷ, ㄹ

06 다음 6·25 전쟁의 전개 과정을 일어난 순서대로 나열한 것은?

> (가) 북한이 기습적으로 남침을 감행하였다.
> (나) 이승만 정부가 반공 포로를 석방하였다.
> (다) 중국군의 참전으로 서울이 다시 함락되었다.
> (라) 국군과 유엔군이 인천 상륙 작전에 성공하였다.

① (가) – (나) – (다) – (라)
② (가) – (다) – (나) – (라)
③ (가) – (다) – (라) – (나)
④ (가) – (라) – (다) – (나)
⑤ (나) – (가) – (다) – (라)

07 밑줄 친 '개헌안'에 대한 설명으로 옳은 것은?

① 대통령 직선제를 골자로 하였다.
② 대통령 중심제를 최초로 규정하였다.
③ 사사오입의 논리를 내세워 통과되었다.
④ 한미 상호 방위 조약 체결에 영향을 주었다.
⑤ 초대 대통령에 한해 중임 제한을 철폐하였다.

+단원 통합

08 (가)~(마) 시기에 일어난 사실로 옳지 않은 것은?

5·10 총선거	(가)	6·25 전쟁 발발	(나)	발췌 개헌	(다)	사사오입 개헌	(라)	제3대 대통령 선거	(마)	이승만 하야

① (가) – 농지 개혁이 실시되었다.
② (나) – 낙동강 일대에 방어선을 구축하였다.
③ (다) – 정전 협정이 체결되었다.
④ (라) – 경향신문이 폐간되었다.
⑤ (마) – 4·19 혁명이 일어났다.

09 밑줄 친 ㉠에 해당하는 사건으로 옳은 것은?

> 1950년대 이승만 정부는 반공을 앞세워 정권 연장을 꾀하였다. 그는 두 차례의 무리한 개헌으로 인해 여론이 악화되자 ㉠ 반대 세력과 언론을 탄압하면서 독재 권력을 강화하였다.

① 천리마운동 ② 진보당 사건
③ 8월 종파 사건 ④ 긴급 조치 선포
⑤ 반공 포로 석방

대단원 마무리하기

10 밑줄 친 '헌법 개정'에 대한 설명으로 옳은 것은?

> **4·19 혁명**
> 1. 배경: 이승만 정부의 부정부패
> 2. 원인: 3·15 부정 선거
> 3. 과정
>   – 부정 선거 규탄 시위 확산
>   ……
>   – 이승만 대통령 하와이 망명
> 4. 결과: 허정 과도 정부 수립, <u>헌법 개정</u>

① 내각 책임제를 도입하였다.
② 단원제 국회를 구성하였다.
③ 대통령 직선제로 바꾸었다.
④ 대통령에게 권력을 집중시켰다.
⑤ 초대 대통령에 한해서 연임 횟수 제한을 없앴다.

+단원 통합

11 (가)에 들어갈 내용으로 적절한 것만을 〈보기〉에서 고른 것은?

> **수행 평가 안내**
> • 활동: 역사 신문 제작
> • 방법: ○○○ 정부 시기에 일어났던 역사적 사실을 토대로 가상의 역사 신문 만들기
> • 주제 예시
>   – 5·16 군사 정변으로 정권 장악
>   – 한일 협정 체결
>   – ______(가)______

보기
ㄱ. 농지 개혁 실시
ㄴ. 보도 지침 하달
ㄷ. 3선 개헌안 추진
ㄹ. 베트남에 군대 파병

① ㄱ, ㄴ　② ㄱ, ㄷ　③ ㄴ, ㄷ
④ ㄴ, ㄹ　⑤ ㄷ, ㄹ

[12~13] 다음 헌법을 읽고 물음에 답하시오.

> 제39조 대통령은 통일 주체 국민 회의에서 토론 없이 무기명 투표로 선거한다.
> 제53조 대통령은 …… 국가의 안전 보장 또는 공공의 안녕질서가 중대한 위협을 받을 우려가 있어, 신속한 조치를 할 필요가 있다고 판단할 때에는 내정·외교·국방·경제 등 국정 전반에 걸쳐 필요한 긴급 조치를 할 수 있다.

12 위 헌법에 대한 설명으로 옳은 것은?

① 내각 책임제를 명시하였다.
② 대통령 간선제를 규정하였다.
③ 조소앙의 삼균주의에 기초하였다.
④ 4·19 혁명이 일어나는 계기가 되었다.
⑤ 대통령의 임기는 7년 단임제로 하였다.

13 위 헌법이 발표된 시기의 정부에 대한 탐구 활동으로 가장 적절한 것은?

① 사사오입 개헌의 내용을 살펴본다.
② 삼청 교육대가 설치된 이유를 조사한다.
③ 양원제 국회를 구성한 목적을 알아본다.
④ 3·15 부정 선거를 일으킨 배경을 살펴본다.
⑤ 긴급 조치가 국민의 인권에 미친 영향을 조사한다.

14 (가) 민주화 운동에 대한 설명으로 옳은 것은?

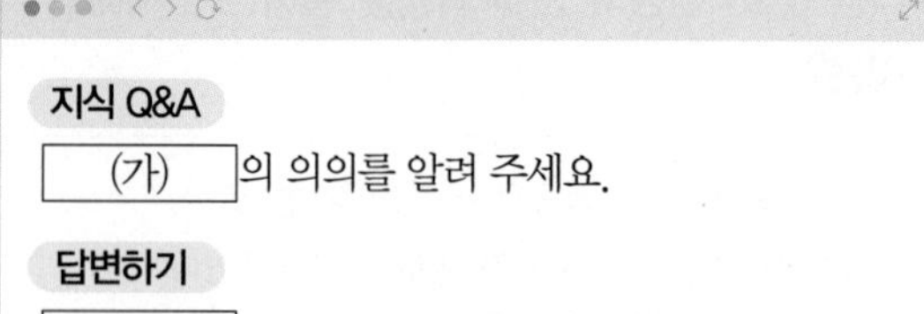

① 유신 헌법에 반대하였다.
② 한일 회담에 저항하였다.
③ 비상계엄 확대와 휴교령에 반대하였다.
④ 3선 개헌 반대 범국민 투쟁 위원회를 결성하였다.
⑤ 이승만 정부와 자유당의 장기 집권에 반대하였다.

+단원 통합

15 다음 담화문이 발표된 이후 일어난 사실로 옳은 것은?

> 본인은 얼마 남지 않은 촉박한 임기와 현재의 국가적 상황을 종합적으로 판단하여 중대한 결단을 내리지 않으면 안 되게 되었습니다. 이제 본인은 임기 중 개헌이 불가능하다고 판단하고 현행 헌법에 따라 내년 2월 25일 본인의 임기 만료와 더불어 후임자에게 정부를 이양할 것을 천명합니다. 이와 함께 본인은 …… 국론을 분열시키고 국력을 낭비하는 소모적인 개헌 논의를 지양할 것을 선언합니다.
> – 대통령 특별 담화문, 1987

① 3·1 민주 구국 선언이 발표되었다.
② 부정 선거를 규탄하는 시위가 일어났다.
③ 한일 회담에 반대하는 운동이 전개되었다.
④ 전국에서 호헌 철폐, 독재 타도를 외치는 시위가 벌어졌다.
⑤ 이승만 대통령이 횟수의 제한 없이 대통령 출마가 가능해졌다.

+단원 통합

16 다음 그래프는 우리나라 공업 구조의 변화를 나타낸 것이다. (가)~(다) 시기의 사실로 옳은 것은?

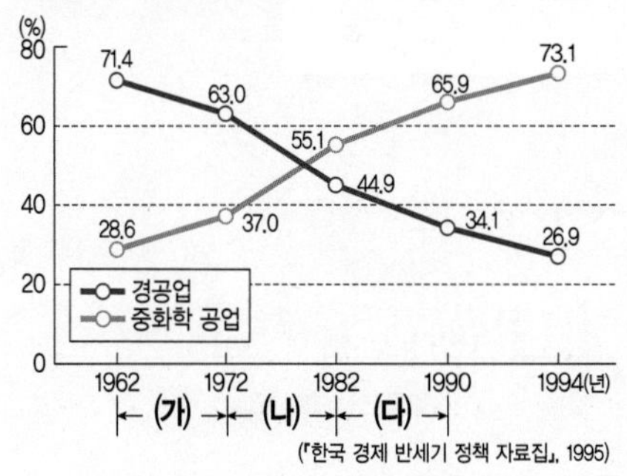

(『한국 경제 반세기 정책 자료집』, 1995)

① (가) – 두 차례의 석유 파동이 발생하였다.
② (가) – 반도체 산업 등 첨단 산업을 육성하였다.
③ (나) – 의류, 가발 등 경공업을 집중 육성하였다.
④ (나) – 제1차 경제 개발 5개년 계획이 시작되었다.
⑤ (다) – 3저 호황을 맞이하였다.

17 다음 자료를 활용한 보고서의 주제로 가장 적절한 것은?

한국사 신문

함평 농민들, 고구마 피해 보상 요구

1976년 7월 전라남도 함평 농협은 농민들에게 고구마 전량 수매를 약속하며 생산을 독려하였다. 그러나 고구마 수매가를 낮추려는 농협 관련 기업의 농간으로 11월이 지나도록 수매가 제대로 이루어지지 않아 고구마가 썩어 버렸다. 이에 농민들은 농협에 피해 보상 소송을 제기하였다.

우리나라 최초의 공해병, 온산병의 발생

1970년대 울산 광역시 온산이 종합 공업 단지로 변화한 이후 주민들은 허리와 팔다리를 비롯한 전신이 아픈 증상이 일어나는 등 건강 문제가 발생하였다. 조사 결과 주민들이 겪는 건강 문제는 일본에서 발생한 '이타이이타이병'의 초기 증세와 비슷하고 진단하였다.

① 반공 독재의 문제점
② 대한민국 민주화의 진전
③ 경제 성장에 따른 사회·환경 문제
④ 대중 매체의 보급과 대중문화의 성장
⑤ 국가주의 교육 강화로 나타난 사회 변화

18 (가)에 해당하는 내용으로 가장 적절한 것은?

▲ 전태일

1970년 11월 13일 오후 11시 30분경, 동대문 평화 시장에서 재단사로 일하던 전태일은 몸에 불을 붙이고 "　　(가)　　" 라고 외치다 쓰러졌다. 그의 분신으로 인해 지식인, 노동자, 학생들이 노동 문제에 관심을 가지고 노동 문제에 참여하게 되었다.

① 근로 기준법을 준수하라.
② 신탁 통치 결정에 반대한다.
③ 농산물 수입 개방에 반대한다.
④ 정부통령 선거를 다시 실시하라.
⑤ 백정이라는 모욕적 칭호를 없애자.

오늘날의 대한민국

무엇을 배울까?

이 단원에서 배울 내용

☑ **6월 민주 항쟁 이후 민주화 과정**
민주화의 진전, 지방 자치제, 평화적 정권 교체의 정착, 시민운동의 성장과 다양화

☑ **외환 위기의 극복과 사회 · 문화 변동**
시장 개방과 신자유주의 정책, 외환 위기의 발생과 극복, 2000년대 이후 경제 변화, 사회 양극화의 심화, 다문화 사회, 저출산·고령화 사회, 정보화의 진전과 대중문화의 변동

☑ **한반도 분단 극복과 동아시아의 평화를 위한 노력**
북한의 권력 세습 체제, 북한의 시장 경제 요소 도입, 북한의 사회 모습, 남북 통일을 위한 노력, 동아시아의 역사 갈등과 영토 갈등, 동아시아의 평화를 위한 노력

6월 민주 항쟁 이후 민주화 과정

핵심 미리 보기
- ☑ 6월 민주 항쟁 이후 민주화의 진전과 평화적 정권 교체
- ☑ 시민운동의 성장과 시민의 정치 참여 확대

1 민주화의 진전

1. 민주주의의 진전 대표 자료

노태우 정부 (1988~1993)	여소 야대 국면 형성 이후 청문회 개최(전두환 정부의 비리와 5·18 민주화 운동에 대한 진상 규명), 지방 자치제 부분적 실시, 북방 외교 추진(소련, 중국 및 동유럽의 공산주의 국가와 외교 관계 체결), 3당 합당❶으로 민주 자유당 창당
김영삼 정부 (1993~1998)	공직자 윤리법 개정(고위 공직자의 재산 등록 의무화), 금융 실명제 시행, 지방 자치제 전면적 실시, '역사 바로 세우기' 진행(과거 정권의 국가 폭력 진상 규명, 일제 강점기 잔재 청산 노력), 경제 협력 개발 기구(OECD) 가입, 외환 위기가 발생하여 국제 통화 기금(IMF)의 구제 금융 지원 요청(1997)

2. 평화적 정권 교체의 정착

김대중 정부 (1998~2003)	정부 수립 이후 최초로 선거에 의한 평화적 여야 정권 교체 실현, 외환 위기 극복, 제1차 남북 정상 회담 개최, 과거사 정리 시행(의문사 진상 규명 위원회 발족), 여성부와 국가 인권 위원회 신설, 인사 청문회법 제정, 한일 월드컵 개최(2002)
노무현 정부 (2003~2008)	수도권 소재 주요 공공 기관의 지방 이전·행정 수도 건설 추진, 과거사 정리 시행(진실·화해를 위한 과거사 정리 위원회와 친일 반민족 행위 진상 규명 위원회 조직), 권위주의 청산 노력, 제2차 남북 정상 회담 개최
이명박 정부 (2008~2013)	야당 후보의 대통령 당선으로 평화적 정권 교체, '작은 정부'를 내세우며 시장 원리 강조, 공기업 민영화 추진, 자유 무역 협정(FTA)❷ 체결 확대, G20 정상 회의 개최(2010), 4대강 정비 사업 실시
박근혜 정부 (2013~2017)	대한민국 최초의 여성 대통령, 민간인에 의한 국정 농단 의혹 사건으로 정부 수립 이후 최초로 대통령 파면
문재인 정부 (2017~2022)	복지 정책 강화를 기반으로 한 소득 주도 성장, 탈원전과 신재생 에너지 중심의 에너지 전환 정책, 남북 관계 개선 노력, 코로나 바이러스 감염증 팬데믹 극복을 위한 방역 정책 실시

2 시민 사회의 성장

1. 지방 자치제의 정착: 6월 민주 항쟁으로 개정된 헌법에 지방 자치 재규정 → 지방 의회 선거 실시(1991) → 지방 자치 단체장 선거와 지방 의회 선거 동시 실시(1995) 자료 ❶

2. 시민운동의 성장

(1) **배경:** 6월 민주 항쟁 이후 제도적 민주주의의 정착 → 비정부 기구(NGO)인 시민 단체의 정치 참여 증가

(2) **내용:** 시민 단체가 경제 정의(경제 정의 실천 시민 연합, 참여 연대❸ 등), 환경(환경 운동 연합 등), 여성(호주제 폐지 운동), 사회적 약자 등 다양한 영역에서 활동하며 사회 문제 제기 자료 ❷

3. 시민의 정치 참여 확대

(1) **배경:** 선거 공영제❹와 지방 자치제 등을 통해 시민의 정치 참여 크게 확대

(2) **내용:** 총선 연대의 낙선 운동❺, 사회 관계 소통망(SNS)을 통한 정치적 의사 표현, 시민들의 '촛불 집회'(2002년 미군 장갑차 사고 추모 집회, 2008년 미국산 쇠고기 수입 반대 집회, 2016년 국정 농단에 대한 진상 규명과 박근혜 대통령 퇴진 요구 집회) 등

한끝 더하기

❶ 3당 합당
여당인 민주 정의당이 김영삼, 김종필이 이끄는 두 야당과 연합하여 거대 여당인 민주 자유당을 창당함으로써 여소 야대를 극복하고자 하였다.

❷ 자유 무역 협정(FTA)
국가 간의 상품의 자유로운 이동을 위해 무역 장벽을 완화하거나 제거하자는 협정이다. 우리나라는 2002년 칠레를 시작으로 미국, 싱가포르, 유럽 연합(EU) 등과 자유 무역 협정을 체결하였다.

❸ 참여 연대
'참여와 인권이 보장되는 민주 사회 건설'을 목표로, 권력 감시 활동과 시민의 정치적·경제적 권리 확대 정책을 연구하는 활동을 추진하였다.

❹ 선거 공영제
선거 운동은 선거 관리 기관이 주관하고, 선거에 대한 경비는 국가가 부담하게 하여 국민의 정치 참여를 국가가 보장하고자 하였다.

❺ 낙선 운동
총선 연대가 벌인 운동으로 공직 선거에서 출마하기에 부적격한 후보자가 뽑히지 못하도록 하는 활동이다.

한끝 자료실

• 대표 자료 • 과거사 정리를 위한 움직임

문제 해결력 및 의사 결정력

김영삼 정부	'역사 바로 세우기'	조선 총독부 건물 철거, 국민학교 명칭 변경 등 일제 강점기의 잔재를 없애고 전두환 등 12·12 사태 관련자와 5·18 민주화 운동 진압 관련자를 처벌함
김대중 정부	의문사 진상 규명 위원회	2000년에 제정된 의문사 진상 규명에 관한 특별법에 따라 조직되어 인혁당 사건 등 독재 정권에 저항하다 발생한 의문사의 진상을 조사함
노무현 정부	진실·화해를 위한 과거사 정리 위원회	일제 강점기와 6·25 전쟁 전후, 대한민국 정부 수립부터 권위주의 통치 시절까지의 항일 독립운동과 민간인 집단 희생, 간첩 조작, 해외 동포 관련 사건 등의 진상을 규명함
	친일 반민족 행위 진상 규명 위원회	식민지 잔재 청산을 위해 친일 반민족 행위 대상자를 조사하고 그 진상을 규명함

민주화의 진전과 높아진 인권에 대한 관심은 '역사 바로 세우기'와 과거사 정리 작업으로 이어졌다. 과거 독재 정권이 저지른 국가 폭력, 인권 탄압 사건, 친일 반민족 행위에 대한 진상 규명 작업이 전개되었다. 또한 과거사 청산을 위한 진상 규명 위원회들이 설치되어 활동하였다.

• 시험에서는 이렇게 •

과거사 정리와 관련된 내용을 제시하고 어떤 정부 시기에 있었던 사실인지를 확인하는 문제가 자주 출제됩니다. 과거사 정리를 위한 노력은 김영삼 정부, 김대중 정부, 노무현 정부 시기 광범위하게 전개되었으므로 해당 정부 시기의 과거사 정리 내용을 정리해 두세요.

자료 활용 문제

김영삼 정부 시기에 추진된 '역사 바로 세우기'에 대한 설명으로 옳은 것은?

① 인혁당 사건을 조사하였다.
② 직선제 개헌을 요구하였다.
③ 호주제 폐지 운동으로 이어졌다.
④ 12·12 사태 관련자를 처벌하였다.
⑤ 금융 실명제 실시의 배경이 되었다.

 ④

자료 ① 대한민국 헌법에 보장된 지방 자치제

> 제117조 1. 지방 자치 단체는 주민의 복리에 관한 사무를 처리하고 재산을 관리하며, 법령의 범위 안에서 자치에 관한 규정을 제정할 수 있다.
> 제118조 1. 지방 자치 단체에 의회를 둔다.
> 2. 지방 의회의 조직·권한·의원 선거와 지방 자치 단체의 장의 선임 방법, 기타 지방 자치 단체의 조직과 운영에 관한 사항은 법률로 정한다.

6월 민주 항쟁 이후 지방 자치제 실현에 대한 요구가 높아졌다. 지방 자치제는 지역 주민이 지역 행정 문제 해결에 참여하는 주민 자치와 국가로 독립한 지역 단체가 행정을 처리하는 단체 자치로 이루어져 있다. 이러한 지방 자치제는 1995년 전면 실시되어 풀뿌리 민주주의를 실현하고 있다.

자료 ② 호주제 폐지 운동

> 호주 제도는 양성평등이라는 헌법 이념에 부합하지 아니하므로 이를 폐지하고 ……
> 가. 호주에 관한 규정과 호주 제도를 전제로 한 규정을 삭제하는 한편 …… 가족에 관한 규정을 새롭게 정함
> 나. 자녀의 성(姓)과 본(本)은 …… 혼인 신고 시 부모의 협의에 의해 모(母)의 성과 본도 따를 수 있도록 함

호주제는 호주를 중심으로 가족 관계 변동을 기록하는 제도로, 호주의 계승 순위는 여성을 차별하는 구조였다. 호주제와 같은 가부장제를 타파하고자 여성 운동인 호주제 폐지 운동이 전개되었으며, 이는 2008년 호주제의 폐지로 이어졌다.

개념 확인하기

1 노태우 정부 시기 여소 야대 국면 가운데 3당 합당으로 (   )이 창당되었다.

2 다음 설명이 맞으면 ○표, 틀리면 ×표를 하시오.

(1) 노태우 정부는 소련과 국교를 수립하였다. (   )
(2) 김영삼 정부 시기에 국가 인권 위원회가 신설되었다. (   )
(3) 김영삼 정부는 지방 자치제를 전면적으로 실시하였다. (   )

3 다음 내용과 관련된 시민의 정치 참여를 〈보기〉에서 골라 기호를 쓰시오.

보기
ㄱ. 낙선 운동　　ㄴ. 여성 운동
ㄷ. 촛불 집회

(1) 호주제가 폐지되었다. (   )
(2) 국정 농단의 진상 규명을 요구하는 시위가 열렸다. (   )
(3) 공직자 선거에서 부적격한 후보를 찍지 못하도록 하였다. (   )

실력 다지기

01 밑줄 친 '새 정부'에 대한 설명으로 옳은 것은?

인터넷 선거 박물관 〉 사진 자료실

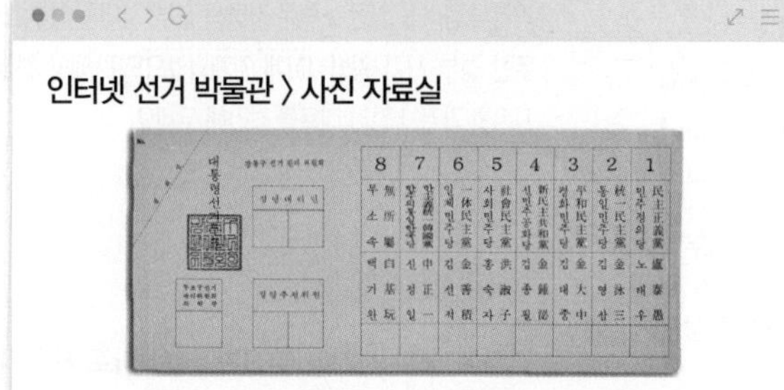

제시된 자료는 제13대 대통령 선거 당시의 투표 용지이다. 직선제 개헌 이후 1987년 12월에 실시된 이 선거에서는 국민들이 직접 대통령을 뽑을 수 있었다. 선거의 결과 야당 후보를 누르고 신군부 출신의 후보가 당선되어 새 정부가 출범하였다.

① 중앙정보부를 설치하였다.
② 소련과 외교 관계를 맺었다.
③ 인사 청문회법을 제정하였다.
④ 제1차 남북 정상 회담을 성사시켰다.
⑤ 제2차 경제 개발 5개년 계획을 추진하였다.

중요해

02 (가)에 들어갈 내용으로 가장 적절한 것은?

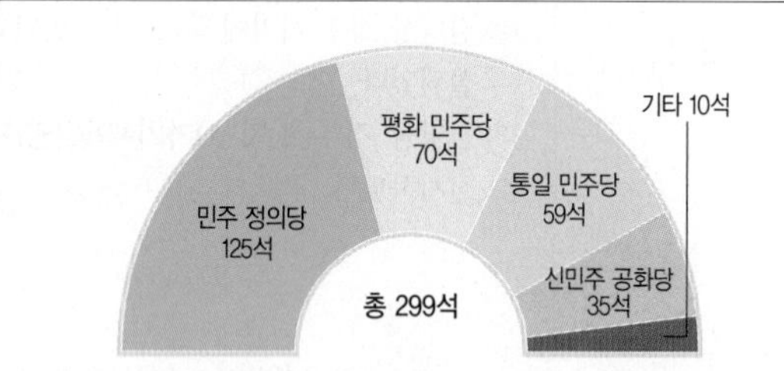

제13대 국회 의원 선거 결과를 나타낸 것이다. 여당인 민주 정의당보다 다른 야당이 더 많은 여소 야대의 국면이 형성되었다. 이러한 상황에서 국회는 ______(가)______

① 제헌 헌법을 공포하였다.
② 사사오입 개헌을 통과시켰다.
③ 반민족 행위 처벌법을 제정하였다.
④ 전두환 정부의 비리를 조사하였다.
⑤ 기립 투표로 발췌 개헌안을 통과시켰다.

대표 자료 링크

03 다음은 정부의 과거사 정리를 위한 노력이다. (가)~(다)에 해당하는 사례로 적절하지 않은 것은?

(가) 김영삼 정부가 군사 독재 정부의 잘못된 과거와 일제의 식민 잔재 청산에 나섰다.
(나) 김대중 정부에서 의문사의 진상을 밝히기 위해 2000년대 초반에 위원회를 조직하였다.
(다) 노무현 정부는 일제 강점기부터 권위주의 정부 시기까지 있었던 국가 폭력의 진상을 규명하였다.

① (가) – 국민학교를 초등학교로 바꾸었다.
② (가) – 전두환과 노태우 두 전직 대통령을 구속하였다.
③ (나) – 12·12 사태 관련자를 처벌하였다.
④ (나) – 인혁당 사건 진상 규명에 노력하였다.
⑤ (다) – 항일 독립운동과 민간인 집단 희생 사건 등을 조사하였다.

중요해

04 밑줄 친 '이 정부' 시기에 있었던 사실로 옳은 것만을 〈보기〉에서 고른 것은?

제14대 대통령 선거에서 민주 자유당 후보가 대통령에 당선됨으로써 30여 년 만에 민간인 출신 대통령이 탄생하였다. 이 정부는 금융 실명제를 실시하여 부정한 방법을 통한 금융 거래를 방지하려 하였다.

보기
ㄱ. 여성부가 설치되었다.
ㄴ. 프로 야구단이 출범하였다.
ㄷ. 지방 자치제가 전면적으로 실시되었다.
ㄹ. 국제 통화 기금(IMF)에 긴급 구제 금융을 요청하였다.

① ㄱ, ㄴ ② ㄱ, ㄷ ③ ㄴ, ㄷ
④ ㄴ, ㄹ ⑤ ㄷ, ㄹ

05 밑줄 친 ㉠을 추진한 정부에 대한 탐구 활동으로 가장 적절한 것은?

> 일제는 경복궁을 헐고 그 자리에 총독부를 지어 우리의 민족의식을 차단하려는 계획을 꾸몄다. 조선 총독부 건물은 우리 민족의 자랑스러운 유적·유물이 아니다. 오히려 이 건물은 민족사의 숨결을 짓밟고 우리 민족의 훌륭한 문화유산인 경복궁을 훼손한 대표적인 건물이라 할 수 있다. 어느덧 경복궁 복원 사업이 시작되었다. 이번 기회에 ㉠ 조선 총독부 건물을 철거하는 과감한 민족사 복원 사업이 펼쳐지길 바란다.

① 지방 자치제의 전면 시행 과정을 살펴본다.
② 토지 조사령을 내리게 된 목적을 알아본다.
③ 국가 총동원법이 만들어진 배경을 살펴본다.
④ 남면북양 정책이 추진된 경제적 이유를 파악한다.
⑤ 3저 호황이 국가 경제 성장에 끼친 영향을 조사한다.

이 문제에서 나올 수 있는 모든 선택지✓

06 다음 취임사가 발표된 정부 시기에 있었던 사실로 옳지 않은 것은?

> 오늘은 이 땅에서 처음으로 민주적 정권 교체가 실현되는 자랑스러운 날입니다. 또한 민주주의와 경제를 동시에 발전시키려는 정부가 마침내 탄생하는 역사적 날이기도 합니다. …… 국민 여러분께서는 놀라운 애국심과 저력을 발휘하셨습니다. 우리는 IMF 시대의 충격 속에서도 여야 간 평화적 정권 교체의 위업을 이룩하였습니다.

① 외환 위기를 극복하였다.
② 민주 자유당이 창당되었다.
③ 인사 청문회법을 제정하였다.
④ 제1차 남북 정상 회담을 성사시켰다.
⑤ 대통령이 노벨 평화상을 수상하였다.
⑥ 국가 인권 위원회 등 인권 보호 기관을 설치하였다.

07 (가) 정부에 대한 설명으로 옳은 것은?

> 2007년에 치러진 대통령 선거에서 야당 후보가 당선됨으로써 10년 만에 여야 정권 교체가 이루어졌다. '경제 살리기'를 정책의 핵심으로 내세운 (가) 정부는 '작은 정부, 큰 시장'을 추구하였다.

① 베트남 파병을 단행하였다.
② 경부 고속 도로를 완공하였다.
③ 4대강 정비 사업을 추진하였다.
④ 보도지침을 내려 언론 보도를 통제하였다.
⑤ 국가 보위 비상 대책 위원회를 설치하였다.

이 문제에서 나올 수 있는 모든 선택지✓

08 (가), (나) 시기 사이에 있었던 사실로 옳지 않은 것은?

(가)

> 한국사 신문
>
> **한일 월드컵 개막**
>
> 5월 31일, 서울 상암동 월드컵 경기장에서 한일 월드컵 개막식이 열렸다. 이후 치러진 개막전에서는 직전 대회 우승국의 경기가 진행되었다.

(나)

> 한국사 신문
>
> **G20 정상 회의 개최**
>
> 11월 12일, 서울에서 제5차 G20 정상 회의가 개최되었다. 첫 번째 세션에서 세계 각국의 정상들은 환율과 경상수지 문제를 중점적으로 논의하였다.

① 호주제가 폐지되었다.
② 금융 실명제가 시작되었다.
③ 행정 수도 건설이 추진되었다.
④ 제2차 남북 정상 회담이 개최되었다.
⑤ 미국산 쇠고기 수입 반대 집회가 일어났다.
⑥ 친일 반민족 행위에 대한 진상 규명이 이루어졌다.
⑦ 진실·화해를 위한 과거사 정리 위원회가 설치되었다.

실력 다지기

중요해

09 (가)~(다) 정부에 대한 설명으로 옳지 않은 것은?

> (가) 여소 야대의 상황을 3당 합당을 통해 극복하였다.
> (나) 헌정 사상 최초로 선거에 의한 평화적 여야 정권 교체를 통해 출범하였다.
> (다) 탈세와 부정부패를 뿌리 뽑기 위해 금융 실명제를 시행하였고, 지방 자치제를 전면 시행하였다.

① (가) – 북방 외교를 추진하였다.
② (가) – 지방 자치제를 부분적으로 실시하였다.
③ (나) – 남북 정상 회담을 개최하였다.
④ (나) – 전두환과 노태우 두 전직 대통령을 구속하였다.
⑤ (다) – 외환 위기로 국제 통화 기금의 구제 금융을 받았다.

10 교사의 질문에 대한 학생의 답변으로 적절한 것은?

자료는 6월 민주 항쟁 이후 개정된 헌법에 명시된 조항입니다. 이 조항에 따라 우리 사회는 어떻게 변화하였을까요?

> 제117조 1. 지방 자치 단체는 주민의 복리에 관한 사무를 처리하고 재산을 관리하며 법령의 범위 안에서 자치에 관한 규정을 제정할 수 있다.
> 제118조 1. 지방 자치 단체에 의회를 둔다.
> 2. 지방 의회의 조직·권한·의원 선거와 지방 자치 단체의 장의 선임 방법, 기타 지방 자치 단체의 조직과 운영에 관한 사항은 법률로 정한다.

① 풀뿌리 민주주의가 정착되었어요.
② 과거사 청산 노력이 활발해졌어요.
③ 자유 무역 협정의 체결이 확대되었어요.
④ 우리나라의 무역 의존도가 심화되었어요.
⑤ 유신 철폐를 내세운 시위가 확산되었어요.

11 다음 자료를 활용한 보고서 제목으로 가장 적절한 것은?

> 6월 민주 항쟁 이후 노동 환경과 노동자의 처우 개선을 위한 '노동자 대투쟁'이 전개되었다. 노동조합이 전국적으로 확산하였고, 임금과 근로 조건의 개선을 요구하는 목소리가 커졌다. 이 과정에서 전국 교직원 노동조합과 전국 민주 노동조합 총연맹(민주노총)이 결성되었다. 농민 운동도 활발하게 전개되었다. 전국 80여 개의 농민 단체들이 연합한 전국 농민회 총연맹이 세계화에 따른 무분별한 농산물 수입 시장 개방과 우루과이 라운드 협상에 반대하는 운동 등을 전개하였다.

① 대중문화가 확산하다
② 시민운동이 성장하다
③ 산업화와 도시화가 나타나다
④ 경제 개발 5개년 계획을 실시하다
⑤ 정부의 비리에 대한 청문회를 개최하다

12 다음 자료와 같은 운동이 전개된 배경으로 가장 적절한 것은?

> 매니페스토란 정당이나 후보자가 과거의 잘못된 행적을 솔직히 반성하고 새로운 미래를 위한 구체적 약속을 공개적인 방식으로 선언하는 것이다. 더는 표를 얻기 위한 거짓말을 하지 않겠다는 약속이며, 실제로 이행이 가능한 구체적인 계획을 문서로 밝히는 것이다. 정당이나 후보자는 유권자가 실천 내용을 쉽게 검증할 수 있도록 주기적으로 약속의 이행 과정을 밝혀야 한다. 매니페스토 운동은 정치적 중립성과 투명성의 확대를 도모하는 운동이라고 할 수 있다.
> – 한국 매니페스토 실천 본부

① 10월 유신으로 유신 헌법이 제정되었다.
② 5·16 군사 정변으로 군정이 실시되었다.
③ 6월 민주 항쟁 이후 민주화가 진전되었다.
④ 신군부에 의해 5·18 민주화 운동이 진압되었다.
⑤ 6·25 전쟁 이후 한미 상호 방위 조약이 체결되었다.

13 (가)에 들어갈 내용으로 적절하지 않은 것은?

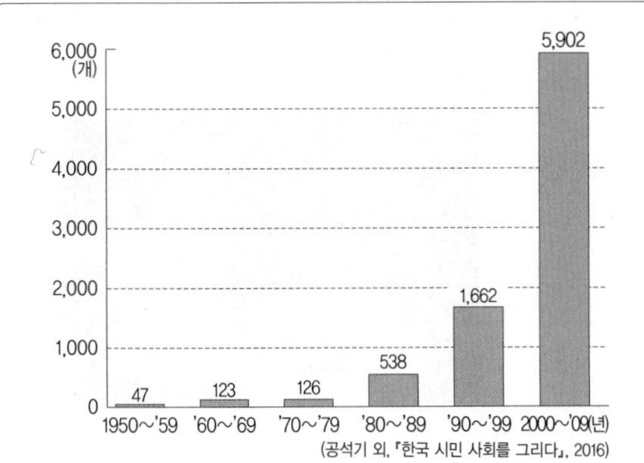

그래프는 연도별 시민 단체의 설립 수를 나타낸 선이다. 6월 민주 항쟁 이후 민주화의 진전으로 시민 단체가 증가하였다. 시민 단체는 정치·경제·사회 등 여러 영역에서 활동하며 ______(가)______

① 환경 운동을 전개하였다.
② 인권에 대한 관심을 호소하였다.
③ 박정희 정부 퇴진을 요구하였다.
④ 사회적 약자의 보호를 주장하였다.
⑤ 노동자의 권익 문제를 제기하였다.

14 다음은 '시민의 정치 참여 확대'를 주제로 한 다큐멘터리 계획서이다. (가)에 들어갈 내용으로 가장 적절한 것은?

시민운동의 다양화와 확산

- 기획 의도: 1990년대 이후 시민운동의 다양화와 시민의 정치 참여 확대가 갖는 역사적 의미를 조망한다.
- 방송 내용

1부: 지방 자치제의 실시
2부: 총선 시민 연대의 정치 참여
3부: ______(가)______

① 민주 자유당의 창당
② 기업 활동의 규제 완화
③ 평화적 여야 정권 교체
④ 남북 평화에 중점을 둔 정책
⑤ 촛불 집회 등 평화적 시위 전개

15 다음을 읽고 물음에 답하시오.

국민 여러분, 국민의 선택에 따라 출범한 이 공화국의 국정 책임을 지고 있는 민주 정의당 총재 노태우와 오랜 세월 이 땅의 민주주의를 위해 몸 바쳐 온 통일 민주당 총재 김영삼, 그리고 국태민안의 신념을 실천해 온 신민주공화당 총재 김종필, 우리 세 사람은 민주, 번영, 통일을 이룰 <u>새로운 역사의 장</u>을 열기 위해 오늘 국민 여러분 앞에 함께 섰습니다.

(1) 밑줄 친 '새로운 역사의 장'이 가리키는 정치적 사건을 쓰시오.

____

(2) (1)이 추진된 배경을 서술하시오.

____

____

3단계로 완성하기

16 (가) 정책이 무엇인지 쓰고, (가) 정책의 사례를 두 가지 서술하시오.

민주화 이후 높아진 인권에 대한 관심은 과거사 문제 해결 노력으로 이어졌다. 김영삼 정부는 [(가)]을/를 추진하여 군사 독재 문화, 일제 강점기의 잔재 등을 청산하고 민주주의 문화를 정착시키기 위해 노력하였다.

1단계 (가) 정책이 무엇인지 써 보세요.

____

____

2단계 (가) 정책의 사례를 두 가지 써 보세요.

____

____

3단계 1단계와 2단계에서 정리한 내용을 바탕으로 답안을 완성해 보세요.

____

____

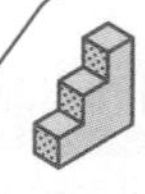

1등급 도전하기

정답과 해설 27쪽

창의 융합

01 밑줄 친 '새 정부' 시기에 있었던 사실로 옳은 것은?

한국사 신문

오늘 새로운 헌법 발효

1988년 2월 25일 0시를 기해 전문과 본문 130조, 부칙 6조로 짜여진 새 헌법이 발효됨으로써 새 공화국이 시작되었다. 새 헌법의 발효 시각과 동시에 지난 7년간 대한민국을 이끌어온 대통령의 임기가 종료되고, 앞으로 5년간 국정을 이끌어 갈 신임 대통령의 새 정부가 시작되었다.

① 낙선 운동이 전개되었다.
② 장면이 국무총리로 취임하였다.
③ 국가 인권 위원회가 신설되었다.
④ 제1차 경제 개발 5개년 계획이 추진되었다.
⑤ 3당 합당이 추진되어 민주 자유당이 창당되었다.

02 밑줄 친 ㉠이 일어난 시기를 연표에 옳게 고른 것은?

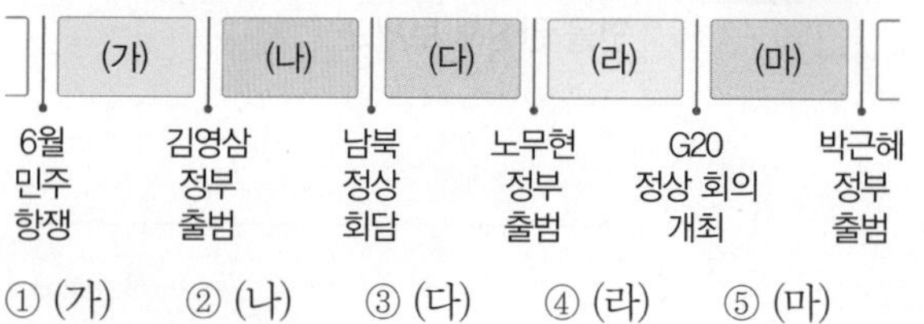

① (가) ② (나) ③ (다) ④ (라) ⑤ (마)

03 (가)에 들어갈 내용으로 가장 적절한 것은?

역사 사진전 〉 시민 사회의 성장

이 사진은 호주제 폐지를 환영하는 여성 단체 단체의 모습을 담고 있다. 가족 관련 법안의 내용 중 호주 관련 조항이 없어지고 개인이 각각의 신분 등록부를 가지게 되었다. 호주제 폐지는 ______(가)______

① 저출산 문제 해결에 기여하였다.
② 정부의 과거사 정리 사업이 맺은 결실이었다.
③ 고위 공무원의 재산 등록을 의무화하는 계기가 되었다.
④ 여성 인권 신장을 위한 시민 사회의 노력이 이끌어낸 결과였다.
⑤ 지방 분권을 강조하여 행정 수도 이전을 추진하는 계기가 되었다.

04 다음 자료를 활용한 보고서 주제로 가장 적절한 것은?

참여 연대

- 출범: 1994년
- 목표: 참여와 인권이 보장되는 민주 사회 건설
- 주요 활동: 정치·경제 권력의 남용을 견제·고발, 시민의 정치적·경제적 권리 확대 정책 연구

① 대중문화의 성장
② 반공 교육의 강화
③ 6·25 전쟁의 피해 양상
④ 산업화와 일상생활의 변화
⑤ 시민운동의 성장과 민주화의 진전

정답과 해설 28쪽

수능 준비하기

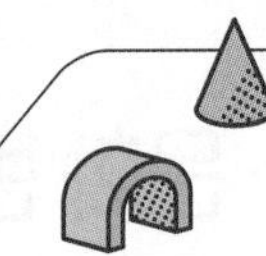

수능 기출 | 응용

01 다음 연설이 행해진 정부의 경제 정책으로 가장 적절한 것은?

> 저는 대통령에 취임하자마자 저의 재산을 공개했고 앞으로 정치 자금을 한 푼도 받지 않겠다고 선언했던 것입니다. 아울러 정경 유착을 제도적으로 막을 수 있도록 금융 실명제를 단행했습니다. …… 금융 실명제와 부동산 실명제를 통해 마련된 경제 정의의 기반 위에서 1인당 국민 소득 1만 달러, 수출 1천 억 달러 시대를 열었습니다. …… 모든 국민이 갈망해 온 지방 자치제의 완전한 실시로 참여와 자율이 존중되는 본격적인 지방 시대를 열었습니다.

① 포항 제철소를 건설하였다.
② 경부 고속 국도(도로)를 개통하였다.
③ 조청 상민 수륙 무역 장정을 체결하였다.
④ 국제 통화 기금(IMF)의 구제 금융을 받았다.
⑤ 유상 매입, 유상 분배의 농지 개혁법을 제정하였다.

수능 만점 한끝

연설문을 발표한 정부 시기에 일어난 사실을 추론한다.

이렇게도 출제될 수 있어요!

금융 실명제 실시, 지방 자치제 전면 실시, 공직자 윤리법 개정 등의 자료를 제시한 후 해당 정부 시기의 역사적 사실을 묻는 문제가 출제될 수 있어요.

수능 기출 | 응용

02 (가), (나) 시기 사이에 있었던 사실로 옳은 것은?

> (가) 샌프란시스코에서 열린 한국과 소련의 정상 회담에서 두 정상은 정식 외교 관계를 맺기로 했다. 소련 대통령은 아직도 북한을 의식하는 듯한 태도를 보였지만, 2년 전 서울 올림픽 때 소련 대표단에게 보여 준 한국 국민들의 환대에 감사한다는 말을 잊지 않았다.
>
> (나) 분단 이후 처음으로 개최된 남북 정상 회담의 결과, 남과 북은 전 세계가 지켜보는 가운데 6·15 남북 공동 선언을 공식 발표하였다. 정부는 남북 정상 간의 합의 사항을 이행하기 위해 조속한 시일 안에 남북 당국 간 회담을 열고 북측과의 협의를 개시할 방침이라고 밝혔다.

① 야간 통행금지가 해제되었다.
② 4·13 호헌 조치가 발표되었다.
③ 통일 주체 국민 회의가 설치되었다.
④ 자유 무역 협정 체결 확대에 노력하였다.
⑤ 5·18 민주화 운동 진압 관련자를 처벌하였다.

수능 만점 한끝

노태우 정부의 북방 외교 정책을 다룬 (가) 시기와 제1차 남북 정상 회담이 성사되었던 (나) 시기 사이에 있었던 사실을 추론하는 문제이다.

문제의 핵심

노태우 정부와 김대중 정부의 외교 정책

정부	외교 정책
노태우 정부	북방 외교 추진 → 소련 등과 외교 관계 체결
김대중 정부	제1차 남북 정상 회담 개최 → 6·15 남북 공동 선언 발표

외환 위기의 극복과 사회·문화 변동

핵심 미리 보기
- 세계화의 진전과 신자유주의
- 외환 위기의 발생과 극복 노력
- 외환 위기 이후 사회·문화의 변화

1 세계화에 따른 한국 경제의 변화

1. 시장 개방과 한국 경제

(1) 세계화의 진전

① **배경:** 1980년대 이후 선진 자본주의 국가들이 전면적 시장 개방 논의 → 우루과이 라운드(UR) 타결(1993), 세계 무역 기구(WTO)❶ 체제 출범(1995)

② **내용:** 국제 교역량 증가, 세계 자본 시장 통합, 정보·통신 기술 발달로 세계화 가속화

(2) 김영삼 정부의 신자유주의❷ 경제 정책: 상품과 자본 시장 개방, 공기업 민영화, 금융 규제 완화·경제 협력 개발 기구(OECD)❸ 가입(1996) 등

2. 외환 위기 발생과 극복 대표 자료

구분	내용
발생	대기업의 무분별한 사업 확장, 동남아시아의 외환 위기로 외국 투자자들이 대출 회수 → 외환 보유고 고갈, 기업들의 연쇄 부도 → 국제 통화 기금(IMF)❹에 구제 금융 요청(1997)
극복	국민의 금 모으기 운동, 김대중 정부의 대책(구조 조정을 실시하여 부실기업과 은행 통폐합, 노사정 위원회를 설립하여 정리 해고제와 근로자 파견제 도입, 국민 기초 생활 보장법을 통한 국민 생계 지원 등) → 국제 통화 기금(IMF)의 지원금 조기 상환

3. 외환 위기 이후 한국 경제 자료 ❶

(1) 2000년대 이후 경제 변화: 여러 나라와 자유 무역 협정(FTA)❺ 체결, 반도체·자동차·철강 산업 등 약진, 정보 기술(IT)에 기반한 첨단 산업 발달

(2) 한국 경제의 과제: 대외 무역 의존도 심화, 대기업·중소기업 격차 증가, 사회 양극화 심화, 외국산 수입 증가로 농업 타격 등

2 한국 사회의 변화

1. 사회 양극화의 심화: 외환 위기 이후 정규직·비정규직 및 대기업·중소기업 간 소득 양극화 심화, 소득 격차에 따른 교육 기회의 불평등 문제 발생 → 사회 통합 저해

2. 다문화 사회로의 변화

구분	내용
배경	교통수단과 정보 통신 기술 발달로 서로 다른 문화권에 속한 사람들 간의 이동과 연결 가속화 → 외국인 근로자, 국제결혼 이주민, 북한 이탈 주민 등 증가
영향	저출산·고령화에 따른 노동력 부족 현상 해소, 이주민이 문화적 차이·의사소통 문제·사회적 차별 및 편견 등으로 어려움을 겪음 → 타 문화에 대한 이해와 존중, 다문화 사회 지원 법률 마련 등 필요

3. 가족 형태와 인구 구조의 변화

구분	내용
가족 형태의 변화	산업화와 도시화로 핵가족화·1인 가구 증가, 노년층 증가로 독거노인의 질병·빈곤 문제 발생
인구 구조의 변화	결혼 및 출산 기피 현상 → 저출산·고령화 현상 진행 자료 ❷

4. 한국의 위상 강화: 세계화·정보화 속에서 '한류' 문화 열풍·케이팝(K-Pop) 인기, 세계적 규모의 스포츠 경기 개최(1988년 서울 올림픽 대회, 2002년 한일 월드컵 대회, 2018년 평창 동계 올림픽 대회 등), 유엔 평화 유지 활동(PKO)·한국 국제 협력단(KOICA)의 해외 봉사 파견 등 다양한 활동을 펼치며 국제 사회에 공헌

한끝 더하기

❶ 세계 무역 기구(WTO)
관세 및 무역에 관한 일반 협정(GATT) 체제를 흡수·통합하여 자유 무역을 확대하고 회원국 간의 통상 분쟁을 해결하며 국가 간 교역을 촉진하기 위해 설립된 국제기구이다.

❷ 신자유주의
정부의 시장 개입을 줄이고 시장의 기능을 중시하는 새로운 움직임을 말한다. 복지 예산 감축, 국영 기업의 민영화, 무역 및 기업에 대한 규제 완화 등을 특징으로 한다.

❸ 경제 협력 개발 기구(OECD)
경제 성장, 개발 도상국 원조, 통상 확대의 세 가지를 주요 목적으로 하여 1961년에 창설된 국제기구이다.

❹ 국제 통화 기금(IMF)
환율과 국제 수지를 안정시켜 국제 유동성을 확대하려는 목적으로 설립된 국제 연합(UN) 산하 기구이다.

❺ 자유 무역 협정(FTA)
국가 간의 자유로운 무역 활동을 위해 무역 장벽을 완화시키거나 제거하는 협정이다. 시장 확대로 비교 우위에 있는 상품의 경우 수출과 투자가 촉진될 수 있지만, 협정 대상국에 비해 경쟁력이 낮은 산업은 위축될 수 있다.

한끝 자료실

• 대표 자료 • 외환 위기의 발생과 이를 극복하려는 노력

정보 활용 능력

IMF 대기성 차관 협약을 위한 양해 각서안
- IMF로부터 적절한 규모의 자금 지원
- 부실 금융 기관 구조 조정 및 인수, 합병 제도 마련
- 외국 금융 기관의 국내 자회사 설립 허용
- 외국인 주식 취득을 종목당 50%까지 확대
- 노동 시장의 유연성을 높임 – 국가 기록원

▲ 금 모으기 운동

1997년 말 외환 위기가 발생하자 김영삼 정부는 국제 통화 기금(IMF)에 구제 금융을 요청하여 양해 각서안을 체결하고 긴급 자금을 지원받았다. 외환 위기를 극복하기 위해 김대중 정부는 다양한 노력을 전개하였고, 국민도 자발적으로 금 모으기 운동에 동참하여 한국은 외환 위기를 극복하였다. 그러나 구조 조정 과정에서 노동자들이 대량 해직되었고 비정규직 노동자가 크게 늘었다. 또한 많은 자영업자들이 도산하면서 중산층의 비중이 줄어들었고, 이는 사회 양극화로 이어졌다.

• 시험에서는 이렇게 •

외환 위기 당시의 경제적 상황을 제시하고 그 시기에 볼 수 있는 모습을 묻거나 극복 노력을 묻는 문제가 자주 출제됩니다. 외환 위기가 발생한 시기의 사회 모습과 이를 극복하기 위한 여러 노력을 파악해 두세요.

자료 활용 문제

자료의 각서안이 체결된 배경으로 옳은 것은?

① 제2차 석유 파동이 일어났다.
② 3저 호황을 맞이하여 경제가 성장하였다.
③ 외환이 고갈되면서 외환 위기가 발생하였다.
④ 제3차 경제 개발 5개년 계획이 시작되었다.
⑤ 칠레와 자유 무역 협정(FTA)이 체결되었다.

답 ③

자료 ① 오늘날의 한국 경제

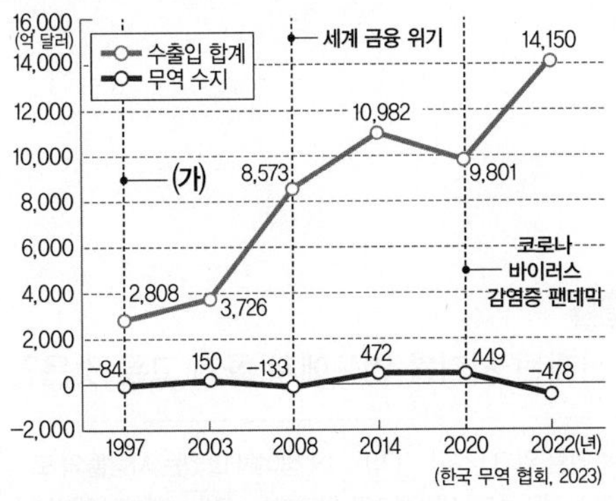

▲ 1인당 국민 총소득(GNI)

한국은 2004년 칠레를 시작으로 미국, 유럽 연합(EU), 중국 등 여러 나라와 자유 무역 협정(FTA)을 맺어 무역 시장을 확대하였다. 이러한 노력으로 2008년 세계 금융 위기에도 무역 수지 흑자가 크게 증가하였고, 2011년에는 무역 수지가 1조 달러를 돌파하였다. 그러나 코로나바이러스감염증 팬데믹 이후 경기가 침체되기도 하였다.

자료 ② 저출산·고령화 현상

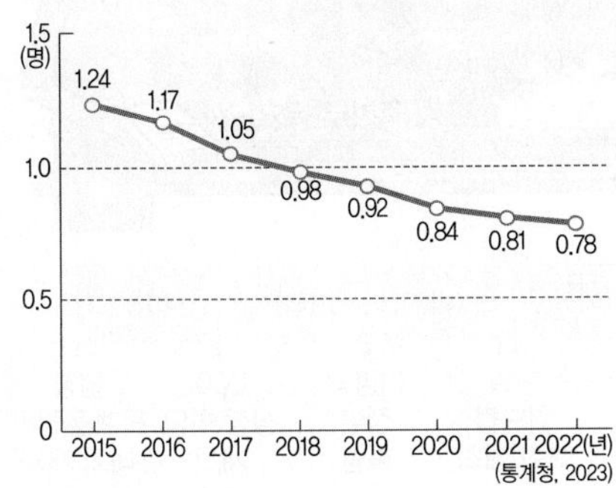

▲ 우리나라 합계 출산율 추이

외환 위기 이후 가족에 대한 가치관 변화, 양육 및 교육비 부담 증가 등으로 인해 결혼 및 출산 기피 현상이 나타났다. 비혼 인구의 비율도 증가하고 있으며, 결혼을 한 가정에서도 출산을 미루는 경우가 늘어나고 있다. 그 결과 2000년대 이후 우리나라 출산율은 크게 감소하였고 고령화 현상도 빠르게 진행되고 있다.

개념 확인하기

1 다음 괄호 안의 내용 중 알맞은 말에 ○표를 하시오.

(1) (김대중 정부, 이명박 정부)는 국제 통화 기금(IMF)의 지원금을 조기 상환하였다.
(2) (사회주의, 신자유주의) 경제 정책 실시와 정보·통신 기술의 발달은 세계화를 가속화하였다.
(3) (세계 무역 기구, 경제 협력 개발 기구)는 GATT 체제를 대신하여 세계 무역 질서를 세우기 위해 설립된 국제기구이다.
(4) (한일 협정, 자유 무역 협정)은 국가 간의 자유 무역을 촉진하기 위해 관세와 같은 무역 장벽을 완화하거나 제거시키는 협정이다.

2 다음 빈칸에 들어갈 내용을 쓰시오.

(1) 한 사회 안에 이질적인 문화를 가진 다양한 인종과 민족이 공존하는 사회를 (　　　) 라고 한다.
(2) 1990년대 한국의 대중문화가 해외로 수출되면서 (　　　)라는 문화 열풍을 일으키기 시작하였다.
(3) 외환 위기 이후 고용 구조가 취약해져 중간 계층이 줄고 사회 계층이 양극단으로 쏠리는 (　　　)가 심화되었다.

실력 다지기

01 (가)에 들어갈 내용으로 옳은 것은?

> 전 세계적으로 시장 개방 압력이 거세지는 가운데 한국 경제는 1990년대 전반까지 성장을 지속하였다. 정부는 상품과 자본 시장을 개방하며 세계화를 추진하였고, (가)

① 무역 수출액이 처음 100억 달러를 돌파하였다.
② 일본과 국교를 정상화하여 일본 자본을 유치하였다.
③ 공기업 민영화, 금융 규제 완화 등 신자유주의 정책을 펼쳤다.
④ 노동 집약적 산업 중심의 제1, 2차 경제 개발 5개년 계획을 실시하였다.
⑤ 수출 상품의 가격을 낮게 유지하기 위해 저임금·저곡가 정책을 이어 갔다.

02 (가)~(다)를 일어난 순서대로 나열한 것은?

① (가) – (나) – (다)
② (가) – (다) – (나)
③ (나) – (가) – (다)
④ (나) – (다) – (가)
⑤ (다) – (나) – (가)

중요해

03 (가), (나) 시기 사이에 있었던 사실로 옳은 것은?

> (가) 저유가, 저달러, 저금리의 3저 호황으로 3년 동안 매년 10% 이상의 높은 경제 성장률을 기록하였다.
> (나) 외환 위기로 인해 국제 통화 기금(IMF)으로부터 국제 금융 지원을 받았다.

① 제2차 석유 파동으로 경제 위기를 맞았다.
② 제3차 경제 개발 5개년 계획을 실시하였다.
③ 경제 협력 개발 기구(OECD)에 가입하였다.
④ 칠레와 자유 무역 협정(FTA)을 체결하였다.
⑤ 농촌 근대화를 목표로 새마을 운동이 시작되었다.

대표 자료 링크

04 (가) 운동이 전개된 시기를 연표에서 옳게 고른 것은?

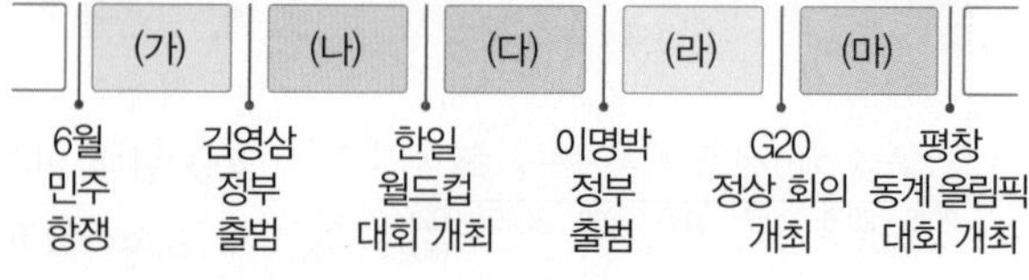

① (가) ② (나) ③ (다) ④ (라) ⑤ (마)

05 다음은 저소득 계층의 최저 생활을 보장하려는 법이다. 이 법이 제정된 배경으로 가장 적절한 것은?

> 제1조 이 법은 생활이 어려운 자에게 필요한 급여를 행하여 이들의 최저 생활을 보장하고 자활을 조성하는 것을 목적으로 한다.
> 제2조 ① 이 법에 의한 급여는 수급자가 자신의 생활 유지·향상을 위하여 그 소득·재산·근로 능력 등을 활용하여 최대한 노력하는 것을 전제로 이를 보충·발전시키는 것을 기본 원칙으로 한다.

① 외환 위기가 발생하였다.
② 금융 실명제가 실시되었다.
③ 한일 월드컵이 개최되었다.
④ 제1차 석유 파동이 발생하였다.
⑤ 여러 나라와 자유 무역 협정(FTA)을 체결하였다.

06 (가)에 들어갈 내용으로 가장 적절한 것은?

> 역사 학술 발표 대회
> • 주제: (가)
> • 발표 내용
> – 1부: 경제난에 늘어난 가정불화 추이
> – 2부: 고용 안정성 저하, 소득 격차의 심화
> – 3부: 자영업자의 도산과 중산층의 비중 감소
> – 4부: 실업 문제를 소재로 한 문화 콘텐츠의 등장

① 유신 반대 운동의 확산
② 도시화로 인한 일상생활의 변화
③ 6·25 전쟁 직후 복구 사업의 전개
④ 3저 호황이 국내 경제에 미친 영향
⑤ 외환 위기가 한국 사회에 미친 영향

중요해 이 문제에서 나올 수 있는 모든 선택지✓

07 밑줄 친 시기에 볼 수 있는 모습으로 적절하지 않은 것은?

> 대한민국 정책 브리핑
> IMF 졸업한 한국 경제
> 1997년 외환 위기 이후 국제 통화 기금(IMF)으로부터 차입한 자금을 당초 상환 일정보다 3년 앞당겨 전액 상환을 완료하였다. 외환 위기 발생 이후 지금까지 IMF와의 협의를 통해 경제 정책을 집행해 왔으나 이제는 우리 스스로 정책을 결정하고 집행할 수 있게 돼 '경제 자주권'을 회복한 의미도 크다는 평가이다.

① 근로자 파견제 도입을 알리는 뉴스
② 세계 무역 기구 출범을 알리는 신문
③ 강도 높은 구조 조정을 발표하는 기업
④ 노사정 위원회 회의에 참석하는 각계 대표
⑤ 국민 기초 생활 보장법 제정을 반기는 정치인
⑥ 비정규직 채용 공고를 찾아 나서는 해직 노동자
⑦ 공기업의 민영화와 경영 혁신을 추구하는 정부 부처

08 (가) 시기에 있었던 사실로 옳은 것만을 〈보기〉에서 고른 것은?

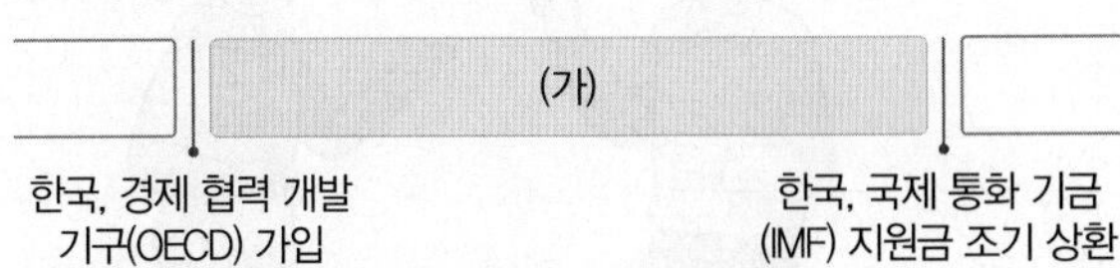

> 보기
> ㄱ. YH 무역 사건이 일어났다.
> ㄴ. 금 모으기 운동이 전개되었다.
> ㄷ. 국민 기초 생활 보장법이 제정되었다.
> ㄹ. 한국과 칠레 간 자유 무역 협정(FTA)이 체결되었다.

① ㄱ, ㄴ ② ㄱ, ㄷ ③ ㄴ, ㄷ
④ ㄴ, ㄹ ⑤ ㄷ, ㄹ

09 (가)에 들어갈 내용으로 가장 적절한 것은?

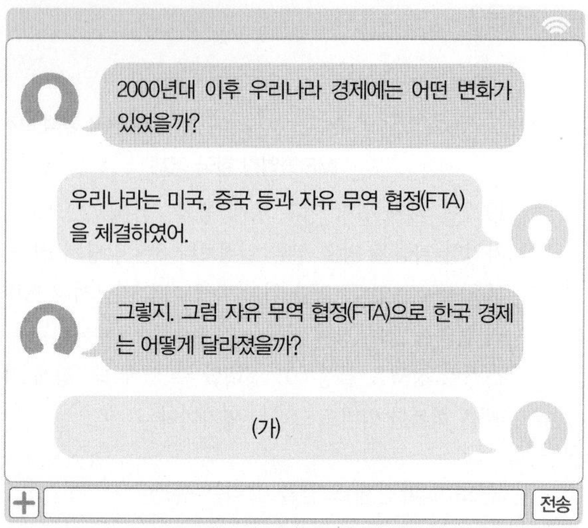

① 수출 시장이 넓어졌지.
② 삼백 산업이 발달하였어.
③ 새마을 운동이 시작되었지.
④ 제1차 석유 파동이 일어났어.
⑤ 병참 기지화 정책이 추진되었어.

중요해

10 (가)에 들어갈 내용으로 적절하지 않은 것은?

외환 위기를 극복한 한국 경제는 2000년대 접어들면서 반도체 등 첨단 산업을 중심으로 크게 성장하였어.

하지만 그러한 경제 성장 과정에서 해결해야 할 과제도 생겼어. 예를 들면 (가)

① 대외 무역 의존도가 높아졌어.
② 사회 계층 간의 격차가 커졌어.
③ 비정규직 노동자가 증가하였어.
④ 도시와 농촌 간의 불균형이 심화되었어.
⑤ 외국산 농수산물 수입이 감소로 농어민이 어려움을 겪고 있어.

11 밑줄 친 '노력'의 사례로 옳지 않은 것은?

사회 양극화는 사회 내 중간 계층이 줄어드는 대신 상하 양극단의 계층 격차가 벌어지는 현상이다. 오늘날에는 소득, 자산 등 경제 불평등이 심해지면서 사회 계층이 양극단으로 쏠리는 사회 양극화 현상이 심화되고 있다. 사회 양극화는 계층 간, 집단 간 갈등을 야기하기 때문에 정부는 사회 양극화 해결을 위한 다양한 노력을 기울이고 있다.

① 최저 임금 인상
② 장학 제도 마련
③ 실업자 생계 지원
④ 금융·기업 규제 완화
⑤ 고용 보험 대상자 확대

12 다음 그래프를 통해 추론할 수 있는 우리 사회의 모습으로 적절하지 않은 것은?

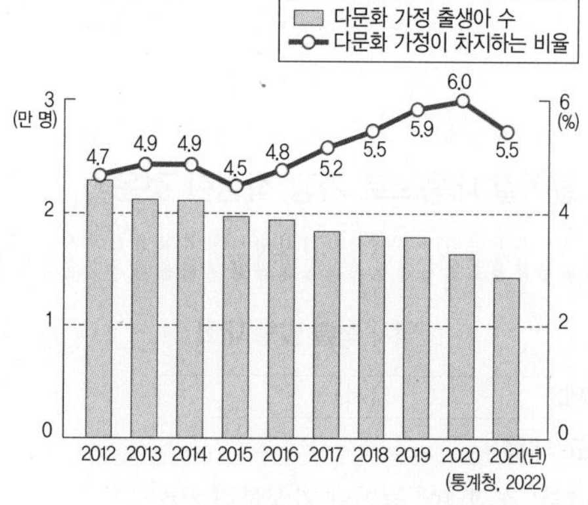

(통계청, 2022)

① 다른 문화권에 속한 사람들 간 교류가 확대되고 있다.
② 국제결혼 이주민, 북한 이탈 주민 등의 유입이 증가하고 있다.
③ 외국인 근로자의 유입으로 노동력 부족 현상이 심화되고 있다.
④ 다른 문화를 존중하는 자세를 길러야 할 필요성이 커지고 있다.
⑤ 우리 사회 안에서 서로 다른 인종, 종교 등 다양한 문화가 공존하고 있다.

13 (가)에 들어갈 내용으로 가장 적절한 것은?

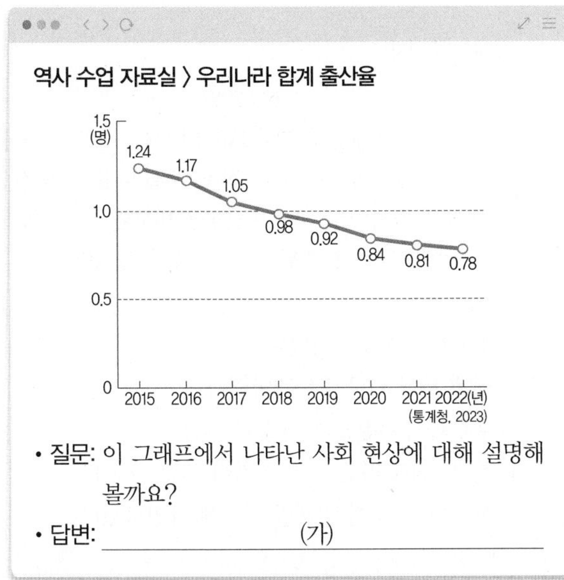

① 재벌 규제가 강화되었습니다.
② 저출산 현상이 심각해졌습니다.
③ 농민 운동이 활성화되고 있습니다.
④ 고령화 현상이 느리게 진행되고 있습니다.
⑤ 성장 위주의 경제 정책이 추진되었습니다.

중요해

14 ㉠~㉤에 대한 설명으로 적절하지 않은 것은?

> ㉠ 민주화의 진전으로 문화 예술 분야가 성장하였고, 세계화와 정보화 속에 한국의 문화가 세계에 널리 알려졌다. 특히 1990년대 ㉡ 한국의 대중문화가 드라마를 중심으로 중국과 일본에 수출되었고, 2000년 이후에는 ㉢ 케이팝(K-Pop)이 큰 인기를 얻었다. 한편, 한국은 1988년 서울 올림픽 대회, 2002년 한일 월드컵 대회 등 ㉣ 세계적 규모의 스포츠 경기를 성공적으로 열었으며, 높아진 국제 위상을 바탕으로 ㉤ 다양한 활동을 펼치며 국제 사회에 공헌하고 있다.

① ㉠ – 4·13 호헌 조치가 발표되었다.
② ㉡ – '한류'라는 문화 열풍이 일어났다.
③ ㉢ – 한국의 대중가요가 아시아, 유럽, 미국 등지에서 인기를 얻었다.
④ ㉣ – 2018년에 평창 동계 올림픽 대회를 개최하였다.
⑤ ㉤ – 한국 국제 협력단(KOICA)이 해외 봉사 파견 등의 활동을 하고 있다.

15 다음 자료가 발표된 배경을 서술하시오.

> 경제 프로그램 첨부 각서는 향후 3년 이상 한국이 이행할 정책을 개관하고 있습니다. 이 정책은 현재의 재정적 어려움을 초래한 근본 원인을 치유하여 시장의 신뢰를 회복하고 한국 경제를 굳건한 기반을 토대로 한 성장의 길로 이끌 수 있을 것입니다. 이 프로그램의 이행을 위해 한국 정부는 향후 3년간 특별 인출권(SDR) 155억 달러 규모의 IMF 신용 공여 지원을 요청합니다.

3단계로 완성하기

16 밑줄 친 '위원회'가 무엇인지 쓰고, 외환 위기를 극복하기 위한 '위원회'의 활동을 서술하시오.

> 위원회는 지난 1월 20일 '경제 위기 극복을 위한 노사정 간의 공정한 공동 분담에 관한 공동 선언문'에 만장일치로 합의하였으며, 이 선언문의 정신을 구체화하기 위한 10대 의제를 채택하고 진지한 토론을 거듭한 결과, 역사적인 사회 협약에 합의하였다.

❶단계 밑줄 친 '위원회'가 무엇인지 써 보세요.

❷단계 외환 위기를 극복하기 위한 '위원회'의 활동을 정리해 보세요.

❸단계 1단계와 2단계에서 정리한 내용을 바탕으로 답안을 완성해 보세요.

정답과 해설 30쪽

1등급 도전하기

01 교사의 질문에 대한 학생의 답변으로 가장 적절한 것은?

① 새마을 운동이 시작되었어요.
② 브나로드 운동이 전개되었어요.
③ 전태일 분신 사건이 일어났어요.
④ 많은 노동자가 정리 해고되었어요.
⑤ 제1차 경제 개발 5개년 계획이 실시되었어요.

02 (가) 시기 위기 극복을 위해 정부가 시행한 정책으로 옳은 것은?

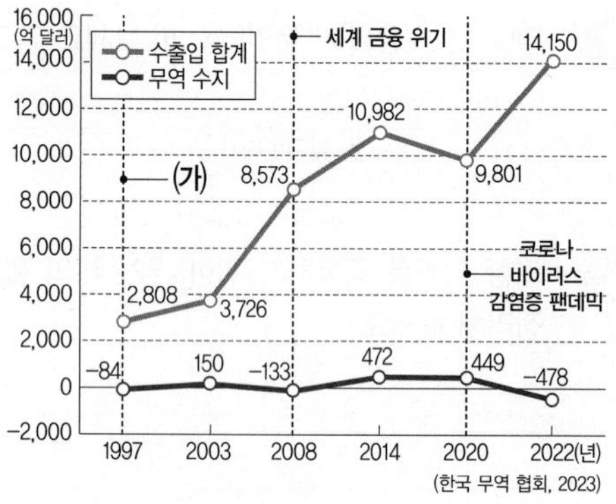

① 중동 건설 사업에 적극 참여하였다.
② 경공업 중심의 경제 개발 계획을 추진하였다.
③ 강도 높은 구조 조정으로 부실기업을 정리하였다.
④ 미국의 경제 원조를 받아 소비재 산업을 발전시켰다.
⑤ 철강, 화학, 기계, 조선 등 중화학 공업을 집중 육성하였다.

03 밑줄 친 ㉠ 이후에 일어난 사건으로 옳은 것은?

> 오늘의 역사
>
> 8월 23일
>
> ㉠ <u>오늘은 국제 통화 기금(IMF)의 모든 차관을 상환한</u> 날이다. 정부의 부실 기업 정리, 부실 금융 기관 정상화 등의 정책과 금 모으기 운동을 비롯한 국민들의 노력 끝에 한국은 경제 위기를 극복할 수 있었다.

① 3저 호황을 맞이하였다.
② 세계 무역 기구가 출범하였다.
③ 우루과이 라운드가 타결되었다.
④ 한국-칠레 자유 무역 협정이 체결되었다.
⑤ 한국이 경제 협력 개발 기구에 가입하였다.

창의 융합

04 밑줄 친 ㉠의 배경으로 옳은 것은?

우리나라 인구 정책 포스터

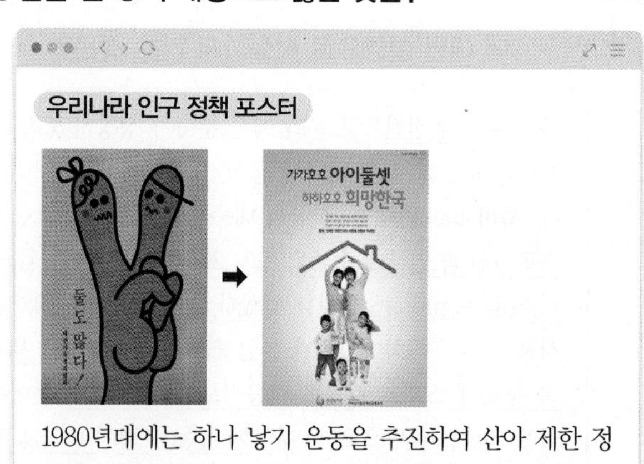

1980년대에는 하나 낳기 운동을 추진하여 산아 제한 정책을 추진하였다. 그러나 ㉠ <u>2010년대에는 출산을 장려하는 분위기로 변화하였다.</u>

① 신자유주의 경제 질서가 확산하였다.
② 인구의 고령화 현상이 지체되고 있다.
③ 정보 기술(IT)에 기반을 둔 첨단 산업이 발달하였다.
④ 외국인 근로자와 국제결혼 이주민이 증가하고 있다.
⑤ 양육 및 교육비 부담이 커져 결혼 및 출산 기피 현상이 늘어났다.

정답과 해설 30쪽

수능 준비하기

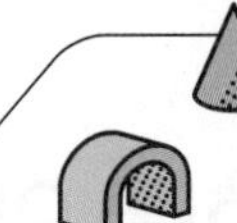

교육청 기출 | 응용

01 밑줄 친 '정부' 시기에 있었던 사실로 옳은 것은?

- 정부는 투명한 경제 활동으로 우리 경제가 도약할 수 있는 계기를 마련하기 위해 지난 8월 금융 실명제를 단행하였습니다. 금융 실명제는 건전한 금융 거래 질서와 조세 정의를 확립하여 부정부패를 구조적으로 치유할 것입니다.
- 정부는 금융 및 외환 시장에서의 어려움을 극복하기 위해 국제 통화 기금(IMF)에 유동성 조절 자금 지원을 요청하기로 하였습니다. …… 모든 경제 주체가 노력한다면 경제가 조속한 시일 내에 정상 궤도로 진입할 것입니다.

① 호포제가 실시되었다.
② 전민변정도감이 설치되었다.
③ 국가 총동원법이 제정되었다.
④ 울산, 거제 등지에 조선소가 세워졌다.
⑤ 경제 협력 개발 기구(OECD) 가입이 이루어졌다.

수능 만점 한끝

자료의 밑줄 친 '정부'를 파악하고, 해당 정부 시기에 있었던 사실을 추론한다

이렇게도 출제될 수 있어요!

정부에서 발표한 연설문을 제시하고, 이를 발표한 정부를 연표에서 찾는 문제가 출제될 수 있어요.

평가원 기출 | 응용

02 (가), (나) 시기 사이에 있었던 사실로 옳은 것은?

(가) 올해 들어 수출이 예상외로 호황을 맞고 있다. …… 이렇게 1970년대에 이어 올해 제2의 수출 붐이 일어나게 된 것은 미 달러화 가치, 국제 금리, 원유가 등이 큰 폭으로 하락한 이른바 3저 현상 덕분이다. 지난해 9월 선진국 G5 재무장관 회의 이래 일본 엔화 등이 달러화에 대해 강세를 지속하면서 우리 상품의 가격 경쟁력이 부쩍 높아졌다는 것이 제일의 요인이다.

(나) 오늘의 어려움 속에서도 국민 여러분께서는 놀라운 애국심과 저력을 발휘하셨습니다. 우리는 IMF(국제 통화 기금) 시대의 충격 속에서도 여야 간 평화적 정권 교체의 위업을 이룩하였습니다. 국민 여러분은 나라의 위기를 극복하기 위해 금 모으기에 나섰고, 이미 20억 달러가 넘는 금을 모아 주셨습니다.

① 세계 무역 기구 체제가 출범하였다.
② 미국의 원조로 삼백 산업이 발달하였다.
③ 제1차 경제 개발 5개년 계획이 추진되었다.
④ 메가타의 주도로 화폐 정리 사업이 실시되었다.
⑤ 황국 중앙 총상회가 상권 수호 운동을 전개하였다.

수능 만점 한끝

제시된 자료에서 3저 현상, 금 모으기 운동 등의 사실을 통해 (가), (나)의 시기를 파악하고, 두 시기 사이에 있었던 사실을 찾아본다.

이렇게도 출제될 수 있어요!

외환 위기를 극복하였다는 사실을 보도하는 기사 자료를 제시하고, 해당 자료가 발표된 시기의 정부에 대해 묻는 문제가 출제될 수 있어요.

한반도 분단 극복과 동아시아의 평화를 위한 노력

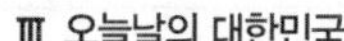

핵심 미리 보기
- ☑ 북한의 정치적·경제적 변화
- ☑ 남북한의 화해·협력을 위한 노력
- ☑ 동아시아 영토와 역사 갈등

1 북한의 변화

1. 북한의 권력 세습 체제

(1) **김일성 독재 체제 수립:** 1950년대 후반 중소 이념 분쟁으로 독자 노선 추구, 주체사상❶ 체계화 → 1972년 사회주의 헌법 제정(주체사상을 국가의 통치 이념으로 명문화, 국가 주석제 도입) → 주석으로 취임한 김일성에게 모든 권력 집중

(2) **김정일 체제의 성립:** 1994년 김일성 사망 이후 유훈 통치❷ 실시 → 1998년 헌법 개정(국가 주석제 폐지, 국방 위원장의 권력 강화), 선군 사상❸을 내세움

(3) **김정은의 권력 세습:** 2011년 김정일 사망 이후 김정은의 권력 승계로 3대 권력 세습 체제 확립, 집권 초기 핵무기 개발 강행 → 국제 제재 해제를 위한 남한, 미국과의 정상 회담 모색 → 큰 성과를 거두지 못함

2. 북한 경제의 변화

구분	내용
북한의 경제 개발과 위기	중소 경제 원조 축소와 군사비 증가, 중공업 치중에 따른 소비재 부진, 자립 경제 주장으로 인한 대외 교역의 한계, 사회 기반 시설·기술 부족 등으로 경제 위기
북한의 경제 위기 극복 노력	1980년대 이후 부분적으로 개방 정책 추진(합영법 제정, 나진·선봉 경제 무역 지대 설치) → 1990년대 초반 사회주의 국가들의 몰락 이후 국제적 교류 감소, 자연재해 지속 → 2000년대 시장 경제 요소의 제한적 도입(7·1 경제 관리 개선 조치), 경제 지대·관광특구 등 지정 → 경제 회복 부진 자료 ❶

3. 북한의 사회 모습 변화

(1) **경제 생활의 변화:** 집단주의에 기초한 사회주의적 생활 양식 유지 → 1990년대 중반 이후 의식주를 시장에서 해결('장마당'❹ 등장), 개인의 경제 활동에 대한 통제 완화

(2) **주민 생활의 변화:** 시장에서 외부 문물 보급 → 세계 정치나 사회 변화 등에 대한 관심 증가, 스마트폰을 비롯한 디지털 기기의 보급률 증가

(3) **북한 인권 문제:** 언론·출판·종교 활동·거주 이전의 자유를 제한하는 등 인간의 기본권 무시, 반인륜적 통치 방식 유지 등 → 인권 침해 지속

2 한반도 분단을 극복하기 위한 노력

1. 1950~1960년대 남북의 갈등

정부	내용
이승만 정부	북한과 적대적 관계 지속, 북진 통일 주장, 평화 통일론을 주장한 진보당 탄압
장면 정부	민간에서 통일 논의 활발 → 정부가 '선 민주, 후 통일'을 내세우며 소극적 대응
박정희 정부	강력한 반공 정책 실시, '선 건설, 후 통일' 주장, 경제 발전에 주력, 북한의 무장 간첩 남파 등으로 남북 간 갈등 심화

2. 남북 관계의 개선

(1) **배경:** 닉슨 독트린 발표(1969) 이후 냉전 완화 → 남북 적십자 회담 개최(1971)

(2) **7·4 남북 공동 성명 발표:** 자주·평화·민족 대단결의 통일 원칙에 합의, 남북 조절 위원회❺ 설치 → 합의 결렬 이후 남북한에서 독재 체제 강화에 이용 대표 자료

(3) **전두환 정부의 남북 화해를 위한 노력:** 민족 화합 민주 통일 방안 제시(1982), 최초의 남북한 이산가족 상봉과 예술 공연단 교환 방문 성사(1985) 자료 ❷

한끝 더하기

❶ 주체사상
사상에서의 주체, 경제에서의 자립, 정치에서의 자주, 국방에서의 자위를 표방하며 이론적으로 체계화되었다. 김일성은 주체사상을 내세워 1인 지배 체제를 구축하였다. 주체사상은 북한 주민을 통제하고 반대파를 숙청하는 수단으로 이용되었다.

❷ 유훈 통치
김일성이 사망한 후 3년 동안 김정일이 김일성의 공식적인 직책을 이어받지 않은 채 김일성이 생전에 지시하였던 것(유훈)에 따라 실시한 통치를 말한다.

❸ 선군 사상
김정일이 2009년에 헌법을 개정한 후 새로운 통치 방식으로 내세운 이념이다. 군대가 정치, 경제, 문화 등 모든 분야에서 주도적인 역할을 해야 함을 강조하였다.

❹ 장마당
북한이 시장 경제적 요소를 부분적으로 받아들이면서 북한 전역에 자생적으로 생긴 시장을 일컫는 말이다. 장마당과 함께 북한에서는 백화점과 상점이 늘어나고 개인 간 상업 거래가 활발해지고 있다.

❺ 남북 조절 위원회
7·4 남북 공동 성명의 합의 사항들을 추진하고 남북 관계를 개선, 발전시키며 통일 문제를 해결할 목적으로 설립된 남북한 당국 간의 정치적 협의 기구이다.

한끝 자료실

• 대표 자료 • 7·4 남북 공동 성명(1972) — 비판적 사고력

> 첫째, 통일은 외세에 의존하거나 외세의 간섭을 받음이 없이 자주적으로 해결하여야 한다.
> 둘째, 통일은 상대방을 반대하는 무력행사에 의거하지 않고 평화적 방법으로 실현하여야 한다.
> 셋째, 사상과 이념, 제도의 차이를 초월하여 우선 하나의 민족으로서 민족적 대단결을 도모하여야 한다.

1971년 이산가족 상봉을 위한 남북 적십자 회담을 시작으로 대화의 통로를 연 남과 북은 1972년 자주·평화·민족 대단결의 통일 원칙을 담은 7·4 남북 공동 성명을 발표하였다. 이에 따라 남북 조절 위원회가 설치되어 통일을 위한 실무자 회담이 진행되었다. 그러나 남한의 인구 비례에 의한 총선거 주장과 북한의 남북 연방제 통일 주장이 접점을 찾지 못하면서 남북 간의 대화는 성과 없이 끝났다. 이후 남북한에서는 각각 유신 헌법과 사회주의 헌법을 공포하며 7·4 남북 공동 성명을 독재 체제 강화에 이용하기도 하였다.

• 시험에서는 이렇게 •

한반도 분단을 극복하기 위한 남북한의 노력으로 7·4 남북 공동 성명을 묻는 문제가 자주 출제됩니다. 7·4 남북 공동 성명의 3대 통일 원칙 및 이후 남북한 관계 변화 등을 정리해 두세요. 7·4 남북 공동 성명이 발표된 정부의 정책을 파악해 두는 것도 좋습니다.

자료 활용 문제

자료의 성명이 발표된 배경으로 옳은 것은?

① 김일성이 사망하였다.
② 반공 정책이 실시되었다.
③ 남북 적십자 회담이 개최되었다.
④ 북한에서 3대 권력 세습 체제가 확립되었다.
⑤ 최초의 남북한 이산가족 상봉이 이루어졌다.

답 ③

자료 ① 북한의 경제 개방

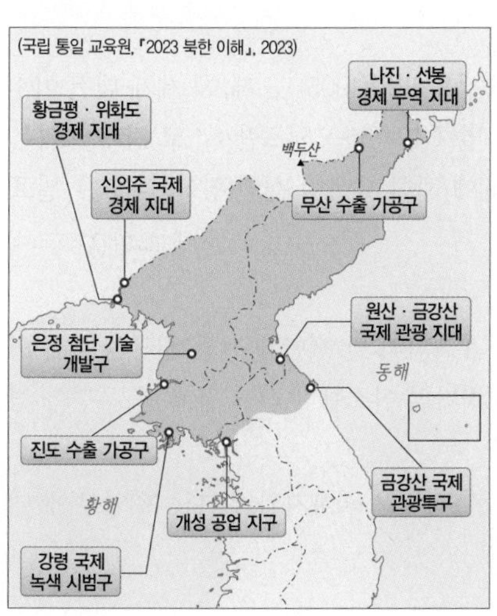

북한은 1984년 합작 회사 경영법(합영법)을 제정하여 외국 자본과의 합작 및 투자를 적극 추진하였으며, 1991년에는 나진·선봉 경제 무역 지대를 설치하여 무역 지대 내에서의 자유 무역 시장 개장, 자영업 허용 등의 조치를 취하였다. 2000년대에는 시장 경제 요소를 제한적으로 도입하였고, 신의주 국제 경제 지대, 개성 공업 지구, 원산·금강산 관광특구 등의 지정과 같은 대외 경제 개방 정책을 통한 변화를 추구하였다.

북한의 주요 경제특구와 경제 개발구

자료 ② 1980년대 남북 관계의 개선

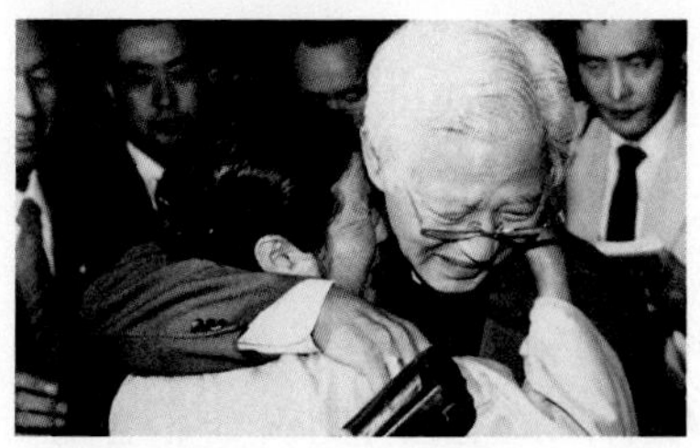

이산가족 상봉(1985)

전두환 정부는 남북 관계의 개선을 위한 민족 화합 민주 통일 방안을 제시하였다. 1984년 서울에 수해가 발생하자 북한이 구호물자를 보내왔고, 이후 남북 경제 회담, 적십자 회담 등이 성사되며 1985년 이산가족 상봉과 예술 공연단 교환 방문이 이루어 졌다.

개념 확인하기

1 북한은 1972년에 제정된 사회주의 헌법에서 (　　　)을 국가의 통치 이념으로 공식화하였다.

2 다음 설명이 맞으면 ○표, 틀리면 ×표를 하시오.

(1) 북한은 외국의 자본과 기술을 도입하기 위해 합영법을 제정하였다. (　　)
(2) 오늘날 북한 주민의 인권이 충분히 보장되면서 북한 이탈 주민은 나타나지 않고 있다. (　　)
(3) 2011년 김정일의 아들 김정은이 권력을 승계하면서 3대 권력 세습 체제가 확립되었다. (　　)

3 다음 내용과 관련 있는 정부를 〈보기〉에서 골라 기호를 쓰시오.

보기
ㄱ. 이승만 정부　　ㄴ. 박정희 정부

(1) 평화 통일론을 주장한 조봉암 등 진보당 인사들을 탄압하였다. (　　)
(2) 자주·평화·민족 대단결의 3대 통일 원칙을 담은 7·4 남북 공동 성명을 발표하였다. (　　)

한반도 분단 극복과 동아시아의 평화를 위한 노력

❶ 남북 기본 합의서

남북 정부 간 최초의 공식 합의서이다. 노태우 정부는 남북 고위급 회담을 개최하여 상호 간의 체제 인정, 상호 불가침, 남북한 교류 협력 확대 등을 담은 남북 기본 합의서를 채택하였다.

❷ 한반도의 평화와 번영, 통일을 위한 판문점 선언

2018년 4월 판문점에서 개최된 남북 정상 회담에서 발표된 것이다. 핵 없는 한반도 실현, 개성에 남북 공동 연락 사무소 설치 등을 내용으로 하였다.

❸ 샌프란시스코 강화 조약

'일본은 한국의 독립을 승인하고 제주도, 거문도 및 울릉도를 포함해 한국에 대한 모든 권리와 청구권을 포기한다.'라고 명시하였다. 이 조항에서는 한국의 주요 도서만 언급되었으며, 울릉도의 부속 도서인 독도는 당연히 한국의 영토로 포함되었다.

❹ 일본의 독도 영유권 주장

일본 시마네현 의회는 2005년 '다케시마의 날'을 제정하였고, 2008년 이후에는 일본 검인정 교과서에 독도가 일본 영토임을 명시하였다. 또한 일본은 국제 사법 재판소에 독도 문제를 제소하여 독도를 영토 분쟁 지역으로 만들려 하였다.

❺ 통일적 다민족 국가론

현재 중국 내에 있는 56개 민족의 역사와 중국 영토 안에서 벌어졌던 사실이 모두 중국의 역사라는 주장이다.

3. 남북 관계의 변화와 남북 교류의 진전 (대표 자료)

노태우 정부	남북한이 유엔에 동시 가입 후 남북 기본 합의서(남북 사이의 화해와 불가침 및 교류·협력에 관한 합의서)❶ 채택(1991), '한반도 비핵화 공동 선언'에 합의(1992)
김영삼 정부	북한의 핵 확산 금지 조약 탈퇴(1993)로 남북 관계 악화 → '한민족 공동체 건설을 위한 3단계 통일 방안' 제시(화해·협력 → 남북 연합 → 통일 국가 완성, 1994)
김대중 정부	대북 화해 협력 정책(햇볕 정책) 추진 → 금강산 관광 시작(1998), 평양에서 제1차 남북 정상 회담 개최 및 6·15 남북 공동 선언 발표(2000), 이산가족 상봉, 개성공단 건설 등의 경제 협력과 사회·문화 교류 전개
노무현 정부	평양에서 제2차 남북 정상 회담 개최 및 남북 관계 발전과 평화 번영을 위한 선언(10·4 남북 공동 선언) 발표(2007)
이명박 정부	금강산 관광 중단(2008), 천안함 피격 사건과 연평도 포격 사건 발생(2010)
박근혜 정부	개성 공단 폐쇄(2016), 대북 강경 정책 지속
문재인 정부	판문점에서 남북 정상 회담 개최 및 '한반도의 평화와 번영, 통일을 위한 판문점 선언'❷ 발표(2018)

3 동아시아 갈등을 해결하기 위한 노력

1. 독도 문제: 러일 전쟁 중 일본이 독도를 시마네현에 강제 편입(1905) → 제2차 세계 대전 이후 한국에 반환 → 연합국 최고 사령관 각서 제677호 발표(1946) → 샌프란시스코 강화 조약❸ 체결(1951), 이승만 정부의 '인접 해양에 대한 주권에 관한 대통령 선언(평화선 선언)' 발표(1952) → 일본의 독도 영유권 주장❹ (자료 ❸)

2. 일본과의 역사 갈등

(1) **일본의 역사 왜곡:** 일본 극우 세력의 주도로 역사 교과서 발행(침략 전쟁과 식민 지배 미화, 반인륜적인 전쟁 범죄 은폐·축소), 일본 정치가의 야스쿠니 신사 참배 등 우경화 경향 심화 → 과거 침략 전쟁 합리화

(2) **전쟁 피해자 배상 문제:** 일본이 침략 전쟁 당시 강제 징용 피해자와 일본군 '위안부'에 대한 사과 및 배상 거부

3. 중국의 동북공정

배경	사회주의 국가들의 붕괴 후 사회 통합 논리로 작용하던 공산주의의 약화, 중국 내 소수 민족을 하나의 중화 민족으로 통합하는 논리 필요 → '통일적 다민족 국가론'❺ 주장
내용	2002년부터 5년 동안 중국 동북 지역(랴오닝성, 지린성, 헤이룽장성)의 역사와 현재 상황 연구 → 고조선·고구려·발해를 중국의 역사로 편입하려 함, 역사 교과서·박물관과 유적지 안내문 등에 한국 고대사 왜곡

4. 동아시아 영토 갈등: 러시아-일본 간의 쿠릴 열도 남부의 4개 섬(북방 4도) 분쟁, 중국-일본 간의 센카쿠 열도(댜오위다오) 분쟁 등 (자료 ❹)

5. 동아시아의 영토와 역사 갈등 해결을 위한 노력: 국가 차원의 노력(동아시아 정상 회의, 아세안+3 협력체 등을 통해 동아시아 갈등 해결 모색), 시민 사회와 학계(한·중·일 3국 공동 역사 편찬 위원회의 동아시아 공동 역사 교재 출간, 동아시아 청소년 역사 캠프 개최, 한·중·일 문화 교류 활성화 등)

한끝 자료실

• 대표 자료 • 남북 교류의 진전

비판적 사고력

> [남북 기본 합의서(1991)]
> 제1조 남과 북은 서로 상대방의 체제를 인정하고 존중한다.
> 제4조 남과 북은 상대방을 파괴·전복하려는 일체의 행위를 하지 아니한다.
> 제15조 남과 북은 민족 전체의 복리 향상을 위해 경제 교류와 협력을 실시한다.
>
> [6·15 남북 공동 선언(2000)]
> 1. 남과 북은 나라의 통일 문제를 그 주인인 우리 민족끼리 서로 힘을 합쳐 자주적으로 해결해 나가기로 하였다.
> 2. 남과 북은 남측의 연합제 안과 북측의 낮은 단계의 연방제 안이 서로 공통성이 있다고 인정하고, 앞으로 이 방향에서 통일을 지향하기로 하였다.
> 3. 남과 북은 올해 8·15에 즈음하여 흩어진 가족, 친척 방문단을 교환하며, 비전향 장기수 문제를 해결하는 등 인도적 문제를 조속히 풀어나가기로 하였다.

1980년대 말 노태우 정부가 북방 외교를 추진하면서 북한에 유화적인 태도를 취하였다. 이를 토대로 1991년 남북한이 유엔에 동시 가입하고 상호 불가침, 서로의 체제 인정 등을 담은 남북 기본 합의서를 채택하였다. 김대중 정부 시기인 2000년에는 평양에서 최초의 남북 정상 회담이 개최되었다. 정상 회담의 결과로 발표된 6·15 남북 공동 선언에 따라 이산가족 방문이 이루어졌고, 경의선 철도 복구, 개성 공단 건설 등의 남북 교류가 이루어졌다.

• 시험에서는 이렇게 •

남북 기본 합의서와 6·15 남북 공동 선언 자료를 제시하고, 해당 자료가 발표된 시기 정부의 남북 화해를 위한 노력을 묻는 문제가 자주 출제됩니다. 남북 기본 합의서, 6·15 남북 공동 선언의 핵심 내용을 파악해 두고, 각 자료를 발표한 이후에 추진된 통일 정책을 정리해 두세요.

자료 활용 문제

두 번째 자료를 발표한 이후 남북한에서 있었던 사실로 옳은 것은?

① 남북한이 유엔에 동시 가입하였다.
② 한반도 비핵화 공동 선언이 채택되었다.
③ 북한이 핵 확산 금지 조약을 탈퇴하였다.
④ 남북 분단 이후 최초로 이산가족 상봉이 실현되었다.
⑤ 경의선 철도 복구, 개성 공단 건설 등의 남북 교류가 이루어졌다.

 ⑤

자료 ③ 독도가 우리 땅인 근거

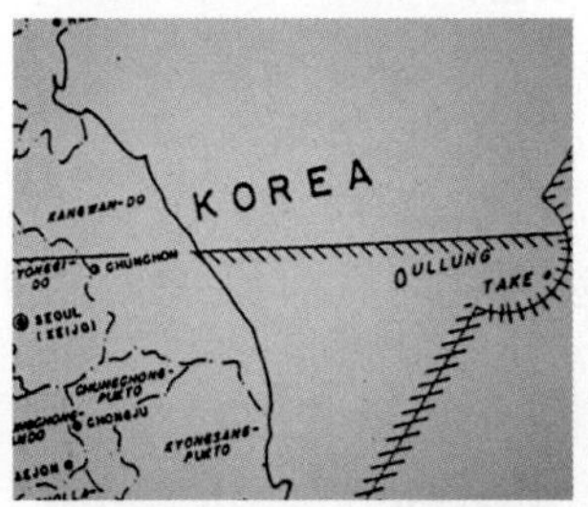

▲ 연합국 최고 사령관 각서 제677호에 따른 부속 지도

1946년 연합국 최고 사령관 각서 제677호에서는 제주도와 울릉도, 독도를 통치상·행정상 일본으로부터 분리하여 한국에 반환한다고 명시하였다. 또한 1952년 이승만 정부는 평화선 선언을 발표하여 독도가 우리 영토임을 분명히 하였다. 이러한 근거들을 바탕으로 독도는 지리적, 역사적, 국제법적으로 명백한 우리나라의 고유 영토이며, 실질적으로도 우리가 지배하고 있다.

자료 ④ 동아시아의 영토 갈등

제2차 세계 대전의 승전국인 소련이 러일 전쟁 때 빼앗겼던 사할린 남부와 일본 쿠릴 열도 남부의 4개 섬(북방 4도)을 차지하였는데, 일본은 러시아에 북방 4도의 반환을 요구하고 있다. 한편, 일본은 청일 전쟁에서 승리한 이후 센카쿠 열도를 차지하여 오늘날까지 영유권을 유지하고 있다. 그러나 중국과 타이완은 일본이 강제로 빼앗았다는 점을 들어 센카쿠 열도 반환을 주장하고 있다.

개념 확인하기

4 다음 〈보기〉의 사건을 일어난 순서대로 나열하시오.

| 보기 |
ㄱ. 남북 기본 합의서 채택
ㄴ. 7·4 남북 공동 성명 발표
ㄷ. 6·15 남북 공동 선언 발표
ㄹ. 남북 관계 발전과 평화 번영을 위한 선언 발표
ㅁ. 한반도의 평화와 번영, 통일을 위한 판문점 선언 발표

5 다음 빈칸에 들어갈 내용을 쓰시오.

(1) (　　　)는 청일 전쟁 이후 일본이 영토로 삼으면서 영유권 분쟁이 발생하였다.
(2) 중국은 고조선, 고구려, 발해의 역사를 중국의 역사로 편입하려는 (　　　)을 진행하였다.
(3) (　　　)은 여러 문헌상으로 한국의 영토임이 분명한 독도를 '다케시마'라고 부르며 영유권을 주장하고 있다.

실력 다지기

01 밑줄 친 '이 사상'의 등장 배경으로 옳은 것은?

① 김일성이 사망하였다.
② 7·4 남북 공동 성명이 발표되었다.
③ 북한에서 3대 권력 세습 체제가 확립되었다.
④ 북한이 시장 경제 요소를 제한적으로 도입하였다.
⑤ 중국과 소련이 사회주의의 방향을 두고 대립하였다.

02 (가), (나) 인물에 대한 설명으로 옳은 것은?

> 1994년 김일성이 사망하자 그의 아들인 (가) 이/가 권력을 승계하면서 (가) 체제가 들어섰다. 그는 1998년 헌법을 개정하여 국방 위원장의 자격으로 국정 전반을 장악하였다. 2011년에는 (가) 이/가 사망하면서 그의 권력이 아들 (나) 에게 세습되었고, 이로써 북한은 3대 권력 세습 체제를 확립하였다.

① (가) – 유훈 통치를 실시하였다.
② (가) – 사회주의 헌법을 제정하였다.
③ (나) – 국가 주석으로 취임하였다.
④ (나) – 평양에서 김대중 대통령을 만났다.
⑤ (가), (나) – 미국과 정상 회담을 개최하였다.

중요해

03 다음 자료를 활용한 북한에 대한 탐구 주제로 가장 적절한 것은?

> 제1조 조선 민주주의 인민 공화국 합영법은 우리나라와 세계 여러 나라들 사이의 경제·기술 협력과 교류를 확대 발전시키는 데 이바지한다.
> 제5조 합영 기업은 당사자들이 출자한 재산에 대한 소유권을 가지며 독자적으로 경영 활동을 한다.

① 협동농장 조직
② 천리마운동 전개
③ 주요 산업 국유화
④ 전후 복구 3개년 계획 실시
⑤ 외국 자본과의 합작 및 투자 추진

04 다음 지도를 통해 알 수 있는 북한의 경제 상황에 대한 설명으로 가장 적절한 것은?

(국립 통일 교육원, 『2023 북한 이해』, 2023)

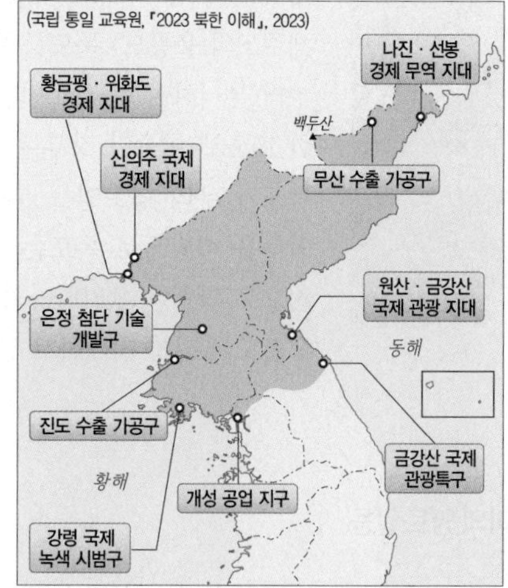

① 천리마운동이 전개되었다.
② 공산주의 국가들과만 교류하였다.
③ 시장 경제 요소를 전면적으로 도입하였다.
④ 경제가 어려워지면서 부분적으로 개방 정책을 추진하였다.
⑤ 사회주의 경제 체제를 철저히 유지하면서 급속한 경제 발전을 이루었다.

이 문제에서 나올 수 있는 모든 선택지✓

05 교사의 질문에 대한 학생의 답변으로 적절하지 않은 것은?

① 거주 이전의 자유를 보장받고 있어요.
② 외국의 드라마를 보거나 음악을 듣기도 해요.
③ 생계가 어려워 북한을 이탈하는 경우도 있어요.
④ 언론·출판, 종교 활동의 자유 등을 제한받고 있어요.
⑤ 사설 시장인 장마당에서 생활필수품을 구하기도 해요.
⑥ 스마트폰을 비롯한 디지털 기기의 보급률이 과거보다 높아졌어요.
⑦ 정치범 수용소의 운영과 공개 처형과 같은 반인륜적 통치 방식으로 인해 고통받고 있어요.

대표 자료 링크

06 다음 성명이 발표된 결과 일어난 사실로 옳은 것은?

> 첫째, 통일은 외세에 의존하거나 외세의 간섭을 받음이 없이 자주적으로 해결하여야 한다.
> 둘째, 통일은 상대방을 반대하는 무력행사에 의거하지 않고 평화적 방법으로 실현하여야 한다.
> 셋째, 사상과 이념, 제도의 차이를 초월하여 우선 하나의 민족으로서 민족적 대단결을 도모하여야 한다.

① 금강산 관광 사업이 시작되었다.
② 남북 조절 위원회가 설치되었다.
③ 경의선 철도 복구 사업이 추진되었다.
④ 남북한이 한반도 비핵화에 합의하였다.
⑤ 최초의 남북한 이산가족 상봉이 성사되었다.

중요해

07 (가)~(라) 정부의 통일 정책에 대한 설명으로 옳은 것만을 〈보기〉에서 고른 것은?

(가)	(나)	(다)	(라)
이승만 정부	장면 정부	박정희 정부	전두환 정부

보기
ㄱ. (가) – 7·4 남북 공동 성명을 발표하였다.
ㄴ. (나) – 민간 차원의 통일 논의에 소극적으로 대응하였다.
ㄷ. (다) – 평화 통일론을 주장한 진보당 인사들을 탄압하였다.
ㄹ. (라) – 예술 공연단 교환 방문을 성사시켰다.

① ㄱ, ㄴ ② ㄱ, ㄷ ③ ㄴ, ㄷ
④ ㄴ, ㄹ ⑤ ㄷ, ㄹ

08 (가)에 들어갈 내용으로 가장 적절한 것은?

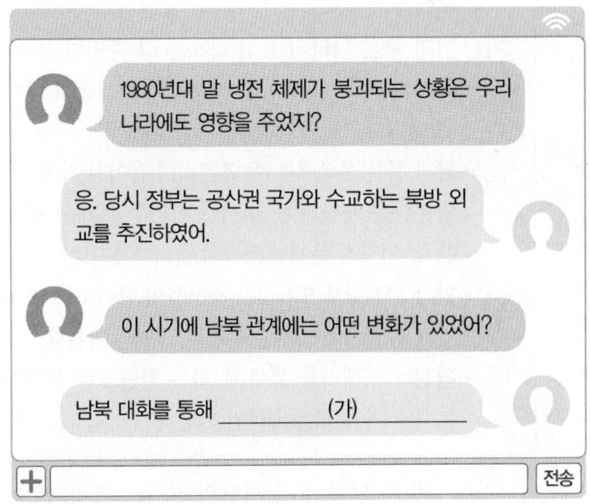

① 개성 공단이 설립되었지.
② 남북 기본 합의서를 채택하였어.
③ 7·4 남북 공동 성명을 발표하였어.
④ 제2차 남북 정상 회담을 개최하였지.
⑤ '선 민주, 후 통일'을 내세우기 시작하였어.

09 다음 두 사건 사이에 있었던 사실로 옳은 것은?

> 한국사 신문
>
> **금강산 관광 시작**
>
> 동해항에서 대형 유람선이 북방 한계선을 넘어 금강산의 관문이 장전항에 닿았다. 이로써 분단 반세기 만에 처음으로 남한 관광객이 북한 땅을 밟게 되었다.

> 한국사 신문
>
> **제2차 남북 정상 회담 개최**
>
> 노무현 대통령과 김정일 국방 위원장은 평양에서 정상 회담 후 남북 관계 발전과 평화 번영을 위한 선언(10·4 남북 공동 선언)에 서명하였다.

① 개성 공단이 폐쇄되었다.
② 남북한이 유엔에 동시 가입하였다.
③ 6·15 남북 공동 선언을 발표하였다.
④ 한반도의 평화와 번영, 통일을 위한 판문점 선언이 채택되었다.
⑤ 화해와 협력, 남북 연합, 통일 국가 완성의 3단계 통일 방안이 제시되었다.

대표 자료 링크

10 (가), (나)에 대한 설명으로 옳은 것은?

> (가) • 남과 북은 나라의 통일 문제를 그 주인인 우리 민족끼리 서로 힘을 합쳐 자주적으로 해결해 나가기로 하였다.
> • 남과 북은 올해 8·15에 즈음하여 흩어진 가족, 친척 방문단을 교환하며, 비전향 장기수 문제를 해결하는 등 인도적 문제를 조속히 풀어나가기로 하였다.
>
> (나) • 남과 북은 3자 또는 4자 정상들이 한반도 지역에서 만나 종전을 선언하는 문제를 협력해 나간다.
> • 완전한 비핵화를 통해 핵 없는 한반도를 실현한다는 공동의 목표를 재확인한다.

① (가) – 제1차 남북 정상 회담의 결과로 합의되었다.
② (가) – 남북이 한반도 비핵화를 공동으로 약속하였다.
③ (나) – 햇볕 정책의 결과로 체결되었다.
④ (나) – 경의선 철도 복구 사업을 규정하였다.
⑤ (가), (나) – 북한의 사회주의 헌법 제정으로 선언의 약속이 이행되지 못하였다.

중요해

11 (가)~(마) 시기 북한과의 관계에 대한 설명으로 옳은 것은?

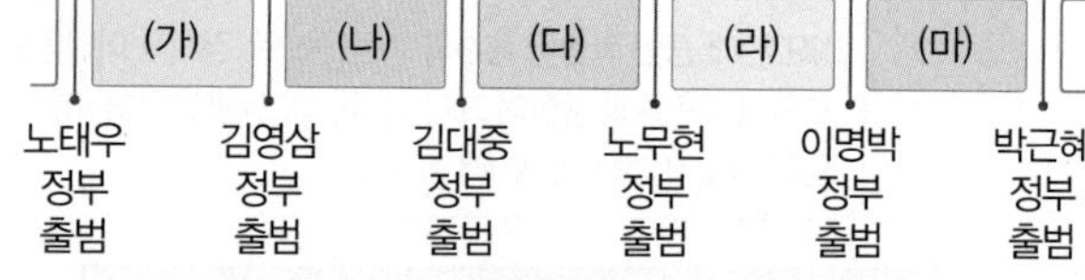

① (가) – 대북 화해 협력 정책을 추진하였다.
② (나) – 김정일 국방 위원장과 남북 정상 회담을 개최하였다.
③ (다) – 7·4 남북 공동 성명을 발표하였다.
④ (라) – 한반도 비핵화 공동 선언을 발표하였다.
⑤ (마) – 연평도 포격 사건 등으로 남북 관계가 악화되었다.

중요해

12 (가), (나)에 들어갈 내용을 옳게 연결한 것은?

> 우리나라는 광복 이후 영토 회복 과정에서 독도에 대한 영토 주권을 회복하였다. 1946년 (가) 에서는 독도(TAKE)가 우리나라 영토임을 분명히 하였다. 1952년에는 이승만 정부가 '인접 해양에 대한 주권에 관한 선언', 이른바 (나) 을 발표하여 독도가 우리 영토임을 분명히 하였다. 이처럼 독도는 지리적, 역사적, 국제법적으로 명백한 우리나라의 고유 영토이며, 일본의 독도 영유권 주장에 대응할 필요가 있다.

	(가)	(나)
①	대한 제국 칙령 제41호	평화선 선언
②	샌프란시스코 강화 조약	애치슨 선언
③	샌프란시스코 강화 조약	닉슨 독트린
④	연합국 최고 사령관 각서 제677호	애치슨 선언
⑤	연합국 최고 사령관 각서 제677호	평화선 선언

13 밑줄 친 ㉠에 대한 설명으로 옳은 것만을 〈보기〉에서 고른 것은?

> 중국은 2000년대에 들어 '통일적 다민족 국가론'을 내세우며 중국 내에 있는 56개 민족의 역사와 중국 영토 안에서 벌어졌던 사실이 모두 중국의 역사라는 논리를 펴고 있다. 이를 바탕으로 ㉠ 동북 지역인 랴오닝성, 지린성, 헤이룽장성의 역사와 현재 상황을 연구하는 동북공정을 진행하였다.

보기
- ㄱ. 발해의 영토였던 곳이다.
- ㄴ. 아시아·태평양 전쟁 이후 미국이 점령하였다.
- ㄷ. 장군총을 비롯한 고구려 문화유산이 남아 있다.
- ㄹ. 제2차 세계 대전의 승전국인 소련이 자국의 영토로 편입시켰다.

① ㄱ, ㄴ ② ㄱ, ㄷ ③ ㄴ, ㄷ
④ ㄴ, ㄹ ⑤ ㄷ, ㄹ

14 다음은 동아시아 영토 갈등 지역을 나타낸 지도이다. (가), (나) 지역에 대한 설명으로 옳은 것은?

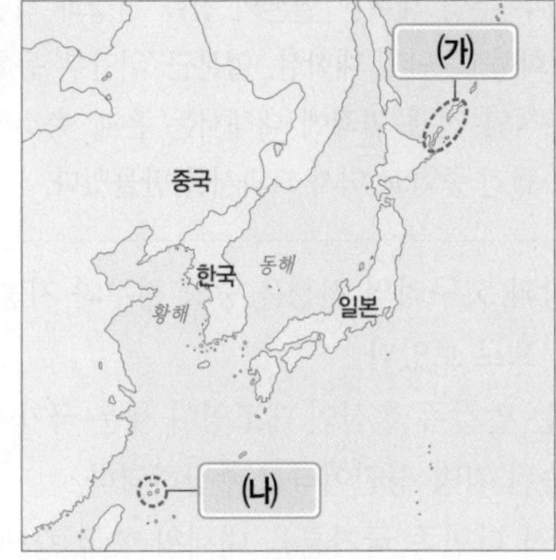

① (가) – 현재 일본이 영유하고 있다.
② (가) – 중국과 타이완이 자국 영토라고 주장하였다.
③ (나) – 청일 전쟁 과정에서 일본이 차지하였다.
④ (나) – 중국이 추진한 동북공정의 대상이 된 지역이다.
⑤ (가), (나) – 러시아가 영토 갈등을 겪고 있는 지역이다.

15 밑줄 친 ㉠에 반박하는 글을 세 가지 근거를 들어 서술하시오.

> 일본은 주인이 없는 땅은 선점한 나라의 것이라는 논리를 내세우며 ㉠ 독도가 일본 영토에 편입되었다고 주장하고 있다. 또한 일본 시마네현 의회는 2005년 '다케시마의 날'을 제정하고, 같은 해 일본 방위청은 방위 백서에 독도를 '다케시마'라고 표기하였다.

3단계로 완성하기

16 다음 합의서의 채택이 남북 관계에서 어떤 의의를 지녔는지 서술하시오.

> 제1조 남과 북은 서로 상대방의 체제를 인정하고 존중한다.
> 제4조 남과 북은 상대방을 파괴·전복하려는 일체의 행위를 하지 아니한다.

❶단계 다음 합의서가 갖는 의의를 시기적인 측면에서 써 보세요.

❷단계 합의서의 내용에서 의의를 찾아 보세요.

❸단계 1단계와 2단계에서 정리한 내용을 바탕으로 답안을 완성해 보세요.

1등급 도전하기

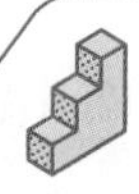

01 밑줄 친 ㉠에 해당하는 내용으로 옳은 것만을 〈보기〉에서 고른 것은?

1990년대 초 동유럽 사회주의 정권이 무너지고 소련이 해체되면서 국제 교류가 급격히 줄어들었다. 거기에 자연재해가 지속적으로 겹치면서 북한 경제는 심각한 어려움을 겪었다. 이에 일부 주민들은 굶주림을 피하고자 북한을 이탈하기도 하였다. ㉠ 2000년대 들어 북한은 경제난을 극복하기 위해 여러 정책을 펼쳤다.

보기

ㄱ. 사회주의 경제 체제를 포기하였다.

ㄴ. 7·1 경제 관리 개선 조치를 통해 기업소와 공장에 경영의 자율성을 확대하였다.

ㄷ. 천리마운동을 시작하여 생산의 속도와 성과를 놓고 노동자들 사이에 경쟁을 유발하였다.

ㄹ. 신의주 국제 경제 지대, 원산·금강산 관광특구를 지정하여 대외 경제 개방 정책을 추진하였다.

① ㄱ, ㄴ ② ㄱ, ㄷ ③ ㄴ, ㄷ
④ ㄴ, ㄹ ⑤ ㄷ, ㄹ

02 다음 선언을 발표한 정부 시기 통일 노력으로 옳은 것은?

남과 북은 한반도를 비핵화함으로써 핵 전쟁의 위험을 제거하고 우리나라의 평화와 평화 통일에 유리한 조건과 환경을 조성하며 아시아와 세계의 안전에 이바지하기 위하여 다음과 같이 선언한다.

1. 남과 북은 핵무기의 시험, 제조, 생산, 접수, 보유, 저장, 배비, 사용을 하지 아니한다.
2. 남과 북은 핵에너지를 오직 평화적 목적에만 이용한다.
3. 남과 북은 핵 재처리 시설과 우라늄 농축 시설을 보유하지 아니한다.

① 7·4 남북 공동 성명을 발표하였다.
② 남북한이 유엔에 동시 가입하였다.
③ 제2차 남북 정상 회담이 개최되었다.
④ 민족 화합 민주 통일 방안을 제시하였다.
⑤ 평양에서 6·15 남북 공동 선언을 발표하였다.

창의 융합

03 다음은 남북 교류의 진전을 순서대로 보여 주는 다큐멘터리의 필름이다. (가)에 들어갈 장면으로 가장 적절한 것은?

남북 기본 합의서 채택 / 제1차 남북 정상 회담

① 개성 공단이 설치되는 장면
② 금강산 관광이 시작되는 장면
③ 10·4 남북 공동 선언이 발표되는 장면
④ 북한과 미국이 정상 회담을 개최하는 장면
⑤ 최초로 남북한 이산가족 상봉이 이루어지는 장면

04 (가), (나)와 관련된 설명으로 옳지 않은 것은?

(가) 중국은 2002년부터 중국 동북 지역의 역사와 현재 상황을 연구하는 동북공정을 통해 고조선, 고구려, 발해의 역사를 왜곡하고 있다.

(나) 일본의 일부 우익 세력은 일본의 침략 전쟁과 식민 지배를 미화하고, 난징 대학살, 일본군 '위안부' 동원 등 반인륜적인 전쟁 범죄에 대해서는 은폐·축소하는 내용이 담긴 중학교 역사 교과서를 만들었다.

① (가) – 수·당과 고구려의 전쟁을 중앙 정부와 지방 정권 간의 내전으로 보았다.
② (가) – 발해는 말갈족 출신인 대조영이 세운 국가이므로 당에 예속된 지방 정권이라고 주장하였다.
③ (나) – 통일적 다민족 국가론을 내세워 한국 강제 병합의 강제성 및 침략 의도를 은폐하였다.
④ (나) – 아시아·태평양 전쟁을 서양 침략으로부터 동양 평화를 지키기 위한 전쟁으로 미화하였다.
⑤ (가), (나) – 오늘날 동아시아에서 발생하고 있는 역사 갈등의 사례이다.

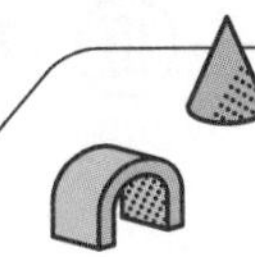

수능 준비하기

평가원 기출 | 응용

01 밑줄 친 '합의서'를 채택한 시기를 연표에서 옳게 고른 것은?

> 제5차 남북 고위급 회담에서 서명된 합의서는 남과 북이 오랜 단절과 대립을 청산하여 상호 신뢰를 바탕으로 이 땅에 평화의 질서를 구축하고 교류 협력을 통해, 민족의 화해와 공동 번영을 이루어 가기 위해 필요한 조처들을 망라하고 있습니다. …… 석 달 전 남북한의 유엔 동시 가입과 이에 이은 이번 합의서의 서명은 한반도 문제 해결과 민족 통일을 향한 여정에 획기적인 이정표를 세운 것입니다.

	(가)		(나)		(다)		(라)		(마)	
4·19 혁명		7·4 남북 공동 성명		10·26 사태		6·29 민주화 선언		6·15 남북 공동 선언		10·4 남북 공동 선언

① (가)　② (나)　③ (다)　④ (라)　⑤ (마)

수능 만점 한끝

남북 고위급 회담에서 서명된 합의서가 남북 기본 합의서임을 파악하고, 해당 합의서가 채택된 시기를 찾아본다.

이렇게도 출제될 수 있어요!

노태우 정부 시기의 통일을 위한 노력으로 남북한 유엔 동시 가입, 남북 기본 합의서 채택, 한반도 비핵화 공동 선언 등을 묻는 문제가 출제될 수 있어요.

수능 기출 | 응용

02 밑줄 친 '합의'가 이루어진 배경으로 옳은 것은?

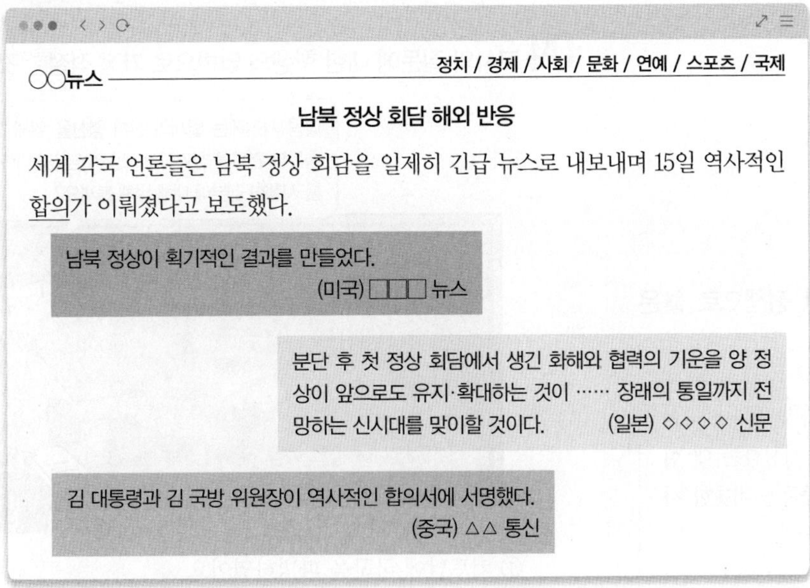

① 7·4 남북 공동 성명이 발표되었다.
② 남북한이 유엔에 동시 가입하였다.
③ 대북 화해 협력 정책이 추진되었다.
④ 북방 외교를 적극적으로 추진하였다.
⑤ 한반도 비핵화 공동 선언이 발표되었다.

수능 만점 한끝

남북 분단 후 처음 개최된 남북 정상 회담에서 발표된 6·15 남북 공동 선언의 배경을 추론한다.

문제의 핵심

- 김대중 정부
- 대북 화해 협력 정책
- 제1차 남북 정상 회담
- 6·15 남북 공동 선언

대단원 마무리하기

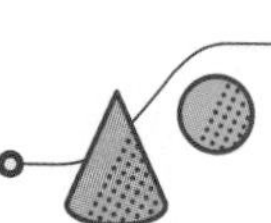

+단원 통합

01 (가) 대통령이 재임한 기간에 있었던 사실로 옳은 것만을 〈보기〉에서 고른 것은?

> 여당 대표인 (가) 은/는 직선제 개헌을 수용한다는 특별 선언을 발표하였고, 이에 따라 5년 단임의 대통령 직선제 개헌이 이루어졌다. 개헌 이후 치러진 대통령 선거에서 야당의 김영삼, 김대중 등 후보를 누르고 신군부 출신인 여당의 (가) 이/가 당선되었다.

보기
ㄱ. 여성부가 신설되었다.
ㄴ. 민주 자유당이 창당되었다.
ㄷ. 칠레와 자유 무역 협정을 체결하였다.
ㄹ. 지방 자치제가 부분적으로 실시되었다.

① ㄱ, ㄴ ② ㄱ, ㄷ ③ ㄴ, ㄷ
④ ㄴ, ㄹ ⑤ ㄷ, ㄹ

02 다음 선언을 발표한 정부에서 실시한 정책으로 옳은 것은?

> 한반도의 평화를 정착시킬 여건을 조성하기 위하여 북한이 미국·일본 등 우리 우방과의 관계를 개선하는 데 협조할 용의가 있으며 또한 우리는 소련·중국을 비롯한 사회주의 국가들과의 관계 개선을 촉구한다.

① 개성 공단을 폐쇄하였다.
② 북방 외교를 추진하였다.
③ 공직자 윤리법을 개정하였다.
④ G20 정상 회담을 개최하였다.
⑤ 7·4 남북 공동 성명을 발표하였다.

03 다음 법령이 제정된 시기의 정부에 대한 설명으로 옳은 것은?

국가 법령 정보 센터 〉 연혁 법령

법령명	공포 번호	제정·개정 법령
5·18 민주화 운동 등에 관한 특별법	제5029호	제정

제1조 이 법은 1979년 12월 12일과 1980년 5월 18일을 전후하여 발생한 헌정 질서 파괴 범죄 행위에 대한 공소 시효 정지 등에 관한 사항 등을 규정함으로써 국가 기강을 바로 잡고 민주화를 정착시키며 민족정기를 함양함을 목적으로 한다.

① 금융 실명제를 실시하였다.
② 국민 교육 헌장을 만들었다.
③ 인사 청문회법을 제정하였다.
④ 4·13 호헌 조치를 발표하였다.
⑤ 국가 인권 위원회를 신설하였다.

04 교사의 질문에 대한 학생의 답변으로 가장 적절한 것은?

다음 사진에는 일제의 잔재 청산을 위해 조선 총독부 건물을 철거하는 모습이 담겼습니다. 이를 시행한 정부에 대해 말해 볼까요?

① 베트남에 국군을 파병하였어요.
② 한일 월드컵 대회를 개최하였어요.
③ 지방 자치제를 전면적으로 실시하였어요.
④ 의문사 진상 규명을 위한 위원회를 만들었어요.
⑤ 내각 책임제와 양원제 국회를 골자로 하는 개헌을 단행하였어요.

05 (가), (나) 정부에 대한 설명으로 옳은 것은?

(가) 대한민국 정부 역사상 처음으로 평화적인 여야 간의 정권 교체가 이루어지면서 탄생한 정부로, 외환 위기를 조기에 극복하고 사회 전반에 걸친 개혁을 추진하였다.
(나) 정경 유착 단절과 국가 권력 기관의 독립성 강화 등으로 권위주의를 청산하려고 노력하였다. 또한 친일 반민족 행위 진상 규명 특별법을 제정하여 과거사 정리를 추진하였다.

① (가) – 행정 수도 건설을 추진하였다.
② (가) – 고위 공무원의 재산 등록제를 실시하였다.
③ (나) – 역사 바로 세우기를 진행하였다.
④ (나) – 경제 협력 개발 기구(OECD)에 가입하였다.
⑤ (가), (나) – 김정일과 남북 정상 회담을 열었다.

06 (가)에 들어갈 내용으로 적절하지 않은 것은?

다큐멘터리 기획안

- 기획 의도: 일반 시민들이 사회 전체의 이익을 대변하기 위해 자발적으로 만들어 활동하는 비정부 기구(NGO)의 주요 활동을 살펴본다.
- 방송 내용
  1부 참여 연대 – 시민의 정치적·경제적 권리를 확대하는 활동 추진
  2부 (가)

① 환경 운동 연합 – 환경 오염 방지를 위한 노력
② 인권 연대 – 사회의 인권 현실을 개선하기 위한 노력
③ 언론 개혁 시민 연대 – 언론의 공공성 강화를 위한 활동 전개
④ 경제 정의 실천 시민 연합 – 정경 유착 등을 몰아내는 활동 전개
⑤ 세계 무역 기구 – 자유 무역 확대와 회원국 간의 통상 분쟁 해결 노력

07 (가)에 들어갈 내용으로 적절한 것만을 〈보기〉에서 고른 것은?

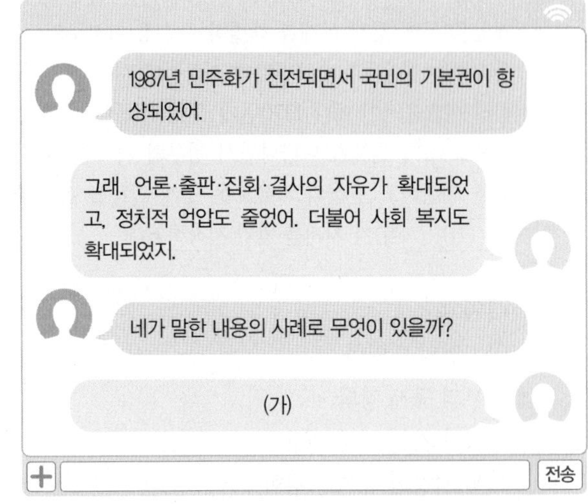

| 보기 |
ㄱ. 선거 공영제가 폐지되었어.
ㄴ. 국민 기초 생활 보장법을 제정하였지.
ㄷ. 헌법 소원 심판 청구 제도가 마련되었어.
ㄹ. 국가 보위 비상 대책 위원회가 설치되었지.

① ㄱ, ㄴ ② ㄱ, ㄷ ③ ㄴ, ㄷ
④ ㄴ, ㄹ ⑤ ㄷ, ㄹ

08 다음 자료를 활용한 탐구 활동으로 가장 적절한 것은?

호주 제도는 양성평등이라는 헌법 이념과 시대 변화에 부합하지 아니하므로 이를 폐지하고 ……
가. 호주에 관한 규정과 호주 제도를 전제로 한 규정을 삭제하는 한편 …… 가족에 관한 규정을 새롭게 정함
나. 자녀의 성(姓)과 본(本)은 …… 혼인 신고 시 부모의 협의에 의해 모(母)의 성과 본도 따를 수 있도록 함

① 낙선 운동이 전개된 배경을 정리한다.
② 노동 운동이 활성화된 계기를 찾아본다.
③ 여성의 사회적 지위가 변화하는 과정을 조사한다.
④ 전국 농민회 총연맹의 결성 배경과 주요 활동을 알아본다.
⑤ 광주 대단지 사건으로 알 수 있는 산업화 이후 사회 변화 모습을 살펴본다.

09 (가) 경제 정책에 해당하는 내용으로 적절하지 않은 것은?

> 대공황 이후 미국을 비롯한 자본주의 국가들은 국가의 개입을 통해 경제 문제를 해결하는 수정 자본주의 정책을 전개하였다. 그러나 정부의 적극적인 시장 개입이 오히려 비효율적인 데다 1970년대 석유 파동 이후 전 세계적으로 경기 침체가 나타나면서 정부의 지나친 시장 개입을 비판하고 민간의 자유로운 경제 활동을 옹호하는 (가) 이/가 지지를 받기 시작하였다.

① 복지 축소
② 공기업의 민영화
③ 정부의 규제 강화
④ 상품과 자본 시장 개방
⑤ 노동 시장의 유연성 강화

10 (가) 시기에 있었던 사실로 옳은 것만을 〈보기〉에서 고른 것은?

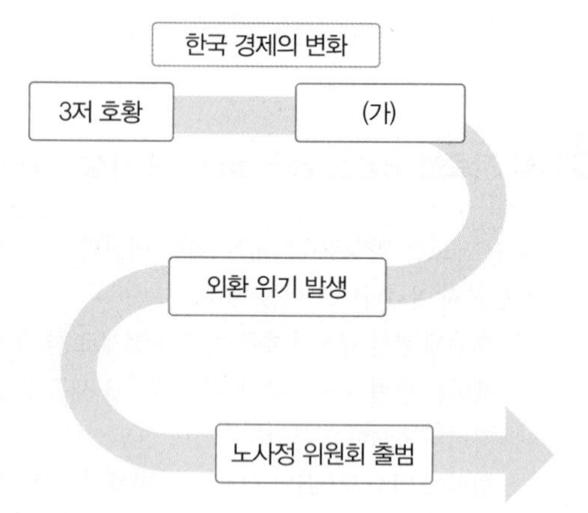

보기
ㄱ. 신자유주의 정책이 추진되었다.
ㄴ. 제2차 석유 파동으로 큰 타격을 입었다.
ㄷ. 경제 협력 개발 기구(OECD)에 가입하였다.
ㄹ. 칠레와 자유 무역 협정(FTA)을 체결하였다.

① ㄱ, ㄴ ② ㄱ, ㄷ ③ ㄴ, ㄷ
④ ㄴ, ㄹ ⑤ ㄷ, ㄹ

11 (가)에 들어갈 내용으로 적절하지 않은 것은?

① 구조 조정을 실시하였어.
② 외국 자본 유치에 힘썼어.
③ 근로자 파견제를 도입하였어.
④ 자유 무역 협정을 체결하였어.
⑤ 부실 금융 기관 정상화에 힘썼어.

12 다음 상황이 일어난 시기를 연표에서 옳게 고른 것은?

	(가)		(나)		(다)		(라)		(마)	
노태우 정부 출범		김영삼 정부 출범		김대중 정부 출범		노무현 정부 출범		이명박 정부 출범		박근혜 정부 출범

① (가) ② (나) ③ (다) ④ (라) ⑤ (마)

13 교사의 질문에 대한 학생의 답변으로 가장 적절한 것은?

이 법은 재한 외국인에 대한 처우 등에 관한 기본 사항을 정함으로써 재한 외국인이 대한민국 사회에 적응하여 개인의 능력을 충분히 발휘할 수 있도록 하고, 대한민국 국민과 재한 외국인이 서로 이해하고 존중하는 사회 환경을 만들어 대한민국의 발전과 사회 통합에 이바지함을 목적으로 한다.

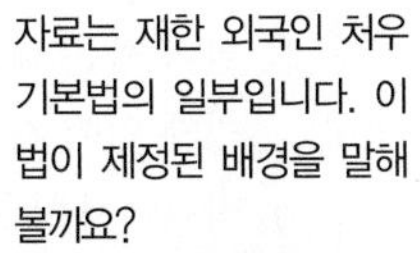

① 고엽제 피해자가 발생하였어요.
② 광주 대단지 사건이 발생하였어요.
③ 학교에서 군사 교육이 강화되었어요.
④ 우리 사회가 다문화 사회로 변화하였어요.
⑤ 미세 먼지 문제 해결이 심각한 사회 문제가 되었어요.

14 (가), (나)에 들어갈 내용을 옳게 연결한 것은?

경제가 성장하면서 우리나라의 국제적 위상이 강화되었다. 우리나라는 서울 올림픽 대회, (가) 등 세계적 규모의 국제 행사를 성공적으로 개최하였다. 그뿐만 아니라 한국 국제 협력단(KOICA)의 해외 봉사 파견, (나) 등 다양한 활동을 펼치며 국제 사회에 공헌하고 있다.

	(가)	(나)
①	미소 공동 위원회	반민 특위 활동
②	미소 공동 위원회	유엔 평화 유지 활동
③	한일 월드컵 대회	반민 특위 활동
④	한일 월드컵 대회	매니페스토 운동
⑤	한일 월드컵 대회	유엔 평화 유지 활동

15 (가)에 들어갈 내용으로 가장 적절한 것은?

• 학습 주제: (가)
• 모둠별 토의 질문
– 1모둠: 주체사상은 어떻게 체계화되었을까?
– 2모둠: 사회주의 헌법 제정의 배경은 무엇일까?
– 3모둠: 국가 주석제는 북한 정치에 어떤 변화를 일으켰을까?

① 천리마운동의 전개
② 김정일의 선군 정치
③ 북한의 권력 세습 체제
④ 북한의 토지 개혁 실시 과정
⑤ 김일성 1인 지배 체제의 구축

16 (가)에 들어갈 내용으로 적절하지 않은 것은?

① 합작 회사 경영법을 제정하였어.
② 대외 경제 개방 정책을 추진하였지.
③ 7·1 경제 관리 개선 조치를 추진하였어.
④ 수익에 따른 분배의 차등화를 시행하였지.
⑤ 기업소와 공장에 경영의 자율성을 확대하였어.

대단원 마무리하기

+단원 통합

17 밑줄 친 '성명'에 대한 설명으로 옳은 것은?

> 닉슨 독트린으로 냉전 체제가 완화되면서 반공을 앞세운 박정희 정권의 기반은 약화되었고, 장기 집권과 경기 침체에 대한 국민의 불만도 커졌다. 이러한 가운데 박정희 정부는 1972년 성명을 발표하였다. 이 성명에 의해 남북 조절 위원회가 설치되어 통일을 위한 실무자 회담이 진행되었지만, 통일 주장의 접점을 찾지 못한 채 대화가 중단되었다.

① 제3차 남북 정상 회담 이후 발표되었다.
② 대북 화해 협력 정책(햇볕 정책)의 결과였다.
③ 서로의 체제를 인정하고 상호 불가침에 합의하였다.
④ 자주, 평화, 민족 대단결의 3대 통일 원칙에 합의하였다.
⑤ 경의선 철도 복구, 이산가족 방문 등 남북 간 교류 확대의 계기가 되었다.

18 (가)에 들어갈 내용으로 적절한 것은?

> **발표 주제: 대한민국 정부의 통일을 위한 노력**
> 1조: 박정희 정부 – 남북 최초의 적십자 회담 개최
> 2조: 전두환 정부 – (가)
> 3조: 노태우 정부 – 남북 기본 합의서 채택
> 4조: 김영삼 정부 – 한민족 공동체 건설을 위한 3단계 통일 방안 제시

① 금강산 관광 시작
② 남북 정상 회담 개최
③ 남북한 유엔 동시 가입
④ 10·4 남북 공동 선언 발표
⑤ 최초의 이산가족 상봉 실현

19 다음 선언에 대한 설명으로 옳은 것은?

> 1. 남과 북은 나라의 통일 문제를 그 주인인 우리 민족끼리 서로 힘을 합쳐 자주적으로 해결해 나가기로 하였다.
> 2. 남과 북은 남측의 연합제 안과 북측의 낮은 단계의 연방제 안이 서로 공통성이 있다고 인정하고, 앞으로 이 방향에서 통일을 지향하기로 하였다.
> 3. 남과 북은 올해 8·15에 즈음하여 흩어진 가족, 친척 방문단을 교환하며, 비전향 장기수 문제를 해결하는 등 인도적 문제를 조속히 풀어나가기로 하였다.

① 판문점에서 발표되었다.
② 공산권 국가와의 수교를 추구하였다.
③ 남북한의 독재 체제 강화에 이용되었다.
④ 한반도 비핵화 공동 선언 발표로 이어졌다.
⑤ 개성 공단 건설 등 경제 교류 확대를 약속하였다.

20 밑줄 친 '이 국가'의 역사 왜곡 내용으로 옳지 않은 것은?

> 이 국가는 센카쿠 열도(댜오위다오) 영유권 문제, 쿠릴 열도의 북방 4개 섬(북방 4도) 영유권 문제 등으로 주변국과 마찰을 빚고 있다.

① 침략 전쟁을 미화하고 있다.
② 독도 영유권을 주장하고 있다.
③ 발해의 역사를 자국의 역사라고 주장하고 있다.
④ 정치인들이 야스쿠니 신사 참배를 강행하고 있다.
⑤ 한국 등 주변국에 대한 식민 지배를 정당화하고 있다.

21 밑줄 친 부분에 해당하는 사례로 적절하지 않은 것은?

> 동아시아 삼국이 갈등을 해결하기 위해서는 화해와 협력이 필요하다. 이를 위해 한·중·일 시민 사회는 학술적·문화적 교류를 활발하게 펼치고 있다.

① 공동의 역사 교과서를 만들었다.
② 통일적 다민족 국가론을 내세웠다.
③ 동아시아 청소년 캠프를 개최하였다.
④ 한·중·일 간의 대중문화 교류가 이루어졌다.
⑤ 과거사 문제 반성을 촉구하는 연대 활동이 펼쳐졌다.

MEMO

MEMO

한 권으로 끝내기!
필수 개념과 시험 대비를
한 권으로 끝!

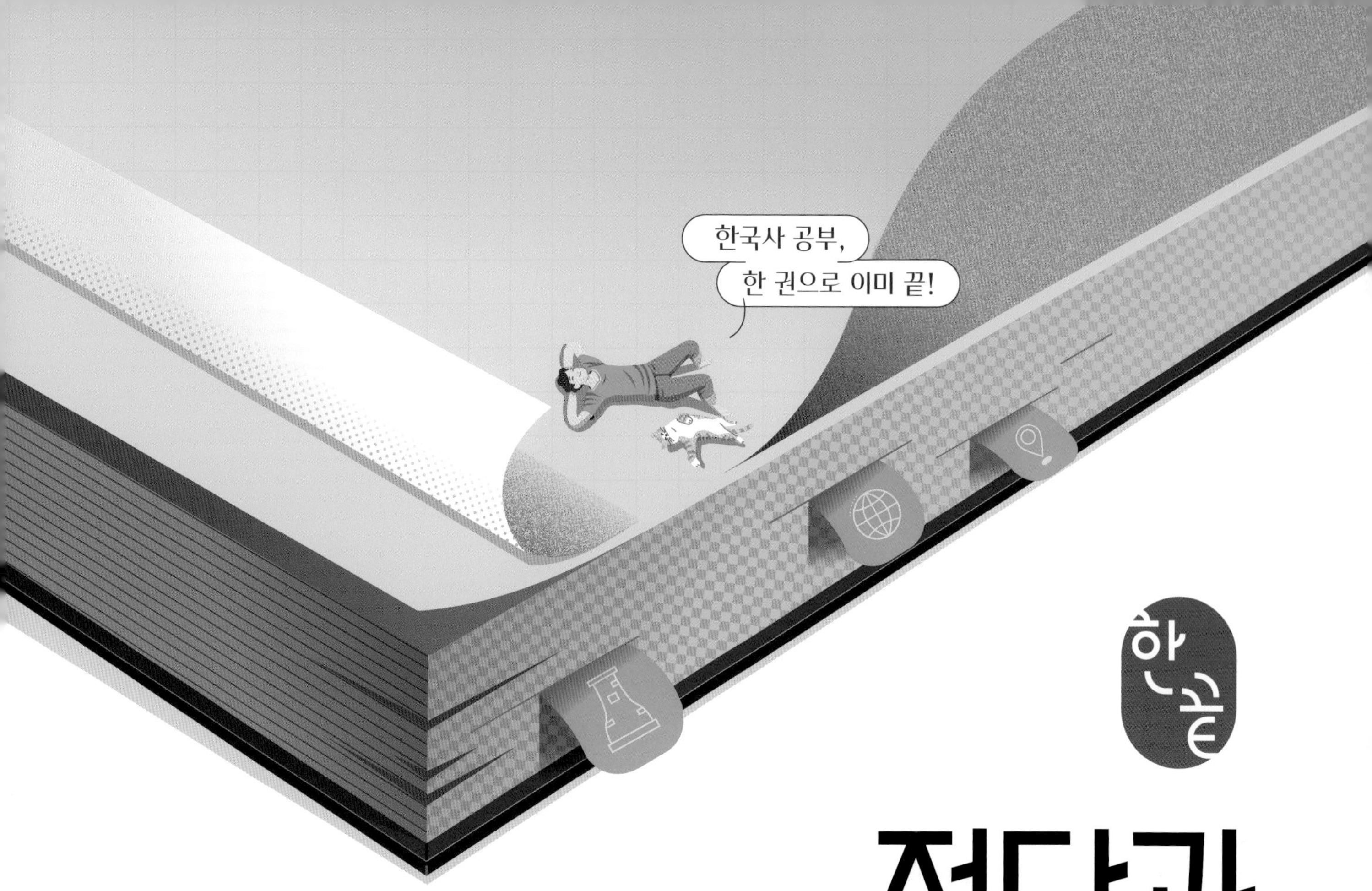

한국사 공부,
한 권으로 이미 끝!

한끝

정답과 해설

고등

한국사2

ABOVE IMAGINATION

우리는 남다른 상상과 혁신으로
교육 문화의 새로운 전형을 만들어
모든 이의 행복한 경험과 성장에 기여한다

정답과 해설

고등 한국사2

본 책

I 일제 식민 통치와 민족 운동

01 제국주의 질서와 일제의 식민 통치 정책

개념 확인하기 11, 13쪽

1 (1) ○ (2) ○ (3) × (4) ○ 2 조선 총독부 3 제1차 조선 교육령
4 (1) 무단 통치 (2) 중추원 5 3·1 운동 6 (1) × (2) ○ (3) ○
7 (1) ○ (2) × (3) ○ (4) ○ 8 황국 신민 서사

실력 다지기 14~17쪽

01 ⑤	02 ④	03 ①	04 ⑤	05 ③	06 ②	07 ②
08 ①	09 ④	10 ⑤	11 ③	12 ③	13 국민학교	
14 ④	15 ②	16 ⑤	17 해설 참조		18 해설 참조	

01 자료의 (가) 전쟁은 제1차 세계 대전이다. 제1차 세계 대전에서 일본은 승전국이 되었고, 그 결과 독일이 가지고 있던 중국 산둥 반도의 이권을 차지하는 등 제국주의 국가로서 영향력이 확대되었다.
| 선택지 바로잡기 | ①, ②는 제2차 세계 대전, ③은 아시아·태평양 전쟁, ④는 만주 사변에 대한 사실이다.

02 자료는 일제가 1911년에 발표한 제1차 조선 교육령이다. 1910년대에 일제는 한국인에 대한 고등 교육을 제한하였다.
| 선택지 바로잡기 | ④는 1940년대에 해당하는 사실이다.

03 자료는 1910년대 일제의 무단 통치 내용을 보여 준다. 1910년대에 일제는 헌병 경찰 제도를 바탕으로 범죄 즉결례, 조선 태형령, 경찰범 처벌 규칙 등의 법령을 제정하고 한국인의 기본권을 제한하는 등 강압적인 무단 통치를 실시하였다.
| 선택지 바로잡기 | ②, ④는 1920년대 일제의 민족 분열 통치, ③, ⑤는 1930~1940년대 일제의 민족 말살 통치에 해당한다.

04 자료에서 헌병이 경찰 업무를 담당하게 하였다는 내용을 통해 밑줄 친 '이 시기'는 1910년대 무단 통치 시기임을 알 수 있다. 1910년대 헌병 경찰은 범죄 즉결례에 따라 경찰범 처벌 규칙과 형법 등의 법률에서 정한 범죄 중 일부를 즉결 심판할 수 있었다.
| 선택지 바로잡기 | ① 일제는 이른바 '문화 정치'를 내세워 무관이 아닌 문관도 총독에 임명될 수 있도록 하였으나 실제로는 식민 통치가 끝날 때까지 문관 총독은 단 한 명도 임명하지 않았다. ②, ③은 1930~1940년대 민족 말살 통치 시기에 해당한다. ④ 일제는 1922년 제2차 조선 교육령을 공포하여 보통학교의 수업 연한을 6년으로 연장하였다.

05 자료는 1912년에 제정된 조선 태형령으로, 이는 1920년에 폐지되었다. 1910년대에 일제는 헌병 경찰 제도를 바탕으로 무단 통치를 실시하였으며, 일반 관리와 학교 교원들에게 칼을 차게 하여 위압적인 분위기를 조성하였다.
| 선택지 바로잡기 | ㄱ. 치안 유지법은 1925년에 제정되었다. ㄹ은 이른바 '문화 정치' 시기의 일이다. 1920년대에 일제는 언론·출판·집회·결사의 자유를 제한적으로 허용하였다.

06 자료에서 교사가 설명하는 식민 통치의 최고 기구는 조선 총독부이다. 조선 총독부는 자문 기관으로 중추원을 두었으며, 조선 총독은 행정권·입법권·사법권 및 군 통수권을 가졌다.
| 선택지 바로잡기 | ㄴ. 조선 총독은 현역 육해군 대장 중에서 임명되었다. ㄹ. 조선 총독부의 고위 관리는 주로 일본인 또는 친일 인사로 구성되었다.

07 자료는 1920년대 일제의 '문화 정치' 아래에서 추진된 친일 세력 육성 정책을 보여 준다. 일제는 이른바 '문화 정치'를 내세워 헌병 경찰제를 보통 경찰제로 바꾸었는데 태형 제도와 관리 및 교원의 제복 착용을 폐지하였다. 일제는 한국인에 대한 교육 기회를 확대하겠다며 조선 교육령을 개정하였고, 이에 따라 대학 설립이 가능해졌다. 또한 도 평의회를 설치하여 도장관이 의원을 임명하기도 하였다.
| 선택지 바로잡기 | ② 1920년대에 일제는 언론·출판·집회·결사의 자유를 제한적으로 허용하여 조선일보와 동아일보가 발간되었다.

08 조선 총독 사이토 마코토는 새로운 시정 방침을 발표하면서 1920년대에 이른바 '문화 정치'를 내세워 식민 지배에 대한 한국인의 반발을 무마하고자 하였다.
| 선택지 바로잡기 | ① 일제는 1925년 일본 본토에서 제정된 치안 유지법을 시행하여 항일 민족 운동에 대한 탄압을 강화하였다.

09 자료의 답변 내용은 일제가 1925년에 제정한 치안 유지법에 해당한다. 일제는 치안 유지법을 통해 사회주의 운동과 농민·노동 운동, 항일 민족 운동을 탄압하였다.
| 선택지 바로잡기 | ① 치안 유지법은 1925년에 제정되었다. ②는 조선 태형령에 해당한다. ③ 일제는 1919년에 일어난 3·1 운동 이후 헌병 경찰제를 보통 경찰제로 바꾸었다. ⑤ 치안 유지법 제정 이후 일제의 항일 민족 운동에 대한 탄압이 강화되었다.

10 (가), (나)는 이른바 '문화 정치'의 기만성을 보여 준다. 이 시기 일제는 한국인의 신문 발행을 일부 허가하면서 검열을 강화하였고, 보통 경찰제를 실시하였으나 경찰 기관과 인원 등을 크게 늘려 실질적인 탄압을 강화하였다.

11 자료는 1938년에 제정된 국가 총동원법이다. 중일 전쟁(1937)을 일으킨 일제는 전쟁에 필요한 자원을 효율적으로 동원하려고 국가 총동원법을 제정하였다. 그리고 이 법을 한반도에도 적용하여 인적·물적 자원을 수탈할 수 있는 전시 동원 체제를 구축하였다.

12 제시된 일제의 침략 전쟁 과정은 '(나) 만주 사변 발발(1931) – (가) 중일 전쟁 발발(1937) – (다) 아시아·태평양 전쟁 발발(1941) – (라) 미국의 원자 폭탄 투하·소련의 대일전 참전(1945)'의 순서로 일어났다.

13 일제는 1941년 소학교의 명칭을 '황국 신민의 학교'를 뜻하는 국민학교로 바꾸었다. 이 용어는 광복 이후에도 계속 사용되었다. 그러다가 1995년 교육부에서 광복 50주년을 기념하기 위해 명칭을 변경하기로 발표하였으며, 이듬해에 국민학교를 초등학교로 바꾸었다.

14 자료는 황국 신민 서사의 내용으로, 이는 1930~1940년대 일제가 실시한 황국 신민화 정책을 보여 준다. 이 시기에 일제는 지원병제(1939)를 실시하여 한국인을 전쟁에 강제 동원하였고, 아침마다 일왕이 사는 궁을 향해 절하는 궁성 요배를 강요하였다. 또한 1940년대에 교육령을 추가로 개정하여 우리말 사용을 금지시켰고, 한국어로 발간되던 동아일보, 조선일보 등의 신문을 폐간하였다.

| 선택지 바로잡기 | ④ 1910년대 일제는 식민 지배에 순응하는 한국인을 길러내고자 제1차 조선 교육령(1911)을 공포하였다.

15 자료의 일본군 '위안부'라는 내용을 통해 밑줄 친 '이 시기'가 민족 말살 통치 시기라는 것을 알 수 있다. 이 시기에 일제는 소학교의 명칭을 국민학교로 바꾸고, 지원병제, 학도 지원병제, 징병제 등을 실시하여 청년들을 전쟁터로 끌고 갔다. 국민 징용령을 통해 인력을 강제 동원하였고, 한국식 성을 일본식으로 바꾸는 창씨개명과 황국 신민 서사 암송, 신사 참배 등을 강요하여 황국 신민화 정책을 강화하였다.

| 선택지 바로잡기 | ② 1910년대 일제는 죄수의 신체에 매질을 하는 조선 태형령을 한국인에게만 적용하였다.

16 중일 전쟁(1937)을 일으킨 일제는 1938년 국민 정신 총동원 조선 연맹을 조직하면서 그 말단 기구로 애국반을 두고, 민족 말살 정책을 추진하는 데 이들을 활용하였다. 애국반은 일제가 10개 정도의 집을 하나의 단위로 만들어 조선 총독부의 정책을 실천하도록 만든 기구였다.

| 선택지 바로잡기 | 국권 피탈은 1910년, 3·1 운동 발발은 1919년, 치안 유지법 제정은 1925년, 만주 사변 발발은 1931년, 중일 전쟁 발발은 1937년, 8·15 광복은 1945년에 해당한다.

17 **예시 답안** 일제는 헌병 경찰제를 폐지하고 보통 경찰제를 실시하였으나, 경찰 관서와 인원, 비용은 오히려 이전보다 크게 증가하였다. 이처럼 일제의 '문화 정치'는 우리 민족의 불만을 달래려는 기만적인 술책에 불과하였으며, 실상은 항일 민족 운동을 탄압하면서 우리 민족을 분열시키고자 하였다.

채점 기준

상	자료를 분석하여 '문화 정치'의 실상과 목적을 서술한 경우
하	'문화 정치'의 실상을 대략적으로 서술한 경우

18 **예시 답안** • 1단계: 황국 신민화 정책에 해당한다.

• 2단계: 일제는 한국인의 민족정신을 말살하여 한국인을 일본인으로 만들려는 황국 신민화 정책을 추진하였다.

• 3단계: 황국 신민화 정책, 일제는 한국인의 민족정신을 말살하고 일본 국왕에 대한 숭배 사상을 주입시켜 일제가 일으킨 침략 전쟁에 한국인을 효율적으로 동원하기 위해 황국 신민화 정책을 추진하였다.

채점 기준

상	황국 신민화 정책의 내용과 목적을 모두 서술한 경우
하	황국 신민화 정책의 내용만 대략적으로 서술한 경우

1등급 도전하기

18쪽

01 ② 02 ③ 03 ④ 04 ③

01 자료는 3·1 운동 이후 사이토 총독이 이른바 '문화 정치'의 실시를 내세우며 발표한 시정 방침이다. 1920년대에 일제는 친일 세력을 체계적으로 육성하기 위해 이른바 '문화 정치'를 실시하였다. 이 시기에 일제가 언론의 자유를 일부 허용하면서 조선일보 등의 신문이 발간되었다.

| 선택지 바로잡기 | ㄴ은 1910년대에 볼 수 있는 모습이다. ㄹ. 조선 태형령은 1912년에 제정되어 1920년에 폐지되었다.

02 자료의 중일 전쟁은 1937년, 아시아·태평양 전쟁은 1941년, 일본의 무조건 항복은 1945년의 일이다. 따라서 (가) 시기는 1937년에서 1941년, (나) 시기는 1941년에서 1945년까지에 해당한다. 일제는 1944년에 징병제를 실시하여 전쟁이 끝날 때까지 수십만 명의 한국 청년을 전쟁에 강제 동원하였다.

| 선택지 바로잡기 | ①은 1925년, ②는 1912년, ④는 1939년, ⑤는 1938년의 일이다.

03 제시된 기사에서 태형 십 대, 볼기 다섯 대 등을 통해 1910년대의 사례임을 알 수 있다. 1910년대에 일제는 강압적인 무단 통치를 실시하여 일반 관리와 학교 교원들에게 제복을 입히고 칼을 차고 다니게 하였다.

| 선택지 바로잡기 | ①은 1930~1940년대, ②는 1938년 이후, ③은 1922년 이후, ⑤는 1920년대에 해당하는 사실이다.

04 자료에서 일본군 '위안부', 여자 근로 정신대, 전시 총동원 체제 등을 통해 밑줄 친 '이 시기'가 민족 말살 통치 시기임을 알 수 있다. 민족 말살 통치 시기에 일제는 국민 정신 총동원 운동을 벌였고, 이를 한국에도 적용하고자 국민 정신 총동원 조선 연맹을 설치하였다.

| 선택지 바로잡기 | ①, ②는 1920년대, ④는 1910년대, ⑤는 1925년의 일이다.

수능 준비하기

19쪽

01 ⑤　02 ⑤

01 제시된 대화에서 성과 이름을 일본식으로 바꾼다는 내용, 창씨 개명 등을 통해 해당 시기가 민족 말살 통치 시기임을 알 수 있다. 일제는 민족 말살 통치 시기인 1938년 지원병제를 실시하여 한국인을 침략 전쟁에 강제로 동원하였다.

| 선택지 바로잡기 | ①은 조선 후기, ②는 고려 시대, ③은 1898년, ④는 1970년에 볼 수 있는 모습이다.

02 자료의 밑줄 친 '이 시기'는 민족 말살 통치 시기이다. 민족 말살 통치 시기에 일제는 황국 신민화 정책의 하나로 황국 신민 서사를 암송하도록 강요하였다.

| 선택지 바로잡기 | ①은 조선 영조, ②는 통일 신라 원성왕, ③은 임오군란 이후, ④는 조선 고종 시기의 사실이다.

02 경제 구조의 변화와 경제생활

개념 확인하기

21, 23쪽

1 동양 척식 주식회사　2 (1) × (2) ○ (3) ○　3 (1) ㄱ (2) ㄷ (3) ㄴ
4 병참 기지화　5 (1) × (2) ○ (3) ×　6 (1) 중앙아시아
(2) 산미 증식 계획 (3) 국가 총동원법

실력 다지기

24~27쪽

01 ④　02 ④　03 ⑤　04 ②　05 ⑤　06 ④　07 ⑤
08 ①　09 ④　10 ④　11 ②　12 ⑤　13 ⑥　14 ⑤
15 해설 참조　16 해설 참조

01 자료는 토지 조사령(1912)이다. 일제는 황실 소유의 토지를 조선 총독부의 소유지로 만들고, 소작농의 관습법적 경작권을 부정하였다. 토지 조사 사업으로 살기 어려워진 농민들은 화전민이 되거나 만주, 연해주 등지로 이주하였다.

| 선택지 바로잡기 | ④ 대한 제국은 1898년부터 양전 사업을 추진하여 지계를 발급하였다.

02 (가) 법령은 회사령이다. 회사령은 1910년에 공포되어 1920년에 폐지되었다. 1910년대에 일제는 삼림령, 어업령, 조선 광업령 등을 공포하여 한국의 각종 자원을 독점하였다.

| 선택지 바로잡기 | ①은 1928년, ②는 1938년, ③은 1932~1940년, ⑤는 1882년의 일이다.

03 한국의 국권 강탈 이후 일제는 주요 도시와 항구를 연결하는 철도망을 건설·정비하였으며, 부산·인천 등 주요 항구의 항만 시설을 확충하였다. 일제는 이처럼 구축한 기간 시설을 이용하여 한국에서 생산되는 농산물이나 각종 자원을 일본으로 들여오고, 일본에서 만든 상품을 한국 시장에 판매할 수 있었다.

| 선택지 바로잡기 | ①은 회사령 실시, ②는 회사령 폐지의 목적이다. ③ 일제는 이른바 '문화 정치'를 내세우면서 교육 기회의 확대를 표방하였다. ④ 일제는 한국인을 정치에 참여시킨다는 명분으로 중추원을 조선 총독부의 자문 기관으로 개편하였다.

04 그래프는 토지 조사 사업 시행 결과로 조선 총독부의 조세와 지세 총액이 급격히 증가한 것을 보여 준다. 토지 조사 사업은 일제 강점기인 1910년부터 1918년까지 실시되었다.

| 선택지 바로잡기 | ①은 1920년, ③은 1920~1934년, ④는 1944년, ⑤는 1894년의 일이다.

05 자료의 (가) 정책은 산미 증식 계획이다. 일본은 공업화로 쌀의 수요가 급증하였으나 농업 생산력이 이에 미치지 못하였다. 이에 일제는 부족한 쌀을 한국에서 충당하기 위해 산미 증식 계획을 실시하였다.

| 선택지 바로잡기 | ⑤ 산미 증식 계획으로 동양 척식 주식회사와 같은 토지 회사나 지주들은 일본으로 쌀을 팔아 더 많은 부를 축적하였다.

06 자료에서 1910년대에 비해 1920년대 이후 늘어난 쌀 생산량과 일본으로의 쌀 수출량(이출량), 1인당 쌀 소비량의 감소 등을 통해 산미 증식 계획과 관련이 있는 내용임을 알 수 있다.

07 수행 평가 보고서의 수집 자료에서 회사 설립을 신고제로 바꾸고, 관세를 폐지한 점을 통해 학습 주제는 1920년대 일제의 산업 정책과 관련이 있음을 알 수 있다. 1920년에 일제가 회사령을 폐지하면서 미쓰이, 미쓰비시 같은 일본 대기업이 한국에 본격적으로 진출하였으며, 1928년에는 신은행령을 발표하여 일반 은행 간의 합병을 추진하였다.

| 선택지 바로잡기 | ㄱ은 1915년, ㄴ은 1908년의 일이다.

08 그래프를 통해 일본인 공장 수가 늘고, 일본인 공장과 한국인 공장의 생산액이 크게 차이나는 것을 알 수 있다. 이는 1920년에 회사령이 폐지되면서 일본의 대기업이 한국에 본격적으로 진출한 사실과 관련이 있다.

09 자료는 1938년에 제정된 국가 총동원법이다. 1937년 중일 전쟁을 일으킨 일제는 국가 총동원법을 만들어 인력과 물자의 수탈을 더욱 강화하였다. 공출 제도를 시행하여 농기구, 놋그릇 등의 금속 제품을 빼앗았으며, 군량 마련을 위해 산미 증식 계획을 재개하였다. 또한 식량 배급제를 실시하여 한국인의 쌀 소비를 통제하였으며, 1944년에는 여자 정신 근로령을 제정하여 여성들을 군수 공장에서 일하게 하였다.

| 선택지 바로잡기 | ④ 경찰범 처벌 규칙은 1912년에 제정되었다.

10 일제 강점기 토지 조사 사업으로 경작지를 잃은 농민들은 화전민이 되거나 만주, 연해주 등지로 이주하였으며, 한국인 노동자는 일본인 노동자에 비해 적은 임금을 받으며 장시간 노동에 시달렸다.

| 선택지 바로잡기 | 갑. 중일 전쟁 이후 공장과 노동자의 수가 늘어났지만, 한국인 노동자의 처지는 개선되지 않았다. 병. 조선 총독부는 1932년부터 농촌 진흥 운동을 실시하였으나 농민들의 사정은 나아지지 않았다.

11 자료의 그래프는 일제 강점기인 1930년대 이후 일제의 식민지 공업화 정책을 보여 준다. 일제는 석탄, 철 등의 자원이 풍부한 한반도 북부 지방에 발전소를 세우고, 군수 산업과 관련된 화학·금속·기계 공업에 투자하였다.

| 선택지 바로잡기 | ② 일제의 공업화 정책으로 중화학 공업 분야가 북부 지방에 편중되면서 지역 간, 산업 분야 간의 불균형이 심해졌다.

12 자료에서 두만강을 사이에 두고 국내와 가까워서 많은 한국인이 이주하여 살았다는 것과 신한촌을 형성하였다는 것을 통해 (가) 지역이 연해주임을 알 수 있다. 1937년에 소련은 한국인들이 일제에 협력하는 것을 예방한다는 명분을 내세워 연해주 지역의 한국인들을 중앙아시아로 강제 이주시켰다.

| 선택지 바로잡기 | ①은 만주, ②, ③은 일본, ④는 미주 지역에 대한 설명이다.

13 자료는 중일 전쟁(1937) 이후 공출과 배급제의 실시로 궁핍해진 한국인의 삶을 보여 준다. 일제는 국가 총동원법을 제정하여 전쟁에 필요한 지하자원을 약탈하고, 새로운 세금을 만들었으며, 위문 금품을 모금하거나 국방헌금을 강요하였다. 또한 군량을 마련하기 위해 산미 증식 계획을 다시 실시하였으며, 식량 배급제를 시행하였다.

| 선택지 바로잡기 | ⑥ 일제는 1910년대 이후 호남선(1914), 경원선(1914) 등의 철도, 도로와 항만 등 기간 시설을 새롭게 건설하고 정비하였다.

14 자료에서 사탕수수 농장의 노동자로 일함, 대한인 국민회를 조직함 등을 통해 밑줄 친 '이 지역'이 미주 지역임을 알 수 있다. 이들은 어려운 삶 속에서도 1910년 대한인 국민회라는 단체를 조직하여 독립운동을 지원하였다.

| 선택지 바로잡기 | (가)는 만주, (나)는 연해주, (다)는 중국, (라)는 일본이다.

15 **예시 답안** ㉠ 일제는 군량을 마련하기 위해 한국인들에게 식량 배급제를 실시하였으며, ㉡ 공출 제도를 실시하여 놋그릇, 수저 등 무기를 만들 수 있는 금속 제품이라면 가리지 않고 빼앗았다.

채점 기준

등급	기준
상	㉠, ㉡에 해당하는 정책을 시행 이유와 함께 서술한 경우
하	㉠, ㉡에 해당하는 정책만 서술한 경우

16 **예시 답안** • 1단계: 쌀 생산량이 늘지 않았으나, 일본으로 이출되는 쌀의 양은 해마다 증가하였다. 이는 산미 증식 계획의 실시 결과였다.

• 2단계: 일본에서는 공업화가 이루어져 도시 인구가 늘고 쌀의 수요가 급증하였으나, 농업 생산력이 이에 미치지 못하여 식량이 부족해졌다. 이에 일제는 한국에서 산미 증식 계획을 실시하여 본국의 식량 부족 문제를 해결하려 하였다.

• 3단계: 산미 증식 계획이다. 일본에서는 공업화 과정에서 도시 인구가 증가하여 쌀의 수요가 급증하였으나, 농업 생산력이 이에 미치지 못하여 식량이 부족해졌다. 일제는 이러한 본국의 식량 부족 문제를 해결하기 위해 한국에서 산미 증식 계획을 실시하였다.

채점 기준

등급	기준
상	그래프를 분석하여 산미 증식 계획과 실시 배경을 서술한 경우
중	산미 증식 계획의 실시 배경만 서술한 경우
하	산미 증식 계획만 쓴 경우

1등급 도전하기

28쪽

01 ④ 02 ⑤ 03 ⑤ 04 ④

01 (가)에는 1910년대 일제가 추진한 경제 수탈 정책의 내용이 들어가야 한다. 일제는 1910년대에 토지 조사 사업을 벌여 지주의 소유권을 절대적인 법적 권리로 인정하였다.

| 선택지 바로잡기 | ①은 1934년, ②는 1932~1940년, ③은 1930년대 후반 이후, ⑤는 1938년 이후의 일이다.

02 자료에서 일제의 침략 전쟁이 아시아, 태평양 일대로 확대되었다는 것을 통해 밑줄 친 '이 시기'가 민족 말살 통치 시기임을 알 수 있다.

| 선택지 바로잡기 | ⑤ 1910년대 일제는 토지 조사령을 공포하여 토지 조사 사업을 시행하였다.

03 자료는 산미 증식 계획으로 한국의 쌀이 일본으로 이출되는 상황을 보여 준다. 일본에서는 제1차 세계 대전을 계기로 공업화를 이루면서 도시 인구가 증가하여 쌀이 부족해졌다. 이에 한국에서 산미 증식 계획을 실시하여 이를 해결하고자 하였다.

| 선택지 바로잡기 | ①은 1930년대 이후 공출 제도, ②는 1920년 회사령 폐지, ③은 1899년 이후 일제의 철도 부설, ④는 1883년 조일 통상 장정의 체결과 관련이 있다.

04 자료의 공동 작업과 공출 장려 포스터는 일제가 침략 전쟁을 확대하던 시기에 공출 제도를 실시하면서 제작되었다.

| 선택지 바로잡기 | ④ X 자형 간선 철도망은 일제가 본격적으로 대륙 침략을 하기 이전인 1920년대에 완성되었다.

수능 준비하기 29쪽

01 ② 02 ④

01 자료의 대화에서 한국인에게만 차별적으로 태형을 집행한 것과 회사령에 따라 회사 설립 허가를 받으러 총독부에 갔다는 것을 통해 1910년대의 상황임을 알 수 있다. 일제는 1912년에 토지 조사령을 공포하여 토지 조사 사업을 본격화하였다.

| **선택지 바로잡기** | ① 조선 영조는 균역법을 시행하여 군역 부담을 덜어 주고, 가혹한 형벌을 금지하였다. ③ 독립 협회는 '구국 운동 상소문'을 올리고 만민 공동회를 개최(1898)하여 러시아의 요구를 규탄하였다. ④ 을미의병(1895)은 단발령 철회를 요구하였다. ⑤ 일제는 침략 전쟁을 확대하면서 1939년 국민 징용령을 실시하여 청장년들에게 노동을 시켰다.

02 중일 전쟁을 일으킨 일제는 1938년에 국가 총동원법을 제정하였다. 민족 말살 통치 시기인 1930년대 후반 일제는 황국 신민화 정책을 강화하여 황국 신민 서사를 암송하게 하였다.

| **선택지 바로잡기** | ① 흥선 대원군은 국가 재정을 확충하고 농민의 부담을 덜기 위해 양반에게도 군포를 거두는 호포제를 실시하였다. ② 고려 말 공민왕은 쌍성총관부를 무력으로 수복하였다. ③ 통리기무아문은 1880년에 개화 정책을 총괄하기 위해 설치되었다. ⑤ 동학 농민군은 1차 봉기 이후 집강소를 설치하고 폐정 개혁을 추진하였다.

03 민족 운동의 전개와 분화

개념 확인하기 31, 33쪽

1 독립 의군부 2 (1)-㉣ (2)-㉠ (3)-㉡ (4)-㉢ (5)-㉤
3 (1) ○ (2) × (3) ○ (4) ○ 4 국민 대표 회의 5 ㄷ-ㅁ-ㄱ-ㄹ-ㄴ
6 물산 장려 운동 7 (1) 김상옥 (2) 나석주 8 (1) ○ (2) ×

실력 다지기 34~37쪽

01 ① 02 ③ 03 ① 04 ④ 05 ② 06 ① 07 ④
08 ② 09 ⑤ 10 ③ 11 ③ 12 ⑥ 13 ⑤ 14 ⑤
15 해설 참조 16 해설 참조

01 자료의 임병찬이 1912년 비밀리에 의병과 유생을 규합하여 조직한 '이 단체'는 독립 의군부이다. 독립 의군부는 복벽주의 이념에 따라 고종이 다시 황제의 자리에 오르는 것을 목표로 전국적인 의병 봉기를 준비하였다.

| **선택지 바로잡기** | ②는 신규식, 박은식, 신채호 등, ③, ④는 신민회에 대한 설명이다. ⑤ 일제가 치안 유지법을 제정한 것은 1925년의 일이다.

02 1915년 박상진의 주도로 결성된 (가) 단체는 대한 광복회이다. 대한 광복회는 국권 회복과 공화 정체의 근대 국가 수립을 추구하였다.

| **선택지 바로잡기** | ①, ④는 독립 의군부에 대한 설명이다. 이들은 고종이 다시 황제의 자리에 오르는 것을 목표로 전국적인 의병 봉기를 준비하였다. ② 권업회는 1912~1914년에 권업신문을 발간하였다. ⑤ 대한 자강회는 1907년 일제가 고종을 강제 퇴위시키자 이에 반대하는 운동을 주도하다가 통감부의 탄압을 받아 해산되었다.

03 지도의 (가)는 서간도(남만주) 삼원보, (나)는 북간도, (다)는 연해주 블라디보스토크이다. (가) 서간도 삼원보에서는 신흥 강습소(이후 신흥 무관 학교)가 건립되어 군사 교육과 민족 교육이 실시되었다.

| **선택지 바로잡기** | ②는 서간도, ③, ④는 미주, ⑤는 북간도에서 일어난 일이다.

04 퀴즈의 내용은 대한 광복군 정부에 대한 것이다. 대한 광복군 정부는 1914년에 연해주 블라디보스토크에서 이상설과 이동휘를 정부통령으로 하여 조직되었으나, 같은 해 러시아에 의해 강제 해산되었다.

| **선택지 바로잡기** | ① 1911년 이상설, 유인석, 이동휘 등이 권업회를 조직하였다. ② 1918년 김규식, 여운형, 신규식 등이 신한청년당을 결성하였다. ③ 1910년 미주 지역의 민족 운동 단체를 통합한 대한인 국민회가 결성되었다. ⑤ 1919년 3·1 운동을 계기로 대한민국 임시 정부가 수립되었다.

05 자료의 3·1 독립 선언서(기미 독립 선언서)의 낭독을 시작으로 3·1 운동이 일어났다. 3·1 운동은 윌슨의 민족 자결주의 제창, 2·8 독립 선언, 고종 황제의 갑작스러운 서거 등을 배경으로 일어났다. 3·1 운동을 계기로 민족 운동의 주체가 학생, 농민, 노동자 등 다양한 계층으로 확대되었으며, 이후 대한민국 임시 정부가 수립되었다.

| **선택지 바로잡기** | ② 일제가 무단 통치 아래 시위대를 총칼로 무자비하게 탄압하자, 3·1 운동의 비폭력 평화 시위는 점차 무력 투쟁으로 변하였다.

06 자료는 대한민국 임시 정부가 상하이 임시 정부의 대한민국 임시 헌장을 토대로 제정한 대한민국 임시 헌법의 내용이다. 대한민국 임시 정부는 최초의 민주 공화제 정부로, 삼권 분립의 원칙에 따라 임시 의정원(입법), 국무원(행정), 법원(사법)을 구성하였다.

| **선택지 바로잡기** | ㄷ. 1896년에 설립된 독립 협회는 입헌 군주정 체제의 수립을 추진하였고, 1898년에 관민 공동회를 열고 헌의 6조를 결의하여 고종에게 올렸다. ㄹ. 독립 의군부는 조선 총독부와 일본 정부에 국권 반환 요구서를 보내려고 계획하였으나 사전에 발각되어 실패하였다.

07 자료의 독립 공채는 대한민국 임시 정부가 독립운동 자금을 마련하기 위해 발행한 것이다. 대한민국 임시 정부는 연통제와 교통국을 조직하고, 독립신문을 발행하였다. 파리 강화 회의에 독립 청원서를 제출하는 등의 외교 활동을 하였으며, 한일 관계 사료집을 편찬하여 한국인의 독립 의식을 높였다.

| 선택지 바로잡기 | ④ 동아일보는 1931년부터 '배우자, 가르치자, 다 함께 브나로드' 등의 구호를 내걸고 농촌 계몽을 위한 브나로드 운동을 전개하였다.

08 자료의 밑줄 친 '회의'는 국민 대표 회의이다. 3·1 운동의 영향으로 수립된 대한민국 임시 정부가 1920년대 초반 큰 성과를 내지 못하자 독립운동의 노선을 두고 논쟁이 벌어졌고, 여러 민족 운동가를 중심으로 1923년 국민 대표 회의가 개최되었다.

09 지도의 (가) 지역에서 일어난 전투는 봉오동 전투이다. 봉오동 전투는 1920년 6월 홍범도가 이끄는 대한 독립군, 최진동이 이끄는 군무 도독부군, 안무가 이끄는 국민회군 등이 연합하여 봉오동 계곡에서 일본군에게 승리를 거둔 전투이다.

| 선택지 바로잡기 | ①, ②는 청산리 대첩에 대한 설명이다. ③ 일제가 자행한 제암리 사건은 1919년의 일로 3·1 운동과 관련이 있다. ④ 자유시 참변은 봉오동 전투 이후인 1921년에 일어났다.

10 밑줄 친 '참의부, 정의부, 신민부'에 해당하는 3부는 동포 사회를 이끌어 가는 민정 조직과 독립군의 훈련 및 작전을 담당하는 군정 조직을 갖추고 있었다. 또한 행정·입법·사법 조직을 구성하고, 동포들이 내는 세금으로 조직과 군대를 운영한 일종의 공화주의 자치 정부였다.

| 선택지 바로잡기 | ㄱ은 대한민국 임시 정부, ㄹ은 정미의병(1907~1910)과 관련된 설명이다.

11 자료의 「조선 혁명 선언」은 1923년 신채호가 작성한 것으로 의열단의 활동 지침이 되었다. 1919년 김원봉의 주도로 만주에서 결성된 의열단은 김상옥이 종로 경찰서, 나석주가 동양 척식 주식회사에 폭탄을 투척하는 등 식민 지배 기관을 파괴하는 활동을 하였다. 또한 1930년대에는 조선 혁명 군사 정치 간부 학교를 설립하였다.

| 선택지 바로잡기 | ③ 신흥 강습소(이후 신흥 무관 학교)를 설립한 단체는 신민회이다.

12 사진은 물산 장려 운동 포스터이다. 1920년에 회사령이 폐지되고, 곧 한일 간에 관세가 철폐된다는 소식이 전해지는 상황에서 1920년 평양에서 물산 장려 운동이 시작되어 전국적으로 퍼져 나갔다. 물산 장려 운동은 '내 살림 내 것으로'라는 구호를 내걸고, 토산품 애용 등을 강조한 경제적 실력 양성 운동이었으나, 토산품의 수요가 증가하면서 가격이 폭등하는 경우가 많아져 사회주의자들에게 비판을 받기도 하였다.

| 선택지 바로잡기 | ⑥ 1907년 대구에서 김광제, 서상돈 등이 국민 성금으로 나라 빚을 갚아 국권을 지키자는 국채 보상 운동을 펼쳤다.

13 토의 질문에서 1모둠은 물산 장려 운동, 3모둠은 문자 보급 운동 4모둠은 브나로드 운동에 대한 질문으로, 모두 1920~1930년대에 전개된 실력 양성 운동과 관련이 있다. 1920년대 이상재 등을 중심으로 설립된 조선 민립 대학 기성회는 민립 대학 설립을 위해 전국적인 모금 활동을 펼쳤다.

14 자료는 신간회 강령(1927)이다. 신간회는 1929년 광주 학생 항일 운동이 일어나자 현지에 진상 조사단을 파견하고 민중 대회를 계획하였다.

| 선택지 바로잡기 | ①은 독립 협회, ②는 정우회, ③은 국채 보상 기성회에 대한 설명이다. ④ 조선 공산당은 1925년에 결성되었다.

15 **예시 답안** 신간회, 일제의 민족 분열 정책으로 민족주의 세력의 일부는 자치론을 주장하여 일제에 타협적인 태도를 보였고, 사회주의 세력은 치안 유지법 등으로 활동에 제약을 받았다. 이에 비타협적 민족주의 세력과 사회주의 세력이 연대하여 신간회를 창립하였다.

채점 기준

상	신간회를 쓰고, 민족주의 세력과 사회주의 세력의 상황을 모두 서술한 경우
하	신간회를 쓰고, 민족주의 세력과 사회주의 세력의 상황 중 한 가지만 서술한 경우

16 **예시 답안** • 1단계: 대한민국 임시 정부의 조직 개편 문제를 두고 대립한 국민 대표 회의이다.
• 2단계: (가)는 임시 정부를 해산하고 새로운 정부를 세우자는 주장이고, (나)는 임시 정부의 조직만 개편하자는 주장이다.
• 3단계: 국민 대표 회의, 국민 대표 회의는 대한민국 임시 정부를 해산하고 새로운 정부를 수립하자는 (가) 창조파와 임시 정부의 조직만 바꾸자는 (나) 개조파의 대립으로 별다른 성과를 거두지 못하였다.

채점 기준

상	개조파와 창조파의 주장을 포함하여 국민 대표 회의의 결과를 서술한 경우
하	국민 대표 회의의 결과만 서술한 경우

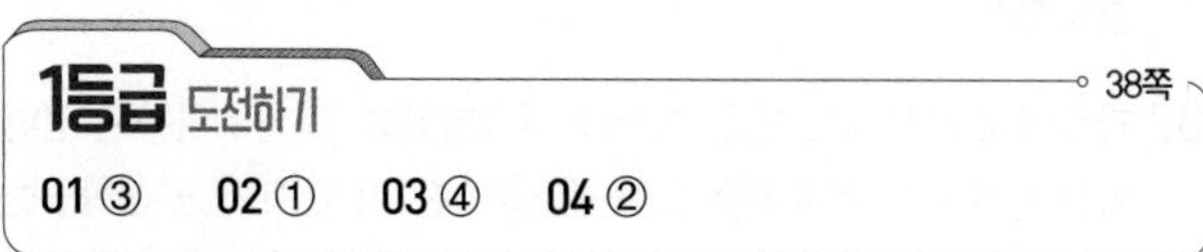
1등급 도전하기

38쪽

01 ③ 02 ① 03 ④ 04 ②

01 자료의 상하이에서 수립, 독립신문 등을 통해 (가) 단체가 대한민국 임시 정부임을 알 수 있다. 대한민국 임시 정부는 기관지인 독립신문을 발간하여 독립운동과 국내외 소식을 동포들에게 전하였다.

| 선택지 바로잡기 | ③은 독립 의군부의 활동에 해당한다.

02 (가)는 자유시 참변(1921), (나)는 3부의 통합(1920년대 후반)과 관련이 있다. 1925년 일제와 만주 군벌이 미쓰야 협정을 체결하여 3부의 활동은 크게 위축되었다. 이후 1920년대 후반 국내외 민족주의와 사회주의 통합 움직임의 영향을 받아 3부 통합 운동이 전개되었다.

| 선택지 바로잡기 | ②는 1907년, ③은 1908년, ④, ⑤는 1920년에 일어난 일이다.

03 신문에서 토산 애용 부인회, 토산 장려 등을 통해 밑줄 친 '운동'이 물산 장려 운동임을 알 수 있다. 1920년 국내 민족 기업과 자본을 보호하고 육성하기 위해 조만식 등의 주도로 평양에서 시작된 물산 장려 운동은 전국적으로 확산되었다.

| 선택지 바로잡기 | ① 물산 장려 운동은 회사령 폐지, 관세 철폐 움직임 등을 배경으로 전개되었다. ②는 1907년에 일어난 국채 보상 운동에 대한 설명이다. ③ 황국 중앙 총상회는 1898년 시전 상인들이 상권을 보호하고자 조직한 것이다. ⑤ 대동 상회 등 근대적 상회사가 설립된 것은 1880년대 초의 일이다.

04 사진은 브나로드 운동 포스터이다. 동아일보는 1931년부터 '배우자, 가르치자, 다 함께 브나로드' 등의 구호를 내걸고 농촌 계몽을 위한 브나로드 운동을 전개하였다.

| 선택지 바로잡기 | ①은 문자 보급 운동에 해당한다. ③ 브나로드 운동은 일제 강점기인 1931년부터 전개되었다. ④ 교육 입국 조서는 제2차 갑오개혁 때 반포되었다. ⑤ 원산 학사는 1883년에 설립되었다.

수능 준비하기

39쪽

01 ⑤ 02 ⑤

01 자료에서 일제의 강압적 통치에 대한 반발, 고종의 서거, 민족자결주의 대두를 배경으로 일어났다는 내용을 통해 밑줄 친 '이 운동'이 3·1 운동(1919)임을 알 수 있다. 3·1 운동이 일어나자 일제는 무단 통치의 한계를 깨닫고 식민 통치 방식을 이른바 '문화 정치'로 바꾸었다.

| 선택지 바로잡기 | ①은 을미의병에 해당한다. ②는 1925년 이후의 일이다. ③은 국채 보상 운동에 해당한다. ④ 만민 공동회는 1898년에 개최되었다.

02 자료에서 정우회 선언을 계기로 결성되었고, 기회주의를 부인한다는 강령을 발표한 내용을 통해 밑줄 친 '이 단체'가 신간회임을 알 수 있다. 정우회 선언(1926) 이후 민족 운동 진영의 연대 분위기 속에 비타협적 민족주의자들과 사회주의자들이 신간회를 창립하였다(1927).

| 선택지 바로잡기 | ① 교조 신원 운동은 동학교도가 전개하였다. ②는 동학 농민군에 해당한다. ③은 대한 광복군 정부, ④는 신민회에 대한 설명이다.

04 사회·문화의 변화와 대중운동

개념 확인하기

41, 43쪽

1 암태도 소작 쟁의 2 (1) ○ (2) × (3) ○ (4) × 3 (1) 원산 총파업 (2) 6·10 만세 운동 4 「아리랑」 5 (1) ㄴ (2) ㄱ (3) ㄷ (4) ㄹ 6 (1) 대종교 (2) 조선어 연구회 (3) 『개벽』

실력 다지기

44~47쪽

01 ③	02 ④	03 ①	04 ④	05 ④	06 ②	07 ③
08 ②	09 ④	10 ⑤	11 ⑥	12 ⑤	13 ③	14 ②
15 해설 참조		16 해설 참조				

01 기사의 내용은 일제 강점기 토막민 문제를 보여 준다. 일제 강점기에는 도시를 중심으로 일상생활 등에서 많은 변화가 이루어졌다. ①, ④ 도시는 일본인과 한국인의 거주지로 분리되었고, 일본인이 도시의 경제권을 장악하였다. ② 의생활에서는 구두와 양복 등 서양식 복장이 점차 보편화되었다. ⑤ 일제가 1910년대 이후 철도를 건설하여 운행하면서 근대적 시간관념이 정착하였다.

| 선택지 바로잡기 | ③ 거류지 무역은 개항 초기에 이루어졌다.

02 (가)에는 1920년대 농민 운동과 노동 운동과 관련이 있는 주제가 들어가야 한다. ④ 원산 총파업은 1929년에 라이징 선 석유 회사에서 일본인 감독이 한국인 노동자를 구타한 사건을 계기로 시작된 파업 투쟁이다.

| 선택지 바로잡기 | ①은 흥선 대원군이 실시한 경복궁 중건 사업, ②는 정조의 통공 정책과 관련이 있다. ③은 1907년, ⑤는 1934년의 일이다.

03 (가)는 1920년대이다. 1920년대 산미 증식 계획으로 소작농이 증가하고, 높은 소작료와 수리 조합비 부담으로 농민들의 어려움이 가중되면서 농민들이 소작 쟁의를 전개하였다. 1920년대 후반에는 사회주의의 영향을 받으며 더욱 발전하였다.

| 선택지 바로잡기 | ㄷ. 화폐 정리 사업은 국권 피탈 이전의 일로, 1905년부터 추진되었다. ㄹ. 국가 총동원법은 1938년에 제정되었다.

04 자료에서 순종의 서거 후 국내 사회 동향, 천도교, 조선 공산당, 학생들의 만세 시위 계획 등은 모두 6·10 만세 운동(1926)과 관련이 있다. 따라서 (가)에 들어갈 탐구 주제는 '6·10 만세 운동의 전개'가 적합하다.

| 선택지 바로잡기 | ① 신간회 해소는 1931년의 일이다. ② 형평 운동은 1920년대 초 백정들의 차별 대우에 항의하여 전개되었다. ③ 브나로드 운동은 1931년부터 전개되었다. ⑤는 3·1 운동과 관련이 있다.

05 자료는 광주 학생 항일 운동 당시 격문이다. 1929년에 광주 학생 항일 운동이 일어나자 신간회는 진상 조사단을 파견하였다.

| 선택지 바로잡기 | ①은 6·10 만세 운동, ②는 『조선책략』 유포, ③은 국채 보상 운동, ⑤는 3·1 운동과 관련이 있다.

06 자료에 쓰인 글은 소년 운동 선언(1923)이다. 소년 운동은 방정환을 중심으로 천도교 소년회가 만들어지면서 본격적으로 전개되었다. 천도교 소년회는 다른 단체들과 함께 5월 1일을 어린이날로 정하였고, 기관지인 『어린이』도 발행하였다.

| 선택지 바로잡기 | ①은 독립 협회, ③은 신간회, ④는 신민회, ⑤는 조선어 학회에 대한 설명이다.

07 자료는 조선 형평사 설립 취지문(1923)이다. 사회적 차별과 편견에 시달리던 백정들은 조선 형평사를 조직하고 평등한 대우를 요구하는 형평 운동을 전개하였다.

| 선택지 바로잡기 | ①은 동학 농민군, ②는 신간회, ④는 천도교 소년회, ⑤는 조선 민립 대학 기성회와 관련이 있다.

08 조선 총독부는 1925년 조선사 편수회를 설치하고, 한국의 역사를 왜곡하여 정리한 『조선사』를 만들어 식민 사관을 퍼뜨리려 하였다. 이에 맞서 민족주의 사학자였던 박은식, 신채호, 사회 경제 사학자였던 백남운 등이 우리 역사를 지키기 위해 노력하였고, 1930년대에는 정인보, 안재홍, 문일평 등에 의해 조선학 운동이 전개되었다.

| 선택지 바로잡기 | ② 이규보는 고려의 문신으로, 무신 집권기에 「동명왕편」을 지어 고구려 시조인 동명왕의 업적을 칭송하였다.

09 교사의 설명에서 신간회의 자매단체, 여성들의 의식 향상을 위해 노력함 등을 통해 밑줄 친 '이 단체'가 근우회(1927)임을 알 수 있다. 근우회는 강연과 토론회, 야학 등으로 여성들의 의식을 향상시키고자 노력하였으며, 기관지인 『근우』를 발간하였다.

| 선택지 바로잡기 | ①은 1886년, ②는 제2차 갑오개혁 때의 일이다. ③ 의회 설립 운동은 독립 협회의 주도로 전개되었다. ⑤는 대한민국 임시 정부의 활동이다.

10 자료의 나철, 오기호 등이 창시함, 단군 신앙을 기반으로 함 등을 통해 (가) 종교가 대종교임을 알 수 있다. 대종교의 일부 신자들은 국권 피탈 이후 만주에서 중광단을 조직하여 항일 무장 투쟁을 전개하였다.

| 선택지 바로잡기 | ①은 불교, ②는 개신교, ③은 천주교, ④는 원불교에 대한 설명이다.

11 자료의 사진은 1926년에 나운규가 발표한 영화 「아리랑」 광고 포스터이다. 「아리랑」은 나라 잃은 민중의 울분과 설움을 그려 내어 대중의 큰 호응을 받았다. ①, ②, ③, ④, ⑤는 모두 1920년대의 사실이다.

| 선택지 바로잡기 | ⑥ 원각사는 1908년에 설립되어 「은세계」와 같은 작품을 공연하였고, 이후 1914년에 화재로 소실되었다.

12 자료의 『조선상고사』는 신채호의 저술이다. 민족주의 사학자인 신채호는 고대사 연구에 주력하여 민족의 전통과 정신을 강조하였으며, 『조선사연구초』, 『조선상고사』 등을 저술하였다.

| 선택지 바로잡기 | ①은 실증 사학자, ②는 백남운 등의 사회 경제 사학자, ③은 안재홍, 문일평 등, ④는 이승만에 대한 설명이다.

13 퀴즈의 정답은 박은식이다. 따라서 마지막 힌트 (가)에는 『한국통사』 저술이 들어가야 한다. 박은식은 민족정신으로 국혼을 강조하고 『한국통사』, 『한국독립운동지혈사』를 지었다.

| 선택지 바로잡기 | ①은 흥선 대원군, ②는 방정환, ④는 신채호, ⑤는 백남운과 관련이 있다.

14 조선어 학회는 한글 맞춤법 통일안과 표준어를 제정하는 등의 활동을 하였으나, 이후 조선어 학회 사건(1942)으로 강제 해산당하였다.

| 선택지 바로잡기 | ㄴ. 1920년대에는 국어학자들이 조선어 연구회를 조직하여 '가갸날'을 제정하고 기관지 『한글』을 발행하여 한글의 연구와 보급에 힘썼다. ㄹ. 조선어 학회가 『우리말(조선말) 큰사전』의 편찬을 시도하였으나 일제의 탄압으로 중단되었다.

15 **예시 답안** 정체성론이다. 사회 경제 사학자 백남운은 한국사가 세계사의 보편적인 발전 과정을 걸어왔음을 주장하여 식민 사관의 정체성론을 반박하였다.

채점 기준

상	백남운이 한국사의 세계사적 보편성을 주장하여 식민 사관의 정체성론을 반박한 내용을 모두 서술한 경우
하	정체성론을 반박하였다고만 서술한 경우

16 **예시 답안** • 1단계: 순종 장례일에 학생들이 격문을 뿌렸다는 내용을 통해 만세 시위가 6·10 만세 운동임을 알 수 있다.

• 2단계: 6·10 만세 운동은 민족주의 계열과 사회주의 계열이 함께 준비하였다.

• 3단계: 순종의 장례일에 일어난 6·10 만세 운동은 전국적인 시위로 확대되지는 못하였으나, 민족주의 계열과 사회주의 계열이 운동을 함께 준비하면서 민족 협동 전선의 토대를 마련하였다.

채점 기준

상	6·10 만세 운동의 주도 세력과 영향을 모두 서술한 경우
하	6·10 만세 운동만 쓴 경우

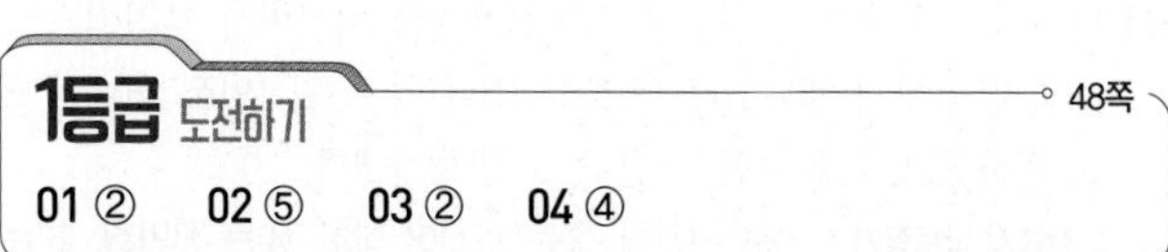

1등급 도전하기

48쪽

01 ② 02 ⑤ 03 ② 04 ④

01 자료는 1920년대 서양식 옷차림을 한 '모던 걸'과 '모던 보이'를 묘사한 것이다. 일제 강점기에는 빵, 커피 등 서양 식품이 소비되었고 도시 상류층은 문화 주택에 거주하였으며, 대부분의 도시에는 일본인 거주 지역과 한국인 거주 지역이 구분되었다. 한편, 이 시기에는 사립 학교와 강습소, 야학, 개량 서당 등이 세워져 민족 교육이 실시되었다.

| 선택지 바로잡기 | ② 신민회가 105인 사건으로 와해된 것은 1911년의 일이다.

02 일제 강점기에는 다양한 사회 운동이 전개되었다. ① 농민들은 일제의 토지 조사 사업, 산미 증식 계획 등으로 생활이 어려워지자 농민 운동을 전개하였다. ② 노동자들은 열악한 노동 조건과 민족 간 차별 대우를 개선하기 위해 노동 운동을 벌였다. ③ 신간회의 자매단체로서 민족주의 계열과 사회주의 계열의 여성 인사들이 통합하여 근우회를 창립하였다. ④ 소년 운동을 전개한 방정환은 '어린이'라는 용어를 사용하였다.

| 선택지 바로잡기 | ⑤ 갑오개혁 때 법제상의 신분 차별이 폐지되었지만, 백정에 대한 사회적 차별은 없어지지 않았다. 이에 백정들은 형평 운동을 전개하였다.

03 이상화는 「빼앗긴 들에도 봄은 오는가」와 같이 일제에 대한 저항 의식을 담은 저항 문학 작품을 발표하였다. 일제 강점기 저항 문학의 대표적인 문인으로는 한용운, 이상화, 심훈, 이육사, 윤동주 등이 있다.

| 선택지 바로잡기 | ①은 친일 문학에 대한 설명이다. ③ 1920년대 중반에는 사회주의의 영향을 받은 신경향파 문학이 등장하였다. ④ 1920년대 식민지 민중의 고단한 삶을 현실적으로 묘사한 사실주의 문학이 유행하였다. ⑤ 1910년대에는 이광수, 최남선 등의 주도로 계몽적 성격의 문학이 유행하였다.

04 자료는 근우회 행동 강령이다. 근우회는 민족 유일당 운동의 흐름에 따라 비타협적 민족주의 계열과 사회주의 계열의 여성 운동가들이 연대하여 결성(1927)한 단체이다.

| 선택지 바로잡기 | ① 6·10 만세 운동은 1926년의 일이다. ② 암태도 소작 쟁의는 1923~1924년의 일이다. ③은 천도교에 대한 설명이다. ⑤ 일제는 중일 전쟁 이후 국민 정신 총동원 운동을 전개하여 애국반·반상회 등을 운영하였다.

수능 준비하기

49쪽

01 ③ 02 ②

01 방정환을 중심으로 천도교 소년회가 만들어지면서 본격적으로 소년 운동이 전개되었다. 천도교 소년회는 5월 1일을 어린이날로 정하였고, 기관지인 『어린이』도 발행하였다.

| 선택지 바로잡기 | ①은 신간회, ②는 조선어 학회, ④는 신민회, ⑤는 북로 군정서 등에 대한 설명이다.

02 자료는 일제 강점기 민족주의 사학자 박은식이 저술한 『한국통사』 서문의 일부이다. 박은식은 민족정신으로 국혼을 강조하고 『한국통사』를 지어 일본의 침략 과정을 폭로하였다.

| 선택지 바로잡기 | ①은 고구려 장수왕 시기의 사실이다. ③ 좌우 합작 위원회는 1946년에 조직되었다. ④는 세도 정치 시기의 일이다. ⑤ 1956년 제3대 대통령 선거에서 조봉암이 선전하자 이승만 정부는 진보당 사건을 일으켜 조봉암을 처형하였다.

05 독립 국가 건설 노력

개념 확인하기

51, 53쪽

1 (1) ㄱ (2) ㄴ 2 (1) 이봉창 (2) 윤봉길 3 (1) ○ (2) × (3) ○
4 (1) × (2) ○ (3) × 5 삼균주의 6 (1) ㄴ (2) ㄱ

실력 다지기

54~57쪽

01 ② 02 ⑤ 03 ③ 04 윤봉길 05 ⑤ 06 ④
07 ④ 08 ① 09 ① 10 ⑤ 11 ⑤ 12 ④ 13 ③
14 ② 15 ④ 16 해설 참조 17 해설 참조

01 첫 번째 자료는 한국 독립군과 중국군의 합의(1931)이고, 두 번째 자료는 조선 혁명군과 중국 의용군의 합의(1932) 사항으로 한국군과 중국군의 연합을 보여 준다. 일제가 1931년 만주 사변을 일으킨 뒤 만주국을 세우면서 중국인의 반일 감정이 높아진 가운데 한국 독립군과 조선 혁명군은 각각 중국군과 연합하여 항일 전쟁을 전개하였다.

| 선택지 바로잡기 | ①은 1921년, ③은 1940년, ④는 1920년의 사실이다. ⑤ 중일 전쟁은 1937년에 일어났다.

02 (가)는 한국 독립군, (나)는 조선 혁명군이다. 한국 독립당의 군사 조직인 한국 독립군은 북만주 일대에서 중국 호로군과 연합하여 쌍성보 전투, 대전자령 전투 등에서 일본군에 승리하였다. 양세봉이 이끄는 조선 혁명군은 남만주 일대에서 중국 의용군과 함께 영릉가 전투, 흥경성 전투 등에서 일본군을 격퇴하였다.

| 선택지 바로잡기 | ⑤ 조선 의용대 일부 대원들이 김원봉의 지휘 아래 한국광복군에 합류하였다(1942).

03 (가)는 동북 항일 연군이다. 동북 항일 연군은 동북 인민 혁명군이 1936년에 모든 반일 세력을 받아들인다는 원칙을 내세우고 확대·개편한 군사 조직이다. 동북 항일 연군 내의 한인 유격대가 조국 광복회를 결성하였다.

| 선택지 바로잡기 | ①은 한국 독립군과 조선 혁명군, ②는 민족 혁명당, ④는 조선 의용대 화북 지대, ⑤는 북로 군정서군 등에 대한 설명이다.

04 한인 애국단원 윤봉길은 1932년 상하이 훙커우 공원에서 열린 일왕의 생일 및 상하이 사변 승리를 축하하는 기념식장에 폭탄을 던져 일본군 장교와 여러 고위 관리를 처단하였다.

05 자료의 사건은 윤봉길의 의거에 해당한다. 한인 애국단원 윤봉길은 1932년 상하이 훙커우 공원에서 열린 일본 국왕의 생일과 상하이 사변의 승리를 축하하는 기념식장에서 폭탄을 던져 일본군 장교와 다수의 고위 관리를 처단하였다. 이를 계기로 중국 국민당 정부가 한국의 독립운동을 적극 지원하게 되었다.

| 선택지 바로잡기 | ①은 1920년대 후반, ②는 1920년대 후반, ③은 1920년의 일이다. ④ 국민 대표 회의는 1923년에 개최되었다.

06 자료는 민족 혁명당의 강령이다. 1935년에 결성된 민족 혁명당은 민족주의 계열과 사회주의 계열의 단체가 연합한 중국 관내 최대 규모의 통일 전선 정당이었다. 하지만 김구 등 대한민국 임시 정부를 고수하려는 세력은 참가하지 않았고, 조직 내부의 갈등으로 조소앙, 지청천 등 민족주의 세력이 탈당하면서 통일 전선 정당으로서의 성격이 약해졌다. 한편, 민족 혁명당은 1937년에 난징에서 사회주의 세력과 조선 민족 전선 연맹을 결성하였다.

| **선택지 바로잡기** | ④ 3부 통합 운동의 결과 남만주 지역에서 결성된 것은 국민부이다.

07 (가)에는 한인 애국단원 이봉창의 의거 내용이 들어가야 한다. 이봉창은 1932년 1월 일본 도쿄에서 일본 국왕이 탄 마차에 수류탄을 던졌다.

| **선택지 바로잡기** | ①은 북로 군정서군, 대한 독립군 등, ②는 안중근, ③은 이재명, ⑤는 윤봉길에 대한 설명이다.

08 (가)는 조선 의용대이다. 조선 의용대는 1938년 조선 민족 전선 연맹이 중국 국민당의 지원을 받아 창설한 군사 조직이다. 조선 의용대는 중국 국민당 정부의 대일 전선에서 활동하였는데, 이후 중국 국민당의 소극적인 항일 투쟁에 반대한 일부 대원이 보다 적극적인 항일 투쟁을 위해 화북 지역으로 이동하였다.

| **선택지 바로잡기** | ㄷ은 조선 혁명군, ㄹ은 정미의병에 대한 설명이다.

09 (가)는 한국광복군이다. 1940년에 대한민국 임시 정부의 정규군으로 창설된 한국광복군은 지청천을 사령관으로 하였다.

| **선택지 바로잡기** | ② 조선 의용대는 조선 민족 전선 연맹의 군사 조직으로 김원봉이 총대장을 맡았다. ③ 조선 혁명군은 양세봉을 총사령관으로 하여 영릉가·흥경성 전투에서 일본군을 격퇴하였다. ④ 김구가 조직한 한인 애국단에서 이봉창과 윤봉길 등이 활약하였다. ⑤ 총사령관 김좌진이 이끄는 북로 군정서군은 홍범도가 이끄는 대한 독립군 등과 함께 청산리 대첩에서 큰 전과를 거두었다.

10 지도는 대한민국 임시 정부의 이동 경로를 보여 준다. 1941년 일제가 아시아·태평양 전쟁을 일으키자, 대한민국 임시 정부는 일본에 선전 포고를 하고 한국광복군을 연합군의 일원으로 참전시켰다.

| **선택지 바로잡기** | ①은 조선 독립 동맹, ②는 재미 한족 연합 위원회, ③은 신간회, ④는 민족 혁명당에 대한 내용이다.

11 사진은 한국광복군 총사령부 창설식으로, 밑줄 친 '이 부대'는 한국광복군에 해당한다. 1940년에 충칭에서 창설된 한국광복군은 미국 전략 정보국(OSS)과 협력하여 특수 훈련을 받고 국내 정진군을 편성하는 등 국내 진공 작전을 계획하였다.

| **선택지 바로잡기** | ①은 한인 국방 경위대, ②는 조선 의용대 화북 지대, ③은 조선 의용군, ④는 재미 한족 연합 위원회에 대한 설명이다.

12 자료는 대한민국 임시 정부가 1941년에 발표한 건국 강령이다. 이는 조소앙의 삼균주의에 기초하였으며, 민주 공화정 수립 등의 내용을 담았다. 또한 사회주의적인 요소를 포괄하고 있었다.

| **선택지 바로잡기** | ④ 한국광복군은 대한민국 임시 정부가 건국 강령을 발표하기 전인 1940년에 창설되었다.

13 자료는 (가) 조선 건국 동맹의 건국 강령(1944)이다. 조선 건국 동맹은 여운형을 중심으로 한 국내의 민족 지도자들이 1944년에 비밀리에 결성한 단체이다. 조선 건국 동맹은 전국에 조직망을 설치하여 그 아래에 노동자, 농민, 청년 등 각계각층을 대상으로 하는 다양한 조직을 만들어 운영하였다. 그중 농민 동맹은 일제의 징용, 징병, 식량 공출 등을 방해하는 활동을 하였다. 또한 일본군의 후방 교란과 무장봉기를 목적으로 하는 군사 위원회를 만들었으며, 조선 독립 동맹, 대한민국 임시 정부와 같은 국외 독립 운동 세력과의 연계를 모색하였다.

| **선택지 바로잡기** | ③은 1940년 충칭에 자리 잡은 후의 대한민국 임시 정부에 대한 설명이다.

14 1940년대에 국내외 독립운동 세력들은 건국 준비 활동을 하였다. 중국 화북 지방에서 한국인 사회주의자들을 중심으로 조선 독립 동맹(1942)이 결성되었고(ㄱ), 국내에서는 조선 건국 동맹(1944)이 결성되어 대한민국 임시 정부 등 국외 세력과의 연계를 모색하였다(ㄷ).

| **선택지 바로잡기** | ㄴ. 독립 협회는 1898년 관민 공동회를 열고 헌의 6조를 채택하였다. ㄹ. 대한 광복군 정부는 1914년에 1914년에 권업회를 중심으로 조직되었다.

15 자료는 카이로 선언이다. 제2차 세계 대전에서 연합군이 승기를 잡자, 1943년 11월 미국, 영국, 중국의 대표들은 이집트 카이로에 모여 상호 협력과 전후 처리에 대해 논의하였다. 카이로 회담 후 각 국 대표들은 적당한 시기에 한국을 독립시킬 것 등을 내용으로 하는 카이로 선언을 발표하였다.

16 **예시 답안** (가)는 한인 애국단이다. 1920년대 중반 이후 대한민국 임시 정부의 활동이 크게 위축되었다. 이에 김구가 한인 애국단을 조직하여 침체된 임시 정부에 활기를 불어넣고자 하였다.

채점 기준

상	한인 애국단을 쓰고, 김구가 침체된 대한민국 임시 정부에 활기를 불어넣고자 하였던 배경을 서술한 경우
하	한인 애국단만 쓴 경우

17 **예시 답안** • 1단계: (가)는 대한민국 임시 정부, (나)는 조선 독립 동맹이다.

• 2단계: 모두 민주 공화정 체제를 지향하였다.

• 3단계: (가)는 대한민국 임시 정부이고, (나)는 조선 독립 동맹이다. 두 단체가 제시한 건국 강령 모두 민주 공화정 수립을 목표로 정치, 경제, 교육 등에 있어서 평등한 국가를 추구하였다.

채점 기준

상	(가), (나) 단체를 쓰고, 두 건국 강령이 목표로 한 국가 형태를 모두 서술한 경우
하	(가), (나) 단체만 쓰거나 두 단체가 민주 공화정의 수립을 목표로 하였다는 것만 서술한 경우

1등급 도전하기

58쪽

01 ③ 02 ⑤ 03 ② 04 ③

01 (가)는 조선 혁명군, (나)는 한국 독립군이다. ㄴ. 한국 독립군은 중국군과 연합하여 쌍성보, 대전자령 등지에서 일본군에 승리를 거두었다. ㄷ. 조선 혁명군과 한국 독립군은 만주 사변 이후 각각 중국인 부대와 연합하여 항일 전쟁을 전개하였다.

| 선택지 바로잡기 | ㄱ은 의열단, ㄹ은 동북 항일 연군에 대한 설명이다.

02 지도는 1938년에 창설된 조선 의용대의 활동을 나타낸 것이다. 조선 의용대 중 화북 지방으로 이동한 일부 병력이 타이항산을 중심으로 활동하면서 호가장 전투 등에 참전하여 일본군과 싸웠다.

| 선택지 바로잡기 | ①은 대한 독립군 등 연합 부대, ②, ④는 한국광복군, ③은 한국 독립군에 대한 설명이다.

03 밑줄 친 '나'는 한국광복군에 속한 사람이다. 대한민국 임시 정부 산하의 한국광복군은 1942년에 김원봉이 이끄는 조선 의용대의 본부가 합류하여 전력을 강화하였다.

| 선택지 바로잡기 | ①, ④는 조선 혁명군, ③은 조선 의용대, ⑤는 대한 독립 군단에 대한 설명이다.

04 (가)는 조선 독립 동맹, (나)는 조선 건국 동맹, (다)는 대한민국 임시 정부이다. ③ (나) 조선 건국 동맹은 민족주의자부터 사회주의자까지 포함한 비밀 결사였다.

| 선택지 바로잡기 | ①은 대한민국 임시 정부, ②는 조선 건국 동맹, ④는 조선 독립 동맹에 대한 설명이다. ⑤ 조선 독립 동맹, 조선 건국 동맹, 대한민국 임시 정부는 모두 민주 공화국의 수립을 목표로 하였다.

수능 준비하기

59쪽

01 ③ 02 ④

01 자료에서 상하이 훙커우 공원, 일본 공사 연설 직전에 고위 인사들 사이로 폭탄을 던졌다는 점 등을 통해 밑줄 친 '한국인'이 윤봉길임을 알 수 있다. 한인 애국단 소속의 윤봉길은 1932년 중국 상하이 훙커우 공원에서 열린 일왕의 생일 및 상하이 점령 축하 기념식장에 폭탄을 던져 일본 고위 인사들을 살상하였다.

| 선택지 바로잡기 | ①은 지눌, ②는 신채호, ④는 이상설, 이준, 이위종, ⑤는 이만손 등에 대한 설명이다.

02 자료에서 미국 전략 정보국(OSS)과 합작, 국내 진공 계획 수립 등을 통해 (가)는 한국광복군임을 알 수 있다. 1941년 아시아·태평양 전쟁 발발 직후 한국광복군은 영국의 요청에 따라 미얀마·인도 전선에 투입되어 포로 심문, 정보 수집, 선전 활동 등을 하였다.

| 선택지 바로잡기 | ①은 한국 독립군, ②는 13도 창의군, ③은 독립 의군부, ⑤는 북로 군정서군, 대한 독립군 등에 대한 설명이다.

대단원 마무리하기

60~63쪽

01 ④ 02 ③ 03 ⑤ 04 ① 05 ① 06 ④ 07 ②
08 ② 09 ① 10 ④ 11 ③ 12 ⑤ 13 ③ 14 ④
15 ⑤ 16 ① 17 ①

01 (가)에는 1910년대 무단 통치 시기 일제가 실시한 식민 지배 정책이 들어가야 한다. 일제는 죄수의 신체에 매질을 하는 조선 태형령을 한국인에게만 적용하였으며, 일반 관리와 학교 교원들에게 제복을 입히고 칼을 차고 다니게 하였다.

| 선택지 바로잡기 | ㄱ. 일제는 1930년대 후반부터 침략 전쟁에 필요한 물자를 충당하기 위해 공출 제도를 실시하였다. ㄷ. 일제는 1941년 소학교의 명칭을 '황국 신민 학교'라는 뜻의 국민학교로 바꾸었다.

02 자료는 친일 인사를 양성하여 민족 분열을 꾀하는 이른바 '문화 정치' 시기에 실시된 정책이다. '문화 정치'가 실시된 시기에 일제는 헌병 경찰제를 보통 경찰제로 바꾸었다.

| 선택지 바로잡기 | ①, ②, ④, ⑤는 1910년대 일제의 무단 통치 시기에 있었던 일들이다.

03 자료는 사이토 총독이 '문화 정치'의 실시를 내세우며 발표한 시정 방침이다. ①, ② '문화 정치' 시기 일제는 치안 유지법을 시행하여 항일 민족 운동에 대한 감시와 탄압을 강화하고, 한국인이 발행한 신문들을 검열하였다. ③ 일제의 '문화 정치'는 친일 세력을 체계적으로 육성하여 민족 분열을 꾀하고자 한 것이다. ④ '문화 정치' 시기 보통 경찰제가 도입되었지만 경찰 관서와 인원, 비용 등이 3·1 운동 이전보다 크게 증가하였다.

| 선택지 바로잡기 | ⑤ '문화 정치'는 1920년대에 실시되었다. 일제는 1939년에 국민 징용령을 내렸다.

04 침략 전쟁을 개시한 일제는 한국인의 정신을 말살하고 일왕 숭배 사상을 주입하는 민족 말살 통치를 실시하였다. 이 통치에 따라 일제는 내선 일체를 강조하였다. 또한 한국인의 성을 일본식으로 바꾸도록 하는 창씨개명을 실시하였고, 소학교의 명칭을 '황국 신민 학교'라는 뜻의 국민학교로 바꾸었다.

05 일제는 1910년 식민 지배의 경제적 기초를 세우고자 토지 조사 사업을 실시하였다. 토지 조사 사업 과정에서 일제는 지주의 소유권을 절대적 법적 권리로 인정하였다. 그리하여 일본인들과 일부 한국인들은 대지주로 성장하였다. 반면 경작지를 잃은 농민들은 지주와 임대 계약을 맺고 높은 소작료를 부담하는 소작농으로 전락하게 되었다. 이는 1920년대 소작 쟁의가 빈번하게 발생하는 배경이 되었다.

| 선택지 바로잡기 | ㄷ, ㄹ은 1930~1940년대 일제의 식민지 정책과 관련이 있다. 중일 전쟁이 발발하자 일제는 전시 체제에 돌입하여 병참 기지화 정책을 추진하였고, 그 결과 한국의 산업 구조가 군수 산업 중심으로 개편되었다. 이 시기 일제는 국가 총동원법을 공포하여 전쟁 수행에 필요한 식량과 물자를 강제로 공출하였다.

06 자료는 조선 총독부의 『산미 증식 계획 요강』이다. 일제가 산미 증식 계획을 실시하면서 쌀 생산량은 늘어났지만 증산량보다 많은 양의 쌀이 일본으로 빠져나가면서 한국인의 1인당 쌀 소비량은 줄어들었다. 곡식이 부족해지자 일제는 만주에서 잡곡을 들여와 식량 부족 문제를 해결하려 하였다. 한편 농민들은 높은 소작료, 종자 개량비 등을 떠맡게 되어 생활이 더욱 어려워졌다.

| **선택지 바로잡기** | ④는 토지 조사 사업 실시 결과에 해당한다.

07 그래프는 북부 지역은 중화학 공업이, 남부 지역은 소비재 공업이 발전하였음을 보여 준다. 병참 기지화 정책 이후 한국의 산업은 군수 사업 위주로 개편되었고, 이로 인해 지역별로 각기 다른 공업 구조가 형성되었다.

| **선택지 바로잡기** | ①은 1910년대, ③은 1923년, ④는 1920년에 있었던 일이다. ⑤는 산미 증식 계획의 결과에 해당한다.

08 자료의 유관순 열사, 제암리 사건을 통해 (가)가 3·1 운동임을 알 수 있다. 3·1 운동은 우리 역사상 최대 규모의 민족 운동으로, 대한민국 임시 정부 수립의 계기가 되었고, 중국의 5·4 운동 등 반제국주의 운동이 일어나는 데 영향을 주었다.

| **선택지 바로잡기** | ㄴ. 3·1 운동 이후 일제의 통치 방식이 무단 통치에서 이른바 '문화 정치'로 바뀌었다. ㄹ은 3·1 운동의 배경에 해당한다.

09 자료는 국민 대표 회의 선언서(1923)이다. 국민 대표 회의는 임시 정부를 해체하고 새로운 정부를 수립하자는 창조파와 임시 정부의 조직만 바꾸자는 개조파의 대립으로 결렬되었다.

| **선택지 바로잡기** | ② 국민 대표 회의가 결렬된 후 대한민국 임시 정부는 이승만을 탄핵하고 박은식을 대통령으로 추대하였다. ③은 개조파, ④는 창조파의 주장이다. ⑤ 박은식을 대통령으로 추대한 후 대한민국 임시 정부는 1925년에 헌법을 고쳐 대통령제를 국무령 중심의 내각 책임제로 바꾸었다.

10 자료는 물산 장려 운동과 관련이 있다. 1920년대 초 한국과 일본 사이의 관세가 철폐된다는 소식으로 한국인 자본가들의 위기의식이 높아졌다. 그러자 1920년 평양에서 조선 물산 장려회가 조직되어 민족 기업의 육성을 위한 물산 장려 운동이 시작되었고, 이는 점차 전국으로 확산되었다.

| **선택지 바로잡기** | ①은 민립 대학 설립 운동의 배경에 해당한다. ②는 1910년대 무단 통치 시기의 일이다. ③ 일제는 한국의 자원을 독점하고자 1910년대에 어업령, 삼림령, 조선 광업령 등을 제정하였다. ⑤ 치안 유지법은 1925년에 제정되었다.

11 자료는 6·10 만세 운동의 재판 기록이다. 민족주의와 사회주의 계열은 6·10 만세 운동을 함께 준비하면서 민족 협동 전선을 만들 수 있다는 공감대를 형성하였다.

| **선택지 바로잡기** | ① 민립 대학 기성회는 민립 대학 설립 운동을 주도하였다. ②, ⑤는 광주 학생 항일 운동에 대한 설명이다. ④는 3·1 운동에 해당하는 설명이다.

12 자료는 조선 형평사 창립 취지문으로, (가)는 백정에 해당한다. 1923년 백정은 경남 진주에서 조선 형평사를 조직하고, 백정에 대한 사회적 차별을 없애자고 주장하는 형평 운동을 전개하였다. 조선 형평사는 다른 분야의 단체들과 협력하면서 사회 운동의 활성화에 영향을 끼쳤다. 이를 통해 형평 운동은 신분 해방 운동을 넘어 항일 민족 운동의 성격까지 띠게 되었다.

| **선택지 바로잡기** | ①, ③ 방정환을 중심으로 한 천도교 소년회는 소년 운동을 전개하였고, 5월 1일을 어린이날로 정하고 기념식을 열었다. ② 법제상의 신분제가 폐지된 것은 갑오개혁 때의 일이다. ④는 민립 대학 설립 운동에 대한 설명이다.

13 (가)는 민족주의 사학자인 박은식이 쓴 『한국통사』, (나)는 사회 경제 사학자인 백남운이 쓴 『조선사회경제사』이다. ③ 백남운은 한국사가 세계사의 보편적인 발전 법칙에 따라 발전하였다고 주장하며 식민 사관의 정체성론을 반박하였다.

| **선택지 바로잡기** | ①, ②는 사회 경제 사학, ④는 민족주의 사학, ⑤는 실증 사학에 대한 설명이다.

14 (가)는 조선 혁명군, (나)는 한국 독립군이다. 조선 혁명군은 남만주 일대에서 양세봉이 총사령관으로 활동하였다. 한국 독립군은 중국 호로군과 연합하여 쌍성보 전투, 사도하자 전투, 대전자령 전투 등에서 일본군에 승리하였다. 두 독립군 부대는 중국군과 연합하여 일본군에 맞서 싸웠다는 공통점이 있다.

| **선택지 바로잡기** | ㄱ은 한국 독립군, ㄷ은 조선 혁명군에 대한 설명이다.

15 (가)는 한인 애국단이다. 대한민국 임시 정부는 국민 대표 회의 결렬 이후 재정난 등으로 활동이 크게 위축되었다. 이러한 상황에서 김구는 적극적인 의열 투쟁을 벌여 대한민국 임시 정부에 활기를 불어 넣고자 한인 애국단을 조직하였다.

16 만주 사변 이후 독립운동 단체 대부분이 중국 관내로 이동하였다. 이러한 과정에서 1930년대 중국 관내에서 항일 전선을 통합하려는 노력이 전개되었다. 그 결과 1935년 한국 독립당과 의열단, 조선 혁명당 등이 참여하여 민족 혁명당이 조직되었다.

| **선택지 바로잡기** | ② 조국 광복회는 1936년 만주에서 결성되었다. ③ 신간회는 지도부의 우경화, 코민테른의 노선 변경 등으로 1931년에 해소되었다. ④는 1920년대 후반에 전개된 3부 통합 운동의 결과에 해당한다. ⑤ 대한민국 임시 정부는 중일 전쟁 이후 창사, 광저우 등 중국 각지로 근거지를 옮기다가 1940년 충칭에 자리를 잡았다.

17 (가)는 대한민국 임시 정부가 1940년에 정규군으로 창설한 한국 광복군이다. 대한민국 임시 정부는 주석 중심의 단일 지도 체제를 마련하고 김구를 주석으로 선출하였다. 1941년에는 삼균주의를 기초로 하고 민주 공화국 건설을 지향한 대한민국 건국 강령을 발표하였다. 한편, 아시아·태평양 전쟁이 일어나자 대일 선전 포고(1941)를 하였다.

| **선택지 바로잡기** | ① 조선 의용대 화북 지대는 호가장 전투 등에서 일제를 상대로 큰 성과를 거두었다.

Ⅱ 대한민국의 발전

01 냉전 체제와 대한민국 정부 수립

개념 확인하기 67, 69쪽

1 (1)-㉡ (2)-㉢ (3)-㉠ 2 (1) ○ (2) × (3) ○ (4) ×
3 ㄱ-ㅁ-ㄹ-ㄷ-ㅂ-ㄴ 4 ㉠ 대한민국 ㉡ 제헌 헌법 5 (1) 김일성
(2) 농지 개혁 (3) 국회 프락치 사건 (4) 북조선 임시 인민 위원회
6 (1) 비협조적 (2) 우익 (3) 3정보

실력 다지기 70~73쪽

01 ① 02 ⑤ 03 ⑤ 04 ③ 05 ④ 06 ② 07 ④
08 ⑤ 09 ③ 10 ② 11 ③ 12 ② 13 ③ 14 ①
15 해설 참조 16 해설 참조

01 자료의 밑줄 친 '국제 질서'는 냉전 체제이다. 냉전은 미국 중심의 자본주의 진영과 소련 중심의 공산주의 진영이 체제의 우위를 경쟁하는 정치 체제이다. 냉전 시기 동아시아 지역에서는 자본주의 진영과 공산주의 진영이 무력으로 충돌하였다. 제2차 국공 내전에서 공산당이 승리하여 중화 인민 공화국이 수립된 데 이어 여러 국가의 직접적인 개입 속에서 한국의 6·25 전쟁과 베트남 전쟁이 일어났다.

| 선택지 바로잡기 | ㄷ과 ㄹ은 제2차 세계 대전의 결과로, 냉전이 동아시아에 미친 영향과 관련이 없다.

02 (가) 단체는 조선 건국 준비 위원회이다. 광복 이후 일본으로부터 치안권을 받은 여운형은 안재홍과 함께 조선 건국 준비 위원회를 조직하였다. 조선 건국 준비 위원회는 전국에 145개의 지부를 조직하고 치안대를 설치하여 질서를 유지하는 역할을 하였다.

| 선택지 바로잡기 | ①, ③은 대한민국 임시 정부에 대한 설명이다. ② 한국 민주당은 우익 세력인 송진우, 김성수 등을 중심으로 결성되었다. ④ 독립 촉성 중앙 협의회는 이승만을 중심으로 결성되었다.

03 민주주의 임시 정부 수립, 미소 공동 위원회 조직, 5년 이내를 기한으로 하는 신탁 통치 실시 등의 사실을 통해 자료는 모스크바 3국 외상 회의의 결정 사항임을 알 수 있다. 모스크바 3국 외상 회의는 미국, 영국, 소련의 외무 장관이 모여 한반도 문제를 포함한 전후 처리에 대해 논의한 회의이다.

| 선택지 바로잡기 | ① 국민 대표 회의에서 개조파와 창조파가 대립하였다. ② 미국, 영국 소련의 외무 장관이 모스크바 3국 외상 회의에 참여하였다. ③ 1943년에 열린 카이로 회담에서 한국의 독립을 국제적으로 처음 약속하였다. ④ 모스크바 3국 외상 회의의 결정 사항이 알려지자 우익 세력은 신탁 통치 반대 운동을 펼쳤다.

04 모스크바 3국 외상 회의의 결정 이행을 위해 개최된 위원회라는 점에서 밑줄 친 '위원회'는 미소 공동 위원회임을 알 수 있다. 1946년과 1947년에 미소 공동 위원회가 개최되어 한국에 민주주의 임시 정부 수립을 위한 논의를 전개하였다. 그러나 미국과 소련이 임시 정부 수립에 관한 협의 단체의 범위를 놓고 대립하여 미소 공동 위원회는 결렬되었다.

| 선택지 바로잡기 | ①은 좌우 합작 위원회, ②는 얄타 회담, ④는 한국 민주당, ⑤는 유엔 소총회에 대한 설명이다.

05 자료는 좌우 합작으로 민주주의 임시 정부 수립, 농지 개혁 약속, 친일파 정산 등을 담은 좌우 합작 7원칙으로 좌우 합작 위원회에서 발표하였다. 좌우 합작 위원회는 여운형과 김규식을 중심으로 조직되었고, 미군정의 지원과 대중적 지지를 받았다.

| 선택지 바로잡기 | ㄱ은 신간회, ㄷ은 김구와 김규식 등에 대한 설명이다.

06 자료는 우익 세력인 이승만이 1946년에 발표한 정읍 발언이다. 제1차 미소 공동 위원회가 미국과 소련의 의견 대립으로 결렬되자, 이승만은 남한만의 단독 정부 수립을 주장하며 정읍 발언을 발표하였다.

| 선택지 바로잡기 | ① 이승만은 5·10 총선거에 참여하였다. ③ 우익 세력인 이승만은 신탁 통치 결정에 반대하였다. ④ 좌우 합작 운동은 여운형과 김규식을 중심으로 전개되었다. ⑤ 좌익 세력인 박헌영이 조선 공산당을 결성하였다.

07 (가) 사건은 제주 4·3 사건이다. 제주 4·3 사건은 제주도의 좌익 세력과 일부 주민이 단독 선거 저지와 남한 단독 정부 수립 반대를 내세우며 무장봉기를 일으킨 이후 정부가 이를 진압하는 과정에서 수많은 제주도민이 희생된 사건이다.

08 자료는 1948년 4월 김구가 남북 협상을 위해 북으로 향하기 직전에 하였던 기자 회견의 내용이다. 1948년 2월 유엔 소총회에서 남한만의 총선거 실시를 결정하자 김구와 김규식 등이 남북 협상을 전개하였다.

| 선택지 바로잡기 | ① 1943년에 열린 카이로 회담에서 최초로 한국의 독립 문제가 합의되었다. ② 5·10 총선거는 남북 협상 이후인 1948년 5월에 실시되었다. ③ 대한민국 임시 정부 건국 강령은 광복 전인 1941년에 발표되었다. ④ 여수·순천 10·19 사건은 남북 협상 이후인 1948년 10월에 일어났다.

09 제시된 포스터는 5·10 총선거 포스터이다. 5·10 총선거는 보통·평등·직접·비밀 선거 원칙에 따라 치러진 우리나라 최초의 민주주의 선거이다. 5·10 총선거는 유엔 소총회의 결정에 따라 38도선 이남 지역에서 유엔 한국 임시 위원단의 감시 아래 실시되었다. 5·10 총선거는 남한 단독 정부를 수립하는 계기가 되었으며, 선거의 결과에 따라 임기 2년의 제헌 국회가 구성되었다.

| 선택지 바로잡기 | ③ 좌익 세력과 남북 협상파는 남한만의 단독 정부 수립에 반대하여 5·10 총선거에 불참하였다.

10 그래프는 제헌 국회의 소속 정당별 의석수를 보여 준다. 1948년 5·10 총선거에 의해 선출된 국회 의원들은 국호를 대한민국으로 정하고 제헌 헌법을 제정하였다. 제헌 헌법에 따라 제헌 국회는 이승만을 대통령으로 선출하였으며, 농지 개혁법, 반민족 행위 처벌법 등을 제정하였다.

| 선택지 바로잡기 | ②는 1946년 2월에 수립된 북조선 임시 인민 위원회에 대한 설명이다.

11 자료는 1948년 7월 17일 제헌 국회에서 공포한 제헌 헌법이다. 제헌 헌법은 대한민국이 3·1 운동의 정신을 계승한 민주 공화국 체제임을 분명히 하고, 삼권 분립과 대통령 중심제를 채택하였다.

| 선택지 바로잡기 | ① 대통령의 임기는 4년이고 1회에 한해서 중임할 수 있도록 하였다. ② 제헌 헌법은 남한 단독 정부를 수립하고 제정한 법이다. ④ 제헌 국회의 임기는 2년이었다. ⑤ 제헌 헌법은 국회가 대통령과 부통령을 선출하도록 규정하였다.

12 (가)는 1946년, (나)는 1948년의 일이다. ㄱ. 1946년 2월 북조선 임시 인민 위원회가 수립된 후 무상 몰수·무상 분배 방식의 토지 개혁이 실시되었다. ㄷ. 유엔 소총회에서 남한만의 단독 선거가 결정되자, 1948년 4월 남북 연석회의(남북 협상)가 열려 단독 정부 수립 반대를 요구한 결의문이 채택되었다.

| 선택지 바로잡기 | ㄴ은 북조선 임시 인민 위원회가 수립되기 이전, ㄹ은 1945년 9월에 있었던 일이다.

13 자료는 반민족 행위자 처벌 실태이다. 제헌 국회는 일제의 식민 지배에 협력한 친일파를 청산하고자 반민족 행위 처벌법을 제정하고 반민족 행위 특별 조사 위원회(반민 특위)를 구성하였다. 그러나 이승만 정부가 반공을 앞세워 반민 특위 활동에 비협조적인 태도를 보였다. 또한 국회 프락치 사건, 경찰의 반민 특위 사무실 습격 등을 겪으며 반민 특위의 활동이 위축되었다. 결국 반민법 공소 시효를 1949년 8월로 단축한 개정 법안도 국회에서 통과되면서 반민 특위는 해체되었다.

| 선택지 바로잡기 | ㄱ. 제1차 미소 공동 위원회가 결렬되자 이승만은 남한만의 단독 정부 수립을 주장하였다(정읍 발언). ㄹ. 여운형의 암살 이후 좌우 합작 운동이 위축되었다.

14 그래프는 농지 개혁 전후 자·소작지 면적의 변화를 나타낸 것이다. 이승만 정부는 유상 매수·유상 분배의 방식을 원칙으로 하는 농지 개혁을 실시하였다. 농지 개혁으로 한 가구당 3정보(약 3만m²)까지만 농지를 소유할 수 있었고, 그 이상의 농지는 정부가 지가 증권을 발행하여 매입하였다. 정부는 매입한 농지를 농민들에게 분배하였고, 농지를 받은 농민들은 5년 동안 연평균 수확량의 30%를 정부에게 매년 상환해야 하였다. 농지 개혁을 통해 지주·소작제가 거의 사라졌으며 농민 중심의 농지 소유가 원활히 이루어지게 되었다.

| 선택지 바로잡기 | ①은 미군정의 토지 개혁에 대한 설명이다. 미군정청은 일본인 소유의 토지만 한정하여 소작농과 귀환 동포에게 유상으로 매각하였다.

15 **예시 답안** 자료의 성명은 남북 협상에서 발표되었다. 유엔 소총회에서 남한만의 총선거 실시를 결정하자 김구와 김규식 등이 남북한 정치 지도자들 간의 협상을 북한에 제안하였고, 이를 바탕으로 남북 협상이 열렸다.

채점 기준

상	남북 협상 남북 협상을 쓰고, 남북 협상의 배경을 서술한 경우
하	남북 협상만 쓴 경우

16 **예시 답안** • 1단계: (가)는 미국, 영국, 소련이 제2차 세계 대전 이후 전후 처리를 논의한 모스크바 3국 외상 회의이다.

• 2단계: 우익 세력은 신탁 통치에 반대하였다. 좌익 세력은 처음에 신탁 통치를 반대하였으나 결정 내용이 민주주의 임시 정부 수립을 위한 지원이라 여겨 이를 지지하였다.

• 3단계: (가)는 모스크바 3국 외상 회의이다. 이 회의의 결정 사항이 알려지자 우익 세력은 신탁 통치 결정 반대 운동을 전개하였다. 좌익 세력도 처음에는 신탁 통치를 반대하였으나, 이후 모스크바 3국 외상 회의 결정의 본질이 민주주의 임시 정부 수립에 있다고 보고 회의 결정에 대한 총체적 지지로 입장을 바꾸었다.

채점 기준

상	모스크바 3국 외상 회의를 쓰고 회의 결정 사항에 대한 국내 좌우익 세력의 반응을 서술한 경우
하	모스크바 3국 외상 회의만 쓴 경우

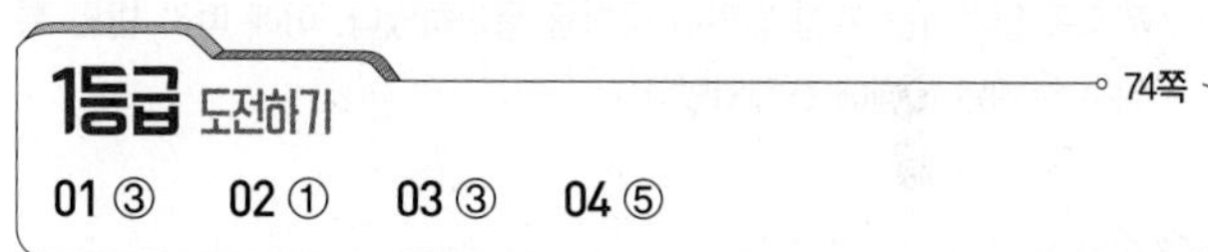

1등급 도전하기

74쪽

01 ③ 02 ① 03 ③ 04 ⑤

01 역할극은 1947년 5월에 개최된 제2차 미소 공동 위원회의 모습을 보여 준다. 제1차 미소 공동 위원회에서 미국은 신탁 통치의 찬반 여부와 관계없이 모든 단체가 협의 대상이 되어야 한다고 주장하였으나, 소련은 모스크바 3국 외상 회의 결정을 반대하는 세력과는 협의할 수 없다고 하였다. 이러한 의견 대립으로 제1차 미소 공동 위원회는 무기한 휴회에 들어섰다. 제2차 미소 공동 위원회에서는 제1차 미소 공동 위원회에서와 마찬가지로 미국과 소련이 민주주의 임시 정부 수립에 관한 협의에 참여할 단체의 범위에 대한 이견을 좁히지 못하고 대립하다가, 1947년 10월에 회의가 결렬되었다. 결국 미국은 소련과 협의를 포기하고 한반도 문제를 유엔 총회에 상정하였다. 유엔 총회는 미국이 제출한 한국 문제에 관한 결의안을 통과시켰는데, 결의안은 유엔 감시하에 인구 비례에 의한 남북 총선거를 실시하고 한국에 정부를 수립한다는 내용이었다. 이에 따라 1948년 초 유엔 한국 임시 위원단이 한반도에 파견되었다.

| 선택지 바로잡기 | ①은 1946년, ②는 1945년 9월, ④는 1946년 6월, ⑤는 1945년 광복을 전후한 시기의 일이다.

02 왼쪽은 1948년 2월 유엔 소총회가 유엔 한국 임시 위원단의 접근이 가능한 지역에서 총선거를 실시하기로 결정한 내용이고, 오른쪽은 1948년 10월 여수 주둔 군대 내의 좌익 세력이 일으킨 여수·순천 10·19 사건과 관련된 내용이다. 유엔 소총회의 결정이 알려지자 김구와 김규식 등은 1948년 4월 남북 협상에 참여하여 단독 정부 수립을 반대하는 공동 성명을 발표하였다.

| **선택지 바로잡기** | ②, ⑤는 1946년, ③, ④는 1945년의 일이다.

03 제2차 미소 공동 위원회가 결렬되자 미국은 한반도 문제를 유엔에 상정하였다. 유엔 총회에서 인구 비례에 의한 남북한 총선거 실시를 결정하였다. 그러나 소련이 유엔 한국 임시 위원단의 입북을 거부하자 유엔 소총회에서 남한만의 총선거 실시가 결정되었다. 이에 1948년 4월 제주도에서는 좌익 세력과 일부 주민들이 단독 정부 수립에 반대하며 무장봉기하였다. 5·10 총선거로 제헌 국회가 선출되었으며, 제헌 국회는 국호를 '대한민국'으로 정하고 제헌 헌법을 공포하였다.

| **선택지 바로잡기** | ③ 농지 개혁은 1950년에 실시되었다.

04 자료는 반민족 행위자 처벌에 관한 이승만 대통령의 담화이다. 담화에 제시된 (가) 단체는 반민족 행위 특별 조사 위원회(반민 특위)이다. 반민 특위는 반민족 행위 처벌법에 따라 조직되었으며 친일 혐의자 조사에 앞장섰다. 그러나 이승만이 반공을 내세워 반민 특위의 활동을 방해하였으며, 국회 프락치 사건과 경찰의 반민 특위 사무실 습격 사건을 겪으면서 활동이 위축되었다.

| **선택지 바로잡기** | ⑤ 반민족 행위 처벌법의 공소 시효를 1949년 8월까지로 단축하는 개정 법안이 국회를 통과하였다. 이에 따라 반민 특위는 1949년 10월에 해체되었다.

수능 준비하기

75쪽

01 ②　02 ②

01 우리나라 역사상 최초의 보통 선거라는 사실을 통해 (가) 선거는 5·10 총선거임을 알 수 있다. 5·10 총선거로 임기 2년의 제헌 국회 의원이 선출되었다.

| **선택지 바로잡기** | ①은 모스크바 3국 외상 회의의 결정 사항이다. ③ 좌우 합작 운동은 남한 단독 정부 수립 움직임에 반대하여 일어났다. ④ 을미사변의 발생 후 고종은 러시아 공사관으로 거처를 옮겼다(아관파천). ⑤ 무단 통치 시기 일제가 조선 태형령을 시행하였다.

02 자료는 반민족 행위 특별 조사 위원회(반민 특위)에서 작성한 보고서이다. 반민 특위는 제헌 국회에서 제정한 반민족 행위 처벌법에 따라 구성되었다.

| **선택지 바로잡기** | ①은 김구와 김규식 등, ③은 신간회, ④는 조선 민립 대학 기성회, ⑤는 조선 건국 준비 위원회에 대한 설명이다.

02 6·25 전쟁과 남북 분단의 고착화

개념 확인하기

77, 79쪽

1 (1) ○ (2) × (3) ○ (4) × (5) ○　**2** (1) 애치슨 선언 (2) 정전 협정 (3) 발췌 개헌 (4) 사사오입 개헌　**3** (1) ○ (2) ○ (3) ×　**4** (1) 확대 (2) 미국 (3) 약화　**5** 천리마운동

실력 다지기

80~83쪽

01 ①　02 ②　03 ①　04 ④　05 ③　06 ④　07 ⑤
08 사사오입 개헌　09 ②　10 ④　11 ②　12 ④　13 ②
14 ⑤　15 ④　16 해설 참조　17 해설 참조

01 자료는 1950년 1월에 발표된 미국의 애치슨 선언이다. 이 발표로 한국과 타이완은 미국의 태평양 방위선에서 제외되었으며, 이는 결과적으로 6·25 전쟁 발발에 영향을 주었다.

| **선택지 바로잡기** | ②는 1946년, ③은 1945년, ④는 1948년, ⑤는 1946년의 일이다.

02 (가)는 6·25 전쟁 중인 1950년 9월 초 북한군이 최대로 남침한 상황이고, (나)는 1951년 1월경 중국군이 최대로 남진한 상황에 해당한다. 6·25 전쟁 중 낙동강 전선에서 북한군과 전투를 벌이던 국군과 유엔군은 1950년 9월 중순부터 전개한 인천 상륙 작전에 성공하여 전세를 역전하였다. 그러나 이후 중국군이 개입하여 순식간에 남하하였다.

| **선택지 바로잡기** | ①은 1950년 1월, ③은 1948년 9월, ④는 1953년 10월, ⑤는 1951년 7월의 일이다.

03 자료는 1953년 7월에 체결된 정전 협정이다. 정전 협정이 체결된 이후인 1953년 10월에 한미 상호 방위 조약이 체결되었다. 이 조약으로 미군이 한국에 계속해서 주둔하게 되었고, 동아시아에서 미국의 영향력이 한층 강화되었다.

| **선택지 바로잡기** | ㄴ은 1948년 10월, ㄷ은 1953년 6월, ㄹ은 국군과 유엔군의 서울 재탈환 이후부터 정전 협정 체결 전까지의 일이다.

04 (가)는 억울하게 정치 혐의를 받아 처형당하는 민간인의 모습을 보여 주며 6·25 전쟁 중 일어난 민간인 학살을 다루고 있다. (나)는 6·25 전쟁으로 피란살이를 한 사람이 전쟁이 끝난 후 다시 고향으로 돌아간다는 내용의 노래이다. 6·25 전쟁의 영향으로 많은 이산가족과 전쟁고아가 생겼으며, 사회 기반 시설과 산업 시설이 파괴되었다. 한편, 6·25 전쟁이 진행되면서 전쟁 특수로 일본의 경제가 성장하였고, 정전 협정 이후에는 한미 상호 방위 조약이 체결되어 미군이 한반도에 계속 주둔하게 되었다.

| **선택지 바로잡기** | ④ 6·25 전쟁 발발 전인 1949년 제헌 국회에서 농지 개혁법을 제정하였다.

05 그래프는 6·25 전쟁 기간(1950. 6. ~ 1953. 7.) 동안 발생한 인명 피해를 보여 준다. ① 발췌 개헌은 6·25 전쟁 중인 1952년에 임시 수도였던 부산에서 이루어졌다. ② 국군과 유엔군은 1950년 9월 중순부터 전개한 인천 상륙 작전으로 전세를 역전하였다. ④ 국민 보도 연맹 사건은 6·25 전쟁 중인 1950년 7월에 일어난 사건이다. ⑤ 정전 협상이 이루어지고 있는 가운데 이승만은 정전에 반대하여 1953년 6월 반공 포로를 석방하였다. ⑥ 1952년 발췌 개헌이 통과된 이후 치러진 제2대 대통령 선거에서 이승만이 당선되었다. ⑦ 1951년 일본은 샌프란시스코 강화 조약을 통해 주권을 회복하였다.

| 선택지 바로잡기 | ③은 6·25 전쟁 후인 1954년의 일이다.

06 자료는 6·25 전쟁 이후 한국과 미국의 군사 협력을 약속한 한미 상호 방위 조약이다. 이 조약으로 미군이 한국에 계속 주둔하게 되었고 동아시아에서 미국의 영향력이 강화되었다.

| 선택지 바로잡기 | ㄱ. 6·25 전쟁 발발 후 유엔군이 남한에 처음 파견되었다. ㄷ. 미소 공동 위원회는 모스크바 3국 외상 회의의 결정 사항에 따라 개최되었다.

07 자료는 이승만 정부에 비판적인 의원이 다수 있는 제2대 국회가 결성되자 이승만 정부가 부산 일대에 계엄령을 선포하는 모습을 보여 준다. 제2대 국회에서 대통령 직선제와 양원제를 골자로 하는 발췌 개헌안을 통과시켰다.

| 선택지 바로잡기 | ①, ②, ③은 제헌 국회에 대한 설명이다. ④ 제2대 국회는 6·25 전쟁 이전인 1950년 5월에 구성되었다.

08 자료는 개헌 당시 대통령에 대한 중임 제한을 철폐한다는 내용이 담긴 사사오입 개헌안이다.

09 자유당이 다수당이었던 제3대 국회는 사사오입(반올림)의 논리를 적용하여 사사오입 개헌안을 강제로 통과시켰다.

| 선택지 바로잡기 | ①은 발췌 개헌에 대한 설명이다. ③ 사사오입 개헌안은 이승만의 중임 제한 철폐를 위한 것이다. ④는 한미 상호 방위 조약의 결과이다. ⑤는 1950년대 이승만 정부의 경제 정책에 해당하며 사사오입 개헌안의 내용과 관련이 없다.

10 (가) 개헌은 사사오입 개헌이다. 사사오입 개헌은 초대 대통령에 한해 연임 횟수 제한을 철폐하는 내용을 담고 있었다.

| 선택지 바로잡기 | ①, ②는 제헌 헌법, ③, ⑤는 발췌 개헌에 대한 설명이다.

11 밑줄 친 '그'는 조봉암이다. 1956년 제3대 대통령 선거 당시 무소속 후보였던 조봉암이 유효 표 약 30%에 해당하는 많은 득표수를 차지하였다. 이에 위기를 느낀 이승만 정부는 진보당을 창당한 조봉암이 평화 통일을 주장하고 간첩과 접선하여 정치 자금을 받았다며 진보당을 해산하고 조봉암을 사형에 처하였다.

| 선택지 바로잡기 | ㄴ. 이승만 정부가 정부에 비판적인 경향신문을 폐간하였다. ㄹ. 국회 프락치 사건은 반민 특위 활동을 주도하던 일부 국회 의원이 공산당과 내통한다는 구실로 구속된 사건이다.

12 자료는 이승만 정부가 개정하여 1959년에 시행된 국가 보안법이며, 정부 비판까지 처벌할 수 있도록 처벌의 범위를 넓혔음을 알 수 있다. 이승만 정부와 자유당은 반공 독재 체제를 강화하고자 간첩 색출을 명분으로 국가 보안법 개정을 주도하였다.

13 (가)에는 1946년부터 1961년까지의 한국 경제 상황이 들어가야 한다. 6·25 전쟁 이후 이승만 정부는 일제로부터 압류한 귀속 재산과 미국의 원조 물자를 민간 기업에 헐값으로 팔아 전후 복구 자금을 마련하였다. 미국의 원조 물자는 대개 밀, 사탕수수, 면화 등 소비재 산업의 원료에 집중되어 제분업, 제당업, 면방직 공업 등 이른바 삼백 산업이 발달하였다. 미국에서 대량의 농산물이 들어오면서 식량 문제는 다소 해결되었지만, 국내의 농산물 가격이 폭락하여 농가 소득이 크게 줄었다. 또한 미국의 경제 불황으로 1950년대 말부터 원조가 감소하고 무상 원조가 유상 차관으로 바뀌면서 한국 경제가 어려워졌다.

| 선택지 바로잡기 | ② 토산품 애용, 근검저축, 금주, 금연 등의 실천을 강조하였던 물산 장려 운동은 1920년대에 전개되었다.

14 국군과 북한군이 전투에 참여한 전쟁이라는 사실을 통해 (가) 전쟁은 6·25 전쟁임을 알 수 있다. ① 6·25 전쟁 이후 남북 분단이 고착화되면서 반공 이념이 강화되었고, 공산주의 탄압이 심화되기도 하였다. ② 6·25 전쟁 중 부산과 서울 등 도시로 몰려든 피란민들이 상하수도 시설이 없는 무허가 판잣집을 짓고 살았다. ③ 6·25 전쟁을 거치며 미군 등을 통해 서구식 대중문화가 유입되어 전통적 가치관과 충돌하기도 하였다. ④ 전쟁으로 많은 남성이 죽거나 다치면서 가정과 사회에서 여성의 책임과 역할이 커졌다.

| 선택지 바로잡기 | ⑤ 6·25 전쟁 이후 많은 사람이 고향을 떠나면서 전통적인 가족 질서와 공동체 의식이 약화하였다.

15 사진은 북한의 경제 정책인 천리마운동의 포스터이다. 북한은 1956년부터 대중의 노동력을 최대한 동원하여 생산력을 높이고자 하는 천리마운동을 전개하였다. 이는 6·25 전쟁 이후 피폐해진 북한 경제를 복구하고 사회주의 경제를 건설하기 위해 실시되었다.

| 선택지 바로잡기 | ㄱ. 천리마운동은 조선 민주주의 인민 공화국 정권에서 시행한 것이다. ㄷ은 1946년 3월에 단행된 북한의 토지 개혁에 대한 설명이다.

16 (1) 김일성

(2) **예시 답안** 김일성은 자신의 권력 독점과 경제 정책에 대한 비판이 제기되자 반대파를 숙청하고 1인 독재 체제를 더욱 강화하였다.

채점 기준	
상	김일성이 반대파를 숙청한 배경과 영향을 모두 서술한 경우
하	김일성이 반대파를 숙청한 배경과 영향 중 한 가지만 서술한 경우

17 예시 답안 • 1단계: 국민이 직접 대통령과 부통령을 선거한다는 점에서 자료의 개헌은 발췌 개헌을 가리킨다.

• 2단계: 제2대 국회 의원 선거에서 이승만에 반대하는 국회 의원이 다수 당선되었다. 이에 이승만은 장기 집권을 꾀하고자 헌법 개정을 단행하였다.

• 3단계: 자료의 개헌은 대통령 선출 방식을 직선제로 바꾸는 발췌 개헌이다. 제2대 국회 의원 선거에서 이승만에 반대하는 국회 의원이 다수 당선되자, 이승만은 장기 집권을 위해 헌법 개정을 단행하였다.

채점 기준

상	발췌 개헌을 쓰고, 이승만 정부가 헌법 개정을 통해 장기 집권을 꾀하였다는 내용을 서술한 경우
하	발췌 개헌만 쓴 경우

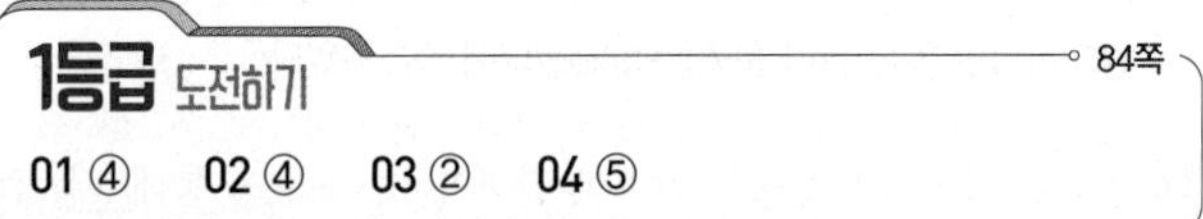

1등급 도전하기

84쪽

01 ④ 02 ④ 03 ② 04 ⑤

01 제시된 내용은 1950년 12월 흥남 부두의 철수 과정에서 헤어진 가족에 대한 애타는 심정을 나타낸 「굳세어라 금순아」의 노랫말이다. 이 노래는 6·25 전쟁 중에 있었던 흥남 철수 작전과 1·4 후퇴를 소재로 하였다. 인천 상륙 작전(1950. 9.)에 성공하여 전세를 역전한 국군과 유엔군은 서울을 되찾고, 압록강 유역까지 도달하였다. 그러나 1950년 10월부터 중국군이 전쟁에 개입하여 남하하면서 1950년 12월 국군과 유엔군은 흥남 철수 작전을 펼쳤고, 1951년 1월에는 서울이 다시 함락되었다(1·4 후퇴). 1950년 12월의 흥남 철수 작전 전개, 1950년 1월 4일의 서울 재함락(1·4 후퇴) 이후 중국군은 최대 남진선인 ㉣까지 남하하였다.

| 선택지 바로잡기 | ㉠은 1950년 6·25 전쟁 발발 이전, ㉡은 1950년 9월, ㉢은 1950년 11월, ㉣은 1951년 1월에 해당한다.

02 자료는 북한의 김일성이 전쟁 준비를 위해 소련에게 도움을 요청하는 모습을 보여 준다. 김일성이 이끄는 북한은 소련으로부터 군사 원조를 약속 받고, 최신 무기를 갖추면서 전력을 강화하였다. 중국도 미국이 전쟁에 개입하면 참전할 것을 약속하였다. 북한이 중국과 소련의 지원을 약속받으며 전쟁을 준비하였다는 점에서 밑줄 친 '전쟁'은 6·25 전쟁임을 알 수 있다. 6·25 전쟁으로 북한에 군사력을 제공한 중국의 정치적 위상이 사회주의권 내에서 커지게 되었다.

| 선택지 바로잡기 | ① 6·25 전쟁 특수로 일본의 경제가 성장하였다. ② 6·25 전쟁 과정에서 민간인의 인명 피해가 컸다. ③ 6·25 전쟁 이후 한미 상호 방위 조약이 체결되어 미군이 한국에 계속 주둔하게 되었다. ⑤는 애치슨 선언에 대한 설명이다. 애치슨 선언은 6·25 전쟁 이전인 1950년 1월에 발표되었다.

03 제시된 내용은 1956년에 치러진 제3대 대통령 선거에서 나온 구호들이다. 제3대 대통령 선거는 사사오입 개헌(1954)에 따라 실시되었는데, 자유당의 이승만, 민주당의 신익희, 무소속인 조봉암 등의 삼파전으로 전개되었다. 선거 유세 도중 신익희 후보가 사망하였지만, 진보적인 정책을 내세운 조봉암이 이승만에 이어 두 번째로 많은 득표를 하여 유효 표의 30% 정도를 얻었다. 이승만은 힘겹게 또다시 대통령에 당선되었고, 부통령에는 야당인 민주당의 장면 후보가 당선되었다. 이에 위기감을 느낀 이승만 정부는 1958년에 진보당 사건을 일으켜 조봉암을 구속하였고, 이듬해 그를 처형하였다.

| 선택지 바로잡기 | ② 제3대 대통령 선거는 6·25 전쟁(1950~1953) 이후인 1956년에 치러졌다.

04 사진은 미국으로부터 도입된 밀가루 포대이다. 우리나라는 미국의 원조를 토대로 전후 복구 사업을 추진하였다. ㄷ. 미국에서 대량의 농산물이 들어오면서 국내 농산물 가격이 폭락하여 농가 소득이 크게 줄었다. ㄹ. 6·25 전쟁 후 미국의 원조 물자는 대개 밀, 사탕수수, 면화 등 소비재 산업에 집중되었고, 이를 토대로 삼백 산업이 발달하였다.

| 선택지 바로잡기 | ㄱ. 농지 개혁은 1950년에 시행되었으며, 미국의 경제 원조와 관련이 없다. ㄴ. 산미 증식 계획의 결과 국내의 많은 양의 쌀이 일본으로 유출되었다.

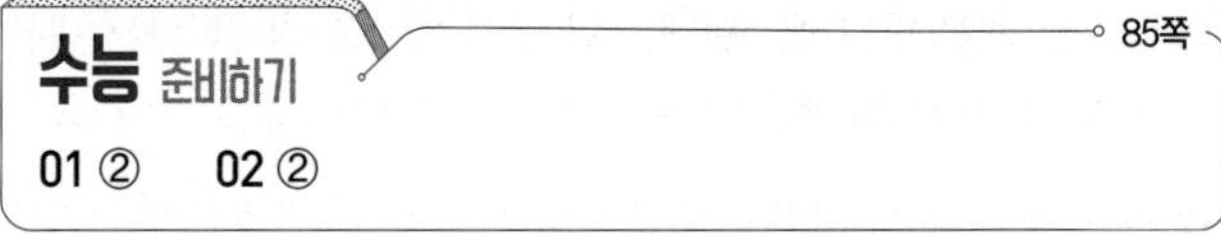

수능 준비하기

85쪽

01 ② 02 ②

01 자료는 6·25 전쟁의 중단을 합의한 정전 협정이다. 6·25 전쟁은 북한의 남침으로 시작되어 국군이 전쟁 초기 낙동강 유역까지 밀렸다. 이후 국군은 유엔군과 함께 인천 상륙 작전으로 전세를 뒤집고 압록강까지 진출하였다. 그러나 중국군이 참전하면서 국군과 유엔군이 남하하였고 이후 남한과 북한은 38도선 부근에서 치열한 공방전을 이어갔다. 이러한 상황에서 정전 협정이 이루어졌으나 이에 반대한 이승만이 북진 통일을 주장하며 반공 포로를 석방하기도 하였다. 결국 1953년 7월, 정전 협정이 체결되었다.

| 선택지 바로잡기 | ② 조선 건국 동맹은 1944년 여운형을 중심으로 한 민족 지도자들이 국내에서 비밀리에 결성한 단체이다.

02 (가)는 1948년에 실시된 5·10 총선거이다. (나)는 사사오입의 논리를 내세워 개헌안을 통과시킨 사사오입 개헌으로 1954년에 일어났다. (가), (나) 시기 사이인 1952년에 대통령 직선제와 양원제를 골자로 하는 발췌 개헌이 이루어졌다.

| 선택지 바로잡기 | ①은 1884년, ③은 1912년, ④는 1945년, ⑤는 1946년의 일이다.

03 민주화를 위한 노력

개념 확인하기

87, 89쪽

1 ㄱ–ㄴ–ㄷ–ㄹ 2 (1) ○ (2) × 3 (1) 5·16 군사 정변 (2) 한일 협정 (3) 유신 헌법 4 (1) ㄴ (2) ㄱ 5 (1) × (2) ○ (3) × (4) × 6 ㉠ 6월 민주 항쟁, ㉡ 직선제

실력 다지기

90~93쪽

01 ② 02 ⑤ 03 ⑤ 04 ① 05 ④ 06 ③ 07 ② 08 ① 09 ④ 10 ③ 11 ⑤ 12 ② 13 ⑤ 14 ③ 15 해설 참조 16 해설 참조

01 자료는 3·15 부정 선거에 대한 설명이다. 3·15 부정 선거를 규탄하는 시위가 전국적으로 일어나는 가운데 마산에서 사망한 김주열의 시신이 발견되자 시민들의 분노가 폭발하였고, 이는 4·19 혁명으로 이어졌다.

02 자료는 대학교수단의 시국 선언문이다. 4·19 혁명이 한창이던 1960년 4월 25일 대학교수 200여 명이 시국 선언문을 발표하고 시민과 학생들을 지지하는 가두시위를 벌였다. 결국 이승만 대통령은 대통령직에서 물러났고, 이승만 대통령 중심의 독재 체제가 붕괴되었다.

| 선택지 바로잡기 | ①은 1948년, ②는 1946년, ③은 사사오입 개헌이 단행된 1954년, ④는 6·25 전쟁이 발발한 1950년의 일이다.

03 헌정 역사상 유일한 내각 책임제 정부라는 점에서 (가) 정부는 장면 정부임을 알 수 있다. 장면 정부는 경제 개발 5개년 계획을 마련하여 경제 건설을 전면에 내세웠다.

| 선택지 바로잡기 | ① 1950년 이승만 정부가 농지 개혁법에 따라 농지 개혁을 시행하였다. ② 1948년 유엔 소총회에서 선거 가능한 지역에서 총선거를 실시하기로 결정되었다. 이후 미군정은 남한만의 총선거 시행을 발표하고 1948년 5월 10일 국회 의원을 선출하는 선거를 실시하였다. ③ 1954년 제3대 국회에서 사사오입 개헌안을 통과시켰다. ④ 제헌 국회는 일제의 식민 지배에 협력한 친일파를 청산하고자 1948년 반민족 행위 처벌법을 제정하였다.

04 4·19 혁명 이후 통일 논의가 활성화되었으며, 남북 학생 회담을 요구하는 통일 운동이 추진되었다는 사실을 통해 자료의 상황은 장면 정부 시기의 일임을 알 수 있다. 장면 정부는 여당인 민주당이 신파와 구파로 분열하여 안정적인 정국 운영이 어려웠고, 시민들의 다양한 민주화 요구와 통일 논의를 제대로 수용하지 못하였다.

| 선택지 바로잡기 | ②는 전두환 정부, ③, ⑤는 이승만 정부, ④는 박정희 정부 시기의 일이다.

05 자료는 5 ·16 군사 정변을 일으킨 세력이 발표한 '혁명 공약'이다. 1961년 5월 16일 군사 정변을 일으킨 박정희를 비롯한 일부 군인들은 반공 강조, 경제 개발 강조, '선 건설 후 통일'론, 민정 이양 등을 담은 '혁명 공약'을 발표하고 전국에 비상계엄을 선포하였다. 그리고 국가 재건 최고 회의를 만들어 군정을 실시하고 모든 정당 및 사회단체를 해산하였다.

| 선택지 바로잡기 | ㄱ. 제2대 국회에서 발췌 개헌이 이루어졌다. ㄷ. 12·12 사태는 신군부 세력이 일으켰다.

06 자료는 박정희 정부가 한일 국교를 정상화하고자 1965년에 맺은 한일 협정이다. 한일 협정 체결 후 박정희 정부는 경제 개발에 필요한 자금을 일부 얻었으나 식민 지배에 대한 사과, 일본군 '위안부'와 원폭 피해자 등에 대한 배상 등 과거사 문제를 제대로 해결하지 못하였다.

| 선택지 바로잡기 | ① 5·16 군사 정변 이후 집권한 박정희 정부가 한일 협정을 체결하였다. ② 닉슨 독트린 이후 냉전의 분위기가 완화되자, 이는 반공을 내세운 박정희 정부의 정치적 위기로 작용하였다. 박정희 정부는 장기 집권에 대한 반발을 누르고자 대북 정책을 바꾸었고, 그 결과 7·4 남북 공동 성명이 발표되었다. ④는 발췌 개헌과 사사오입 개헌에 대한 설명이다. ⑤ 브라운 각서는 한국의 베트남 전쟁 파병의 대가로 전달된 것이다.

07 (가)에는 베트남 파병 이후 발생한 문제점이 들어가야 한다. 베트남 파병으로 많은 젊은 사상자가 발생하였으며, 고엽제 피해자와 라이따이한(한국·베트남 혼혈인) 문제가 오늘까지도 이어지고 있다.

| 선택지 바로잡기 | ① 6·25 전쟁의 결과 남북 분단이 고착화되었다. ③ 1905년 을사늑약의 체결로 대한 제국의 외교권이 박탈되었다. ④ 반민족 행위 처벌법의 공소 시효 기간이 1949년 8월로 앞당겨지게 되자 반민 특위가 해체되었다. ⑤ 모스크바 3국 외상 회의의 결정 사항을 두고 좌익과 우익이 의견 대립을 하였다.

08 자료는 박정희 정부의 독재 체제를 강화한 유신 헌법이다. 유신 헌법에 따라 수립된 유신 체제 아래 민주주의의 기본 원리가 크게 훼손되었다. 이 헌법에 따라 통일 주체 국민 회의에서 대통령을 선출하게 되었으며, 대통령에게 국회 해산권, 국회 의원 3분의 1 추천권, 긴급 조치 발동 권한 등이 주어졌다.

| 선택지 바로잡기 | ① 1969년에 통과된 3선 개헌으로 박정희 대통령의 3회 연임이 허용되었다.

09 자료는 1976년 유신 체제에 반대하는 재야인사들이 발표한 3·1 민주 구국 선언이다. 유신 체제 아래에서 대통령에게 부여된 긴급 조치권은 국민의 자유와 권리를 제약할 수 있었으며, 유신 반대 운동 탄압에 이용되었다.

| 선택지 바로잡기 | ①은 신군부에 대한 설명이다. ②는 5·18 민주화 운동의 배경과 관련이 있다. ③은 유신 체제 성립 이전 박정희 정부 시기에 있었던 일이다. ⑤는 3·15 부정 선거에 대한 설명이다.

10 1979년 10·26 사태로 박정희 정권이 무너지자 통일 주체 국민 회의에서 최규하를 대통령으로 선출하였다. 그러나 전두환과 노태우 등 신군부 세력이 1979년 12·12 사태를 일으켜 정권을 장악하였다. 신군부가 계엄령을 유지하고 정치 개입을 본격화하자, 학생과 민주 인사들이 1980년 5월까지 지속적으로 '서울의 봄'이라 불리는 민주화 운동을 전개하였다. 신군부에 계엄령이 전국으로 확대되는 가운데 1980년 광주에서는 5·18 민주화 운동이 일어났으나, 신군부가 무력으로 이를 진압하였다. 이후 1980년 삼청 교육대가 설치되어 시민 수만 명이 영장 발부 없이 연행되기도 하였다. 한편, 신군부는 1980년 국가 보위 비상 대책 위원회를 설치하여 국정을 장악하고 7년 단임, 선거인단이 간접 선거로 대통령을 선출하도록 규정한 헌법 개헌을 단행하였다. 그 결과 민주 정의당을 창당한 전두환이 제12대 대통령에 당선되었다(1981).

| 선택지 바로잡기 | ③ YH 무역 사건은 10·26 사태 이전에 일어났다.

11 밑줄 친 '우리'는 5·18 민주화 운동 당시 시민군에 해당한다. 5·18 민주화 운동 당시 시민군은 더 이상의 유혈 사태를 막기 위해 수습 위원회를 조직하고 구속자 석방과 비상계엄 철폐 등을 조건으로 협상하기를 원하였으나, 신군부는 이들을 무자비하게 진압하였다.

| 선택지 바로잡기 | ①은 4·19 혁명, ②는 3선 개헌 반대 운동, ③은 유신 반대 운동, ④는 한일 회담 반대 운동과 관련이 있다.

12 전두환 정부는 삼청 교육대 운영, 언론사 통폐합 및 보도 지침 등을 통해 기사를 검열하고 단속하는 등 사회 전반에 걸쳐 강압 정책을 펼쳤다. 다른 한편으로는 대입 본고사 폐지와 과외 금지, 중고생의 두발 및 교복의 자율화, 해외 여행 자유화, 프로 스포츠 육성 등의 유화 정책을 실시하였다. 그러나 정당성 없는 정권 장악, 임기 중 발생한 각종 비리로 전두환 정부에 대한 국민의 불신과 불만이 커져 갔다.

| 선택지 바로잡기 | ② 전두환 정부 시기 야간 통행금지가 해제되었다. 야간 통행금지 해제는 전두환 정부의 유화 정책에 해당한다.

13 자료는 6·10 국민 대회 선언문의 일부이다. 꽃다운 젊은이를 야만적인 고문으로 죽여 놓았다는 내용과 4·13 폭거 철회를 요구하고 있다는 사실을 통해 자료의 선언문은 6월 민주 항쟁 때 발표된 것임을 알 수 있다. 전두환 대통령의 4·13 호헌 조치 발표 이후 야당과 종교계, 학생 운동 조직 등이 민주 헌법 쟁취 국민운동 본부를 결성하여 직선제 개헌과 전두환 정권 퇴진 운동을 전개하였다. 그러던 중 이한열의 최루탄 피격 사건을 계기로 시민들은 6월 10일 전국 주요 도시에 모여 군부 독재 타도, 직선제 개헌 등을 요구하며 민주화 운동을 전개하였다. 결국 전두환 정부는 국민의 민주화 요구에 굴복하였고, 6·29 민주화 선언을 발표하였다.

| 선택지 바로잡기 | ①은 1972년 유신 체제 성립 후 전개된 유신 반대 운동, ②는 4·19 혁명, ③은 5·18 민주화 운동, ④는 한일 회담에 반대하여 일어난 6·3 시위 때 등장한 구호이다.

14 대통령 직선제 개헌 약속, 시국 관련 사범 석방 등의 사실을 통해 자료는 1987년에 발표된 6·29 민주화 선언임을 알 수 있다. 1987년 전두환 대통령의 4·13 호헌 조치에 반발하여 시민들은 대통령 직선제 개헌과 독재 타도를 요구하며 6월 민주 항쟁을 전개하였다. 결국 전두환 정부는 당시 여당 대통령 후보인 노태우를 통해 6·29 민주화 선언을 발표하였다.

| 선택지 바로잡기 | ㄱ. 6·10 국민 대회 선언문은 6월 민주 항쟁 당시 민주 헌법 쟁취 국민운동 본부에서 발표한 것이다. ㄹ. 7년 단임의 대통령 간선제 개헌은 1980년 신군부가 단행한 것이다.

15 (1) 유신 헌법

(2) **예시 답안** 유신 헌법에는 대통령의 대법원장과 법관의 인사권, 국회 해산권, 국회 의원 3분의 1 추천권, 긴급 조치권 등이 명시되었다.

채점 기준

상	유신 헌법에 명시된 대통령의 권한을 세 가지 서술한 경우
중	유신 헌법에 명시된 대통령의 권한을 두 가지 서술한 경우
하	유신 헌법에 명시된 대통령의 권한 중 한 가지만 서술한 경우

16 **예시 답안** • 1단계: ㉠은 3·15 부정 선거, ㉡은 이를 계기로 일어난 4·19 혁명을 가리킨다.

• 2단계: 4·19 혁명으로 이승만 독재 정권이 무너졌다. 4·19 혁명은 학생과 시민의 힘으로 독재 정권을 무너뜨린 민주주의 혁명이다.

• 3단계: ㉠은 3·15 부정 선거이며, ㉡은 3·15 부정 선거를 바탕으로 일어난 4·19 혁명이다. 4·19 혁명은 학생과 시민의 힘으로 독재 정권을 무너뜨린 민주주의 혁명으로 이후 우리나라의 민주주의 발전에 중요한 토대가 되었다.

채점 기준

상	㉠을 쓰고, ㉡의 역사적 의의를 서술한 경우
중	㉡의 역사적 의의만 서술한 경우
하	㉠만 쓴 경우 쓴 경우

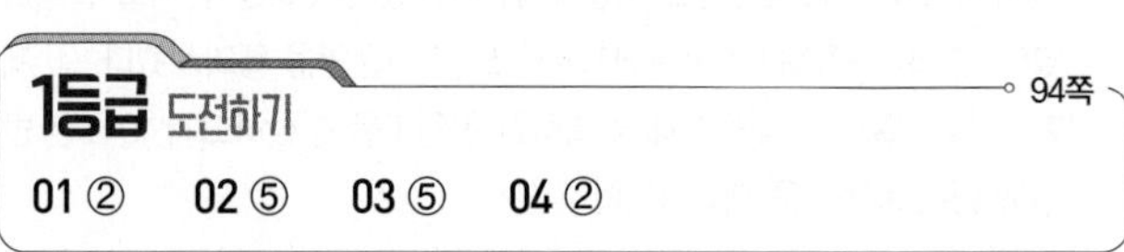

1등급 도전하기

94쪽

01 ② 02 ⑤ 03 ⑤ 04 ②

01 밑줄 친 '개헌'은 허정을 수반으로 하는 과도 정부에서 단행한 것이다. 이 개헌에 따라 총선거가 실시되어 양원제 국회가 개원하였고, 국무총리가 행정부의 수반을 맡는 내각이 수립되었다. 윤보선이 대통령으로 선출되고, 장면이 국무총리로 취임하면서 장면 정부가 출범하였다.

| 선택지 바로잡기 | ㄴ은 5·16 군사 정변의 결과에 해당한다. ㄹ. 제헌 국회에서 반민족 행위 처벌법을 제정하였고 이에 따라 반민족 행위 특별 조사 위원회가 구성되었다.

02 제시된 자료는 박정희 정부가 선포한 긴급 조치 1호의 내용이다. 긴급 조치권은 1972년에 박정희 정부가 만든 유신 헌법에 규정된 권한으로 유신 반대 운동을 탄압하는 데 이용되었다. 유신 체제 시기인 1976년에 재야인사들이 명동 성당에 모여 유신 체제를 비판하는 3·1 민주 구국 선언을 발표하였다.

| 선택지 바로잡기 | ①은 유신 헌법 제정 이전인 1964년, ②는 전두환 정부 시기인 1982년 이후, ③은 장면 정부 시기, ④는 이승만 정부 시기인 1952년에 볼 수 있는 모습이다.

03 1980년 광주에서 일어난 5·18 민주화 운동을 무력으로 진압한 후 제정되었다는 사실을 통해 밑줄 친 '헌법'은 신군부에서 유신 헌법을 개정한 헌법임을 알 수 있다. 이 헌법은 대통령의 임기를 7년 단임으로 하고, 선거인단이 간접 선거로 대통령을 선출하도록 규정하였다.

| 선택지 바로잡기 | ①은 4·19 혁명 이후 개헌, ②는 6·29 민주화 선언, ③은 유신 헌법, ④는 제헌 헌법에 대한 설명이다.

04 고문치사를 당한 박종철의 영정을 들고 시위를 벌이는 모습, 6·10 국민대회 등을 다룬 사진을 통해 (가) 민주화 운동이 6월 민주 항쟁임을 알 수 있다. 6월 민주 항쟁의 결과 6 ·29 민주화 선언이 발표되었고, 5년 단임의 대통령 직선제를 핵심으로 하는 헌법 개정이 이루어졌다.

| 선택지 바로잡기 | ① 1960년 3·15 부정 선거에 저항하여 4·19 혁명이 일어나자 이승만 대통령이 하야하였다. ③ 대한민국 임시 정부는 1941년 조소앙의 삼균주의에 바탕을 둔 건국 강령을 발표하였다. ④ 1980년 신군부는 국가 보위 비상 대책 위원회를 설치하여 국정을 장악하였다. ⑤는 1960년 4·19 혁명 이후 개헌에 대한 설명이다.

수능 준비하기

95쪽

01 ④　02 ④

01 대학교수들이 가두시위를 벌이며 3·15 부정 선거를 규탄하였다는 사실을 통해 (가) 민주화 운동은 4·19 혁명임을 알 수 있다. 4·19 혁명의 결과 이승만 독재 정권이 무너지고 내각 책임제를 골자로 하는 개헌이 이루어졌다.

| 선택지 바로잡기 | ①은 일제 강점기 형평 운동, ②는 유신 반대 운동에 대한 설명이다. ③ 모스크바 3국 외상 회의는 광복 후 한반도 문제를 논의한 회의이다. ⑤는 제헌 국회에 대한 설명이다.

02 자료에는 5·18 민주화 운동 당시 계엄군이 광주 시민들을 탄압하는 모습이 담겨 있다. 5·18 민주화 운동은 신군부의 계엄령 확대, 민주주의 탄압 등에 저항한 민주화 운동의 사례이다. 5·18 민주화 운동은 1980년대 이후 전개된 민주화 운동의 토대가 되었다.

04 산업화의 성과와 사회·환경 문제 ~ 05 문화 변동과 일상생활

개념 확인하기

97, 99쪽

1 (1)-㉠ (2)-㉡ (3)-㉢　2 (1) × (2) ○ (3) ×　3 (1) ㄴ (2) ㄷ, ㄹ (3) ㄱ　4 (1) 전태일 (2) 새마을 운동　5 (1) ○ (2) × (3) ○　6 ㄴ, ㄷ

실력 다지기

100~103쪽

01 ④　02 ①　03 ①　04 ②　05 ③　06 ②　07 ①
08 ⑤　09 ③　10 ⑤　11 ③　12 ②　13 ⑤　14 ④
15 해설 참조　16 해설 참조

01 그래프는 1960년대 우리나라의 수출액 변화를 보여 준다. 경제 개발을 최우선 과제로 삼은 박정희 정부는 국가 주도의 경제 성장 정책을 적극적으로 추진하였고, 1962~1966년에 제1차 경제 개발 5개년 계획을 실시하였다.

| 선택지 바로잡기 | ①은 일제 강점기인 1930년대, ②는 1979년, ③은 1978년, ⑤는 1980년대 중후반의 일이다.

02 박정희 정부는 외화를 벌어들이기 위해 독일에 광부와 간호사를 파견하였다. 박정희 정부는 한일 협정을 체결하여 일본으로부터 경제 개발 자금을 유입하였다.

| 선택지 바로잡기 | ② 이승만 정부에서 농지 개혁을 실시하였다. ③ 천리마운동은 북한에서 실시된 경제 정책이다. ④ 국가 총동원법은 일제 강점기인 1938년에 제정되었다. ⑤ 1950년대 이승만 정부는 미국의 원조를 활용하여 전후 복구를 추진하였다.

03 제1, 2차 경제 개발 5개년 계획은 노동 집약적 경공업을 육성하고 수출을 늘리는 데 힘썼다. 화학 비료와 시멘트 등 기간산업을 육성하고 경부 고속 국도를 건설하는 등 사회 간접 자본을 확충하였다. 그 결과 연평균 8%가 넘는 높은 경제 성장률을 기록하였다. 그러나 산업의 각 분야가 고르게 성장하지 못하였고, 외채가 증가하면서 외국 자본 의존도가 높아졌다.

| 선택지 바로잡기 | ① 제1, 2차 경제 개발 5개년 계획은 박정희 정부가 장면 정부의 경제 개발 5개년 계획을 보완하여 국가 주도의 경제 성장 정책을 추진한 것이다.

04 (가)에는 1970년대에 실시된 제3, 4차 경제 개발 5개년 계획의 내용이 들어가야 한다. 제3, 4차 경제 개발 5개년 계획은 중화학 공업을 집중 육성하는 방향으로 전개되었다. 이에 따라 정부는 포항에 제철소를 세워 철강을 집중 생산하였으며, 울간과 거제 등지에 조선소를 세웠다.

| 선택지 바로잡기 | ㄴ은 1950년대 경제 정책에 해당한다. ㄹ은 1980년대 경제 성장에 대한 설명이다.

05 (가)는 박정희 정부가 제3, 4차 경제 개발 5개년 계획을 추진하여 중화학 공업을 집중 육성하던 시기이다. 그 결과 1970년대 말에는 공업 구조에서 중화학 공업의 비중이 경공업을 앞서게 되었다. (가) 시기에 해당하는 1977년에 한국 경제는 수출 100억 달러를 달성하였다.

| 선택지 바로잡기 | ①, ②는 일제 강점기, ④는 제1, 2차 경제 개발 5개년 계획 추진 시기, ⑤는 1965년에 있었던 일이다.

06 제3, 4차 경제 개발 5개년 계획(1972~1981)은 수출 주도형 중화학 공업화를 목표로 하였다. 중화학 공업을 집중 육성하기 위해 포항에 제철소를 건설하여 1973년에 완공하였고, 대규모 조선소 설립, 공업 단지 조성, 원자력 발전소 건설 등을 추진하였다. 이를 토대로 중화학 공업이 크게 성장하여 1977년에는 수출액이 100억 달러를 돌파하는 등 고도성장을 이루었다.

| 선택지 바로잡기 | ① 3저 호황은 1980년대 중후반의 일이다. ③ 미국 원조에 따른 경제 정책은 1950년대에 실시되었다. ④ 장면 정부는 경제 개발 5개년 계획을 마련하였으나 1961년에 5·16 군사 정변이 일어나면서 실시하지 못하였다. ⑤ 제1차 경제 개발 5개년 계획은 1962~1966년에 추진된 정부 주도의 첫 경제 개발 계획으로, 이 계획에 따라 경공업이 집중 육성되었다.

07 (가)에는 1970년대 말의 경제 상황이 들어가야 한다. ① 1978년에 발생한 제2차 석유 파동은 원자재의 대부분을 수입에 의존하던 한국 경제에 큰 타격을 주었다.

| 선택지 바로잡기 | ② 1950년대 후반 미국의 원조 감소로 원조 경제에 의존하던 한국 경제가 위기를 맞았다. ③ 브라운 각서는 1966년에 체결되었다. ④ 국민 정신 총동원 운동은 일제 강점기 때의 사실이다. ⑤ 제2차 경제 개발 5개년 계획은 1967년에 실시되었다.

08 (가) 시기인 1980년대 중후반에 한국 경제는 저유가, 저달러, 저금리 상황을 배경으로 3저 호황을 맞이하였다. 국제 유가와 수입 원자재 가격이 큰 폭으로 떨어져 외환을 절약할 수 있게 되었고, 국제 금리도 낮아 외채 이자 부담이 줄어들었다. 이러한 상황에 힘입어 수출 부진이 해소되고 자동차, 반도체 산업 등 기술 집약적 산업이 성장하였다.

| 선택지 바로잡기 | ① 제1차 석유 파동은 1973년에 발생하였다. ②~④는 박정희 정부 시기인 1960년대에 실시된 경제 정책에 대한 설명이다.

09 1960년대 이후 한국 경제는 정부 주도의 경제 개발 정책을 통해 급속한 경제 성장을 이루었다. 그러나 부의 양극화 현상 발생, 산업 간의 불균형 심화, 재벌 중심의 산업 구조 형성, 정경 유착으로 인한 부패, 도시화로 인한 농촌의 노동력 부족 문제 발생, 저임금·저곡가 정책으로 인한 노동자와 농민의 경제적 어려움 등 많은 문제가 발생하였다.

| 선택지 바로잡기 | ③ 우리나라는 원자재, 시설, 자본, 기술 등이 부족한 상황에서 경제 개발을 시작하였기 때문에 외국에 대한 경제 의존도가 높은 편이다.

10 경제 성장 과정에서 농촌은 도시에 비해 상대적으로 소외되었다. 정부가 경제 성장 과정에서 저임금 정책을 뒷받침하려고 곡물의 가격을 낮게 책정하는 저곡가 정책을 이어 갔다. 그 결과 도시와 농어촌의 소득 격차가 심화되었다. 결국 생활이 어려워진 농민은 도시로 이주하게 되면서 농촌 인구가 빠르게 줄어들었다.

| 선택지 바로잡기 | ① 1970년대 국제 원유 가격이 크게 오른 두 차례의 석유 파동으로 한국 경제는 위기를 겪었다. 특히 제2차 석유 파동이 일어난 시기에 한국은 중화학 공업에 대한 과잉 투자로 국가 재정이 어려워지고 기업 부담이 커졌다. ② 고도성장 이후 서울을 비롯한 주요 도시나 공업 단지를 조성한 지역을 중심으로 환경 오염 문제가 발생하였다. ③ 박정희 정부는 긴급 조치를 발동하여 유신 반대 운동을 탄압하였다. ④ 재벌은 정부와 부적절한 유착 관계를 형성하여 정경 유착의 부패가 커지기도 하였다.

11 (가)는 1970년부터 시작된 정부 주도의 농촌 환경 개선 운동인 새마을 운동이다. 1960년대 이후 정부의 공업화 정책과 저곡가 정책으로 도시와 농촌의 소득 격차가 커지자, 도시와 농촌의 균형 있는 발전을 추구하고자 새마을 운동이 추진되었다. 새마을 운동은 주택 개량, 도로와 전기 시설 확충 등 농촌의 생활 환경 개선을 위해 노력하였다. 새마을 운동은 점차 도시로 확산되어 '근면, 자조, 협동'을 강조하는 국민 의식 개혁으로 이어졌다. 그러나 새마을 운동은 유신 체제 유지에 이용되었다는 지적을 받기도 하였다.

| 선택지 바로잡기 | ③ 새마을 운동은 농민이 주체가 되어 벌인 농민 운동이 아닌 정부 주도로 추진된 것이다.

12 산업화 이후 학교 기관의 확장과 높은 교육열은 경제 성장과 사회 변화의 원동력이었지만 입시 경쟁의 과열, 사교육비 증가 등의 문제를 일으키기도 하였다. 이를 해결하고자 박정희 정부는 고교 평준화 제도를 시행하고 중학교 무시험 진학 제도를 실시하였다. 전두환 정부는 과외를 전면 금지하고 대학 졸업 정원제를 도입하여 산업화 이후 교육 문제를 해결하려 하였다.

| 선택지 바로잡기 | ② 국민 교육 헌장은 박정희 정부 시기 국가주의 교육 강조와 관련이 있다.

13 자료는 평화 시장 노동자였던 전태일이 작성한 글이다. 전태일은 노동자들의 열악한 노동 상황을 개선하기 위해 노력하였으며, 노동청을 비롯한 각계에 노동 문제를 알렸다. 그러나 노동자들의 생존권 요구는 무시되었고 근로 기준법은 지켜지지 않았다. 결국 1970년 전태일은 근로 기준법 준수 등 노동 환경 개선을 요구하며 분신자살하였다. 이 사건을 계기로 지식인, 노동자, 학생들이 노동 문제에 관심을 가지게 되었다.

| 선택지 바로잡기 | ①은 YH 무역의 여성 생산직 노동자에 해당하는 설명이다. ② 동아일보 기자들은 1974년 유신 체제의 언론 탄압을 비판하며 자유 언론 실천 선언을 발표하였다. ③ 4·19 혁명에서 이승만 정부가 자행한 3·15 부정 선거를 규탄하고 정부통령 선거의 재실시를 주장하였다. ④ 함평 고구마 피해 보상 운동은 농민 운동의 사례이다.

14 자료는 1970년대 유신 체제 속에서 대중문화에 대한 정부의 통제를 보여 준다. ㄴ. 박정희 정부는 미니스커트를 퇴폐풍조로 여겨 단속하였다. ㄹ. 1970년대에는 장발, 청바지, 통기타로 대표되는 청년 문화가 널리 퍼졌다.

| **선택지 바로잡기** | ㄱ은 이승만 정부, ㄷ은 전두환 정부 시기의 일이다.

15 **예시 답안** 그래프를 통해 경제 발전 과정에서 우리나라의 수출, 수입, 무역 의존도가 크게 증가하여 높은 수준에 이르렀음을 알 수 있다. 우리나라는 수출 위주의 경제 성장을 추구하였기 때문에 경제의 대외 의존도가 매우 높은 편이다.

채점 기준	
상	한국 경제는 수출 위주의 경제 성장을 추구하여 무역 의존도가 높아졌다는 사실을 서술한 경우
하	한국 경제의 무역 의존도가 높다는 사실만 서술한 경우

16 **예시 답안** • 1단계: (가) 운동은 새마을 운동이다.

• 2단계: 새마을 운동은 주택 개량, 도로와 전기 시설 확충 등을 추진하였다. 그러나 새마을 운동은 이농 인구의 증가를 막지 못하였고 유신 체제 정당화에 이용되기도 하였다.

• 3단계: 새마을 운동, 새마을 운동은 주택 개량, 도로와 전기 시설 화충 등 농촌 환경 개선을 추진하여 농어촌 근대화에 기여하였다. 그러나 새마을 운동은 이농 인구의 증가를 막지 못하였으며, 유신 체제 유지에 이용되었다는 한계가 있다.

채점 기준	
상	새마을 운동을 쓰고, 새마을 운동의 성과와 한계를 모두 서술한 경우
중	새마을 운동을 쓰고, 새마을 운동의 성과와 한계 중 한가지만 서술한 경우
하	새마을 운동만 쓴 경우

1등급 도전하기

104쪽

01 ④ 02 ③ 03 ③ 04 ⑤

01 박정희 정부는 1962년 제1, 2차 경제 개발 5개년 계획을 시작하였다. 이 계획에 따라 노동 집약적 경공업이 집중 육성되었으며, 베트남 특수와 한일 협정 등을 통한 해외 자본 유치가 이루어졌다. 1970년에는 경부 고속 국도가 준공되는 등 사회 간접 자본이 확충되었다. 그 후 제3, 4차 경제 개발 5개년 계획이 실시되어 중화학 공업이 집중 육성되고 포항 제철소가 준공되었다. 이러한 노력으로 1977년 한국 경제는 수출 100억 달러를 달성하였다.

| **선택지 바로잡기** | ㄱ. 1950년대 미국의 원조 경제를 바탕으로 제분업, 제당업, 면방직 공업 등 이른바 삼백 산업이 발달하였다. ㄷ. 제2차 석유 파동은 1978년에 발생하였다.

02 자료는 박정희 정부가 1973년에 발표한 '중화학 공업화 선언'의 내용이다. 박정희 정부는 제3, 4차 경제 개발 5개년 계획을 실시하여 중화학 공업을 집중 육성하고자 하였다. 그 일환으로 정부는 포항에 제철소를 건설하여 철강을 집중 생산하였다.

| **선택지 바로잡기** | ①, ② 제3, 4차 경제 개발 5개년 계획은 정부 주도로 실시되었으며, 수출 주도형 중화학 공업화를 목표로 하였다. ④ 공업 구조가 경공업 중심에서 중화학 공업 중심으로 바뀌었다. ⑤ 1970년대에도 수출 경쟁력 확보를 위한 저임금 정책이 지속되어 노동자들은 저임금, 장시간 노동에 시달렸다.

03 (가)에는 1970년대의 대중문화, (나)에는 1980년대의 대중문화가 들어가야 한다. 1970년대에는 미국과 유럽 등으로부터 저항·반전 문화가 유입되어 장발, 청바지, 통기타로 대표되는 청년 문화가 유행하였다.

| **선택지 바로잡기** | ① 1970년대에는 가요 금지곡이 지정되는 등 문화 통제가 심하였다. ② 우리나라의 라디오 방송은 1920년대부터 시작되었다. ④ 미니스커트 단속은 1970년대의 문화 통제에 해당한다. ⑤ 텔레비전 방송국은 1950년대에 처음 개국하였다.

04 왼쪽은 1970년에 일어난 전태일 분신 사건이고, 오른쪽은 1979년에 일어난 YH 무역 사건이다. 두 사건 시기 사이인 1976~1978년에 함평 고구마 피해 보상 운동이 전개되었다. 이 운동은 전라남도 함평 농협이 고구마 수매 약속을 지키지 않아 피해를 입은 농민들이 피해 보상 투쟁을 벌여 3년 만에 농협으로부터 피해 보상을 받아 낸 사건을 말한다.

| **선택지 바로잡기** | ① 한일 협정이 체결된 것은 1965년이다. ② YH 무역 사건 이후 10·26 사태가 발생하여 박정희 정부가 무너졌다. 이후 12·12 사태가 발생하여 신군부 세력이 권력을 잡았다. ③ 경향신문 폐간은 이승만 정부 시기인 1959년의 일이다. ④는 한국 경제가 3저 호황을 누렸던 1980년대 중후반에 해당한다.

수능 준비하기

105쪽

01 ② 02 ④

01 경제 개발 5개년 계획 실시, 수출 100억 달러 달성, 새마을 운동 추진 등을 통해 (가) 정부는 박정희 정부임을 알 수 있다. 박정희 정부는 1972년에 유신 헌법을 공포하여 영구적인 장기 독재를 뒷받침하였다.

| **선택지 바로잡기** | ① 1980년대 중후반 한국 경제는 저달러, 저유가, 저금리의 3저 호황을 맞이하였다. ③ 전두환 정부 시기 삼청 교육대가 설치되어 수많은 시민이 영장 없이 연행되었다. ④ 사사오입 개헌으로 이승만 대통령에 한해 3선 제한이 철폐되었다. ⑤ 동양 척식 주식회사는 일제가 한국의 경제를 수탈하고 일본인의 한국 이주를 도우려는 목적으로 한국에 설립한 회사로, 1908년 경성에서 본점을 세웠다.

02 자료의 인물은 전태일이다. 전태일은 근로 기준법 준수를 요구하며 분신자살하였고, 이 사건은 노동 조건에 대한 사회적 관심을 고조시켰다.

| 선택지 바로잡기 | ①은 일제 강점기 백정, ②는 박정희 정부, ③은 6월 민주 항쟁에 참여한 시민들, ⑤는 장면 정부에 대한 설명이다.

대단원 마무리하기

106~109쪽

01 ④	02 ⑤	03 ④	04 ①	05 ⑤	06 ④	07 ①
08 ④	09 ②	10 ①	11 ⑤	12 ②	13 ⑤	14 ③
15 ④	16 ⑤	17 ③	18 ①			

01 자료는 1945년에 결성된 조선 건국 준비 위원회의 강령이다. 조선 건국 준비 위원회는 전국 각지에 지부를 두고 치안대를 조직하여 광복 후 질서 유지에 노력하였고 식량 확보 등 사회 안정에 힘썼다. 그러나 좌익 세력이 활동의 주도권을 장악하자 안재홍 등 일부 우익 세력이 조선 건국 준비 위원회에서 이탈하기도 하였다. 이후 조선 건국 준비 위원회는 미군의 진주에 대비하여 조선 인민 공화국 수립을 선포하였다.

| 선택지 바로잡기 | ㄱ. 조선 건국 준비 위원회는 여운형과 안재홍 등이 주도하였다. 김구와 김규식은 남한만의 단독 정부 수립에 반대하여 남북 협상을 전개하였다. ㄷ. 조선 건국 준비 위원회는 조선 건국 동맹을 바탕으로 조직되었다.

02 왼쪽 사진은 우익 세력의 신탁 통치 반대 운동, 오른쪽 사진은 좌익 세력의 모스크바 3국 외상 회의의 결정 지지 운동을 보여 준다. 1945년 12월에 개최된 모스크바 3국 외상 회의는 한반도 문제를 포함한 전후 처리 문제를 논의하였는데, 한반도에 민주주의 임시 정부를 수립하고, 이를 위해 미소 공동 위원회를 구성하며, 최고 5년간의 신탁 통치를 실시한다는 내용이 결정되었다. 이 내용 중 신탁 통치 문제로 좌익과 우익의 대립이 심화되었다. 김구, 이승만 등 우익 세력은 신탁 통치 반대 운동을 전개하였다. 좌익 세력도 처음에는 신탁 통치에 반대하였으나 모스크바 3국 외상 회의의 결정의 본질이 민주주의 임시 정부 수립에 있다고 판단하여, 회의 결정에 대한 총체적 지지로 입장을 바꾸었다.

| 선택지 바로잡기 | ① 트루먼 독트린은 유럽 내 공산주의의 팽창을 막기 위해 미국 대통령이 발표한 것으로 냉전 체제의 형성에 영향을 주었다. ② 제1차 미소 공동 위원회가 결렬되자 이승만은 남한만의 단독 정부 수립을 주장하며 정읍 발언을 하였다. ③ 제1차 미소 공동 위원회는 모스크바 3국 외상 회의의 결정 사항에 따라 개최되었다. 제1차 미소 공동 위원회는 임시 정부에 참여하는 단체의 범위를 둘러싸고 미국과 소련이 대립하면서 결렬되었다. ④ 일제 강점기인 1941년 대한민국 임시 정부가 건국 강령을 발표하였으며, 이는 신탁 통치 반대 운동과 관련이 없다.

03 (가)는 제1차 미소 공동 위원회가 결렬되자 남한만이라도 단독 정부 수립을 하자는 정읍 발언으로 1946년 6월에 발표되었다. (나)는 남북 통일 정부 수립을 주장하며 1948년 2월 김구가 발표한 '삼천만 동포에 읍고함'이다. 이승만의 정읍 발언 이후 김규식과 여운형 등 중도 세력은 좌우 합작 운동을 전개하였으며, 좌우 합작 7원칙을 발표하였다. 1947년에 열린 제2차 미소 공동 위원회가 결렬되자 미국은 한반도 문제를 유엔 총회에 상정하였다. 유엔 총회는 인구 비례에 의한 남북한 총선거 실시를 결정하고 유엔 한국 임시 위원단을 파견하였으나 소련과 북한이 이를 거부하였다. 결국 유엔은 소총회를 열어 선거 감시가 가능한 지역만 총선거를 실시하도록 결의하였다. 이러한 상황에서 단독 정부 수립에 반대한 김구가 (나)를 발표하였다.

| 선택지 바로잡기 | ④는 1945년 9월의 일이다.

04 밑줄 친 '헌법'은 제헌 헌법이다. 유엔 한국 임시 위원단의 감시 아래 실시된 5·10 총선거를 통해 구성된 제헌 국회에서 제헌 헌법을 제정하였다. 이 헌법은 대한민국이 3·1 운동으로 건립된 대한민국을 재건한 민주 공화국임을 분명히 하였고, 삼권 분립과 대통령 중심제를 채택하였다.

| 선택지 바로잡기 | ② 제헌 헌법은 제헌 국회에서 제정한 헌법이다. 제2대 국회는 대통령 직선제 개헌을 골자로 하는 발췌 개헌안을 통과시켰다. ③ 제헌 헌법은 국회가 대통령을 선출하도록 하는 간선제를 규정하였다. ④ 초대 대통령에 한해 대통령 중임 횟수 제한을 철폐한 것은 사사오입 개헌이다. ⑤ 1972년에 제정된 유신 헌법에 의해 대통령에게 긴급 조치권이 주어졌다.

05 제시된 자료는 반민족 행위 처벌법에 해당한다. 제헌 국회는 일제 강점기의 반민족 행위자 처벌 및 재산 몰수 등의 조항이 담긴 반민족 행위 처벌법을 제정하였다. 이에 따라 설치된 반민족 행위 특별 조사 위원회(반민 특위)는 1949년부터 본격적인 활동을 실시하여 민족 반역자 명단을 작성하고 친일 혐의자를 체포·조사하였다. 그러나 이승만 정부는 반공을 명분으로 반민 특위 활동에 비협조적이었다. 또한 반민 특위 활동을 주도하던 국회 의원이 공산당과 내통한다는 구실로 구속되었고, 경찰이 반민 특위 사무실을 습격하는 사건이 발생하면서 반민 특위의 활동이 위축되었다.

| 선택지 바로잡기 | ㄱ. 제3대 국회 의원 선거에서 다수가 된 자유당이 초대 대통령에 한해 중임 제한을 철폐하는 사사오입 개헌안을 국회에 제출하였다. 이 개헌안은 의결 정족수에서 1명이 모자라 부결되었으나, 국회 의장이 사사오입(반올림)의 논리를 내세우며 강제로 개헌안을 통과시켰다. 이는 제3대 국회 시기의 일이다. ㄴ. 1945년 12월에 개최된 모스크바 3국 외상 회의에서 미소 공동 위원회 개최, 최고 5년간 신탁 통치 등을 결정하였다.

06 '(가) 북한의 남침(1950. 6.) – (라) 인천 상륙 작전(1950. 9.) – (다) 중국군 남하로 서울 재함락(1951. 1.) – (나) 이승만 정부의 반공 포로 석방(1953. 6.)'의 순서로 일어났다.

07 밑줄 친 '개헌안'은 발췌 개헌안이다. 제2대 국회 의원 선거에서 이승만 정부에 비판적인 후보가 다수 당선되어 이승만 대통령이 간선제로 대통령에 당선될 가능성이 낮아졌다. 이에 이승만 정부는 부산 일대에 계엄령을 선포하여 공포 분위기를 조성하고, 국민이 대통령을 직접 뽑는 직선제를 골자로 한 발췌 개헌안을 통과시켰다.

| **선택지 바로잡기** | ② 대통령 중심제를 최초로 규정한 것은 제헌 헌법이다. ③, ⑤는 사사오입 개헌에 대한 설명이다. ④ 한미 상호 방위 조약은 6·25 전쟁 이후인 1953년 10월에 체결되었다. 발췌 개헌안은 6·25 전쟁 중인 1952년에 통과되었다.

08 ① 1949년 제헌 국회에서 제정한 농지 개혁법에 따라 이듬해에 농지 개혁이 추진되었다. ② 6·25 전쟁이 발발하고 북한군이 진격하자, 국군과 유엔군은 북한군의 남하에 대비하여 낙동강 방어선을 형성하였다. ③ 2년여 동안 지속된 정전 회담 끝에 1953년 7월 27일 정전 협정이 체결되었다. ⑤ 1960년 4·19 혁명이 일어났고, 그 결과 이승만 정권이 무너졌다.

| **선택지 바로잡기** | ④ 이승만 정부는 1959년 정부에 비판적이었던 경향신문을 폐간하였다.

09 진보당 사건은 이승만 정부가 평화 통일론을 주장하였던 조봉암과 진보당 간부들을 간첩 혐의를 씌워 탄압하고, 조봉암을 사형에 처하게 한 사건이다. 진보당 사건은 이승만 정부의 반공 독재 강화를 위한 반대 세력 탄압 사례 중 하나이다.

| **선택지 바로잡기** | ① 천리마운동은 북한의 전후 복구 사업 중 하나로 1956년부터 시행되었다. ③ 8월 종파 사건은 1956년 김일성이 반대파를 숙청한 사건이다. ④ 대통령의 긴급 조치 발동은 유신 헌법에서 보장되었다. 긴급 조치는 유신 반대 운동 탄압에 이용되었다. ⑤ 6·25 전쟁 중 이승만 정부가 정전 협상에 반대하며 반공 포로를 석방하기도 하였다.

10 4·19 혁명으로 이승만이 대통령직에서 물러난 이후 허정을 수반으로 하는 과도 정부가 수립되었다. 허정 과도 정부는 국회를 상·하원으로 구성하는 제도인 양원제 국회와 국회 다수당이 내각을 구성하는 정치 형태인 내각 책임제를 골자로 내세운 헌법 개정을 단행하였다. 새 헌법에 따라 실시된 총선거에서 민주당이 크게 승리하였으며 이를 바탕으로 장면 정부가 수립되었다.

| **선택지 바로잡기** | ②는 5·16 군사 정변 이후 집권한 군사 정부가 실시한 헌법 개정, ③은 발췌 개헌, ④는 10월 유신, ⑤는 사사오입 개헌에 대한 설명이다.

11 1961년 5·16 군사 정변으로 정권을 장악하고, 1965년 한일 협정을 체결한 것은 박정희 정부이다. 박정희 정부는 1964년 비전투 부대 파견을 시작으로 1973년까지 베트남에 국군을 파병하였다. 또한 1969년 장기 독재를 위해 대통령의 3회 연임을 허용하는 3선 개헌안을 추진하였다.

| **선택지 바로잡기** | ㄱ은 이승만 정부, ㄴ은 전두환 정부 시기에 있었던 일이다.

12 자료의 헌법은 유신 헌법(1972)이다. 통일 주체 국민 회의에서 투표로 대통령을 선출하게 한다는 내용을 통해 유신 헌법은 대통령 간선제를 규정하였음을 알 수 있다.

| **선택지 바로잡기** | ①은 4·19 혁명 이후의 개헌, ③은 대한민국 건국 강령, ④는 3·15 부정 선거, ⑤는 신군부의 개헌에 대한 설명이다.

13 유신 헌법은 박정희 정부 시기에 발표되었다. 유신 체제 시기 박정희 대통령은 국민의 자유와 권리를 잠정적으로 정지할 수 있는 긴급 조치를 행사할 수 있었다. 이는 헌법에 보장된 국민의 기본권을 제한하는 조치였다.

| **선택지 바로잡기** | ①, ④는 이승만 정부, ②는 전두환 정부, ③은 과도 정부에 대한 설명이다.

14 신군부의 민주화 탄압에 저항하고 이후 전개된 민주화 운동의 토대가 되었다는 사실을 통해 (가) 민주화 운동은 1980년 광주에서 일어난 5·18 민주화 운동임을 알 수 있다. 5·18 민주화 운동은 신군부의 비상계엄 확대와 휴교령에 반대하며 전개되었다.

| **선택지 바로잡기** | ①은 유신 반대 운동, ②는 6·3 시위, ④는 3선 개헌 반대 운동, ⑤는 4·19 혁명에 대한 설명이다.

15 자료는 전두환 대통령이 일체의 개헌 논의를 금지한 4·13 호헌 조치이다. 이 조치에 반대하여 야당·종교계·학생 운동 조직 등이 직선제 개헌과 전두환 정권 퇴진 운동을 전개하였다. 이 과정에서 대학생 이한열이 경찰이 쏜 최루탄에 맞아 중태에 빠지자 시민들은 호헌 철폐와 독재 타도를 외치며 전국적인 민주화 요구 시위를 전개하였다(6월 민주 항쟁).

| **선택지 바로잡기** | ①은 유신 반대 운동, ②는 4·19 혁명, ③은 6·3 시위, ⑤는 사사오입 개헌에 대한 설명이다.

16 (다) 시기에 해당하는 1980년대 중후반 우리나라는 저달러, 저금리, 저유가의 3저 호황을 맞이하여 경제적 번영을 누렸다.

| **선택지 바로잡기** | ① 두 차례 석유 파동은 1973년, 1978년에 일어났다. ②는 1980년대 이후에 대한 설명이다. ③은 제1, 2차 경제 개발 5개년 계획에 대한 설명이다. ④ 제1차 경제 개발 5개년 계획은 1962년에 시작되었다.

17 왼쪽은 함평 고구마 피해 보상 운동으로 농민들이 자신의 권익을 지키고자 추진한 농민 운동의 사례이다. 오른쪽은 우리나라 최초의 공해병으로 알려진 온산병이 발생하였음을 보여 주고 있으며, 주로 공업 단지 주변에서 공해 문제가 발생하였다는 점에서 산업화 이후 환경 문제의 사례이다. 두 자료는 모두 경제 성장에 따른 사회·환경 문제에 해당한다.

18 1970년 전태일은 근로 기준법에 보장된 노동자의 권리를 찾기 위해 노력하였지만 성과가 없자 '우리는 기계가 아니다.', '근로 기준법을 준수하라.'라고 외치며 분신하였다. 전태일 분신 사건 이후 노동 문제에 대한 사회적 관심이 높아졌다.

| **선택지 바로잡기** | ②는 우익 세력의 신탁 통치 반대 운동, ③은 농민 운동, ④는 4·19 혁명, ⑤는 형평 운동과 관련이 있다.

Ⅲ 오늘날의 대한민국

01 6월 민주 항쟁 이후 민주화 과정

개념 확인하기

113쪽

1 민주 자유당 2 (1) ○ (2) × (3) ○ 3 (1) ㄴ (2) ㄷ (3) ㄱ

실력 다지기

114~117쪽

01 ② 02 ④ 03 ③ 04 ⑤ 05 ① 06 ② 07 ③
08 ② 09 ④ 10 ① 11 ② 12 ③ 13 ③ 14 ⑤
15 해설 참조 16 해설 참조

01 직선제 이후 실시된 제13대 대통령 선거 결과로 출범하였다는 사실을 통해 밑줄 친 '새 정부'는 노태우 정부임을 알 수 있다. 노태우 정부는 북방 외교를 추진하여 소련 등 공산권 국가와 외교 관계를 수립하였다.

| 선택지 바로잡기 | ① 5·16 군사 정변 이후 수립된 군사 정부가 중앙정보부를 설치하였다. ③, ④ 인사 청문회법 제정, 제1차 남북 정상 회담은 김대중 정부 시기의 일이다. ⑤ 박정희 정부가 제2차 경제 개발 5개년 계획을 추진하였다(1967~1971년).

02 제13대 국회 의원 선거 결과 여당보다 야당이 더 많은 국회 의석 수를 차지하는 여소 야대 정국이 형성되었다. 이러한 상황에서 국회는 청문회를 열어 전두환 정부의 비리와 5·18 민주화 운동에 대한 진상 규명에 나섰다.

| 선택지 바로잡기 | ①, ③ 제헌 국회가 제헌 헌법을 공포하고, 반민족 행위 처벌법을 제정하였다. ② 사사오입 개헌안은 자유당이 다수였던 제3대 국회에서 통과되었다. ⑤ 이승만 정부가 부산 일대에 계엄령을 내리는 등 공포 분위기를 조성한 가운데 제2대 국회에서 발췌 개헌안이 기립 투표로 통과되었다.

03 (가)는 김영삼 정부의 '역사 바로 세우기' 정책으로 전두환과 노태우 등 두 전직 대통령을 구속하고, 국민학교를 초등학교로 변경하는 등 일제의 식민지 잔재 청산을 위해 노력하였다. (나)는 김대중 정부의 의문사 진상 규명 노력으로, 의문사 진상 규명 위원회를 조직하고 인혁당 사건 등의 진상 규명을 위해 노력하였다. (다)는 노무현 정부의 과거사 정리 노력과 관련이 있으며, 진실·화해를 위한 과거사 정리 위원회의 활동에 대한 설명이다. 이 위원회는 일제 강점기 항일 독립운동과 6·25 전쟁 당시 일어났던 민간인 집단 희생 사건 등을 조사하였다.

| 선택지 바로잡기 | ③은 김영삼 정부의 '역사 바로 세우기' 정책의 사례이다. 김영삼 정부는 5·18 민주화 등에 관한 특별법을 제정하고 12·12 사태 및 5·18 민주화 운동 진압 관련자를 처벌하였다.

04 민간인 출신의 대통령이 탄생하였으며 금융 실명제를 시행하였다는 내용 등을 통해 밑줄 친 '이 정부'는 김영삼 정부임을 알 수 있다. 김영삼 정부는 지방 지방 자치제를 전면적으로 실시하였으며, 외환 위기를 맞이하여 국제 통화 기금(IMF)에 긴급 구제 금융을 요청하였다.

| 선택지 바로잡기 | ㄱ은 김대중 정부, ㄴ은 전두환 정부 시기의 일이다.

05 밑줄 친 ㉠은 김영삼 정부 시기에 실시된 조선 총독부 철거 사업을 가리킨다. 김영삼 정부는 일제 강점기 및 과거 군사 독재 정부의 잘못을 청산하기 위해 '역사 바로 세우기'를 실시하였으며, 그 사례로 조선 총독부 철거 사업, 12·12 사태 및 5·18 민주화 운동 관련자 처벌 등이 있다. 김영삼 정부는 지방 자치제를 전면 실시하였고, 이를 바탕으로 각 지방의 상황에 적합한 지방 행정이 이루어졌다.

| 선택지 바로잡기 | ②는 일제의 토지 조사 사업과 관련이 있다. ③ 중일 전쟁을 일으킨 일제가 전쟁에 필요한 자원을 수탈하고자 국가 총동원법을 제정하였다. ④ 1930년대 일제가 자국의 면방직업을 보호하고자 한국에서 남면북양 정책을 실시하였다. ⑤ 1980년대 중후반에 우리나라는 3저 호황을 누렸다.

06 자료는 김대중 대통령의 취임사이다. 김대중 정부는 최초로 여야 간 평화적 정권 교체를 이루며 출범하였다. 김대중 정부는 국제 통화 기금의 관리 체제에서 벗어나는 데 주력하여 외환 위기를 조기에 극복하였다. 또한 인사 청문회법을 제정하여 고위 공직자의 도덕성 등을 공개적으로 검증하였다. 아울러 김대중 정부 시기 제1차 남북 정상 회담이 성사되었다. 김대중 대통령은 한반도 평화 정착, 민주주의 및 인권 신장을 위한 노력 등을 인정받아 노벨 평화상을 수상하였다.

| 선택지 바로잡기 | ②는 노태우 정부에 대한 설명이다.

07 자료의 (가) 정부는 이명박 정부이다. 이명박 정부는 '작은 정부, 큰 시장'을 내세우며 자유 무역 협정(FTA) 체결을 확대하는 등 자유 무역 정책을 추구하였다. ③ 이명박 정부는 4대강 정비 사업을 추진하여 하천 유역을 개발하였다.

| 선택지 바로잡기 | ①, ②는 박정희 정부 시기의 일이다. ④는 전두환 정부 시기 언론 통제에 해당한다. ⑤는 12·12 사태 이후 정권을 잡은 신군부 세력에 대한 설명이다.

08 (가)는 김대중 정부 시기인 2002년, (나)는 이명박 정부 시기인 2010년에 있었던 일이다. ① 호주제는 2008년에 폐지되었다. ③, ④, ⑥, ⑦ 김대중 정부의 뒤를 이은 노무현 정부는 행정 수도 건설을 추진하였으며, 제2차 남북 정상 회담을 성사시켰다. 또한 친일 반민족 행위 진상 규명 위원회, 진실·화해를 위한 과거사 정리 위원회를 조직하여 과거사 청산을 위해 노력하였다. ⑤는 이명박 정부 시기의 일로, G20 정상 회의 이전인 2008년에 일어났다.

| 선택지 바로잡기 | ② 김영삼 정부 때 금융 실명제가 실시되었다.

09 (가)는 노태우 정부로, 북방 외교를 추진하여 소련 및 동유럽 국가와 국교를 수립하고 지방 자치제를 부분적으로 실시하였다. (나)는 김대중 정부로, 최초로 남북 정상 회담을 성사시켰다. (다)는 김영삼 정부로, 외환 위기를 맞이하여 국제 통화 기금의 구제 금융을 받았다.

| 선택지 바로잡기 | ④ 김영삼 정부 시기에 '역사 바로 세우기'를 진행하여 전두환, 노태우 등이 구속되었다.

10 자료는 지방 자치를 규정한 헌법 조항이다. 6월 민주 항쟁 이후 민주화가 진전되는 가운데 1995년 지방 자치제가 전면 실시되어 풀뿌리 민주주의가 정착되어 갔다.

| 선택지 바로잡기 | ② 과거사 청산 노력은 민주화의 영향 중 하나지만, 지방 자치제 실시의 영향과는 거리가 멀다. ③ 자유 무역 협정(FTA)은 세계화 속 자유 무역을 추진하기 위해 체결되었다. ④ 성장 중심의 경제 정책으로 우리나라의 무역 의존도가 심화되었다. ⑤ 1970년대에 유신 철폐를 요구하는 운동이 일어났다.

11 자료는 1990년대 이후 노동 운동과 농민 운동이 발전하는 과정을 보여 준다. 이를 통해 6월 민주 항쟁 이후 다양한 분야의 시민운동이 활발해졌음을 알 수 있다. 따라서 자료를 활용한 보고서 제목으로 '시민운동이 성장하다'가 가장 적절하다.

| 선택지 바로잡기 | ①, ③은 1960년대 이후 우리나라의 경제 성장 과정에서 나타난 사회 모습의 변화와 관련이 있다. ④는 박정희 정부에서 실시한 국가 주도의 경제 개발 정책이다. ⑤는 노태우 정부 이후 여소 야대의 국면이 형성된 상황과 관련이 있다.

12 매니페스토 운동은 정책 중심의 공정한 선거와 정치인들의 책임감 있는 행동을 유도하는 것을 지향하는 운동으로, 다양한 유형의 시민운동 중 하나이다. 시민운동은 6월 민주 항쟁 이후 민주화가 진전되면서 다양한 형태로 확대되었다.

| 선택지 바로잡기 | ① 유신 헌법은 박정희 정부 시기에 제정되었다. ② 5·16 군사 정변은 박정희를 중심으로 한 군부가 정권을 장악하게 된 사건이다. ④ 신군부에 의해 5·18 민주화 운동이 진압된 것은 민주화의 진전과 거리가 멀다. ⑤ 한미 상호 방위 조약은 6·25 전쟁 이후 미군이 한국에 계속해서 주둔하는 계기가 되었다.

13 6월 민주 항쟁 이후 민주화가 진전되면서 시민 단체가 증가하였다. 시민 단체는 환경 운동, 인권 운동, 사회적 약자 보호 운동, 노동 운동, 농민 운동 등 다양한 영역에서 활동하고 있다.

| 선택지 바로잡기 | ③ 박정희 정부 퇴진은 유신 반대 운동을 주도한 시민들의 요구에 해당한다.

14 제시된 자료는 1990년대 이후 시민의 정치 참여 확대를 다루고 있다. 특히 2000년대 이후 시민들은 촛불 집회라는 평화적 시위를 열어 사회의 다양한 의견을 표출하였다.

| 선택지 바로잡기 | ①은 3당 합당의 결과이다. ②는 신자유주의 정책에 해당한다. ③ 김대중 정부가 출범하면서 여야 간 평화적 정권 교체가 이루어졌다. ④는 시민의 정치 참여와 거리가 멀다.

15 (1) 3당 합당

(2) **예시 답안** 제13대 국회 의원 선거에서 야당이 국회 의석의 과반수를 차지하는 여소 야대 국면이 형성되었고, 이를 극복하기 위해 3당 합당이 추진되었다.

채점 기준

상	여소 야대 국면이 형성된 과정과 이를 극복하기 위해 3당 합당이 추진되었음을 서술한 경우
하	여소 야대 국면을 극복하기 위해서라고만 서술한 경우

16 **예시 답안** • 1단계: (가) 정책은 김영삼 정부가 추진한 과거사 정리 작업인 '역사 바로 세우기'이다.

• 2단계: 5·18 민주화 운동 진압 관련자를 처벌하고, 조선 총독부 건물 철거를 단행하여 일제 강점기의 잔재를 청산하려 하였다.

• 3단계: (가) 정책은 김영삼 정부가 잘못된 과거를 청산하기 위해 추진한 '역사 바로 세우기'이다. 역사 바로 세우기 정책의 사례로 5·18 민주화 운동 진압 관련자 처벌, 조선 총독부 철거를 통한 일제 강점기의 잔재 청산 등이 있다.

채점 기준

상	'역사 바로 세우기'를 쓰고, '역사 바로 세우기'의 사례를 두 가지 서술한 경우
중	'역사 바로 세우기'를 쓰고, '역사 바로 세우기'의 사례를 한 가지만 서술한 경우
하	'역사 바로 세우기'만 쓴 경우

1등급 도전하기

118쪽

01 ⑤ 02 ② 03 ④ 04 ⑤

01 자료의 밑줄 친 '새 정부'는 노태우 정부이다. 노태우 정부 시기 여소 야대의 국면을 극복하기 위해 3당 합당이 추진되어 민주 자유당이 창당되었다.

| 선택지 바로잡기 | ①, ③은 김대중 정부, ②는 장면 정부, ④는 박정희 정부 시기의 일이다.

02 사진은 1995년 6월 27일에 치러진 지방 선거의 개표 모습이다. 김영삼 정부 시기 지방 자치제가 전면 실시되면서 중앙 정부의 주도로 추진된 획일적인 행정 체계에서 벗어나 지방의 실정에 맞는 지방 행정을 추진할 수 있게 되었다.

03 민주화 이후 가부장제 철폐, 성차별의 타파 등 여성 인권 신장을 위한 여성 운동이 활발해졌다. 호주제의 폐지는 여성의 사회적 지위 향상을 위한 시민 사회의 노력이 이끌어낸 결과이다.

| 선택지 바로잡기 | ① 저출산 문제는 오늘날 계속 이어지고 있다. ② 과거사 정리, ③ 고위 공무원의 재산 등록 의무화, ⑤ 행정 수도 이전 추진 등은 여성 운동과 거리가 멀다.

04 제시된 자료의 참여 연대는 시민 단체 중 하나이다. 6월 민주 항쟁 이후 민주화가 진전되면서 시민 단체 수가 늘고 다양한 시민 운동이 전개되었다. 따라서 제시된 자료를 활용한 보고서 주제로 '시민운동의 성장과 민주화의 진전'이 가장 적합하다.

수능 준비하기 119쪽

01 ④ 02 ⑤

01 자료의 금융 실명제는 김영삼 정부에서 실시되었다. 김영삼 정부는 국제 여건과 외환 관리 실패로 외환 위기를 맞이하였고, 국제 통화 기금(IMF)의 구제 금융을 받게 되었다.

| 선택지 바로잡기 | ①, ②는 박정희 정부 시기의 일이다. ③은 조선 후기 개항과 관련이 있다. ⑤ 이승만 정부 시기인 1949년에 제헌 국회가 농지 개혁법을 제정하였다.

02 (가)는 노태우 정부 시기의 북방 외교를 통한 소련과의 국교 수립, (나)는 김대중 정부 시기의 제1차 남북 정상 회담을 보여 준다. 노태우 정부 다음으로 출범한 김영삼 정부는 '역사 바로 세우기'를 진행하여 전두환과 노태우 등 12·12 사태와 5·18 민주화 운동 진압 관련자를 처벌하였다.

| 선택지 바로잡기 | ①, ②는 전두환 정부, ③은 박정희 정부 시기의 일이다. ④ 우리나라는 노무현 정부 때 처음 자유 무역 협정을 체결하였다.

02 외환 위기의 극복과 사회·문화 변동

개념 확인하기 121쪽

1 (1) 김대중 정부 (2) 신자유주의 (3) 세계 무역 기구 (4) 자유 무역 협정
2 (1) 다문화 사회 (2) 한류 (3) 사회 양극화

실력 다지기 122~125쪽

01 ③	02 ①	03 ③	04 ②	05 ①	06 ⑤	07 ②
08 ③	09 ①	10 ⑤	11 ④	12 ③	13 ②	14 ①
15 해설 참조	16 해설 참조					

01 1990년대 김영삼 정부는 신자유주의 정책을 추진하였다. 신자유주의 정책은 정부 규제 완화 및 철폐, 복지 축소, 노동 시장의 유연성 강화, 공기업 민영화 등을 내세웠다.

| 선택지 바로잡기 | ①은 1970년대에 추진된 제3, 4차 경제 개발 5개년 계획 과정에서 있었던 사실이다. ②는 박정희 정부 시기의 일이다. ④는 1962~1971년의 일이다. ⑤는 정부가 수출을 강화하고자 실시한 정책으로 신자유주의 정책과 거리가 멀다.

02 1990년대 이후 선진 자본주의 국가들은 전면적인 시장 개방을 논의하였다. 이 과정에서 1993년 우루과이 라운드가 타결되고, 1995년 관세 및 무역에 관한 일반 협정(GATT) 체제를 흡수·통합한 세계 무역 기구(WTO) 체제가 출범하였다. 이러한 흐름에 맞추어 한국 정부는 1996년에 경제 협력 개발 기구(OECD)에 가입하였다.

03 (가)는 1980년대 중후반에 있었던 3저 호황, (나)는 1997년 외환 위기의 발생을 가리킨다. 두 시기 사이인 1996년 우리나라는 경제 협력 개발 기구(OECD)에 가입하였다.

| 선택지 바로잡기 | ①은 1978년, ②는 1972~1976년, ④는 2004년, ⑤는 1970년의 일이다.

04 (가) 운동은 금 모으기 운동이다. 외환 위기 당시 국민들은 경제 위기를 극복하기 위해 자발적으로 금 모으기 운동에 참여하였다. 이 운동을 통해 225톤 이상의 금이 모였으며, 정부는 이렇게 모인 금을 수출하여 외환 보유고를 늘릴 수 있었다. 금 모으기 운동은 우리나라가 외환 위기를 겪었던 1998년에 전개되었다.

05 자료는 국민 기초 생활 보장법으로 1999년 김대중 정부가 외환 위기로 발생한 대량 해직 사태 등으로 인해 경제적 어려움을 겪은 국민을 지원하고자 제정된 것이다.

| 선택지 바로잡기 | ② 금융 실명제는 김영삼 정부가 실시한 것으로 국민 기초 생활 보장법과 관련이 없다. ③ 한일 월드컵은 2002년에 개최한 세계적인 규모의 스포츠 경기이다. ④ 우리나라는 제1차 석유 파동을 극복하고자 중동 건설 사업에서 외화를 벌어들였다. ⑤ 외환 위기 이후 한국은 2004년 칠레를 시작으로 미국, 유럽 연합(EU), 중국 등과 자유 무역 협정(FTA)을 체결하였다.

06 외환 위기는 한국 사회 전반에 많은 영향을 끼쳤다. 자영업자가 도산하고 고용 안정성이 저하되어 중산층의 비중이 감소하였다. 그 결과 고소득층과 저소득층 사이의 소득 격차가 더 커졌다. 또한 외환 위기 이후 대량 실업으로 인한 경제적 어려움으로 인해 가정불화가 자주 일어났으며, 실업 문제를 소재로 한 문화 콘텐츠가 양산되기도 하였다.

07 외환 위기가 발생한 이후 김대중 정부는 강도 높은 구조 조정 실시, 노사정 위원회 설립과 근로자 파견제 도입, 공기업의 민영화와 경영 혁신, 국민 기초 생활 보장법 제정 등을 통해 외환 위기 극복에 노력하였다. 이러한 노력을 바탕으로 한국은 2001년 8월 국제 통화 기금의 차관을 조기 상환할 수 있었다. 한편, 외환 위기의 여파로 외채에 의존하던 기업의 연쇄 부도, 대량 실업 등이 발생하고 비정규직 노동자가 증가하였다.

| 선택지 바로잡기 | ②는 1995년의 일이다.

08 한국은 1996년 경제 협력 개발 기구에 가입하였으며, 국제 통화 기금(IMF)의 지원금을 2001년에 상환하였다. (가) 시기에 해당하는 1997년 외환 위기가 발생하여 한국은 경제적 어려움을 겪게 되었다. 이를 극복하기 위해 국민들이 금 모으기 운동을 전개하였고, 정부도 국민의 생계를 지원하기 위해 1999년 국민 기초 생활 보장법을 제정하였다.

| **선택지 바로잡기** | ㄱ. YH 무역 사건은 1979년에 발생하였다. ㄹ. 한국과 칠레는 2004년에 자유 무역 협정(FTA)을 체결하였다.

09 2000년대 이후에는 자유 무역이 전 세계로 확산되었다. 그 결과 국가 간의 무역 장벽이 낮아지고 상품, 노동, 자본 등의 국제적 이동이 더 용이해졌다. 이러한 상황에서 한국은 2004년 칠레를 시작으로 미국, 중국, 유럽 연합(EU) 등과 자유 무역 협정(FTA)을 체결하였다. 자유 무역 협정(FTA)은 국가 간의 자유로운 무역 활동을 위해 무역 장벽을 완화하거나 제거하는 협정으로, 이를 토대로 한국 경제는 수출 시장을 확대할 수 있었으며 반도체, 자동차 등 세계적으로 경쟁력을 가진 산업이 약진하였다.

| **선택지 바로잡기** | ② 삼백 산업은 1950년대에 발달하였다. ③ 새마을 운동은 1970년에 시작되었다. ④ 제1차 석유 파동은 1973년에 일어났다. ⑤ 병참 기지화 정책은 중일 전쟁 이후 일제가 실시한 정책이다.

10 (가)에는 2000년대 이후 한국 경제의 과제가 들어가야 한다. 세계화가 가속화하면서 한국 경제의 대외 의존도는 더욱 높아졌다. 한편, 국내적으로는 대기업과 중소기업 간의 격차가 더욱 크게 벌어졌다. 또한 외환 위기 당시 구조 조정의 여파로 2000년대 이후에는 비정규직 노동자가 증가하였다. 아울러 급속한 경제 성장으로 사회 계층 간의 격차가 점차 커지고 있으며, 도시와 농촌, 공업과 농업 간의 불균형도 심화되고 있다.

| **선택지 바로잡기** | ⑤ 자유 무역 협정(FTA) 체결이 확대되어 값싼 외국산 농수산물 수입이 증가하였다. 이로 인해 한국의 농어민이 어려움을 겪고 있다.

11 오늘날 사회 양극화 문제를 극복하기 위해 최저 임금 인상, 장학제도 마련, 실업자 생계 지원, 고용 보험 대상자 확대 등 국가 차원에서 계층 간 격차를 줄이기 위한 정책과 제도 마련이 이루어지고 있다.

| **선택지 바로잡기** | ④ 금융·기업 규제 완화는 1990년대에 추진된 신자유주의 정책의 내용이며, 오늘날 사회 양극화 문제를 극복하기 위한 노력과 거리가 멀다.

12 자료는 우리나라가 점차 다문화 사회로 변화하고 있음을 보여준다. 다른 문화권에 속한 사람들과의 교류가 확대됨에 따라 국외국인 근로자, 국제결혼 이주민 등이 증가하고 있다. 이는 우리 사회 안에서 서로 다른 인종, 종교 등 다양한 문화가 공존하고 있음을 의미한다. 다문화 사회로 나아가면서 다른 문화를 존중하는 자세를 기를 필요성이 높아졌다.

| **선택지 바로잡기** | ③ 외국인 근로자들은 저출산·고령화에 따른 노동력 부족 현상을 해소하는 데 기여하였다.

13 2000년대 이후 청년 실업이 늘고 자녀 교육비 지출이 커지면서 결혼 및 출산 기피 현상이 나타났다. 비혼 인구 비율도 늘어나고 있으며, 결혼을 한 가정에서도 출산을 미루거나 하지 않는 경우가 늘어나고 있다. 이는 저출산 현상으로 이어졌다. 자료를 보면 우리나라의 출산율이 해마다 감소하는 저출산 현상이 심화되고 있음을 알 수 있다. 오늘날 우리나라의 출산율은 세계 최하위 수준에 머무르고 있다.

| **선택지 바로잡기** | ① 재벌 규제는 저출산 현상과 거리가 멀다. ③ 농민 운동은 농민들이 자신들의 권익을 지키기 위해 전개한 운동이다. ④ 2000년대 이후 우리나라는 합계 출산율이 낮아지는 한편, 노인 인구 비율이 높아지면서 고령화 현상이 빠르게 진행되고 있다. ⑤는 경제 개발 5개년 계획과 관련이 있다.

14 민주화의 진전 이후 세계화와 정보화 속에서 한국의 문화가 세계에 널리 전파되었다. '한류'라는 문화 열풍이 일어나면서 한국의 대중문화가 드라마를 중심으로 중국과 일본에 수출되었다. 또한 'K-Pop'이라 불리는 한국의 대중가요가 아시아, 유럽, 미국 등지에서 큰 인기를 끌었다. 2018년에는 평창 동계 올림픽 대회 등 국제적 규모의 스포츠 경기를 성공적으로 개최하였으며, 한국 국제 협력단(KOICA)이 해외 봉사단으로 파견되는 등 국제 사회에 공헌하고 있다.

| **선택지 바로잡기** | ① 4·13 호헌 조치는 1987년에 전두환 대통령이 당시 헌법에 규정된 대통령 간선제를 고수하겠다고 발표한 것으로 민주화의 진전과는 거리가 멀다. 4·13 호헌 조치에 대항하여 6월 민주 항쟁(1987)이 전개되었다.

15 **예시 답안** 1997년 동남아시아가 외환 위기에 빠지면서 외국 투자자들이 대출을 대거 회수하였다. 이에 외환 보유고가 고갈되어 외환 위기가 발생하였고, 외채에 의존하던 기업들이 연쇄적으로 부도를 맞이하였다.

채점 기준

상	외환 보유고 고갈로 인한 외환 위기 발생, 기업 연쇄 부도 등을 서술한 경우
하	위의 내용 중 한 가지 내용만 서술한 경우

16 **예시 답안** • 1단계: 밑줄 친 '위원회'는 노사정 위원회이다. 노사정 위원회는 근로자, 사용자, 정부를 대표하는 위원들로 구성된 협의체이다.

• 2단계: 노사정 위원회는 정리 해고제와 근로자 파견제 등을 도입하여 노동 시장의 유연화를 추진하였다.

• 3단계: 노사정 위원회, 노사정 위원회는 정리 해고제와 근로자 파견제 등을 도입하여 노동 시장의 유연화를 추구하였다.

채점 기준

상	노사정 위원회를 쓰고, 정리 해고제, 근로자 파견제 등의 활동을 모두 서술한 경우
중	노사정 위원회를 쓰고, 위의 활동 중 한 가지 측면만 서술한 경우
하	노사정 위원회만 쓴 경우

1등급 도전하기

126쪽

01 ④ 02 ③ 03 ④ 04 ⑤

01 금 모으기 운동은 외환 위기를 극복하기 위한 노력 중 하나이다. 외환 위기를 극복하는 과정에서 강도 높은 구조 조정과 정리 해고제가 실시되면서 노동자들이 대량 해직되었다.

| 선택지 바로잡기 | ①, ⑤는 박정희 정부 시기, ②는 일제 강점기, ③은 1970년의 일이다.

02 (가) 시기는 한국이 외환 위기를 겪은 시기이다. 외환 위기를 극복하기 위해 정부는 강도 높은 구조 조정을 단행하여 부실기업을 정리하였다.

| 선택지 바로잡기 | ①은 제1차 석유 파동 극복을 위한 노력이다. ②는 제1, 2차 경제 개발 5개년 계획에 대한 설명이다. ④는 1950년대 경제 정책에 해당한다. ⑤는 제3, 4차 경제 개발 5개년 계획에 대한 설명이다.

03 외환 위기를 극복하고자 강도 높은 구조 조정, 부실기업 정리가 이루어졌고, 금 모으기 운동이 전개되었다. 이러한 노력 끝에 2001년 8월 23일 한국은 국제 통화 기금(IMF)의 모든 차관을 상환하였다. 그 후 2004년 한국과 칠레 사이에 자유 무역 협정(FTA)이 체결되었다.

| 선택지 바로잡기 | ①은 1980년대 중후반, ②는 1995년, ④는 1993년, ⑤는 1996년의 일이다.

04 우리나라 인구 정책이 밑줄 친 ㉠으로 변화하게 된 이유는 우리나라의 출산율이 저하되었기 때문이다. 외환 위기 이후 우리나라는 양육 및 교육비 부담이 커져 결혼 및 출산 기피 현상이 늘어났고 이는 낮은 출산율로 이어졌다.

수능 준비하기

127쪽

01 ⑤ 02 ①

01 금융 실명제 단행, 국제 통화 기금(IMF)에 자금 지원 요청 등의 사실을 통해 밑줄 친 '정부'는 김영삼 정부임을 알 수 있다. 신자유주의 정책을 추진한 김영삼 정부는 1996년 경제 협력 개발 기구(OECD)에 가입하였다.

| 선택지 바로잡기 | ①은 조선 흥선 대원군, ②는 고려 공민왕, ③은 일제 강점기, ④는 박정희 정부 시기의 일이다.

02 (가)는 3저 호황을 맞았던 1980년대 중후반, (나)는 외환 위기 발생 이후인 1990년대 후반의 상황이다. 두 시기 사이인 1995년에 세계 무역 기구(WTO) 체제가 출범하였다.

| 선택지 바로잡기 | ②는 이승만 정부, ③은 박정희 정부, ④는 개항 이후, ⑤는 대한 제국 시기의 일이다.

03 한반도 분단 극복과 동아시아의 평화를 위한 노력

개념 확인하기

129, 131쪽

1 주체사상 2 (1) ○ (2) × (3) ○ 3 (1) ㄱ (2) ㄴ
4 ㄴ-ㄱ-ㄷ-ㄹ-ㅁ 5 (1) 센카쿠 열도(댜오위다오) (2) 동북공정
(3) 일본

실력 다지기

132~135쪽

01 ⑤ 02 ① 03 ⑤ 04 ④ 05 ① 06 ② 07 ④
08 ② 09 ③ 10 ① 11 ⑤ 12 ⑤ 13 ② 14 ③
15 해설 참조 16 해설 참조

01 밑줄 친 '이 사상'은 주체사상이다. 1950년대 후반부터 중국과 소련이 사회주의의 방향을 둘러싸고 갈등을 겪는 상황에서 북한의 김일성은 중국과 소련의 영향력에서 벗어나고자 독자 노선을 추구하였다. 이러한 과정에서 김일성 1인 지배 체제를 뒷받침하는 주체사상이 등장하였다.

| 선택지 바로잡기 | ① 주체사상을 내세운 김일성은 1994년에 사망하였다. ② 1969년 닉슨 독트린 발표 이후 냉전이 완화되는 상황에서 남과 북은 대화를 통해 1972년 7·4 남북 공동 성명을 발표하였다. ③ 2011년 김일성의 아들 김정일이 사망하자 그의 권력이 아들 김정은에게 승계되었고, 이로써 북한은 3대 권력 세습 체제를 확립하였다. ④ 북한은 2000년대 들어 경제적 어려움을 극복하기 위해 시장 경제 요소를 제한적으로 도입하기 시작하였다.

02 (가)는 김일성의 아들인 김정일, (나)는 김정일의 아들인 김정은이다. 김정일은 김일성 사망 이후 김일성이 생전에 지시한 것에 따라 북한을 통치하는 유훈 통치를 실시하였다.

| 선택지 바로잡기 | ②, ③ 김일성은 주체사상을 명문화한 후 사회주의 헌법을 제정하였다. 그리고 국가 주석제를 도입하여 국가 주석으로 취임하였다. ④ 김정일은 김대중 대통령과 평양에서 만나 남북 정상 회담을 가졌다. ⑤ 김정은은 2018년과 2019년 북한 핵 시설 폐기와 국제 제재 해제를 주제로 미국과 두 차례 정상 회담을 가졌다. 그러나 뚜렷한 성과를 거두지 못하였으며 이후 북한은 핵 개발을 지속하였다.

03 자료는 합작 회사 경영법(합영법)이다. 북한은 중국과 소련의 원조 감소, 군비 증가, 중공업 치중에 따른 소비재 부진, 자립 경제 주장으로 인한 대외 교역의 한계, 사회 기반 시설·기술 부족 등으로 경제 위기를 겪게 되었다. 이를 극복하고자 북한은 사회주의 경제 정책을 수정하여 부분적으로 개방 정책을 펼쳤으며, 1984년 합작 회사 경영법(합영법)을 제정하여 외국 자본과의 합작 및 투자를 적극 추진하였다.

| 선택지 바로잡기 | ①, ②, ③, ④는 북한이 사회주의 경제 체제를 확립하는 과정에서 추진된 정책이다.

04 1970년대 이후 북한은 중공업 치중에 따른 소비재의 부진, 자립 경제 주장으로 인한 대외 교역의 한계 등으로 경제가 어려워졌다. 경제난을 겪은 북한은 사회주의 경제 체제를 수정하여 부분적으로 개방 정책을 추진하였다. 그리하여 1991년에 나진·선봉 경제 무역 지대를 설치하였고, 2000년대에는 신의주 국제 경제 지대, 황금평·위화도 경제 지대 등을 지정하는 등 대외 경제 개방 정책을 추진하였다.

| 선택지 바로잡기 | ① 천리마운동은 1950년대에 전개되었다. ② 북한은 대외 경제 개방 정책을 추진하여 자본주의 국가와도 교류하였다. ③ 북한은 2000년대 이후 시장 경제 요소를 제한적으로 도입하였다. ⑤ 북한은 사회주의 경제 체제를 부분적으로 수정하면서 경제난을 극복하려 하였다.

05 북한은 1990년대 중반 심각한 경제난 이후 시장 경제가 부분적으로 도입되면서 경제생활의 변화가 나타났다. '장마당'이라 불리는 시장이 생겨나는 반면 생계가 어려워 북한을 이탈하는 경우도 발생하였다. 개인의 경제 활동에 대한 통제도 완화되었는데, 이러한 경제 생활의 변화는 주민들의 문화생활에 영향을 주었다. 외국의 드라마나 음악을 즐기는 사람이 생겨났고 스마트폰을 비롯한 디지털 기기의 보급률도 높아졌다. 그러나 북한 주민들은 언론·출판의 자유를 제한받고 있으며, 북한 정부는 수용소의 운영과 공개 처형 등의 인권 침해를 지속하고 있다.

| 선택지 바로잡기 | ① 북한은 언론·출판의 자유와 종교 활동의 자유, 여행·거주 이전의 자유 등 인간의 기본권을 무시하고 있다.

06 자료는 1972년 박정희 정부 때 발표한 7·4 남북 공동 성명의 내용이다. 1971년 이산가족 상봉을 위한 남북 적십자 회담으로 대화를 시작한 남과 북은 1972년에 자주·평화·민족 대단결의 통일 원칙을 담은 7·4 남북 공동 성명을 발표하였다. 이에 따라 남북 조절 위원회가 설치되었다.

| 선택지 바로잡기 | ①은 1998년, ③은 2000년에 발표된 6·15 남북 공동 선언 이후, ④는 1992년, ⑤는 1985년의 일이다.

07 ㄴ. 장면 정부는 민간에서 활발히 벌어진 통일 논의에 소극적으로 대응하였다. ㄹ. 전두환 정부 시기인 1984년에 서울에서 수해가 발생하자 북한이 원조 물자를 보내왔고, 이후 남북 경제 회담, 적십자 회담 등이 성사되며 이산가족 상봉과 예술 공연단 교환 방문이 이루어졌다.

| 선택지 바로잡기 | ㄱ은 박정희 정부, ㄷ은 이승만 정부 시기의 일이다.

08 1980년대 말 소련과 동유럽 사회주의 국가들이 몰락하고 냉전 체제가 붕괴되는 상황에서 노태우 정부는 공산권 국가와 수교하는 북방 외교를 추진하였고, 북한에도 유화적인 태도를 보였다. 북한도 외교적 고립을 피하기 위해 남한과의 교류에 나섰다. 그 결과 1991년에 남북 기본 합의서가 채택되었다.

| 선택지 바로잡기 | ①, ④는 노무현 정부, ③은 박정희 정부, ⑤는 장면 정부 시기의 일이다.

09 왼쪽은 1998년 금강산 관광 시작, 오른쪽은 2007년 제2차 남북 정상 회담 개최 및 10·4 남북 공동 선언 발표에 대한 내용이다. 김대중 정부 시기인 2000년에 평양에서 최초의 남북 정상 회담이 개최되었고, 그 결과 6·15 남북 공동 선언이 발표되었다.

| 선택지 바로잡기 | ① 박근혜 정부 시기인 2016년에 북한이 개성 공단을 폐쇄하였다. ②는 노태우 정부, ④는 문재인 정부, ⑤는 김영삼 정부 시기의 일이다.

10 (가)는 김대중 정부 시기에 발표된 6·15 남북 공동 선언(2000)이고, (나)는 문재인 정부 시기에 발표된 한반도의 평화와 번영, 통일을 위한 판문점 선언(2018)이다. 6·15 남북 공동 선언은 제1차 남북 정상 회담의 결과로 합의된 것이다.

| 선택지 바로잡기 | ②는 한반도의 평화와 번영, 통일을 위한 판문점 선언에 대한 설명이다. ③, ④는 6·15 남북 공동 선언에 대한 설명이다. ⑤ 북한의 사회주의 헌법은 (가), (나) 발표 이전인 1972년에 제정되었다.

11 이명박 정부 시기인 2010년에 북한이 연평도 포격 사건 등을 일으키면서 남북 관계가 악화되기도 하였다.

| 선택지 바로잡기 | ①은 김대중 정부, ②는 김대중 정부와 노무현 정부, ③은 박정희 정부, ④는 노태우 정부 시기의 일이다.

12 연합국 최고 사령관 각서 제677호에는 제주도, 울릉도, 독도 등의 한국 반환이 명시되었으며, 독도(TAKE)를 한국 영토 안에 포함하여 우리 땅임을 분명히 하였다. 이승만 정부는 1952년 평화선 선언을 발표하여 독도가 우리 영토임을 공고히 하였다. 따라서 (가)에는 연합국 최고 사령관 각서 제677호, (나)에는 평화선 선언이 들어가야 한다.

13 중국은 역사 교과서뿐만 아니라 박물관과 유적지 안내문 등 한국 고대사를 왜곡하는 동북 공정을 진행하고 있다. 밑줄 친 ㉠은 이러한 동북공정의 대상이 되는 지역이다. 이들 지역은 고조선, 고구려, 발해 등의 영토였던 곳이며 장군총 등 고구려의 문화유산이 남아 있다.

| 선택지 바로잡기 | ㄴ. 아시아·태평양 전쟁 이후 미국은 일본이 식민 지배하였던 필리핀 등지와 오키나와섬 일부 등을 점령하였다. ㄹ은 쿠릴 열도 남부의 4개 섬(북방 4도)에 대한 설명이다.

14 자료에서 (가)는 쿠릴 열도 남부의 4개 섬(북방 4도), (나)는 센카쿠 열도(댜오위다오)이다. 북방 4도 지역은 제2차 세계 대전 이후 승전국인 소련이 자국의 영토로 편입한 곳이다. 이에 일본은 역사적으로 북방 4도가 자국의 영토라며 반환을 요청하고 있다. 센카쿠 열도(댜오위다오)는 청일 전쟁 과정에서 일본이 차지하였는데, 아시아·태평양 전쟁 이후 미국이 점령하였다가 일본에 반환하여 일본이 실효 지배하고 있다. 오늘날 중국과 타이완이 센카쿠 열도(댜오위다오)의 영유권을 주장하고 있다.

| 선택지 바로잡기 | ① 북방 4도는 현재 러시아가 영유하고 있다. ②는 센카쿠 열도(댜오위다오)에 대한 설명이다. ④는 랴오닝성, 지린성, 헤이룽장성 등에 대한 설명이다. ⑤는 북방 4도에만 해당한다.

15 **예시 답안** 연합국 최고 사령관 각서 제677호, 샌프란시스코 강화 조약, 이승만 정부 시기 인접 해양에 대한 주권에 관한 선언 등을 통해 독도가 우리 고유 영토임을 확인할 수 있다.

채점 기준

상	연합국 최고 사령관 각서 제677호, 샌프란시스코 강화 조약, 인접 해양에 대한 주권에 관한 선언 등 일본의 독도 영유권 주장에 대한 반박 근거를 세 가지 서술한 경우
중	위의 내용 중 두 가지를 서술한 경우
하	위의 내용 중 한 가지만 서술한 경우

16 **예시 답안** • 1단계: 남북한 정부 사이에 이루어진 최초의 공식 합의서이다.

• 2단계: 남북한이 서로의 체제를 인정하고 상호 침범하지 않을 것을 명시하였다.

• 3단계: '남북 사이의 화해와 불가침 및 교류 협력에 관한 합의서(남북 기본 합의서)'는 남북한 정부 간 최초의 공식 합의서로, 서로의 체제를 인정하고 상호 불가침에 합의하였다는 의의가 있다.

채점 기준

상	최초의 공식 합의서, 상호 체제 인정, 상호 불가침 합의 등의 의의를 모두 서술한 경우
하	위의 내용 중 한 가지만 서술한 경우

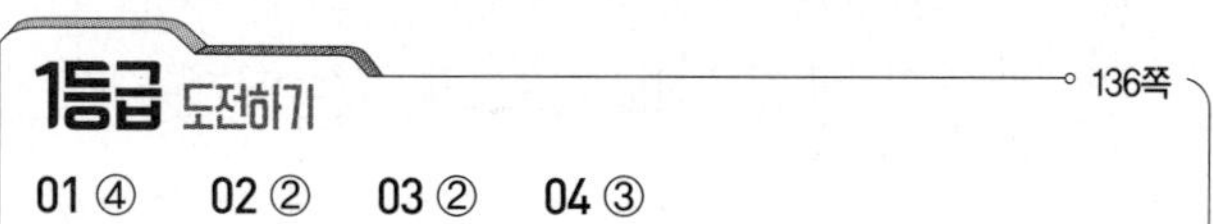

1등급 도전하기

136쪽

01 ④ 02 ② 03 ② 04 ③

01 1990년대 초반 소련과 동유럽 사회주의 국가들의 몰락 이후 국제적인 교류가 급격히 줄어들고 자연재해가 지속적으로 겹치면서 북한 경제는 심각한 어려움을 겪었다. 이 과정에서 많은 북한 주민이 굶어 죽는 상황이 발생하였고, 북한을 이탈하는 사람도 크게 늘었다. 북한은 2000년대 들어 시장 경제 요소를 제한적으로 도입하는 7·1 경제 관리 개선 조치(2002)를 발표하였고, 신의주 국제 경제 지대, 원산·금강산 관광특구를 지정하는 등 대외 개방을 제한적으로 추진하였다.

| 선택지 바로잡기 | ㄱ. 북한은 사회주의 경제 체제를 유지한 채 부분적으로 시장 개방을 추진하였다. ㄷ. 천리마운동은 1956년부터 실시된 경제 운동이다.

02 제시된 자료는 노태우 정부 시기인 1992년에 발표된 '한반도 비핵화 공동 선언'이다. 이 선언은 핵무기 시험·생산·보유 금지, 평화적 목적의 핵에너지 사용 등을 합의하였다. 노태우 정부 시기 남북한은 1991년 9월 유엔에 동시 가입하였다. 그리고 3개월 후인 1991년 12월에 남북한 당국이 남북 기본 합의서를 채택하였다.

| 선택지 바로잡기 | ①은 박정희 정부, ③은 노무현 정부, ④는 전두환 정부, ⑤은 김대중 정부 시기의 남북한 화해·협력을 위한 노력이다.

03 왼쪽 사진의 남북 기본 합의서 채택 장면은 노태우 정부 시기인 1991년의 일이고, 오른쪽 사진의 제1차 남북 정상 회담 장면은 김대중 정부 시기인 2000년의 일이다. 김대중 정부는 한반도 평화 정착과 남북 교류 확대를 위해 대북 화해 협력 정책을 펼쳤다. 현대 그룹 명예 회장 정주영이 소 떼를 이끌고 방북한 것을 계기로 1998년 금강산 관광이 시작되는 등 남북 경제 협력이 본격화하였다. 이러한 노력이 이어지면서 2000년에는 평양에서 최초로 남북 정상 회담이 개최되었다.

| 선택지 바로잡기 | ①은 2000년 6·15 남북 공동 선언 발표 이후, ③은 2007년, ④는 2018년과 2019년, ⑤는 1985년의 일이다.

04 (가)는 중국의 동북공정, (나)는 일본의 역사 교과서 왜곡에 대한 내용이다. 중국은 고구려와 수·당의 전쟁을 중국 내부의 통일 전쟁으로 보고, 발해를 당에 예속된 지방 정권이라 주장하며 동북공정을 진행하였다. 한편, 일본의 일부 우익 세력은 아직까지도 우리나라에 대한 식민 지배를 정당화하고 있으며 침략 전쟁 당시 자행한 비인도적 행위를 반성하지 않고 있다. 이들은 아시아·태평양 전쟁을 서양의 침략으로부터 동양 평화를 지키기 위한 전쟁으로 미화하기도 하였다. 이에 대응하고자 한·중·일의 학자와 지식인들이 공동의 역사 연구로 역사 교재를 만들었다. 이와 같이 (가)와 (나)는 오늘날 동아시아 3국이 겪고 있는 역사 갈등에 해당한다.

| 선택지 바로잡기 | ③ '통일적 다민족 국가론'은 현재 중국 내에 있는 56개 민족의 역사와 중국 영토 안에서 벌어졌던 사실이 모두 중국의 역사라는 주장이다. 이러한 논리를 토대로 중국 정부가 직접 나서 동북공정, 서남공정 등과 같은 역사 왜곡을 주도하였다.

수능 준비하기

137쪽

01 ④ 02 ③

01 제5차 남북 고위급 회담에서 서명되었다는 점, 석 달 전 남북한이 유엔에 동시에 가입하였다는 점 등을 통해 자료의 밑줄 친 '합의서'는 남북 기본 합의서임을 알 수 있다. 남북 기본 합의서는 1987년 6·29 민주화 선언 발표와 2000년 6·15 남북 공동 선언 발표 사이인 1991년에 채택되었다.

02 15일에 역사적 합의가 이루어졌다는 점, 분단 후 첫 정상 회담이라는 점 등을 통해 밑줄 친 '합의'는 6·15 남북 공동 선언임을 알 수 있다. 6·15 남북 공동 선언은 제1차 남북 정상 회담에서 김대중 대통령과 김정일 국방 위원장이 선언한 것이다. 김대중 대통령은 대북 화해 협력 정책(햇볕 정책)을 추진하였고 이를 바탕으로 최초의 남북 정상 회담이 성사되었다.

| 선택지 바로잡기 | ①은 박정희 정부 시기의 일이다. ②, ④, ⑤는 노태우 정부 시기의 일이다.

대단원 마무리하기

138~142쪽

01 ④	02 ②	03 ①	04 ③	05 ⑤	06 ⑤	07 ③
08 ③	09 ③	10 ②	11 ④	12 ③	13 ④	14 ⑤
15 ⑤	16 ①	17 ④	18 ⑤	19 ⑤	20 ③	21 ②

01 직선제 개헌 수용안을 발표하였고, 신군부 출신이라는 사실을 통해 (가) 대통령은 노태우 대통령임을 알 수 있다. 노태우 대통령 재임 기간 중 3당 합당이 일어나 민주 자유당이 창당되었으며, 지방 자치제가 부분적으로 실시되었다.

| 선택지 바로잡기 | ㄱ. 여성부는 김대중 대통령 재임 기간에 신설되었다. ㄷ. 한국과 칠레의 자유 무역 협정은 노무현 대통령 재임 기간인 2004년에 체결되었다.

02 자료는 노태우 정부가 공산권 국가와 외교 관계를 구축한다는 내용을 담아 발표한 민족 자존과 통일 번영을 위한 대통령 특별 선언(7·7 선언)이다. 이 발표에 따라 노태우 정부는 북방 외교를 추진하였으며 헝가리를 시작으로 소련과 중국 등 공산권 국가들과 외교 관계를 맺었다.

| 선택지 바로잡기 | ① 박근혜 정부 시기 남북 관계가 경색된 상황에서 북한이 개성 공단을 폐쇄하였다. ③ 김영삼 정부 시기에 공직자 윤리법이 개정되었다. ④ 이명박 정부 시기인 2010년에 G20 정상 회담이 열렸다. ⑤ 박정희 정부 시기인 1972년에 7·4 남북 공동 성명이 발표되었다.

03 자료는 5·18 민주화 운동 등에 관한 특별법으로 김영삼 정부가 '역사 바로 세우기'를 실시하는 과정에서 제정된 법이다. 이 법에 따라 김영삼 정부는 12·12 사태와 5·18 민주화 운동 진압 관련자를 처벌하였다. ① 김영삼 정부는 금융 거래를 실명으로 하도록 하는 금융 실명제를 실시하였다.

| 선택지 바로잡기 | ② 박정희 정부는 국가주의 교육을 강조하며 국민 교육 헌장을 제정하였다. ③, ⑤ 김대중 정부 시기 인사 청문회법이 제정되어 고위 공직자의 도덕성 등을 공개적으로 검증하였으며, 국가 인권 위원회가 신설되었다. ④ 전두환 정부에서 일체의 개헌 논의를 중단한다는 4·13 호헌 조치를 발표하였다.

04 선생님이 설명하는 정부는 김영삼 정부이다. 김영삼 정부는 일제의 잔재를 청산하려 옛 조선 총독부 건물을 철거하였고, 지방 자치제를 전면 실시하였다.

| 선택지 바로잡기 | ①은 박정희 정부, ②, ④는 김대중 정부, ⑤는 허정 과도 정부에 대한 설명이다.

05 최초의 여야 간 평화적 정권 교체로 출범하였다는 점에서 (가) 정부는 김대중 정부이며, 친일 반민족 행위 진상 규명 특별법을 제정하였다는 점에서 (나) 정부는 노무현 정부이다. 두 정부 모두 북한과 남북 정상 회담을 개최하였다.

| 선택지 바로잡기 | ①은 노무현 정부, ②, ③, ④는 김영삼 정부에 대한 설명이다.

06 (가)에는 시민 단체의 활동이 들어가야 한다. 민주화 이후 시민의 정치 참여가 활발해지면서 시민 단체가 등장하였다. 시민 단체는 정치뿐만 아니라 환경, 여성, 복지, 인권 등 다양한 분야에서 여론을 형성하고 정책 대안을 제시하고 있다. 대표적인 예시로 환경 운동 연합, 인권 연대, 언론 개혁 시민 연대, 경제 정의 실천 시민 연합 등이 있다.

| 선택지 바로잡기 | ⑤ 세계 무역 기구(WTO)는 국가 간 국제적인 목적에 의하여 이루어진 국제기구에 해당한다.

07 대화는 민주화 진전 이후 인권 증진과 사회 복지의 확대를 주제로 하고 있다. 대화의 주제에 대한 사례로 국민 기초 생활 보장법 제정, 헌법 소원 심판 청구 제도 마련 등이 있다.

| 선택지 바로잡기 | ㄱ. 선거 공영제의 제정으로 시민의 정치 참여가 확대되었다. ㄹ. 국가 보위 비상 대책 위원회는 신군부가 행정·사법 업무를 통제하고자 설치한 것이다.

08 자료는 호주제 폐지를 위한 민법 개정안이다. 호주제가 폐지되면서 여성의 지위가 향상되고 다양한 형태의 가족에 대한 사회적 배려가 이루어졌다.

| 선택지 바로잡기 | ① 낙선 운동은 부패 행위나 불성실한 의정 활동을 한 인물을 후보로 두지 않거나 표를 주지 말자는 사회 운동이다. ② 노동 운동의 활성화는 호주제 폐지와 거리가 멀다. ④ 전국 농민회 총연맹의 조직은 농민 운동과 관련이 있다. ⑤ 1971년에 일어난 광주 대단지 사건은 산업화 이후 도시화 과정에서 도시 빈민이 주거지에서 쫓겨나 생존권의 위협을 받은 사례이다.

09 (가) 경제 정책은 신자유주의 경제 정책에 해당한다. 신자유주의 경제 정책은 복지 축소, 공기업의 민영화, 상품과 자본 시장 개방, 노동 시장 유연성 강화, 무역 및 기업에 대한 규제 완화 등을 특징으로 한다.

| 선택지 바로잡기 | ③ 신자유주의 경제 정책은 정부의 시장 규제 완화를 추구한다.

10 3저 호황은 1980년대 중후반, 외환 위기 발생은 1997년, 노사정 위원회 출범은 1998년에 있었던 사실이다. 3저 호황 이후 세계화가 진전하고 자유 무역 체제가 확산하는 가운데 김영삼 정부는 공기업 민영화, 금융 규제 완화 등 신자유주의 정책을 펼쳤고, 1996년에는 경제 협력 개발 기구(OECD)에 가입하였다.

| 선택지 바로잡기 | ㄴ. 제2차 석유 파동은 1978년에 일어났으며, 이는 중화학 공업에 무리하게 투자한 한국 경제에 큰 타격을 주었다. ㄹ. 한국과 칠레는 2004년에 자유 무역 협정(FTA)을 체결하였다.

11 외환 위기를 극복하기 위해 정부는 강도 높은 구조 조정, 외국 자본 유치, 근로자 파견제 도입, 부실 금융 기관 정상화 등의 노력을 전개하였다. 이러한 노력 끝에 우리나라는 국제 통화 기금의 차관을 조기에 상환할 수 있었다.

| 선택지 바로잡기 | ④ 자유 무역 협정(FTA)은 국가 간의 자유 무역을 촉진하고자 무역 장벽을 제거하거나 완화하는 협정으로, 외환 위기를 극복하기 위한 노력과 거리가 멀다.

12 외환 위기 발생 이후 출범한 김대중 정부는 강도 높은 구조 조정을 실시하고 외국 자본을 유치하려는 노력 끝에 2001년 8월 23일 IMF로부터 받은 구제 금융을 모두 상환하였다. 따라서 뉴스의 상황은 김대중 정부 시기인 (다)에 해당한다.

13 세계화가 가속화하는 가운데 한국 사회는 다문화 사회로 변화하였다. 다문화 사회 속에서 외국인 근로자와 자녀들은 문화적 차이와 의사소통의 장벽, 사회적 차별 등으로 고통받기도 한다. 이를 해결하고자 외국인 노동자들의 인권과 처우 개선을 위한 각종 법률들이 마련되고 있다.

| 선택지 바로잡기 | ① 베트남 전쟁으로 고엽제 피해자가 생겨났다. ②는 도시화 이후 도시 빈민 문제와 관련이 있다. ③은 박정희 정부의 국가주의 교육에 대한 설명이다. ⑤는 산업화 이후 등장한 환경 문제에 해당한다.

14 우리나라가 개최한 세계적 규모의 스포츠 대회로 1988년 서울 올림픽 대회, 2002년 한일 월드컵 대회, 2018년 평창 동계 올림픽 대회 등이 있다. 우리나라가 국제 사회에 공헌하는 활동으로 유엔 평화 유지 활동, 한국 국제 협력단의 해외 봉사 파견 등이 있다. 따라서 (가)에는 '한일 월드컵 대회', (나)에는 유엔 평화 유지 활동이 들어가야 한다.

15 중국과 소련이 사회주의 이념의 방향을 두고 대립하는 가운데 북한의 김일성은 독자적 노선을 추구하여 주체사상을 체계화하였다. 1972년에는 사회주의 헌법을 제정하여 주체사상을 국가의 통치 이념으로 명문화하고 국가 주석제를 신설하였다. 이로써 주석으로 취임한 김일성에게 북한의 모든 정치권력이 집중되었다.

16 2000년대에 들어 북한은 7·1 경제 관리 개선 조치를 추진하여 기업소와 공장에 경영의 자율성을 확대하고 수익에 따른 분배의 차등화와 배급제 폐지 등을 시행하였다. 또한 신의주 국제 경제 지대, 개성 공업 지구, 원산·금강산 관광특구 등의 지정과 같은 대외 경제 개방 정책을 통한 변화를 추구하였다. 그러나 자본 부족, 에너지난과 식량난 등으로 경제 회복이 부진하며, 핵무기 개발 문제 등으로 북한에 대한 국제 사회의 경제적 제재가 지속되고 있다.

| 선택지 바로잡기 | ① 합작 회사 경영법(합영법)은 1980년대 이후 북한이 부분적으로 개방 정책을 추진하려는 목적으로 제정된 법이다.

17 자료의 밑줄 친 '성명'은 7·4 남북 공동 성명이다. 닉슨 독트린 발표 이후 냉전 체제 완화의 분위기가 형성되자, 박정희 정부는 대북 정책의 방향을 수정하고 7·4 남북 공동 성명을 발표하였다. 7·4 남북 공동 성명은 자주, 평화, 민족 대단결의 3대 통일 원칙에 합의하였다.

| 선택지 바로잡기 | ①은 한반도의 평화와 번영, 통일을 위한 판문점 선언(2018), ②, ⑤는 6·15 남북 공동 선언(2000), ③은 남북 기본 합의서(1991)에 대한 설명이다.

18 전두환 정부 시기인 1984년에 서울에서 수해가 발생하자 북한이 원조 물자를 보내왔고, 이후 남북 경제 회담, 적십자 회담 등이 성사되며 1985년 이산가족 상봉과 예술 공연단 교환 방문이 이루어졌다.

| 선택지 바로잡기 | ①은 김대중 정부가 추진한 햇볕 정책과 관련이 있다. ② 김대중 정부와 노무현 정부는 평양에서 북한의 김정일과 남북 정상 회담을 개최하였다. 문재인 정부는 판문점에서 김정은과 남북 정상 회담을 개최하였다. ③ 노태우 정부 시기 남북한이 유엔에 동시 가입하였다. ④는 노무현 정부 시기의 일이다.

19 자료는 제1차 남북 정상 회담에서 발표된 6·15 남북 공동 선언(2000)이다. 6·15 남북 공동 선언에 따라 이산가족 방문이 이루어졌고, 경의선 철도 복구, 개성 공단 건설 등의 경제 협력과 사회·문화 교류도 전개되었다.

| 선택지 바로잡기 | ① 문재인 정부 시기인 2018년 판문점에서 한반도의 평화와 번영, 통일을 위한 판문점 선언이 발표되었다. 6·15 남북 공동 선언은 북한 평양에서 발표되었다. ②는 노태우 정부의 북방 외교에 해당한다. ③은 박정희 정부의 7·4 남북 공동 성명, 김일성의 사회주의 헌법 제정과 관련이 있다. ④ 한반도 비핵화 공동 선언은 노태우 정부 시기인 1992년에 발표된 것이다.

20 일본은 청일 전쟁 과정에서 센카쿠 열도(댜오위다오)를 차지하였는데, 중국과 타이완은 16세기 이후 센카쿠 열도(댜오위다오)가 자국 영토였다며 반환을 주장하고 있다. 쿠릴 열도 남부의 4개 섬(북방 4도) 지역은 제2차 세계 대전의 승전국인 소련이 자국의 영토로 편입 시킨 이후 러시아가 현재까지 영유하고 있는데, 이에 대해 일본은 역사적으로 자국의 영토라 주장하며 북방 4도의 반환을 요구하고 있다. 따라서 밑줄 친 '이 국가'는 일본이다. 오늘날 일본의 일부 극우 세력은 아직까지 우리나라에 대한 식민 지배를 정당화하고 있으며, 침략 전쟁 당시 자행한 비인도적인 행위를 반성하지 않고 있다. 이와 같은 일본의 잘못된 역사 인식은 일본군 '위안부'에 대한 사과 및 배상 거부, 독도 영유권 주장, 일본 정치가의 야스쿠니 신사 참배 등으로 나타나고 있어 우리나라와 역사 갈등을 일으키고 있다.

| 선택지 바로잡기 | ③ 중국은 동북공정을 진행하여 고구려와 발해의 역사를 자국의 역사로 편입하려 하고 있다.

21 오늘날 동아시아는 20세기에 일어난 침략과 전쟁, 식민 지배로부터 비롯된 갈등을 해결해야 하는 과제를 안고 있다. 이를 위해 동아시아 삼국은 서로 연대하며 여러 방면에서 노력하고 있다. 그 사례로 공동 역사 교과서 편찬, 동아시아 청소년 캠프, 한·중·일 간의 대중문화 교류, 과거사 문제 반성을 촉구하는 연대 활동 등이 있다.

| 선택지 바로잡기 | ② 통일적 다민족 국가론은 현재 중국 내에 있는 56개 민족의 역사와 중국 영토 안에서 벌어졌던 사실을 모두 중국의 역사라고 주장하는 것이다.

시험 대비 문제집

I 일제 식민 통치와 민족 운동

01 제국주의 질서와 일제의 식민 통치 정책

핵심 한끝 2쪽

❶ 조선 총독 ❷ 헌병 경찰 ❸ 3·1 운동 ❹ 치안 유지법
❺ 국가 총동원법 ❻ 황국 신민 ❼ 국민학교 ❽ 무단 통치
❾ 문화 정치

미리 보는 학교 시험 2~3쪽

01 ⑤ 02 ③ 03 ② 04 ⑤ 05 ⑤ 06 해설 참조

01 자료는 조선 태형령이다. 조선 태형령은 1912년에 제정되어 3·1 운동 이후인 1920년에 폐지되었다. ⑤ 일제는 1910년 조선 총독의 허가를 받아야만 회사를 설립할 수 있도록 규정한 회사령을 제정하였다.

| 선택지 바로잡기 | ① 근우회는 1927년에 결성되었다. ② 암태도 소작 쟁의는 1923년에 발생하였다. ③ 원산 총파업은 1929년에 일어났다. ④ 치안 유지법은 1925년에 제정되었다.

02 일제가 실시한 이른바 '문화 정치'는 우리 민족의 불만을 달래려는 기만적인 술책에 불과하였다. 헌병 경찰제가 폐지되고 보통 경찰제가 도입되었지만 경찰 제도가 확대되면서 경찰 관서와 인원, 비용 등이 3·1 운동 이전보다 크게 증가하였다.

| 선택지 바로잡기 | ① 애국 계몽 운동은 을사늑약을 전후한 시기부터 국권 피탈 이전까지 전개되었다. ② 일본은 중일 전쟁 발발 이후 민족 말살 통치를 본격적으로 전개하면서 일본식 성명 사용 등을 강요하였다. ④ 임술 농민 봉기는 1862년에 발생하였다. ⑤ 을사늑약은 1905년에 체결되었다.

03 자료는 조선 총독 사이토 마코토가 이른바 '문화 정치'로 친일파를 육성하겠다는 계획을 서술한 문서이다. 1919년에 3·1 운동이 일어나자 일제는 무단 통치의 한계를 깨닫고 식민 통치 방식을 바꾸었다. 일제는 1920년대 이른바 '문화 정치'를 내세워 식민 지배에 대한 한국인의 저항을 무마하고자 하였다. ② 일제는 1925년 천황제와 사유 재산 제도를 부정하는 사상을 탄압하기 위해 치안 유지법을 제정하였다.

| 선택지 바로잡기 | ① 대한 제국은 광무개혁을 추진하였다. ③ 일제는 1912년 조선 태형령을 제정하였다. ④ 19세기 후반 위정척사 운동은 보수적인 유생층을 중심으로 전개되었다. ⑤ 일제가 무단 통치를 실시하던 1910년대에 토지 조사 사업을 추진하였다.

04 자료는 국가 총동원법(1938)이다. ⑤ 일제는 국가 총동원 체제를 형성하고 1939년부터 지역별 할당 모집, 관청 알선, 국민 징용령 등으로 광산, 비행장, 군수 공장 등지에 청장년들을 끌고 가 강제 노동을 시켰다.

| 선택지 바로잡기 | ①은 1882년, ②는 1910년대, ③은 1898년, ④는 1894년에 해당한다.

05 자료는 일제가 민족 말살 통치 시기에 발표한 황국 신민 서사이다. 일제는 1937년 중일 전쟁 발발 이후 한국인의 민족의식을 말살하기 위해 황국 신민 서사를 암송하도록 강요하였다. ⑤ 일제는 중일 전쟁 발발 이후 전시 동원 체제하에서 일본군 '위안부'를 강제 동원하였다.

| 선택지 바로잡기 | ①, ③은 1910년대 무단 통치, ②, ④는 1920년대 '문화 정치'의 내용이다.

06 (1) 치안 유지법

(2) **예시 답안** 일제는 사회주의 운동과 항일 민족 운동을 탄압하기 위해 치안 유지법을 제정하였다.

채점 기준	
상	치안 유지법을 정확히 쓰고, 일제가 사회주의 운동과 항일 민족 운동을 탄압하기 위해 치안 유지법을 제정하였다고 명확히 서술한 경우
중	일제가 사회주의 운동과 항일 민족 운동을 탄압하기 위해 치안 유지법을 제정하였다고만 명확히 서술한 경우
하	치안 유지법만 정확히 쓴 경우

02 경제 구조의 변화와 경제생활

핵심 한끝 4쪽

❶ 토지 조사 사업 ❷ 회사령 ❸ 산미 증식 계획 ❹ 관세
❺ 식량 ❻ 국가 총동원법

미리 보는 학교 시험 4~5쪽

01 ② 02 ④ 03 ⑤ 04 ⑤ 05 ⑤ 06 해설 참조

01 밑줄 친 '이 사업'은 토지 조사 사업이다. 일제는 재정 확보를 위해 1910년대에 토지 조사 사업을 시행하였다. ② 토지 조사 사업은 토지 조사령에 따라 신고주의 원칙으로 추진되었다.

| 선택지 바로잡기 | ① 통감부는 1906년까지 존속하였다. ③은 제1차 한일 협약 이후에 추진된 화폐 정리 사업, ④는 대한 제국의 광무개혁에 해당한다. ⑤ 동학 농민 운동은 1894년에 전개되었다.

02 자료는 1910년에 제정된 회사령으로, 1920년에 폐지되었다. ④ 조선 태형령은 1912년에 제정되어 3·1 운동 이후인 1920년에 폐지되었다.

| 선택지 바로잡기 | ① 중일 전쟁 발발(1937) 이후 일제는 한국인의 민족의식을 말살시키기 위해 황국 신민 서사 암송을 강요하였다. ② 치안 유지법은 1925년에 제정되었다. ③ 통리기무아문은 조선이 개화 정책을 추진하기 위해 1880년에 설치한 기구이다. ⑤ 한국과 일본 사이의 관세는 1923년에 폐지되었다.

03 자료는 조선 총독 사이토 마코토가 이른바 '문화 정치'로 친일파를 육성하겠다는 계획을 서술한 문서이다. 일제는 3·1 운동 이후 1920년대 이른바 '문화 정치'를 표방하며 우리 민족을 분열시키려는 기만적인 술책을 전개하였다. ⑤ 1920년부터 일제가 추진한 산미 증식 계획의 진행 과정에서 소작농은 지주가 떠넘긴 수리 조합비 등을 부담하게 되었다.

| 선택지 바로잡기 | ① 사창제는 흥선 대원군 집권기(1863~1873)에 시행되었다. ② 제1차 한일 협약(1904)으로 파견된 재정 고문 메가타의 주도로 화폐 정리 사업이 실시되었다. ③ 동양 척식 주식회사는 1908년에 설립되었다. ④ 1920년대 산미 증식 계획이 실시되면서 농경지에서 논의 비중이 높아졌다.

04 자료에서 한국인 노동자가 국외로 강제 징용되었다는 것을 통해 중일 전쟁 발발 이후 전시 동원 체제가 확립된 시기임을 알 수 있다. ⑤ 일본은 중일 전쟁 발발 이후 민족 말살 통치를 본격적으로 전개하면서 일본식 성명 사용을 강요하였다.

| 선택지 바로잡기 | ①은 1910년, ②는 1911년, ③은 1907년, ④는 1910년대에 해당한다.

05 자료의 공출 등을 통해 밑줄 친 '이 시기'가 중일 전쟁 발발 이후임을 알 수 있다. ⑤ 1937년 중일 전쟁이 일어난 이후 일제는 한국을 대륙 침략에 필요한 물자와 인력을 공급하는 기지로 삼는 병참 기지화 정책을 추진하였다.

| 선택지 바로잡기 | ① 신식 군대인 별기군은 조선 정부의 개화 정책에 따라 1881년에 설치되었다. ② 흥선 대원군이 군정의 문란을 시정하기 위해 호포제를 시행하면서 양반에게도 군포가 부과되었다. ③ 군국기무처는 1894년 제1차 갑오개혁을 추진하던 기구였다. ④ 1880년대 중반 독일 외교관 부들러, 유길준 등에 의해 조선 중립화론이 제기되었다.

06 **예시 답안** 지원병 제도를 실시하였다. 식량 배급제를 실시하였다. 여자 정신 근로령을 만들어 여성들을 군수 공장에서 일하게 하였다. 여성들을 일본군 '위안부'로 끌고 가기도 했다. 공출 제도를 실시하였다. 일본식 성명으로 고칠 것(창씨개명)을 강요하였다.

채점 기준

상	노래에 나타난 수탈 중 두 가지 이상의 내용을 서술한 경우
하	노래에 나타난 수탈 중 한 가지 내용만 서술한 경우

03 민족 운동의 전개와 분화

핵심 한끝

6쪽

❶ 독립 의군부 ❷ 박상진 ❸ 민족 자결주의 ❹ 국민 대표
❺ 3부 ❻ 의열단 ❼ 평양 ❽ 신간회 ❾ 물산 장려

미리 보는 학교 시험

6~7쪽

01 ③ 02 ⑤ 03 ④ 04 ② 05 ③ 06 해설 참조

01 (가) 단체는 독립 의군부이다. ③ 독립 의군부는 복벽주의 이념에 따라 고종의 복위를 목표로 의병 봉기를 준비하였다.

| 선택지 바로잡기 | ①은 신민회, ②는 동아일보, ④는 대한 광복회, ⑤는 독립 협회에 해당한다.

02 밑줄 친 '이 운동'은 3·1 운동이다. 고종의 국장일(인산일)을 즈음하여 만세 시위가 시작되었다.

| 선택지 바로잡기 | ⑤는 6·10 만세 운동에 대한 설명이다.

03 자료는 대한민국 임시 정부가 독립운동 자금을 마련하기 위해 발행한 독립 공채이다. 대한민국 임시 정부는 독립신문을 발행하여 국내외 동포에게 독립운동 소식을 알렸다.

| 선택지 바로잡기 | ④ 1911년에 이상설, 유인석, 이동휘 등은 블라디보스토크에 권업회를 조직하고 권업신문을 발간하여 민족의식을 고취하였다.

04 (가)는 1920년~1930년대 이전에 해당한다. 자유시 참변은 자유시로 이동한 독립군이 러시아 혁명군에 의한 무장 해제 과정에서 희생된 사건이다(1921).

| 선택지 바로잡기 | ①은 1894년 동학 농민 운동 당시, ③은 1908년 정미의병 당시, ④는 1911년, ⑤는 1940년에 일어난 사건이다.

05 자료는 물산 장려 운동 취지서이다. ③ 물산 장려 운동은 사회주의자들로부터 자본가와 상인의 이익만을 추구하는 이기적인 운동이라고 비판을 받았다.

| 선택지 바로잡기 | ①은 광주 학생 항일 운동, ②는 3·1 운동, ④는 국채 보상 운동, ⑤는 신간회와 근우회에 해당하는 설명이다.

06 **예시 답안** 대한민국 임시 정부의 외교 활동이 뚜렷한 성과를 거두지 못한 가운데 독립운동 방법을 둘러싼 논쟁이 벌어졌다. 특히 신채호, 박용만 등 무장 투쟁을 주장하는 세력은 이승만이 미국 대통령에게 위임 통치 청원서를 제출한 것을 문제 삼아 임시 정부의 개편을 요구하였다.

채점 기준

상	외교 활동의 어려움에 따른 독립운동 방법 논쟁, 이승만의 위임 통치 청원을 모두 옳게 서술한 경우
하	두 가지 내용 중 한 가지만 옳게 서술한 경우

04 사회·문화의 변화와 대중운동

핵심 한끝 8쪽

❶ 소작 쟁의 ❷ 광주 학생 항일 운동 ❸ 조선 형평사 ❹ 근우회 ❺ 조선어 학회 ❻ 박은식 ❼ 정체성론 ❽ 대종교 ❾ 6·10 만세 운동

미리 보는 학교 시험 8~9쪽

01 ⑤ 02 ④ 03 ① 04 ③ 05 ④ 06 해설 참조

01 그래프에는 1920~1930년대 소작 쟁의와 노동 쟁의의 수가 나타나 있다. ㄷ. 1929년에 일어난 원산 총파업은 노동자들이 단결하여 벌인 항일 투쟁이자 일제 강점기 최대 규모의 노동 운동이었다. ㄹ. 1923년에 전라남도 암태도의 농민들이 소작 쟁의를 일으켰다.

| 선택지 바로잡기 | ㄱ은 대한 제국, ㄴ은 1910년대에 해당하는 사실이다.

02 자료는 1929년에 일어난 광주 학생 항일 운동이다. ④ 광주 학생 항일 운동은 3·1 운동 이후 전개된 최대 규모의 민족 운동으로 평가받고 있다.

| 선택지 바로잡기 | ① 통감부는 1906년까지 존속하였다. ②, ⑤는 3·1 운동에 해당한다. ③ 을사늑약 강제 체결은 1905년에 있었다.

03 자료는 신채호가 쓴 『조선상고사』의 일부이다. ① 「조선 혁명 선언」은 신채호가 작성한 것으로 의열단의 활동 지침이 되었다.

| 선택지 바로잡기 | ②는 박은식, ③은 박상진, ④는 이병도와 손진태 등, ⑤는 백남운에 해당한다.

04 갑오개혁으로 법적인 신분제는 폐지되었으나 여전히 남아 있는 사회적 차별에 반발하여 백정들이 형평 운동을 전개하였다.

| 선택지 바로잡기 | ①, ②는 6·10 만세 운동, ④는 물산 장려 운동, ⑤는 근우회와 관련된 구호이다.

05 어린이날을 만든 밑줄 친 '그'는 방정환이다. 방정환은 천도교 소년회를 조직하여 소년 운동을 전개하였다.

06 (1) 조선어 학회

(2) **예시 답안** 조선어 학회는 한글을 보급하려고 한글 강습 교재를 만들고, 전국 각지를 돌며 한글 강습회를 개최하였다. 한글 맞춤법 통일안과 표준어 및 외래어 표기법을 제정하였다. 『우리말(조선말) 큰사전』 편찬을 시도하였다.

채점 기준

상	조선어 학회를 정확히 쓰고, 한글 보급 운동(문맹 퇴치 운동), 한글 맞춤법 통일안과 표준어 및 외래어 표기법 제정, 『우리말(조선말) 큰사전』 편찬 시도 중 두 가지 이상을 서술한 경우
중	조선어 학회의 활동을 두 가지 정확히 서술한 경우
하	조선어 학회만 쓴 경우

05 독립 국가 건설 노력

핵심 한끝 10쪽

❶ 한국 독립군 ❷ 윤봉길 ❸ 조선 의용대 ❹ 한국광복군 ❺ 국내 진공 ❻ 조선 독립 동맹 ❼ 조선 건국 동맹 ❽ 카이로 선언 ❾ 아시아·태평양 전쟁

미리 보는 학교 시험 10~11쪽

01 ② 02 ③ 03 ③ 04 ④ 05 ⑤ 06 해설 참조

01 1931년 만주 사변 이후 중국 내 항일 감정이 고조되면서 만주에서는 한국 독립군, 조선 혁명군 등 한국의 독립군이 중국군과 한중 연합 작전을 전개하였다.

02 자료는 윤봉길 의거로, 의거를 일으킨 단체는 한인 애국단이다. ③ 한인 애국단의 단원인 이봉창은 일본 도쿄에서 일왕에게 폭탄을 투척하였다.

| 선택지 바로잡기 | ①은 독립 협회가 개최한 관민 공동회, ②는 신민회, ④는 의열단, ⑤는 보안회에 해당한다.

03 자료의 (가) 부대는 조선 의용대이다. 조선 의용대의 일부 대원들이 화북 지역으로 이동하였고, 남은 세력은 한국광복군에 합류하였다.

| 선택지 바로잡기 | ①은 을미의병, ②는 만주 지역의 독립군, ④는 한국광복군, ⑤는 조선 혁명군에 대한 설명이다.

04 (가) 인물은 조소앙이다. ④ 1940년 민족주의 계열의 김구, 지청천, 조소앙 등은 임시 정부를 이끌어 갈 한국 독립당을 결성하였다.

| 선택지 바로잡기 | ①은 이상설, 이준, 이위종, ②는 김원봉, ③은 김익상, ⑤는 박상진에 해당한다.

05 (가) 정부는 대한민국 임시 정부이다. 1941년 일제가 아시아·태평양 전쟁을 일으키자 대한민국 임시 정부는 대일 선전 포고를 하였다.

| 선택지 바로잡기 | ①은 동북 항일 연군 내 한인 유격대, ②는 독립 의군부, ③은 조선 건국 동맹, ④는 조선 독립 동맹에 해당한다.

06 (1) 한국광복군

(2) **예시 답안** 영국군의 요청으로 미얀마·인도 전선에 파견되었다. 미국 전략 정보국(OSS)과 협력하고 국내 정진군을 편성하여 국내 진공 작전을 계획하였다.

채점 기준

상	한국광복군을 정확히 쓰고, 활동 내용을 모두 서술한 경우
중	한국광복군의 활동 내용 중 두 가지만 서술한 경우
하	한국광복군만 정확히 쓴 경우

Ⅱ 대한민국의 발전

01 냉전 체제와 대한민국 정부 수립

핵심 한끝 12쪽

❶ 여운형 ❷ 신탁 통치 ❸ 이승만 ❹ 제2차 미소 공동 위원회
❺ 남북 협상 ❻ 이승만 ❼ 반민족 행위 특별 조사 위원회
❽ 농지 개혁법 ❾ 조선 민주주의 인민 공화국

미리 보는 학교 시험 12~13쪽

01 ③ 02 ③ 03 ② 04 ① 05 ① 06 해설 참조

01 제1차 미소 공동 위원회가 결렬되자 이승만은 남한만이라도 정부를 수립해야 한다고 주장하였다. 이러한 가운데 김규식, 여운형 등 중도 세력은 좌우 합작 운동을 전개하며 좌우 합작 7원칙을 발표하였다. 이후 개최된 제2차 미소 공동 위원회도 성과를 거두지 못하자 미국은 한반도 문제를 유엔 총회에 넘겼다.

| 선택지 바로잡기 | ㄴ은 모스크바 3국 외상 회의에 대한 설명이다. ㄹ. 유엔 소총회에서 남한 단독 선거가 결정되자 김구, 김규식 등이 남북 협상에 참여하였다.

02 제시된 만평은 좌우 합작 운동이 극좌와 극우 세력의 대립으로 어려움을 겪고 있음을 보여 준다. 제1차 미소 공동 위원회가 결렬되고, 이승만의 정읍 발언으로 분단의 위기가 높아지자 여운형과 김규식 등 중도파는 좌우 합작 위원회를 조직하여 통일 정부 수립 운동을 벌였다. 좌우 합작 위원회는 좌우 합작 7원칙을 발표하였지만 친일파 처벌 문제, 토지 개혁 등에 대한 의견 차이로 좌우익 모두에게 반발을 샀다. 그러던 중 여운형이 암살되면서 좌우 합작 운동은 중단되었다.

| 선택지 바로잡기 | ③ 제헌 헌법은 좌우 합작 운동 이후인 1948년에 제정되었다.

03 (가)는 남한만의 단독 정부 수립을 주장하였다는 점에서 이승만, (나)는 단독 정부 수립 반대를 내세웠다는 점에서 김구가 발표한 것이다. 모스크바 3국 외상 회의의 결정 사항이 알려지자 우익 세력인 이승만은 최고 5년간 신탁 통치 결정에 반대하였다.

| 선택지 바로잡기 | ① 김구와 김규식 등 남북 협상 참가 세력은 5·10 총선거에 참여하지 않았다. ③, ④는 이승만에 대한 설명이다. ⑤ 여운형과 김규식 등은 좌우 합작 운동을 전개하였다.

04 밑줄 친 '총선거'는 5·10 총선거이다. 5·10 총선거는 만 21세 이상 모든 국민에게 투표권을 부여하였고, 보통·평등·직접·비밀 선거 원칙에 따라 치러졌다. 김구, 김규식 등 남북 협상파는 5·10 총선거에는 불참하였다. 제주도에서는 제주 4·3 사건으로 2개 선거구의 투표가 무효 처리되었다.

| 선택지 바로잡기 | ① 5·10 총선거는 대한민국 정부 수립(1948. 8.) 이전인 1948년 5월 10일에 실시되었다.

05 자료는 정부 수립 이후인 1949년 제헌 국회에서 제정한 농지 개혁법이다. 농지 개혁법에 따라 이듬해 이승만 정부는 농지 개혁을 추진하였다.

| 선택지 바로잡기 | ② 농지 개혁은 농지 소유 한도를 3정보로 정하였다. ③ 농지 개혁으로 지주·소작제가 거의 사라졌다. ④ 농지 개혁은 유상 매입·유상 분배의 방식으로 실시되었다. ⑤ 농지를 제외한 토지는 개혁 대상에서 제외되었다.

06 **예시 답안** 친일파 처단보다 반공을 명분으로 내세운 이승만 정부는 반민 특위 활동에 비협조적인 태도를 보였다. 또한 반민 특위 소속 국회 의원들 중 일부가 구속되었고(국회 프락치 사건), 경찰이 반민 특위 사무실을 습격하기도 하였다. 결국 반민족 행위 처벌법이 개정되면서 반민 특위 활동은 유명무실해졌다.

채점 기준	
상	반민족 행위 특별 조사 위원회(반민 특위)의 활동이 유명무실해진 이유로 이승만 정부의 비협조적 태도, 반민 특위 소속 국회 의원 구속, 반민 특위 사무실 습격, 반민족 행위 처벌법 개정 등의 내용을 모두 서술한 경우
중	위의 내용 중 두 가지 측면을 서술한 경우
하	위의 내용 중 한 가지 측면만 서술한 경우

02 6·25 전쟁과 남북 분단의 고착화

핵심 한끝 14쪽

❶ 애치슨 선언 ❷ 인천 상륙 작전 ❸ 한미 상호 방위 조약
❹ 대통령 직선제 ❺ 사사오입 ❻ 진보당 ❼ 미국
❽ 천리마운동 ❾ 6·25 전쟁

미리 보는 학교 시험 14~15쪽

01 ② 02 ⑤ 03 ① 04 ① 05 ② 06 해설 참조

01 6·25 전쟁 초기 (가) 낙동강 전선까지 밀린 상황에서 국군과 유엔군은 인천 상륙 작전을 감행하였다. 전세를 역전한 국군과 유엔군은 (나) 압록강 부근까지 진격하였다.

| 선택지 바로잡기 | ①, ③, ④, ⑤는 압록강 부근에 있던 (나) 전선이 남쪽으로 이동한 이후 일어난 사건들이다.

02 자료는 6·25 전쟁을 계기로 체결된 한미 상호 방위 조약이다. 6·25 전쟁이 발발하자 미국을 비롯하여 16개국으로 구성된 유엔군이 남한에 파견되었다(1950. 7.). 국군과 유엔군은 1950년 9월 인천 상륙 작전에 성공하여 서울을 수복하고 전세를 역전하였으나, 중국이 참전하면서 다시 후퇴하였다(1·4 후퇴).

| **선택지 바로잡기** | ㄱ. 소련이 먼저 정전 회담을 제안하였다. ㄴ. 애치슨 선언은 6·25 전쟁 발발 전인 1950년 1월에 발표되었다.

03 제2대 국회 의원 선거 결과 이승만에 비판적인 무소속 출신이 많이 당선되었다. 이에 이승만 정부는 국회에서 대통령을 뽑는 간선제로는 이승만 대통령의 재선이 어렵다고 판단하였다. 이승만 정부는 정권을 연장하고자 지지 세력을 결집하여 자유당을 창당하고, 국민이 대통령을 뽑는 직선제 개헌안을 제2대 국회에 제출하였다.

| **선택지 바로잡기** | ㄷ. 이승만 정부는 1959년 정부에 비판적인 경향신문을 강제로 폐간하였다. ㄹ. 제3대 대통령 선거에서 무소속 조봉암이 이승만 대통령의 새로운 경쟁자로 등장하였다. 이에 위기를 느낀 이승만은 평화 통일을 주장하던 조봉암이 창당한 진보당을 해산하고 간첩 혐의를 씌워 조봉암을 사형에 처하게 하였다. 이를 진보당 사건(1958)이라 한다.

04 (가)는 1948년 9월에 제헌 국회에서 반민족 행위 처벌법을 제정하는 모습, (나)는 1954년 자유당이 사사오입(반올림)의 논리로 개헌안을 통과하는 모습을 보여 준다. 두 사건 시기 사이인 1952년 대통령 직선제로의 개헌을 내세운 발췌 개헌이 통과되었고, 1953년 10월에는 한미 상호 방위 조약이 체결되어 한국과 미국의 군사 협력이 강화되었다.

| **선택지 바로잡기** | ㄷ. 여운형 암살 사건은 1947년에 발생하였다. ㄹ. 1948년 유엔 한국 임시 위원단의 감시 아래 실시된 총선거는 5·10 총선거이다. 5·10 총선거로 임기 2년의 제헌 국회가 구성되었다.

05 제시된 내용은 남한(이승만 정부)과 북한(김일성)에서의 독재 체제 강화를 보여 준다. 남한의 이승만 정부는 발췌 개헌(1952), 사사오입 개헌(1954) 등을 단행하여 장기 집권을 꾀하였으며, 진보당 사건 조작(1958) 등을 통해 반공 독재 체제를 강화하였다. 북한의 김일성은 반대파에 대한 숙청 작업을 진행한 8월 종파 사건(1956) 등을 통해 독재 체제를 강화하였다.

| **선택지 바로잡기** | ①, ③, ④, ⑤는 모두 제시된 내용과 직접적인 관련이 없다.

06 (1) 천리마운동

(2) **예시 답안** 천리마운동은 대중의 노동력을 최대한 동원하여 생산력을 높이고 사회주의 경제를 건설하기 위해 추진되었다.

채점 기준	
상	천리마운동의 목적을 대중의 노동력 동원, 사회주의 경제 건설 등의 측면에서 서술한 경우
하	위의 내용 중 한 가지 측면만 서술한 경우

03 민주화를 위한 노력

핵심 한끝 16쪽

❶ 3·15 부정 선거 ❷ 김주열 ❸ 장면 ❹ 국가 재건 최고 회의 ❺ 한일 협정 ❻ 3선 ❼ 유신 헌법 ❽ 4·13 호헌 조치 ❾ 5·18 민주화 운동

미리 보는 학교 시험 16~17쪽

01 ④ 02 ② 03 ④ 04 ② 05 ④ 06 해설 참조

01 (가)는 3·15 부정 선거를 계기로 일어난 4·19 혁명이다. 4·19 혁명은 시민의 힘으로 독재 정권을 무너뜨린 민주주의 혁명이다.

| **선택지 바로잡기** | ① 발췌 개헌은 1952년의 일이다. ②, ⑤는 6월 민주 항쟁, ③은 5·18 민주화 운동에 대한 설명이다.

02 (가) 정부는 장면 정부이다. 장면 정부는 지방 자치 제도를 실시하고, 경제 개발 5개년 계획안을 마련하였다.

| **선택지 바로잡기** | ㄴ, ㄷ은 박정희 정부 시기의 일이다.

03 자료는 한일 협정이다. 박정희 정부는 6·3 시위를 비롯한 한일 회담 반대 집회에도 불구하고 1965년에 한일 협정을 체결하였다. 박정희 정부는 5·16 군사 정변(1961) 이후 등장하였고, 10·26 사태(1979)로 무너졌다.

04 (가)는 유신 헌법이다. 박정희 정부 때 제정된 유신 헌법에 따라 대통령이 긴급 조치를 발동할 수 있게 되었다. 박정희 정부는 1979년 YH 무역의 여성 노동자들이 임금 체불과 직장 폐쇄에 항의하며 야당 당사에서 농성을 벌이자 이를 강제 진압하였다.

| **선택지 바로잡기** | ①, ⑤는 전두환 정부, ③, ④는 이승만 정부에 대한 설명이다.

05 (가)는 전두환 정부이다. 전두환 정부는 보도 지침을 내리는 등 강압 정치를 펼치면서도 중고생의 두발 및 교복 자율화 등의 유화 정책을 실시하였다. 또한 과외 금지, 대학 졸업 정원제 시행, 프로 스포츠 육성 등의 정책을 실시하였다. 한편, 전두환 정부 후반기에 4·13 호헌 조치 발표, 박종철 고문치사 사건 등을 계기로 6월 민주 항쟁이 일어났다.

| **선택지 바로잡기** | ㄴ은 박정희 정부 시기의 일이다.

06 **예시 답안** 제시된 선언문은 6월 민주 항쟁 때 발표되었다. 6월 민주 항쟁의 결과 국민이 직접 대통령을 선출하는 대통령 직선제와 대통령 임기를 5년 단임으로 하는 헌법 개정이 이루어졌다.

채점 기준	
상	6월 민주 항쟁을 쓰고, 대통령 직선제와 5년 단임의 대통령 임기 규정 등을 담은 개헌이 이루어졌음을 서술한 경우
하	6월 민주 항쟁만 쓴 경우

04 산업화의 성과와 사회·환경 문제 ~ 05 문화 변동과 일상생활

핵심 한끝 18쪽

❶ 경부 고속 국도 ❷ 중화학 ❸ 석유 파동 ❹ 3저 호황
❺ 재벌 ❻ 새마을 운동 ❼ 전태일 ❽ 경공업

미리 보는 학교 시험 18~19쪽

01 ④ 02 ③ 03 ① 04 ③ 05 ② 06 해설 참조

01 (가)에는 제1, 2차 경제 개발 5개년 계획 시기(1962~1971년)에 있었던 사실이 들어가야 한다. 이 시기에는 노동 집약적 경공업이 발달하였으며, 시멘트와 비료 등 기간산업을 육성하였다. 또한 한일 국교 정상화로 경제 개발 자금을 일부 얻기도 하였다. 1970년에는 경부 고속 국도가 개통되었다.
| 선택지 바로잡기 | ④ 우리나라가 수출 100억 달러를 처음으로 돌파한 시기는 1977년이다.

02 포항 제철소 준공은 제3차 경제 개발 5개년 계획과 관련이 있다. 이 계획에 따라 철강, 화학, 기계, 조선 등 중화학 공업이 집중 육성되었다.
| 선택지 바로잡기 | ①, ②는 이승만 정부, ④는 전두환 정부의 경제 정책, ⑤는 1980년대 중후반의 상황이다.

03 1980년 중반 이후 한국 경제는 3저 호황을 맞았다. 이 시기에 자동차, 반도체 산업 등 기술 집약적 산업이 성장하였다.
| 선택지 바로잡기 | ㄷ, ㄹ은 1970년대 한국의 경제 상황이다.

04 전태일 분신 사건은 1970년에 일어났다. 6·25 전쟁 발발은 1950년, 5·16 군사 정변은 1961년, 한일 협정 체결은 1965년, 유신 헌법 제정은 1972년, 12·12 사태는 1979년, 6월 민주 항쟁은 1987년에 있었던 일이다.

05 (가)는 박정희 정부이다. 박정희 정부 시기에 국산 흑백텔레비전이 등장하였고 청년 문화가 널리 퍼지자 장발과 미니스커트를 단속하였다. 한편, 학교에서 국민 교육 헌장을 외우게 하고 반공 교육을 실시하는 등 국가주의 교육을 강화하였다.
| 선택지 바로잡기 | ②는 전두환 정부 시기에 있었던 일이다.

06 예시 답안 입시 경쟁, 사교육비 증가 문제 등을 해결하기 위해 박정희 정부는 1969년부터 중학교 무시험 진학 제도를 실시하였으며, 1970년대에는 고교 평준화 제도를 실시하였다.

채점 기준	
상	입시 경쟁 과열 및 사교육비 문제 해결을 위한 박정희 정부의 정책을 두 가지 서술한 경우
중	입시 경쟁 과열 및 사교육비 문제 해결을 위한 박정희 정부의 정책을 한 가지만 서술한 경우

Ⅲ 오늘날의 대한민국

01 6월 민주 항쟁 이후 민주화 과정 ~ 02 외환 위기의 극복과 사회·문화 변동

핵심 한끝 20쪽

❶ 북방 외교 ❷ 금융 ❸ 김대중 ❹ 촛불 ❺ 금 모으기
❻ 외환 위기

미리 보는 학교 시험 20~21쪽

01 ① 02 ③ 03 ④ 04 ③ 05 ⑤ 06 해설 참조

01 제13대 대통령 선거 결과 출범한 정부는 노태우 정부이다. 노태우 정부는 소련·중국 및 동유럽의 공산주의 국가와 외교 관계를 맺어 교류를 확대하는 북방 외교를 추진하였다.
| 선택지 바로잡기 | ②는 이승만 정부, ③은 전두환 정부, ④는 신군부 세력, ⑤는 김대중 정부와 관련된 내용이다.

02 자료의 법령이 1993년에 발표되면서 금융 실명제가 실시되었다. 김영삼 정부 시기에 지방 자치제가 전면 실시되었다.
| 선택지 바로잡기 | ①은 전두환 정부, ②는 노태우 정부, ④는 미군정기, ⑤는 노무현 정부 시기에 해당한다.

03 김대중 정부는 1998년, 문재인 정부는 2017년에 출범하였다. 이명박 정부 시기에 자유 무역 협정(FTA) 체결이 확대되었다.
| 선택지 바로잡기 | ①, ②, ③은 노태우 정부 시기, ⑤는 김영삼 정부 시기에 해당한다.

04 2000년대 이후 시민들은 촛불 집회라는 평화적 시위를 열어 사회의 다양한 사안에 의견을 표출하였다.

05 2000년대 이후 우리나라는 인구 고령화 현상이 빠르게 진행되고 있다. 그러나 노인 인구 중 상당수가 노후 생활 대비가 부족하여 노인 빈곤 문제가 발생하고 있다.
| 선택지 바로잡기 | ①은 1940년대, ②, ③, ④는 1970년대의 상황이다.

06 예시 답안 김대중 정부는 외환 위기 극복을 위해 강도 높은 구조 조정을 실시하여 부실기업과 은행을 통폐합하였으며, 공기업 민영화를 추진하였다. 또한 노사정 위원회를 발족하고 이를 통해 정리 해고제와 근로자 파견제를 도입하였다. 국민들도 전국적으로 금 모으기 운동을 펼쳤다.

채점 기준	
상	외환 위기 극복 노력을 세 가지 이상 서술한 경우
중	외환 위기 극복 노력을 두 가지 서술한 경우
하	외환 위기 극복 노력을 한 가지만 서술한 경우

03 한반도 분단 극복과 동아시아의 평화를 위한 노력

핵심 한끝 22쪽

❶ 사회주의 헌법 ❷ 시장 경제 ❸ 남북 기본 합의서
❹ 6·15 남북 공동 선언 ❺ 동북공정 ❻ 7·4 남북 공동 성명

미리 보는 학교 시험 22~23쪽

01 ③ 02 ④ 03 ① 04 ⑤ 05 ④ 06 해설 참조

01 (가)는 북한에서 사회주의 헌법이 채택되면서 국가 주석제가 신설된 1972년, (나)는 2019년에 일어난 사건이다. 1994년 김일성 사망 이후 김정일이 권력을 승계하였고, 김정일은 '선군 정치'를 내세워 대내외적인 위기를 극복하려 하였다.
| **선택지 바로잡기** | ㄱ은 1950년대, ㄹ은 1946년의 일이다.

02 (가) 시기에는 핵무기 개발 등으로 본격화된 국제 사회의 경제적 제재로 북한 경제가 어려운 상황에 처하였다.
| **선택지 바로잡기** | ①은 1950년대 후반, ②는 1980년대, ③은 2002년, ⑤는 1990년대의 사실이다.

03 자료는 남북 기본 합의서로 노태우 정부 시기인 1991년에 채택되었다. 남북 기본 합의서는 남북한 정부 간에 이루어진 최초의 공식 합의 문서로, 상호 체제 인정과 불가침에 합의하였다는 점에서 의의가 있다.

04 자료의 남북 정상 회담은 노무현 정부 시기에 평양에서 개최된 제2차 남북 정상 회담이다. 이 회담에서 남북 관계 발전과 평화 번영을 위한 선언(10·4 남북 공동 선언)이 채택되었으며, 이를 토대로 개성 공단을 통한 경제 교류가 강화되었다.
| **선택지 바로잡기** | ①은 1946년, ②는 노태우 정부 시기, ③은 문재인 정부 시기, ④는 1948년에 볼 수 있는 모습이다.

05 (가)는 고구려의 역사를 중국의 역사로 편입하려 한 중국의 동북공정이다. (나)는 일본의 역사 왜곡 사례이며, 이외에도 일본은 일본군 '위안부' 동원 등을 은폐·축소하려 하였다.
| **선택지 바로잡기** | ㄱ은 일본의 역사 왜곡, ㄷ은 동아시아의 역사 갈등 해결을 위한 노력에 해당한다.

06 **예시 답안** (가)는 7·4 남북 공동 성명이다. 7·4 남북 공동 성명 발표 이후 남한에서는 유신 헌법이 공포되었고, 북한에서는 사회주의 헌법이 공포되어 남북한 모두 독재 체제가 강화되었다.

채점 기준	
상	(가)의 명칭을 쓰고, 남한과 북한의 정치 상황 변화를 모두 서술한 경우
중	(가)의 명칭을 쓰고, 남한과 북한 중 한 곳의 정치 상황만 서술한 경우
하	(가)의 명칭만 쓴 경우

중간고사 24~29쪽

01 ⑤ 02 ④ 03 ③ 04 ⑤ 05 ② 06 ④ 07 ③
08 ⑤ 09 ③ 10 ④ 11 ② 12 ③ 13 ① 14 ③
15 ③ 16 ⑤ 17 ⑤ 18 ② 19 ⑤ 20 ⑤ 21 조선 총독
22 국가 총동원법 23 회사령 24 남면북양 정책
25 대한인 국민회 26 2·8 독립 선언 27 ㉠ 민주 공화제, ㉡ 삼권 분립 28 원산 총파업 29 해설 참조 30 해설 참조

01 1910년대에 일제는 무단 통치를 실시하면서 헌병이 경찰 업무를 담당하는 헌병 경찰제를 시행하였다. 이 시기 헌병 분대장이나 경찰서장이 재판 없이 범죄자를 처벌할 수 있게 하였고, 한국인에게만 태형을 가하였다.
| **선택지 바로잡기** | ① 1939년 일제는 국민 징용령을 내려 한국의 청장년들에게 강제 노동을 시켰다. ② 민족 말살 통치 시기에 황국 신민화 정책으로 황국 신민 서사 암송을 강요하였다. ③ 1920년대에는 산미 증식 계획으로 일본으로의 쌀 이출량이 늘어났다. ④ 일제는 국가 총동원법(1938)을 제정하여 한국의 인력과 물자를 수탈하였다.

02 자료는 1925년에 제정된 치안 유지법이다. 1919년 3·1 운동이 일어나자 일제는 무단 통치의 한계를 깨닫고 이른바 '문화 정치'를 내세웠다. 일제는 현역 육해군 대장뿐만 아니라 문관도 총독에 임명될 수 있도록 하였다. 헌병 경찰제를 보통 경찰제로 바꾸고, 언론·출판·집회·결사의 자유를 제한적으로 허용하였다. 또한 한국인에 대한 교육의 기회를 확대하겠다며 조선 교육령을 개정하여 보통학교의 교육 연한이 6년으로 늘어났다.
| **선택지 바로잡기** | ④ 일제는 잉여 자본을 축적한 일본 기업이 한국으로 진출하거나 투자하는 것을 돕고자 1920년에 회사령을 폐지하여 회사 설립을 신고제로 바꾸었다.

03 밑줄 친 '시기'는 일제가 중일 전쟁을 일으킨 1937년 이후부터 일제가 무조건 항복을 선언하는 1945년까지이다. 중일 전쟁을 일으킨 일제는 전쟁 수행에 필요한 인력과 물자를 효과적으로 동원하기 위해 국민 정신 총동원 조선 연맹을 설치하고 그 말단 기구로 애국반을 두었다. 1944년에는 여자 정신 근로령을 공포하여 젊은 여성들을 군수 공장에서 일하게 하였다. 1940년에는 동아일보 등 신문이 폐간되었으며, 한국인의 성을 일본식으로 바꾸어 신고하도록 하였다(창씨개명).
| **선택지 바로잡기** | ③ 범죄 즉결례는 1910년에 제정되었다.

04 (가)는 토지 조사 사업이다. 토지 조사 사업은 지세를 안정적으로 확보해 식민 통치의 기반을 마련하기 위한 것이었다. 이 사업은 정해진 기간 내에 토지 소유권자가 직접 신고하여 소유지를 인정받는 방식으로 진행되었다.
| **선택지 바로잡기** | ㄱ. 일제는 1928년에 신은행령을 발표하여 일반 은행 간의 합병을 추진하였다. ㄴ. 1929년에 미국에서 대공황이 시작되었다.

05 자료는 1920년대 산미 증식 계획에 대한 것이다. 산미 증식 계획에서 목표한 만큼 쌀 생산량이 늘지 않았으나, 일본으로 이출되는 쌀의 양은 해마다 증가하였고, 농민들의 생활은 더욱 어려워졌다.

06 그래프에 나타난 시기는 1940년대이다. 1937년 중일 전쟁을 일으킨 일제는 전쟁에 필요한 물자를 마련하기 위해 농가마다 목표량을 정하여 강제로 쌀을 내놓도록 하는 미곡 공출제를 실시하였다.

| 선택지 바로잡기 | ① 1923년에 한국과 일본 사이의 관세가 폐지되었다. ② 조선 총독부는 1932년부터 농촌 진흥 운동을 실시하였으나 소작료 인하, 자영농 육성 등 실질적인 문제를 해결하지 못하였다. ③, ⑤ 1910년대 토지 조사 사업으로 경작할 토지를 잃은 농민들은 만주로 이동하여 한인 사회를 형성해 갔다.

07 밑줄 친 '이 인물'은 박상진이다. 박상진 등은 공화정 형태의 근대 국가 수립을 목표로 대구에서 대한 광복회를 조직하였다.

| 선택지 바로잡기 | ①은 여운형 등, ②는 이동춘 등에 대한 설명이다. ④ 독립 의군부는 일본 총리와 조선 총독에게 국권 반환 요구서를 보내려고 계획하던 중에 조직이 발각되어 해체되었다. ⑤ 임병찬 등이 조직한 독립 의군부는 복벽주의 이념에 따라 고종이 다시 황제의 자리에 오르는 것을 목표로 하였다.

08 일제 강점기를 전후하여 애국지사들은 국외 독립운동 거점을 마련하려고 노력하였다. 상하이에서는 1912년 신규식을 비롯해 망명한 독립운동가와 유학생이 동제사를 결성하였다. 이들은 공화주의를 바탕으로 하는 임시 정부 수립을 주장하였다. 미주에서는 하와이의 한인 사회를 이끌던 박용만이 대조선 국민군단을 조직하였다.

| 선택지 바로잡기 | ㄱ은 서간도, ㄴ은 블라디보스토크에서의 독립운동 거점 마련을 위한 노력에 해당한다.

09 자료는 1919년 일본 도쿄에서 한국인 유학생들이 발표한 2·8 독립 선언이다. 1917년 러시아에서 혁명에 성공한 레닌은 반제국주의를 내세워 식민지와 반식민지의 민족 해방 운동을 지원하겠다고 선언하였다. 또한 제1차 세계 대전이 끝나갈 무렵 미국의 대통령 윌슨이 민족 자결주의 원칙을 제시하였다. 국내외의 민족 운동가들은 이러한 국제 사회의 변화를 기회로 삼아 독립운동을 활발히 전개하였다.

| 선택지 바로잡기 | ㄱ은 1932년, ㄹ은 1945년에 있었던 사실이다.

10 (가)는 대한민국 임시 정부이다. 대한민국 임시 정부는 독립운동 자금을 마련하기 위해 독립 공채를 발행하였다. 또한 독립운동 자금을 모으고 국내외의 항일 세력과 연락하고자 연통제와 교통국을 운영하였다. 『한일 관계 사료집』을 편찬하여 한국인의 독립 의식을 높이고 이를 국제 연맹에 제출하여 한국 독립의 당위성을 알리려 하였다.

| 선택지 바로잡기 | ㄹ은 의열단에 대한 설명이다.

11 자료는 독립운동의 새로운 방향을 모색하기 위해 1923년에 열린 국민 대표 회의 선언문이다. 대한민국 임시 정부는 1920년대 초 연통제와 교통국 조직이 일제에 발각된 후 자금 조달에 어려움을 겪었다. 외교 활동도 뚜렷한 성과를 거두지 못하자 독립운동 노선을 둘러싸고 논쟁이 벌어지기도 하였다. 이러한 상황에서 여러 민족 운동가는 독립운동의 새로운 방향을 모색하고자 국민 대표 회의를 개최하였다.

12 독립군 부대들은 1920년부터 본격적으로 국내에 진입하여 관공서를 습격하고, 일본 군경과 전투를 벌이는 등 많은 전과를 올렸다. (나) 1920년 6월 봉오동에서 독립군이 일본군에게 승리를 거두었다. (가) 이후 일제는 훈춘 사건을 구실로 대규모 병력을 동원하여 독립군을 공격하였다. (다) 그러자 김좌진 등이 이끄는 독립군 부대는 청산리 부근에서 벌어진 10차례의 전투에서 크게 승리하였다. (라) 러시아의 자유시로 이동한 독립군이 여러 세력을 통합하는 과정에서 지휘권 분쟁이 일어났고, 이러한 가운데 러시아 적군이 독립군의 무장 해제를 강요하면서 많은 독립군이 희생되는 자유시 참변(1921)이 발생하였다.

13 밑줄 친 '이 운동'은 물산 장려 운동이다. 1920년 조만식 등이 평양에서 조선 물산 장려회를 조직하여 물산 장려 운동을 시작하였다. 물산 장려 운동은 '내 살림 내 것으로'라는 구호를 내걸고, 민족 산업의 보호와 육성을 위한 토산품 애용, 절약 생활 등을 강조하였다.

| 선택지 바로잡기 | ②는 브나로드 운동, ③은 권업회, ④는 의열단, ⑤는 민립 대학 설립 운동에 대한 설명이다.

14 (가) 단체는 신간회이다. 1920년대 전반 국내에서 민족주의 진영이 타협적 민족주의와 비타협적 민족주의 세력으로 분열하였다. 이에 비타협적 민족주의 세력은 타협적 자치 운동에 반대하며 일부 사회주의 세력과 연대를 추구하였고 이를 토대로 만들어진 단체가 신간회이다. 신간회는 1929년에 광주 학생 항일 운동이 일어나자 진상 조사단을 파견하였다.

| 선택지 바로잡기 | ㄱ. 하와이의 한인 사회를 이끌던 박용만이 대조선 국민군단을 조직하였다. ㄹ. 국민 협회 등 일부 친일 단체는 일본 의회에 한국인 대표를 참여시키려는 참정권 운동을 추진하였다.

15 자료는 경성부 토막민 문제를 다룬 신문 기사이다. 일제의 수탈로 수많은 농민이 파산하여 화전민이 되거나 도시 빈민인 토막민이 되었다. 토막민은 주로 날품팔이, 지게꾼 등 일용 노동직에 종사하며 힘든 삶을 살았다.

16 밑줄 친 '이 운동'은 6·10 만세 운동이다. 6·10 만세 운동은 일제에 계획이 발각되어 전국적인 시위로 확대되지는 못하였지만, 민족주의 계열과 사회주의 계열은 운동을 함께 준비하면서 민족 협동 전선을 만들 수 있다는 공감대를 형성하였다.

| 선택지 바로잡기 | ①은 소작 쟁의, ②는 여성 운동, ③은 형평 운동, ④는 노동 운동에 해당한다.

17 일제 강점기 백남운은 『조선사회경제사』에서 한국사도 세계사의 보편적인 발전 법칙에 따라 발전하였다고 주장하여 식민 사관의 정체성론을 극복하고자 하였다.

| 선택지 바로잡기 | ① 이병도, 손진태 등이 진단 학회를 조직하였다. ② 박은식은 민족정신으로 국혼을 강조하였다. ③ 일제는 식민 통치를 정당화하기 위해 식민 사관을 퍼뜨렸다. ④ 조선어 학회는 한글 맞춤법 통일안을 발표하고 표준어를 제정하였다.

18 (가)는 한국 독립군, (나)는 조선 혁명군이다. 1931년 일제가 만주 사변을 일으키고 이듬해 만주국을 세우면서 중국 내 항일 감정이 높아졌다. 이러한 가운데 한국 독립군과 조선 혁명군은 중국군과 연합하여 항일 전쟁을 전개하였다.

| 선택지 바로잡기 | ①은 동북 항일 연군 내 한인 유격대, ③은 3부의 성립과 활동, ④는 동북 인민 혁명군, ⑤는 중광단에 해당하는 설명이다.

19 (다) 1932년 윤봉길은 상하이 훙커우 공원에서 일본 국왕 생일 및 상하이 사변 승리 축하 기념식장에 폭탄을 던졌다. 만주 사변 이후 독립운동 단체들이 만주에서 중국 관내로 이동하였고, 이를 바탕으로 (나) 1935년 중국 관내 통일 전선 정당인 민족 혁명당이 결성되었다. 한편, (가) 조선 민족 전선 연맹은 1938년 중국 국민당 정부의 지원을 받아 조선 의용대를 조직하였다.

20 밑줄 친 '이 군사 조직'은 한국광복군이다. 한국광복군은 1943년 영국군의 요청에 따라 미얀마·인도 전선에 파견되어 일본군 포로 심문과 선전 활동 등을 담당하였다. 1945년 5월부터는 중국에 주둔한 미국 전략 정보국(OSS)과 협력하여 특수 훈련을 받고 국내 정진군을 편성하는 등 국내 진공 작전을 계획하였다.

| 선택지 바로잡기 | ㄱ은 조선 혁명군, ㄴ은 조선 의용대 화북 지대와 관련된 설명이다. 1942년 화북 지방으로 이동하지 않은 조선 의용대 일부 병력이 한국광복군에 합류하였다.

29 **예시 답안** 설립 취지문을 발표한 단체는 조선 형평사이며, 이 단체는 백정에 대한 사회적 차별을 없애고, 평등한 사회를 만들 것을 주장하였다.

채점 기준

평가 내용	배점
조선 형평사를 쓰고, 이들의 주장(백정에 대한 차별 철폐, 평등 사회)을 정확하게 서술한 경우	5점
조선 형평사만 쓴 경우	3점

30 (1) 대한민국 임시 정부

(2) **예시 답안** 보통 선거의 실시, 토지와 주요 산업의 국유화, 무상 교육 실시 등을 강령의 내용으로 담았다.

채점 기준

평가 내용	배점
보통 선거의 실시, 토지와 주요 산업의 국유화, 무상 교육 실시 등 내용 세 가지를 모두 서술한 경우	3점
위 내용 중 두 가지만 서술한 경우	2점
위 내용 중 한 가지만 서술한 경우	1점

기말고사

30~35쪽

01 ① 02 ① 03 ④ 04 ② 05 ④ 06 ⑤ 07 ⑤
08 ③ 09 ⑤ 10 ① 11 ⑤ 12 ⑤ 13 ③ 14 ④
15 ⑤ 16 ⑤ 17 ① 18 ① 19 ④ 20 ④ 21 정읍 발언
22 대한민국 23 천리마운동 24 내각 책임제
25 통일 주체 국민 회의 26 서울의 봄 27 김영삼
28 ㉠ 김대중, ㉡ 국제 통화 기금(IMF) 29 해설 참조 30 해설 참조

01 자료는 1945년 12월에 발표된 모스크바 3국 외상 회의의 결정 사항이다. 모스크바 3국 외상 회의는 한국에 민주주의 임시 정부 수립, 미소 공동 위원회 개최, 최고 5년간의 신탁 통치 등을 결정하였다. 이 결정 사항이 국내에 알려지자 우익 세력은 신탁 통치에 반대하는 운동을 벌였다.

| 선택지 바로잡기 | ②는 1945년 8월, ③은 1945년 8월, ④는 1943년, ⑤는 1945년 7월의 일이다.

02 자료는 1948년 4월에 발표된 남북 협상 공동 성명이다. 유엔 소총회에서 유엔 한국 임시 위원단이 접근 가능한 지역에서만 총선거 실시를 결정하면서 남북 분단의 가능성이 높아졌다. 김구와 김규식 등은 남북한 정치 지도자들 간의 협상을 북측에 제안하고, 1948년 4월 평양에서 열린 남북 연석회의(남북 협상)에 참석하였다. 이 회의에서 단독 정부 수립 반대와 외국 군대 철수 등이 합의되었다.

03 밑줄 친 '이 사건'은 제주 4·3 사건이다. 1947년 제주에서 3·1 기념행사 중 군중과 경찰 사이에 충돌이 벌어졌고 경찰의 발포로 사상자가 발생하였다. 이에 제주도민들이 항위 시위를 벌이자 우익세력이 이를 강압적으로 대응하여 사태가 악화되었다. 그러던 중 남한만의 단독 선거가 결정되자 1948년 4월 3일 제주도의 좌익 세력과 일부 주민들은 단독 정부 수립 반대를 내세우며 무장봉기하였다. 정부와 경찰이 이를 무력으로 진압하는 과정에서 많은 민간인 희생자가 발생하였다.

| 선택지 바로잡기 | ① 경향신문은 이승만 정부 시기인 1959년 폐간되었다. ② 이승만 정부 시기에 농지 개혁을 추진하면서 지가 증권이 발행되었다. ③ 1960년 3·15 부정 선거에 반대하는 시위 과정에서 실종된 김주열 학생이 마산 앞바다에서 시신으로 떠오르는 상황이 벌어졌다. ⑤ 미군정의 지원과 대중적 지지를 받으며 조직된 좌우 합작 위원회는 1946년 10월, 좌우 합작 7원칙을 발표하였다.

04 밑줄 친 '국회'는 제헌 국회이다. 제헌 국회는 일제의 식민 지배에 협력한 친일파를 청산하고자 반민족 행위 처벌법을 제정하고, 반민족 행위 특별 조사 위원회(반민 특위)를 구성하였다. 또한 토지 개혁을 위해 농지 개혁법을 제정하였다.

| 선택지 바로잡기 | ㄴ. 제헌 국회는 이승만을 대통령으로 선출하였다. ㄹ은 1954년에 실시된 제3대 국회 의원 선거로 구성된 국회에 대한 설명이다.

05 밑줄 친 '전쟁'은 6·25 전쟁이다. 6·25 전쟁으로 남북한 전역에 많은 이산가족과 전쟁고아가 생겼다. 6·25 전쟁이 끝난 후 한국과 미국은 한미 상호 방위 조약을 체결하였다. 중국은 참전 후 북한에 대한 영향력을 넓혔고, 아시아에서 공산주의 국가로 위세가 높아졌다. 한편, 미국의 반공 거점이 된 일본은 6·25 전쟁 특수로 경제가 성장하였다.

| 선택지 바로잡기 | ④ 광복 직후 38도선 이북 지역을 점령한 소련은 북한 각 지역에 조직된 인민 위원회에 행정권을 이양하여 자치 기관으로 인정하였다.

06 밑줄 친 '피고인'은 조봉암이다. 1956년 제3대 대통령 선거에서 무소속 후보였던 조봉암이 예상보다 많은 득표를 하였다. 이에 위기를 느낀 이승만 정부는 진보당을 창당한 조봉암이 평화 통일을 주장하고 간첩과 접선하여 정치 자금을 받았다며 진보당을 해산하고, 조봉암을 사형에 처하였다. 조봉암은 2011년에 이루어진 재심에서 무죄 판결을 받았다.

| 선택지 바로잡기 | ①은 송진우와 김성수 등, ②, ④는 이승만에 대한 설명이다. ③ 1976년에는 김대중, 함석헌 등 재야 인사들이 명동 성당에서 긴급 조치 철회와 박정희 정부 퇴진 등을 요구하는 3·1 민주 구국 선언을 발표하였다.

07 자료는 1960년 4월 26일 발표된 이승만 대통령 하야 발표 성명이다. 4·19 혁명으로 이승만이 대통령직에서 물러난 후 허정을 수반으로 하는 과도 정부가 수립되었다. 과도 정부는 3·15 부정 선거를 무효화하고, 내각 책임제와 양원제 국회를 주요 내용으로 하는 개헌을 단행하였다.

| 선택지 바로잡기 | ㄱ. 정전 협정은 1953년 7월에 체결되었다. ㄴ. 제2차 미소 공동 위원회는 1947년에 개최되었다.

08 (라) 1961년 5월 16일 박정희를 중심으로 한 군인 세력이 정변을 일으켜 정권을 장악하였다(5·16 군사 정변). (가) 군사 정변 세력은 국가 재건 최고 회의를 설치하여 군정을 실시하였다. 군사 정부는 중앙정보부를 설치하여 정보를 수집하고 비판 세력을 사찰하는 등 권력 기반을 강화하였다. (나) 1965년 박정희 정부는 한일 협정을 체결하여 일본과 국교를 정상화하였다. (다) 1969년 대통령의 3회 연임을 허용하는 개헌이 이루어졌다(3선 개헌).

09 자료는 1972년 제정된 유신 헌법이다. 유신 헌법은 1980년 5·18 민주화 운동을 진압하고 권력을 장악한 신군부에 의해 새로운 헌법이 마련될 때까지 유지되었다. 유신 헌법에 따라 통일 주체 국민 회의에서 대통령을 선출하도록 하였다. 유신 헌법 반대 운동이 확산되는 가운데 1973년에는 헌법 개정 청원 100만인 서명 운동이 전개되었으며, 1979년에는 부산과 마산 일대에서 유신에 반대하는 대규모 시위가 일어났다(부마 민주 항쟁).

| 선택지 바로잡기 | ⑤ 베트남 추가 파병에 따른 미국의 지원 내용이 담긴 브라운 각서는 1966년에 작성되었다.

10 자료는 '서울의 봄'에 대한 것이다. 12·12 사태 이후 비상계엄이 유지되고 헌법 개정이 지연되는 상황에서 신군부의 정치 개입이 본격화되었다. 이에 학생과 민주 인사들은 계엄령 철폐, 유신 헌법 폐지, 신군부 퇴진 등을 요구하며 1980년 5월까지 시위에 나섰다. 이를 '서울의 봄'이라 부른다.

| 선택지 바로잡기 | ② 4·13 호헌 조치는 1987년에 발표되었다. ③ 한국은 2004년 칠레를 시작으로 미국 등과 자유 무역 협정을 맺어 무역 시장을 확대하였다. ④ 박정희 정부는 1964년부터 1973년까지 베트남 전쟁에 대규모 국군을 파병하였다. ⑤ 한일 국교 정상화는 1965년에 이루어졌다.

11 (가) 대통령은 전두환 대통령이다. 전두환 정부는 보도 지침을 내려 언론의 보도 방향을 통제하고 여러 언론사를 통폐합하였다. 1986년에는 부천 경찰서에서 여대생이 성 고문을 당한 사건이 일어났다. 이후 이 사건에 대한 보도 지침이 폭로되어 전두환 정부의 언론 통제 실상이 드러났다.

| 선택지 바로잡기 | ㄴ. 5·16 군사 정변 세력은 국가 재건 최고 회의를 설치하여 군정을 실시하였다.

12 밑줄 친 '투병' 기간은 1987년 6월 9일부터 7월 5일에 해당한다. 1987년 6월, 민주화를 요구하던 시위 도중 대학생 이한열이 경찰이 쏜 최루탄에 맞아 쓰러지는 사건이 발생하였다. 전두환 정부는 시위를 강경 탄압하였으나, 많은 시민의 참여로 시위가 확산하자, 당시 여당 대표인 노태우는 직선제 개헌을 수용한다는 특별 선언을 발표하였다(6·29 민주화 선언).

| 선택지 바로잡기 | ① 박정희 대통령은 1979년 중앙정보부장에게 피살되었다. ② 박종철 고문치사 사건은 1987년 1월에 있었다. ③ 1960년 4·19 혁명 이후 헌법 개정이 이루어졌고, 새 헌법에 따라 장면을 중심으로 한 내각이 구성되었다. ④ 1979년 12월 12일, 전두환, 노태우 등 신군부 세력이 쿠데타를 일으켜 군사권을 장악하였다.

13 밑줄 친 '대통령'은 박정희 대통령이다. 박정희 정부는 제1, 2차 경제 개발 계획을 실시하여 경공업을 육성하였다. 또한 철강 생산을 위해 포항에 제철소를 세웠다. 1973년에 발생한 제1차 석유 파동은 중동 건설 사업에서 외화를 벌어들이는 등의 노력으로 극복하였다. 1979년에는 YH 무역 사건이 일어났다.

| 선택지 바로잡기 | ③ 세계 무역 기구 체제는 김영삼 정부 시기인 1995년에 출범하였다.

14 함평 고구마 피해 보상 운동(1976~1978)은 농민들이 자신의 권익을 지키고자 추진한 농민 운동의 사례이다. 이 운동을 계기로 전국에 농민 운동 조직이 증가하였다. 1980년대 이중 곡가제가 실시되고 수입 농산물 개방 압력이 이어지자, 농민들은 전국 농민 운동 연합을 조직하였다. 전국 농민 운동 연합은 외국 농산물 수입 개방에 반대하는 운동을 전개하였다.

| 선택지 바로잡기 | ①, ②는 6월 민주 항쟁 이후 민주화가 진전되면서 나타난 현상이다. ③, ⑤는 일제 강점기에 있었던 사실이다.

15 (가)는 경향신문이 폐간된 1959년, (나)는 프로 야구가 개막된 1982년이다. 국민 교육 헌장 제정과 텔레비전 방송국 설립은 1960년대, 광주 대단지 사건과 장발 및 미니스커트 단속은 1970년대에 있었던 사실이다.

| 선택지 바로잡기 | ⑤ 나운규의 영화 「아리랑」은 일제 강점기인 1926년에 발표되었다.

16 (가)는 박근혜 정부 시기인 2017년, (나)는 김대중 정부가 출범한 1998년, (다)는 노태우 정부 시기인 1988년에 있었던 사실이다.

17 밑줄 친 '노력'은 외환 위기 극복 노력을 가리킨다. 외환 위기를 극복하기 위해 국민들은 금 모으기 운동을 전개하였고, 정부는 정리 해고제와 근로자 파견제를 도입하였다.

| 선택지 바로잡기 | ㄷ, ㄹ은 박정희 정부 시기 사회·경제 활동에 해당한다.

18 (가) 인물은 김정일이다. 김정일은 군대를 중심으로 사회를 이끈다는 '선군 정치'를 내세웠다.

| 선택지 바로잡기 | ②, ③, ⑤는 김일성, ④는 김정은에 대한 설명이다.

19 (가)는 박정희 정부 시기인 1972년에 발표된 7·4 남북 공동 성명, (나)는 김대중 정부 시기인 2000년에 발표된 6·15 남북 공동 선언이다. 2000년 평양에서 개최된 제1차 남북 정상 회담의 결과 6·15 남북 공동 선언이 채택되었다.

| 선택지 바로잡기 | ① 남북 기본 합의서는 서로의 체제를 인정하고 상호 불가침에 합의한 것이다. ② (가)는 박정희 정부에서 발표한 것이다. ③ (나)는 김대중 정부 시기에 발표되었다. ⑤ 대북 화해 협력 정책은 김대중 정부에서 추진한 정책으로 (나)에만 해당한다.

20 1952년 이승만 정부는 '인접 해양에 대한 주권에 관한 선언(평화선 선언)'을 발표하여 독도가 우리 영토임을 분명히 하였다.

21 1946년 3월 제1차 미소 공동 위원회가 결렬되자 곧이어 6월에 이승만이 남한만의 단독 정부 수립을 주장하는 정읍 발언을 발표하였다.

22 5·10 총선거로 구성된 제헌 국회는 국호를 '대한민국'으로 정하고 국민 대다수의 지지 속에서 반민족 행위 처벌법과 농지 개혁법 등을 제정하였다.

23 북한은 1956년부터 천리마운동을 전개하여 노동력을 최대한 동원해 생산력을 높이고자 하였다. 천리마운동은 하루에 천 리를 달리는 천리마의 속도로 사회주의 경제를 건설하자는 의미이다.

24 3·15 부정 선거를 규탄하는 4·19 혁명이 전개된 이후에 이승만이 하야하고 허정이 이끄는 과도 정부가 수립되었다. 과도 정부는 내각 책임제 실시와 양원제 국회 구성을 핵심으로 하는 헌법을 개정하였다.

25 유신 헌법의 대통령 선출 방식에 따라 박정희는 통일 주체 국민 회의에서 제8대 대통령으로 선출되었다. 또한 전두환 중심의 신군부 세력은 국가 보위 비상 대책 위원회를 설치하여 국정을 장악하였다. 이들은 최규하 대통령을 물러나게 하고 통일 주체 국민 회의를 통해 전두환을 대통령으로 선출하였다.

26 1980년 봄에 학생과 민주 인사들이 계엄령 철폐, 유신 헌법 폐지, 신군부 퇴진 등을 요구하는 민주화 운동을 펼쳤는데, 이를 서울의 봄이라고 한다.

27 김영삼 정부는 공직자 윤리법을 개정하여 고위 공무원의 재산 등록을 의무화하였으며, 탈세와 불법 자금 유통을 막기 위해 금융 실명제를 실시하였다. 또한 지방 자치 단체장 선거를 실시하여 전면적인 지방 자치 시대를 열었다.

28 김대중 정부는 기업의 구조 조정, 외국 자본 유치 등을 추진하여 외환 위기를 극복하고 2001년 국제 통화 기금(IMF)의 관리 체제에서 벗어날 수 있었다.

29 **예시 답안** 자료는 좌우 합작 위원회에서 발표한 좌우 합작 7원칙이다. 좌우 합작 위원회는 한반도에 남북한 통일 정부를 수립하기 위해 좌우 합작 운동을 전개하였다.

채점 기준

평가 내용	배점
좌우 합작 위원회를 쓰고, 통일 정부 수립이라는 목적을 정확히 서술한 경우	4점
좌우 합작 위원회, 통일 정부 수립 중 하나만 서술한 경우	2점

30 (1) 남북 기본 합의서

(2) **예시 답안** 남과 북이 유엔에 동시 가입하였다. 한반도 비핵화 공동 선언을 채택하였다.

채점 기준

평가 내용	배점
남북한 유엔 동시 가입, 한반도 비핵화 공동 선언 채택 모두를 서술한 경우	4점
남북한 유엔 동시 가입, 한반도 비핵화 공동 선언 중 한 가지만 서술한 경우	2점

논술형 수행 평가

01 일제 식민 통치 시기, 독립운동의 흐름 파악하기

조건 풀이 36쪽

(가)의 개조파, (나)의 창조파가 대한민국 임시 정부에 대해 가지고 있는 입장을 각각 정리한다.

▼

(가), (나) 중 하나의 입장을 선택하여 당시 시대 상황에 맞추어 국민 대표 회의에서 어떤 행동을 할지 구상한다.

▼

선택한 자신의 행동에 대한 이유 두 가지를 논리적으로 서술한다.

예시 답안 1920년대 초 대한민국 임시 정부의 활동이 뚜렷한 성과를 거두지 못하자, 독립운동의 노선을 둘러싸고 논쟁이 벌어졌다. 이에 여러 민족 운동가들은 독립운동의 새로운 방향을 모색하기 위해 1923년 국민 대표 회의를 개최하였다. 이 회의에서 (가)의 개조파는 대한민국 임시 정부의 조직만 개편하자고 주장하였으며, (나)의 창조파는 대한민국 임시 정부를 해산하고 새로운 정부를 세우자는 주장을 하였다. 내가 당시에 살았더라면, 개조파의 입장에서 행동하였을 것이다. 그 이유는 첫째, 대한민국 임시 정부는 1919년 3·1 운동 이후 독립운동의 구심점을 마련하기 위해 만들어졌으며, 여전히 독립운동에 있어서는 구심점이 필요하기 때문이다. 둘째, 새로운 정부를 조직하려면 상당한 시간이 필요하다. 반면 대한민국 임시 정부의 조직을 개편하는 것은 새로운 정부를 구성하는 것보다는 상대적으로 시간이 적게 걸릴 것이기 때문에 시간을 아껴서 독립운동에 더욱 매진하고자 한다.

채점 기준

상	(가), (나) 주장을 모두 정리하였으며, 하나의 입장을 선택한 후 행동의 이유 두 가지를 논리적으로 서술한 경우
중	(가), (나) 주장을 정리하였으며, 하나의 입장을 선택한 후 행동의 이유 한 가지만을 논리적으로 서술한 경우
하	(가), (나) 주장 중 한 가지만 정리하였거나, 하나의 입장을 선택한 후 행동의 이유를 단순하게 서술한 경우

02 일제 식민 통치 시기, 다양한 사회 운동 이해하기

조건 풀이 37쪽

(가)~(다) 민족 운동을 각각 농민 운동, 형평 운동, 학생 운동의 범주에서 그 주장을 정리한다.

▼

(가)~(다) 중 하나의 민족 운동을 선택하여 당시 시대 상황을 고려한 참여 방안을 구체적으로 구상한다.

▼

선택한 민족 운동에 참여할 수 있는 방안을 논리적으로 서술한다.

예시 답안 (가)는 농민 운동으로 소작료 인하, 소작권 이동 반대 등을 요구하며 소작 쟁의를 벌였다. (나)는 형평 운동으로 백정들이 사회적 차별에 맞서 백정에 대한 평등한 대우를 요구하였다. (다)는 학생 운동으로 일제의 식민지 교육 철폐와 한국인 본위의 교육 실시 등을 요구하였다. 일제 식민 통치 시기에 살았더라면, (다)의 학생 운동에 참여하고자 한다. 참여 방법으로는 한국사 공부 모임을 조직하여 매일 1시간씩 한국인 중심의 교육을 실천할 것이다. 물론 일제의 감시도 있겠지만, 비밀 공부 모임을 통해 나라의 역사를 배우고 지킬 것이다.

채점 기준

상	(가)~(다) 민족 운동의 특징을 각각 정리하였으며, 그 중 하나를 선택하여 참여 방안을 논리적으로 서술한 경우
중	(가)~(다) 민족 운동의 특징을 각각 정리하였으며, 그 중 하나를 선택하여 참여 방안을 서술하였으나 일부 논리적이지 않은 경우
하	(가)~(다) 민족 운동의 특징을 정리하였으나 일부 오류가 있거나, 참여 방안을 서술하였으나 일부 논리적이지 않은 경우

03 모스크바 3국 외상 회의의 결정 사항에 대한 입장 논술하기

조건 풀이 38쪽

(가)를 참고하여 모스크바 3국 외상 회의 결정 사항에 대한 (나), (다)의 입장을 각각 정리한다.

▼

(나), (다) 중 하나의 입장을 선택하고 그 입장에 따라 행동하는 이유를 당시 시대 상황을 고려하여 구상한다.

▼

선택한 입장에 따라 행동하는 이유 두 가지를 논리적으로 서술한다.

예시 답안 (나)는 모스크바 3국 외상 회의 결정 사항과 관련하여 신탁 통치를 반대하는 입장, (다)는 모스크바 3국 외상 회의 결정 사항을 총체적으로 지지하는 입장이다. 내가 만약 그 시대에 살았더라면 모스크바 3국 외상 회의의 결정 사항 중 신탁 통치를 반대하는 입장을 선택했을 것이다. 그 이유는 첫째, 우리에게는 대한민국 임시 정부라는 조직이 있기 때문에 민주주의 정부를 수립하는 데 5년이라는 시간은 필요하지 않기 때문이다. 둘째, 이미 35년간이라는 길고 긴 일제의 식민 통치를 받아왔기 때문에 4개국의 신탁 통치를 받아들일 수 없고, 냉전이라는 불안한 국제 정세 속에서 독립 약속이 지켜지기 어려울 수도 있을 것이기 때문이다.

채점 기준

상	(나), (다)의 입장을 각각 정리하였으며, 하나의 입장을 선택하여 그 이유 두 가지를 논리적으로 서술한 경우
중	(나), (다)의 입장을 각각 정리하였으며, 하나의 입장을 선택하여 그 이유 한 가지만을 논리적으로 서술한 경우
하	(나), (다)의 입장을 한 가지만 정리하였거나, 하나의 입장을 선택하여 그 이유를 단순하게 서술한 경우

04 일제 식민 잔재 처리 문제에 대한 방안 모색하기

조건 풀이 39쪽

옛 조선 총독부 건물 철거에 대한 (가), (나)의 입장을 각각 정리한다.

▼

일제 식민 잔재로 볼 수 있는 '황국 신민 서사 비석'이 지역에서 발견되었다는 가정을 하고, (다)를 참고하여 어떻게 처리하면 좋을지 현실적, 역사적 의미를 중심으로 파악한다.

▼

'황국 신민 서사 비석'의 처리 방안에 대해 현실적, 역사적 의미가 드러날 수 있게 논리적으로 서술한다.

예시 답안 (가)는 일제 식민 잔재인 옛 조선 총독부 건물을 철거하여 민족 정기를 회복해야 한다는 입장이며, (나)는 옛 조선 총독부 건물이 일제의 침략 행위를 보여 주는 역사성을 담고 있기 때문에 철거를 반대하는 입장이다. 만약 내가 살고 있는 지역에서 황국 신민 서사 비석이 발견된다면, 꼭 같은 장소는 아니라도 그 비석을 보존하여 역사 교육용으로 활용하는 방안을 마련하고 싶다. 황국 신민 서사의 내용은 동의할 수 없지만, 과거 일제 식민 통치 시기에 이를 강제로 암송해야만 했던 아픈 역사가 있다는 점을 잊지 않기 위해 지역 사회의 공공장소를 물색하여 전시한다면, 역사적으로도 의미를 살릴 수 있을 것이다.

채점 기준

상	(가), (나)의 입장을 각각 정리하였으며, 일제 식민 잔재 처리 문제에 대한 해결 방안을 논리적으로 서술한 경우
중	(가), (나)의 입장을 각각 정리하였으나, 일제 식민 잔재 처리 문제에 대한 해결 방안을 단순하게 서술한 경우
하	(가), (나)의 입장에 대한 정리가 다소 미흡하며, 일제 식민 잔재 처리 문제에 대한 해결 방안을 단순하게 서술한 경우

MEMO

기출로 다지는 **필수 유형서**

유형**만렙**

유형 만렙

다양한 유형 문제로 가득 찬(滿)

고등 필수 유형서

- **학교 기출, 교육청, 평가원 기출 문제**를 분석 및 엄선하여 **풍부한 문제 수록**
- **3단계 수준별 유형 학습**으로 수학 실력 향상
- 단원별 기출 문제를 모은 **'기출북'으로 실전 대비**

공통수학1, 공통수학2, 대수, 미적분 Ⅰ, 확률과 통계

※대수, 미적분 Ⅰ, 확률과 통계는 2024년 말부터 순차 발간 예정

한·끝·시·리·즈 필수 개념과 시험 대비를 한 권으로 끝! 한국사 공부의 진리입니다.

대표전화 1544-0554
주소 경기도 과천시 과천대로2길 54(갈현동, 그라운드브이)
협의 없는 무단 복제는 법으로 금지되어 있습니다.

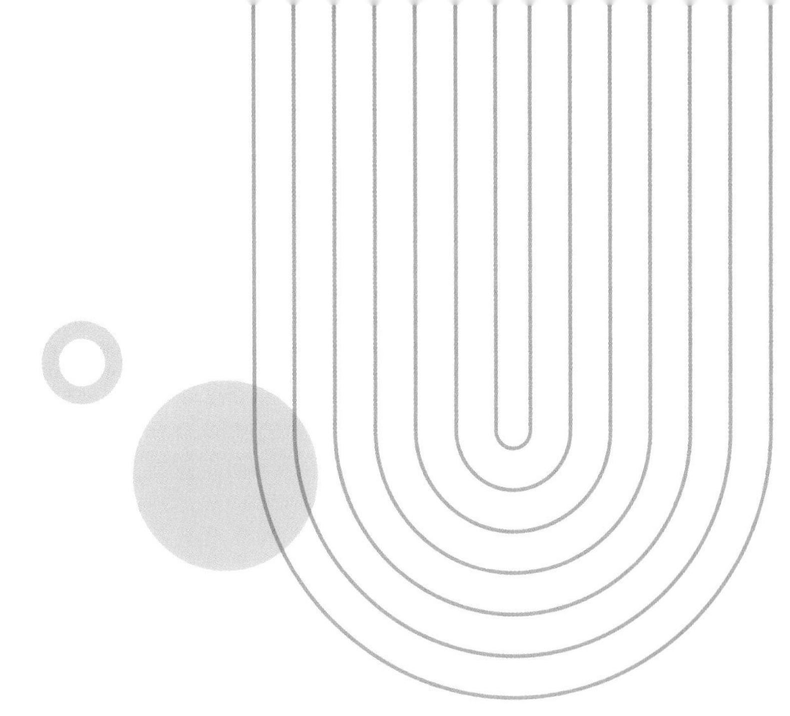

시험 대비 문제집

한국사 공부,
한 권으로 이미 끝!

고등 한국사2

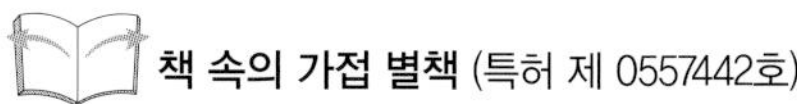

'시험 대비 문제집'은 본책에서 쉽게 분리할 수 있도록 제작되었으므로
유통 과정에서 분리될 수 있으나 파본이 아닌 정상제품입니다.

ABOVE IMAGINATION

우리는 남다른 상상과 혁신으로
교육 문화의 새로운 전형을 만들어
모든 이의 행복한 경험과 성장에 기여한다

시험 대비 문제집

고등 한국사2

Ⅰ. 일제 식민 통치와 민족 운동

제국주의 질서와 일제의 식민 통치 정책

핵심 한끝

1910년대 일제의 무단 통치

조선 총독부	• 일제 식민 통치의 최고 기구 • (❶): 육해군 대장 중 임명, 행정권·입법권·사법권·군 통수권 보유
무단 통치	• (❷) 제도: 헌병이 경찰 업무 담당, 즉결 심판권 보유 • 한국인에게만 태형 적용(조선 태형령), 관리와 교원도 제복과 칼 착용 • 언론·출판·집회·결사의 자유 박탈 • 한국인에게 주로 보통 교육과 실업 교육 실시, 고등 교육의 기회 제한

1920년대 일제의 이른바 '문화 정치'

배경	(❸)(1919) 이후 무단 통치 한계 인식 → 친일 세력 양성을 통한 민족 분열 도모
민족 분열 통치	• 보통 경찰제 실시, 조선 태형령 폐지 → 경찰력 강화, (❹) 제정 • 신문 발행 허용(조선일보, 동아일보 등) → 신문에 대한 검열 강화 • 부·면 협의회 설치 → 실제 의결권이 없는 자문 기구, 친일 인사로 구성 • 보통학교의 교육 연한 연장 → 학교 수는 여전히 부족, 한국인의 취학률은 낮음

1930~1940년대 일제의 민족 말살 통치

배경	만주 사변 이후 일제의 침략 전쟁 확대 → 한국인의 민족의식을 말살하여 전쟁에 동원
국가 총동원 체제	• (❺) 제정(1938) → 인력 수탈, 물자 수탈 • 지원병제, 학도 지원병제, 징병제 등을 실시하여 한국인을 전쟁에 동원 • 국민 징용령·여자 정신 근로령 등을 통해 노동력을 수탈, 여성들을 일본군 '위안부'로 조직적·강제적 동원
민족 말살 통치	• 내선 일체와 일선동조론 강조, (❻) 서사 암송·신사 참배·궁성 요배·일본식 성명 강요 • 소학교의 명칭을 (❼)로 개칭(1941) • 조선일보와 동아일보 폐간(1940) • 우리말 사용 금지

이 단원의 핵심 문장 완성하기

일제는 1910년대에 (❽), 1920년대에 이른바 '(❾)', 1930~1940년대에 민족 말살 통치를 실시하였다.

미리 보는 학교 시험

01 다음 법령이 실시된 시기에 볼 수 있는 모습으로 적절한 것은?

> 제1조 3개월 이하의 징역 또는 구류에 처하여야 하는 자는 그 사정에 따라 태형에 처할 수 있다.
> 제11조 태형은 감옥 또는 즉결 관서에서 비밀리에 행한다.
> 제13조 본령은 조선인에 한하여 적용한다.
> 시행 규칙 제11조 태는 길이 1척 8촌, 두께 2푼 5리, 너비는 태의 머리를 7푼, 태의 손잡이를 4푼 5리로 하며 대나무 조각으로 만든다.

① 근우회에 가입하는 여성
② 암태도 소작 쟁의에 참여하는 농민
③ 원산 총파업을 진압하는 일본인 경찰
④ 치안 유지법 위반으로 체포되는 독립운동가
⑤ 조선 총독의 허가를 받고 회사를 설립하는 상인

02 다음 자료를 활용한 수업 주제로 가장 적절한 것은?

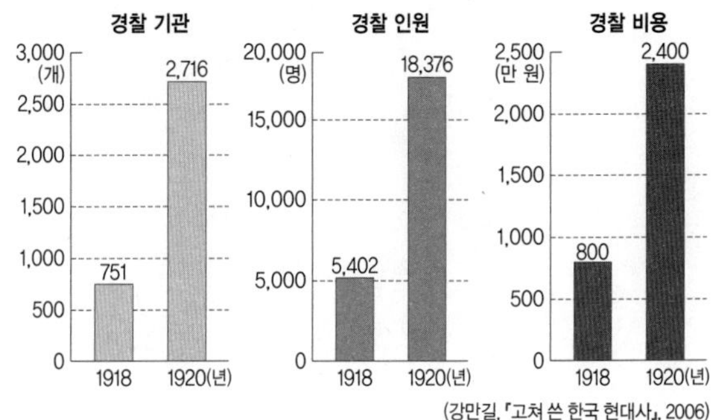

(강만길, 『고쳐 쓴 한국 현대사』, 2006)

① 애국 계몽 운동의 전개
② 민족 말살 통치의 사례
③ 이른바 '문화 정치'의 실상
④ 임술 농민 봉기의 발생 배경
⑤ 을사늑약 강제 체결 전후의 상황

03 다음 문서가 작성되었던 시기에 일제가 실시한 정책으로 옳은 것은?

> 조선 문제를 해결하는 요점은 친일 인물을 다수 확보하는 데 있다. 그러므로 이 기회에 정부 정책에 잘 따르는 민간 유지에게 상당한 편의와 원조를 해 주고 수재 교육이라는 이름하에 이들을 양성하게 하는 것이 가장 필요할 것이다. …… 그 방책은 위력 있는 문화 운동뿐이다. 이 같은 목적을 철저히 달성하기 위해서는 …… 친일파와 배일파를 판별하여 배일파에게는 직간접으로 그 행동을 구속할 방책을 마련하고 친일파에게 사정이 허락하는 한 편의와 원조를 할 필요가 있다.
>
> – 사이토 마코토, 「조선 민족 운동에 대한 대책」

① 광무개혁을 추진하였다.
② 치안 유지법을 제정하였다.
③ 조선 태형령을 공포하였다.
④ 위정척사 운동을 전개하였다.
⑤ 토지 조사 사업을 실시하였다.

04 다음 법령이 적용된 시기에 볼 수 있는 모습으로 가장 적절한 것은?

> 제1조 국가 총동원이란 전시(전시에 준할 경우도 포함)에 국방 목적을 달성하기 위해 국가의 전력을 가장 유효하게 발휘하도록 인적 및 물적 자원을 운용하는 것이다.
>
> 제4조 정부는 전시에 국가 총동원상 필요할 때에는 칙령이 정하는 바에 따라 제국 신민을 징용하여 총동원 업무에 종사하게 할 수 있다.

① 임오군란에 가담하는 군인
② 농민에게 태형을 가하는 헌병 경찰
③ 관민 공동회에 참여하는 독립 협회 회원
④ 군국기무처에서 개혁안을 논의하는 관리
⑤ 국민 징용령에 따라 광산으로 끌려가는 청년

05 교사의 질문에 대한 학생의 답변으로 가장 적절한 것은?

1. 우리들은 대일본 제국의 신민입니다.
2. 우리들은 마음을 합하여 천황 폐하에게 충의를 다합니다.
3. 우리들은 인고 단련하여 훌륭하고 강한 국민이 되겠습니다.

① 조선 총독부가 설치되었다.
② 부·면 협의회를 설치하였다.
③ 헌병이 경찰 업무를 담당하였다.
④ 조선일보와 동아일보가 창간되었다.
⑤ 한국 여성들이 일본군 '위안부'로 끌려갔다.

서술형 문제

06 다음 자료를 읽고 물음에 답하시오.

> 제1조 국체를 변혁하거나 사유 재산 제도를 부인하는 것을 목적으로 결사를 조직하거나 이에 가입한 자는 10년 이하의 징역 또는 금고에 처한다.
>
> 제4조 이 법은 이 법의 시행 구역 외에서 죄를 범한 자에게도 적용한다.

(1) 위 법령의 명칭을 쓰시오.

(2) 일제가 위 법령을 제정한 목적을 두 가지 서술하시오.

I. 일제 식민 통치와 민족 운동

경제 구조의 변화와 경제생활

핵심 한끝

✖ 1910년대 일제의 경제 수탈 정책

(❶) (1910~1918)	• 목적: 조선 총독부의 지세 수입 증가, 일본인의 토지 소유 확대 • 토지 조사령 공포(1912) → 신고주의, 지주의 소유권만 인정, 소작농의 경작권 불인정 → 농민 몰락(계약제 소작농, 화전민, 임노동자, 만주·연해주로 이주)
산업 통제	• (❷) 공포(1910): 회사 설립 허가제, 한국인의 기업 설립 억제 목적 • 어업령, 삼림령, 조선 광업령 공포 → 일본이 한국 자원을 독점함 • 철도·도로·항만 시설 확충 → 한국을 효율적으로 수탈할 수 있는 기반 마련 • 조선 은행, 조선 식산 은행 설립

✖ 1920년대 일제의 경제 수탈 정책

(❸) (1920~1934)	• 목적: 일본의 식량 부족 문제 해결 • 벼 품종 개량, 밭을 논으로 바꿈, 수리 조합 조직 → 쌀 증산량보다 일본 이출량이 큼 → 농민 부담 증가, 한국의 식량 사정 악화
산업 정책의 변화	• 회사령 폐지(1920): 회사 설립 신고제, 일본 기업들이 한국에 진출하기 쉬워짐 • (❹) 폐지(1923): 값싼 일본 상품의 한국 수출 가속화

✖ 1930~1940년대 일제의 경제 수탈 정책

조선 공업화 정책	• 만주 점령(1931) 이후 만주를 농업·원료 지대로, 한국을 공업 지대로 설정 • 북부 지방에 발전소 설치, 화학·금속·기계 공업에 투자, 남면북양 정책 실시
병참 기지화 정책	• 중일 전쟁(1937) 이후 타이완과 한국을 대륙 침략에 필요한 물자와 인력을 공급하는 기지로 만듦 • 소비재 산업 위축, 군수 산업 중심의 중화학 공업 발전
국가 총동원법 제정 이후	지하자원 약탈, 금속 공출, 위문 금품 모금, 국방 헌금 강요, 산미 증식 계획 재개(1938), 미곡 공출제, (❺) 배급제 실시

✧ 이 단원의 핵심 문장 완성하기

일제는 1910년대에 토지 조사 사업, 1920년대에 산미 증식 계획, 1930~1940년대에 병참 기지화 정책을 실시하였으며, 1938년에 (❻)을 제정하여 인적·물적 자원의 수탈을 본격화하였다.

미리 보는 학교 시험

01 밑줄 친 '이 사업'에 대한 설명으로 옳은 것은?

> 일제가 이 사업을 실시한 중요한 목적 중 하나는 지세 수입을 늘려 식민 통치에 필요한 경비를 조선 내에서 거두어들이는 일이었다. 시행 기간에 지세 부과 대상 면적이 늘어난 것은 실지 측량을 통한 것이기도 하였지만 상당 부분 누락된 토지를 찾아낸 결과였다.
> 이 사업이 실시된 결과 조선 시대부터 인정해 온 농민들의 관습상 경작권·개간권 등이 부정되었다. 또한 농민들이 가지고 있던 사실상의 소유지가 적지 않게 국유지로 편입되거나 지주의 소유지로 둔갑하였다.

① 통감부의 탄압으로 실패하였다.
② 신고주의 방식으로 실시되었다.
③ 재정 고문인 메가타가 주도하였다.
④ 구본신참을 기본 방향으로 삼았다.
⑤ 동학 농민 운동이 일어나는 배경이 되었다.

02 다음 법령이 적용된 시기에 볼 수 있는 모습으로 가장 적절한 것은?

> 제1조 회사의 설립은 조선 총독의 허가를 받아야 한다.
> 제2조 조선 외에서 설립한 회사가 조선에 본점 또는 지점을 설치하고자 할 때에도 조선 총독의 허가를 받아야 한다.
> 제5조 회사가 본령을 위반하거나 공공질서 및 선량한 풍속에 반하는 행위를 한 때에 조선 총독은 사업의 정지·금지, 지점의 폐쇄 또는 회사의 해산을 명할 수 있다.

① 황국 신민 서사를 암송하는 국민학교 학생
② 치안 유지법에 의해 검거당하는 사회주의자
③ 통리기무아문에서 개화 정책을 논의하는 관리
④ 조선 태형령에 따라 처벌받고 있는 독립운동가
⑤ 한국과 일본 사이의 관세 폐지 소식에 근심하는 한국인 기업가

03 다음 정책이 추진된 시기의 경제 상황으로 옳은 것은?

1. 핵심적 친일 인물을 골라 그 인물로 하여금 귀족, 양반, 유생, 부호, 교육가, 종교가에 침투하여 각종 친일 단체를 조직하게 한다.
2. 각종 종교 단체도 중앙 집권화해서 그 최고 지도자에 친일파를 앉히고 고문을 붙여 어용화시킨다.
3. 친일적인 민간 유지들에게 편의와 원조를 주고, 수재 교육의 이름 아래 많은 친일 지식인을 긴 안목으로 키운다.
4. 조선인 부호, 자본가에 대해 일본과 조선의 자본가 간의 연계를 추진한다.

– 사이토 총독, 「조선 민족 운동에 대한 대책」

① 사창제가 시행되었다.
② 화폐 정리 사업이 실시되었다.
③ 동양 척식 주식회사가 설립되었다.
④ 농경지에서 밭의 비중이 높아졌다.
⑤ 수리 조합비 등이 농민에게 전가되었다.

04 다음 문서가 발행된 시기에 있었던 사실로 옳은 것은?

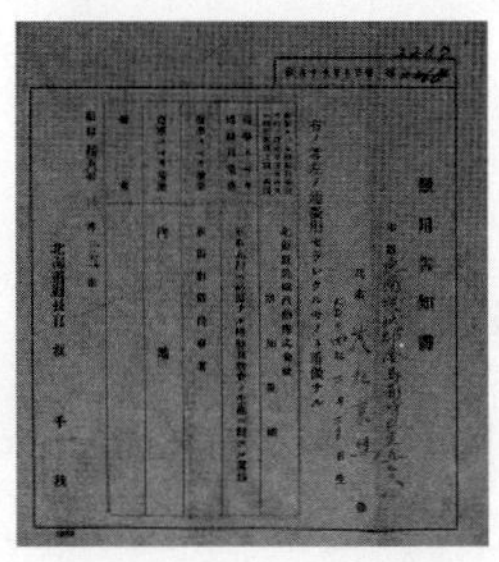

이 문서는 일제가 발행한 징용(徵用) 고지서이다. 징용의 '징(徵)'은 강제로 동원한다는 의미를 포함하고 있어 이 용어만으로도 강제성이 담겨 있다는 것을 알 수 있다. 현재 일본의 통계에 따르면 한국인 노동자 100만 명 이상이 국외로 강제 동원된 것으로 알려져 있다.

① 회사령이 제정되었다.
② 신민회가 해체되었다.
③ 한일 신협약이 체결되었다.
④ 헌병 경찰 제도가 시행되었다.
⑤ 일본식 성명 사용이 강요되었다.

05 밑줄 친 '이 시기'에 있었던 사실로 옳은 것은?

문학 작품으로 읽는 한국사

몇십 년 혹은 몇백 년 잔디 뿌리에 눕히고 발담에 길들었던 논두렁과 동둑이 빨갛게 헐벗게 된 까닭이었다. 그 가혹한 공출 때문에 정전·정답으로 토지 대장에 오른 논밭 농사만으로는 도저히 먹고살 수 없이 된 농민들은 저마다 산을 일구고 동둑, 논두렁, 밭최뚝* 할 것 없이 벗기고 콩 한 포기, 옥수수 한 대라도 더 심어야 하였다.

* 밭최뚝: 풀이 나 있는 밭 언저리의 둑

[작품 해설]
이 작품은 최명익의 『맥령』이라는 소설로 공출로 궁핍해진 이 시기 한국인의 삶이 잘 나타나 있다.

① 별기군이 창설되었다.
② 호포제가 마련되었다.
③ 군국기무처가 설치되었다.
④ 조선 중립화론이 제기되었다.
⑤ 한반도 병참 기지화 정책이 추진되었다.

06 다음 노래에 나타난 일제의 정책을 두 가지 서술하시오.

신고산이 우루루 화물차 가는 소리에
지원병 보낸 어머니 가슴만 쥐어뜯고요
어랑어랑 어허야 양곡 배급 적어서 콩깻묵만 먹고 사누나
신고산이 우루루 화물차 가는 소리에
정신대 보낸 어머니 딸이 가엾어 울고요
어랑어랑 어허야 풀만 씹는 어미 소 배가 고파서 우누나
신고산이 우루루 화물차 가는 소리에
금붙이 쇠붙이 밥그릇마저 모조리 긁어 갔고요
어랑어랑 어허야 이름 석 자 잃고서 족보만 들고 우누나

민족 운동의 전개와 분화

핵심 한끝

✖ 1910년대 국내외 민족 운동

국내	• (❶): 임병찬 등이 조직, 복벽주의 표방 • 대한 광복회: (❷) 등이 조직, 공화정 추구
국외	만주, 연해주, 미주에 독립운동 기지 건설

✖ 3·1 운동

배경	윌슨의 (❸), 레닌의 지원 선언, 2·8 독립 선언(일본)
전개	종교계 인사 33인이 독립 선언서 작성 → 학생과 시민이 만세 시위 전개, 도시에서 농촌으로 확산, 일제의 탄압

✖ 대한민국 임시 정부

수립	3·1 운동 이후 중국 상하이에 수립, 대통령 중심제, 삼권 분립
활동	연통제·교통국 조직, 군사 조직 설치, 독립신문, 독립 공채 발행, 국제 사회에 독립 호소(구미 위원부)
침체	(❹) 회의(1923) 이후 침체

✖ 국외 무장 독립 투쟁과 의열 투쟁

국외 무장 독립 투쟁	봉오동 전투·청산리 대첩 → 간도 참변, 자유시 참변 → (❺)(참의부, 정의부, 신민부) 결성 → 3부 통합 운동으로 국민부·혁신 의회 조직
(❻)	김원봉 등이 조직, 김익상·김상옥·나석주 의거

✖ 실력 양성 운동과 신간회의 활동

물산 장려 운동	• (❼)에서 조만식 등에 의해 시작 • 일본 상품 배격 및 토산품 애용 주장
민립 대학 설립 운동	조선 민립 대학 기성회가 대학 설립을 위한 모금 운동 전개
문맹 퇴치 운동	조선일보의 문자 보급 운동, 동아일보의 브나로드 운동
(❽)	민족 유일당 운동, 정우회 선언 → 신간회 결성(1927) → 광주 학생 항일 운동 지원(1929)

이 단원의 핵심 문장 완성하기

1920~1930년대 국내에서 (❾) 운동, 민립 대학 설립 운동, 문맹 퇴치 운동 등 실력 양성 운동이 전개되었다.

미리 보는 학교 시험

01 (가) 단체에 대한 설명으로 옳은 것은?

> 9월, 태상(고종)이 종2품 가선대부에 제수하고 (가) 전라남도 순무대장에 명하며, "장수와 인재를 뽑아 쓰는 일 등은 편의에 따르도록 하라."라는 뜻을 유생 이칙을 통해 전하였다. 이칙이 와서 말하길, "임금의 뜻이 이와 같이 정성스러우니, 전라도 일대 유림의 영수는 그대(임병찬)이시오. 그대만이 일을 도모할 수 있습니다."라고 하였다. -「기려수필」

① 105인 사건으로 해체되었다.
② 브나로드 운동을 전개하였다.
③ 복벽주의 이념을 추구하였다.
④ 공화정 수립을 목표로 결성되었다.
⑤ 관민 공동회를 열어 헌의 6조를 결의하였다.

02 밑줄 친 '이 운동'에 대한 설명으로 옳지 않은 것은?

> • 이 운동은 최남선이 기초하고 손병희 이하 33명이 서명한 독립 선언서를 2만여 매 인쇄하여 전국 주요 지역의 동지들에게 배포하면서 준비를 마쳤다.
> • 대한인 국민회 중앙 총회는 한반도에서 이 운동이 일어나 독립을 선언하고 만세 시위를 벌이고 있다는 소식을 듣고 미주, 하와이, 멕시코에 있는 전체 동포의 대표회를 열어 지원을 결정하였다.

① 2·8 독립 선언의 영향을 받았다.
② 전국의 여러 도시에서 전개되었다.
③ 대한민국 임시 정부 수립에 영향을 주었다.
④ 제암리 학살 등 일제의 무자비한 탄압을 받았다.
⑤ 순종의 인산일을 즈음하여 만세 시위를 전개하였다.

03 (가) 단체에 대한 설명으로 옳지 않은 것은?

사진은 (가) 에서 독립운동 자금을 모으기 위해 발행한 독립 공채이다. 독립 공채의 액면 금액은 100원, 500원, 1,000원이었으며, 영문으로 된 100달러짜리와 500달러짜리도 있었다.

① 민주 공화제를 채택하였다.
② 연통제와 교통국을 조직하였다.
③ 임시 의정원, 국무원, 법원을 구성하였다.
④ 효과적인 활동을 위해 권업신문을 발간하였다.
⑤ 미국에 구미 위원부를 두고 외교 활동을 전개하였다.

04 (가) 시기에 있었던 사실로 옳은 것은?

김좌진의 북로군정서, 홍범도의 대한 독립군 등은 백운평, 완루구, 어랑촌, 고동하 등지에서 일본군을 크게 격퇴하였다.

(가)

⬇

한국 독립군이 중국 호로군과 연합하여 쌍성보 전투, 대전자령 전투에서 일본군을 격퇴하였다.

① 황토현 전투가 벌어졌다.
② 자유시 참변이 발생하였다.
③ 서울 진공 작전이 전개되었다.
④ 삼원보에 신흥 강습소를 세웠다.
⑤ 중국 충칭에서 한국광복군이 창설되었다.

05 다음 취지서가 발표된 민족 운동에 대한 설명으로 옳은 것은?

보아라! 우리의 먹고 입고 쓰는 것이 거의 다 우리의 손으로 만든 것이 아니었다. 이것이 세상에 제일 무섭고 위태한 일인 줄을 오늘에야 우리는 깨달았다. 피가 있고 눈물이 있는 형제 자매들아, 우리가 서로 붙잡고 서로 의지하여 살고서 볼 일이다.
입어라! 조선 사람이 짠 것을
먹어라! 조선 사람이 만든 것을
써라! 조선 사람이 지은 것을
조선 사람, 조선 것

① 신간회의 지원을 받았다.
② 고종 독살설에 분노하여 일어났다.
③ 사회주의자들의 비난을 받기도 하였다.
④ 대구에서 시작되어 전국으로 확산되었다.
⑤ 민족 유일당 운동의 영향을 받아 시작되었다.

서술형 문제

06 다음 선언서를 발표한 회의가 개최된 배경을 두 가지 서술하시오.

국민 대표 회의 선언서(1923)

본 국민 대표 회의는 2천만 민중의 공정한 뜻에 바탕을 둔 국민적 대회합으로 최고의 권위를 가지고 국민의 완전한 통일을 공고하게 하며 광복 대업의 근본 방침을 수립하여 우리 민족의 자유를 만회하며 독립을 완성하기를 기도하고 이에 선언하노라. …… 본 대표 등은 국민이 위탁한 사명을 받들어 국민적 대단결에 힘쓰며, 독립운동이 나아갈 방향을 확립하고 통일적 기관 아래 대업을 완성하고자 하노라.

사회·문화의 변화와 대중운동

핵심 한끝

✖ 다양한 사회 운동

(❶)	농민들의 소작료 인하·소작권 이동 반대 요구, 암태도 소작 쟁의(1923~1924)
노동 쟁의	노동자들의 노동 조건과 민족 차별 대우 개선 요구, 항일 투쟁으로 변모(원산 총파업, 1929)
청년·학생 운동	• 독서회 등 비밀 결사 조직, 식민지 노예 교육 제도 철폐 주장 • 6·10 만세 운동, (❷)(3·1 운동 이후 최대 규모의 항일 운동)
소년 운동	• 1921년 천도교 소년회 창립 • 방정환의 어린이날 제정, 잡지 『어린이』 발간
형평 운동	백정들이 평등한 대우 요구, (❸) 조직
여성 운동	민족 유일당 운동으로 (❹) 창립(1927) → 국내외에 지회 설치, 기관지 『근우』 발간

✖ 민족 문화 수호 운동

한글 연구	• 조선어 연구회: '가갸날' 제정, 잡지 『한글』 발행 • (❺): 한글 맞춤법 통일안, 표준어 및 외래어 표기법 제정, 『우리말(조선말) 큰사전』 발간 준비, 조선어 학회 사건
한국사 연구	• (❻): 『한국통사』, 『한국독립운동지혈사』 • 신채호: 민족주의 사학, 『조선상고사』, 『조선사연구초』 • 백남운: 『조선사회경제사』, 일제의 (❼) 반박 • 진단 학회: 이병도·손진태 등, 실증 사학, 『진단 학보』 발간

✖ 종교계의 활동

개신교	교육 운동, 신사 참배 거부 운동
천도교	『개벽』·『신여성』 등 잡지 발간
불교	한용운 등의 사찰령 폐지 운동
천주교	고아원, 양로원 설립 등 사회사업 추진
원불교	박중빈 등, 남녀평등과 허례허식 폐지 주장
(❽)	단군 숭배, 만주에서 중광단 결성

✧ 이 단원의 핵심 문장 완성하기

1926년 순종의 서거를 배경으로 (❾)이 전개되어 민족 협동 전선의 토대가 마련되었으며, 한일 학생 간의 충돌을 계기로 1929년 광주 학생 항일 운동이 전개되어 국내외로 확산되었다.

미리 보는 학교 시험

01 다음과 같은 상황이 나타난 시기에 있었던 사실로 옳은 것만을 〈보기〉에서 고른 것은?

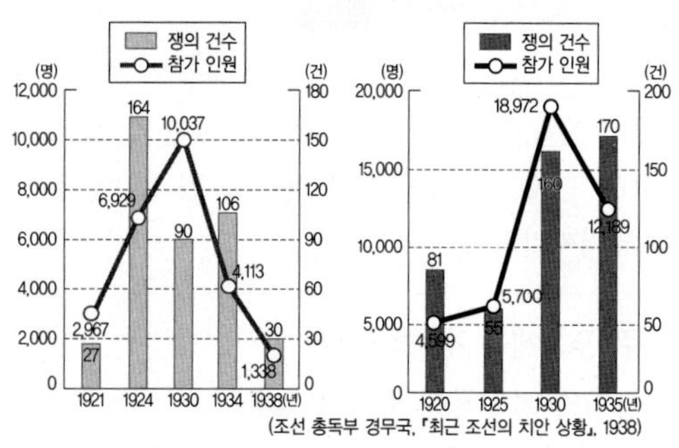

(조선 총독부 경무국, 『최근 조선의 치안 상황』, 1938)

| 보기 |
ㄱ. 지계가 발급되었다.
ㄴ. 회사령이 제정되었다.
ㄷ. 원산 총파업이 발생하였다.
ㄹ. 암태도 소작 쟁의가 일어났다.

① ㄱ, ㄴ ② ㄱ, ㄷ ③ ㄴ, ㄷ
④ ㄴ, ㄹ ⑤ ㄷ, ㄹ

02 다음 민족 운동에 대한 설명으로 옳은 것은?

> 열차 안에서 벌인 언쟁을 발단으로 전라도 광주에서 한·일 두 나라 학생들 간에 싸움이 벌어졌다. 이 싸움이 한국인과 일본인의 집단 충돌로 확대되어 쌍방에서 각기 수십 명의 부상자가 발생하였다. 일본 경찰은 불온한 사상을 가진 한국 학생들이 이번 사건의 주모자들이라며 그 책임을 물어 한국 학생들을 체포하였다. 이 소식이 전해지자 전국 각지의 학생들이 반일 운동을 일으켰다.

① 통감부의 탄압을 받아 실패로 끝났다.
② 고종의 장례일에 즈음하여 발생하였다.
③ 일제의 을사늑약 강제 체결에 항거하였다.
④ 3·1 운동 이후 최대 규모의 항일 민족 운동이었다.
⑤ 무단 통치가 민족 분열 통치로 바뀌는 계기가 되었다.

03 다음 글을 발표한 인물에 대한 설명으로 옳은 것은?

> 역사란 무엇이뇨? 인류 사회의 아(我)와 비아(非我)의 투쟁이 시간부터 발전하며 공간부터 확대하는 심적 활동 상태의 기록이니, 세계사라 하면 세계 인류의 그리된 상태의 기록이며, 조선사라면 조선 민족의 그리되어 온 상태의 기록이니라. 무엇을 '아'라 하며 무엇을 '비아'라 하느뇨? …… 이를테면 조선인은 조선을 아라 하고 영국·미국·프랑스·러시아 등을 비아라 하지만, 영국·미국·프랑스·러시아 등은 각기 제 나라를 아라 하고 조선을 비아라 하며, …… 그러므로 역사는 아와 비아의 투쟁의 기록이니라.
> – 『조선상고사』

① 「조선 혁명 선언」을 작성하였다.
② 『독립운동지혈사』를 저술하였다.
③ 대한 광복회 결성을 주도하였다.
④ 진단 학회를 조직하고 『진단 학보』를 발행하였다.
⑤ 유물 사관의 입장에서 식민 사관의 정체성론을 비판하였다.

04 다음 포스터에 나타난 사회 운동에서 내세운 구호로 가장 적절한 것은?

① 학교의 용어는 조선어로!
② 8시간 노동제를 실시하라!
③ 백정도 평등하게 대우하라.
④ 써라! 조선 사람이 지은 것을
⑤ 여성에 대한 일체의 차별을 철폐하라!

05 밑줄 친 '그'에 대한 탐구 활동으로 가장 적절한 것은?

어린이날은 어떻게 만들어졌어?

독립운동을 위해 어린이를 잘 길러야 한다는 <u>그</u>의 노력 덕분이야.

맞아. <u>그</u>는 어린이라는 말을 만들었고, 『어린이』라는 잡지의 창간도 주도했어.

① 조선 형평사의 주장을 분석한다.
② 교육 입국 조서의 내용을 파악한다.
③ 영화 「아리랑」의 제작 과정을 조사한다.
④ 천도교 소년회의 주요 활동을 알아본다.
⑤ 근우회의 창립이 끼친 영향을 살펴본다.

서술형 문제

06 다음 자료를 읽고 물음에 답하시오.

> 조선 총독부는 일본어를 국어라 부르고 우리말을 조선어라 부르면서 학교에서 일본어 수업 비중을 크게 높였다. 중일 전쟁 이후에는 조선어 교육을 없애고 일본어만 쓰도록 강요하였다. 국어학자들은 1921년 조선어 연구회를 조직하여 한글날의 시초가 된 가갸날을 제정하고 기관지 『한글』을 발행하였다. 이후 이 단체는 이윤재, 이극로, 최현배 등에 의해 1931년 (가) (으)로 발전하였다. 일제는 한글 연구로 민족의식이 고취되는 것을 막기 위해 1942년 (가) 을/를 독립운동 단체로 규정하여 이 단체를 강제로 해산하였다.

(1) (가) 단체의 명칭을 쓰시오.

(2) (가) 단체의 활동 내용을 <u>두 가지</u> 서술하시오.

Ⅰ. 일제 식민 통치와 민족 운동

독립 국가 건설 노력

핵심 한끝

✖ 1930년대 이후 민족 운동의 전개

(1) 만주에서의 항일 투쟁

한중 연합 작전	• 조선 혁명군: 중국 의용군과 연합(영릉가 전투 등) • (❶): 중국 호로군과 연합(대전자령 전투 등)
유격 투쟁	동북 항일 연군 중 한인 유격대가 국내 습격(보천보 전투)

(2) 중국 관내에서의 무장 항일 투쟁

한인 애국단	김구가 상하이에서 조직, 이봉창의 일본 일왕 폭살 시도, (❷)의 상하이 훙커우 공원 의거 → 중국 국민당 정부의 지원
민족 운동 단체의 결성	• 만주 사변 이후, 민족 혁명당 창설(1935) • 중일 전쟁 이후, 조선 민족 전선 연맹 결성(1937) → (❸) 편성(중국 관내 최초 한국인 군사 조직) → 조선 의용대 화북 지대의 활약(호가장 전투)

✖ 건국을 위한 노력

(1) 대한민국 임시 정부

① (❹) 창설

창설	대한민국 임시 정부의 정규군으로 충칭에서 창설(1940)
활동	• 김원봉이 이끄는 조선 의용대의 합류로 전력 강화 • 미얀마·인도 전선에 참여, 미국 전략 정보국(OSS)과 협력하여 (❺) 작전 계획

② 대한민국 건국 강령 발표(1941. 11.): 조소앙의 삼균주의에 기초 → 민주 공화정 수립 등 주장

(2) (❻): 김두봉 등 중국 화북 지역의 사회주의자들을 중심으로 결성(1942), 조선 의용대 화북 지대를 기반으로 조선 의용군 결성

(3) (❼): 여운형을 중심으로 한 민족 지도자들이 국내에서 비밀리에 결성(1944)

(4) 국제 사회의 독립 약속: (❽)(국제 사회에서 한국의 독립을 최초로 약속함), 포츠담 선언(한국 독립을 재확인)

이 단원의 핵심 문장 완성하기

만주 사변 이후, 독립운동가들은 중국과 연대하여 항일 활동을 했으며, (❾)이 일어난 이후에는 대일 선전 포고를 하고 미국, 영국 등과도 연합하여 광복을 준비하였다.

미리 보는 학교 시험

01 다음 대화의 주제로 가장 적절한 것은?

① 을사의병의 활동
② 한중 연합 작전의 전개
③ 남한 대토벌 작전의 시작
④ 13도 창의군의 서울 진공 작전
⑤ 홍범도와 김좌진의 항일 무장 투쟁

02 다음 의거를 일으킨 단체에 대한 설명으로 옳은 것은?

> 폭탄이 터지자 행사장은 순식간에 아수라장으로 변하고 말았다. 긴급 계엄령을 내린 일본 헌병대는 공원 외곽의 경비를 서고 있던 해병대와 함께 즉시 공원 각 출입구를 봉쇄하고 공원 주변을 포위하여 일체의 출입을 금지하고 범인 색출에 나섰다. 그러나 이때 공원 내에서는 이미 범인으로 지목된 한인 한 명이 체포되었는데, 그는 아직 사용하지 못한 폭탄을 여전히 어깨에 메고 있었다. …… 알려진 바에 의하면 범인은 금년 25세의 한인 윤봉길로 체포 당시 태연하게 자신이 범인임을 시인하였다 한다.
>
> – 시보(時報)

① 헌의 6조를 채택하였다.
② 신흥 강습소를 설립하였다.
③ 이봉창이 소속 단원으로 활동하였다.
④ 「조선 혁명 선언」을 활동 지침으로 삼았다.
⑤ 일본의 황무지 개간권 요구를 철회시켰다.

03 (가) 부대에 대한 설명으로 옳은 것은?

[소개] 이 노래는 조선 민족 전선 연맹 산하의 군사 조직인 (가) 의 군가이다. 이 부대는 중국 국민당 정부의 지원을 받은 김원봉 등의 주도로 중일 전쟁 중에 창설되었는데, 주로 중국 군대를 도와 포로 심문, 후방 교란, 선전 활동 등의 임무를 담당하였다.

① 을미사변에 반발하여 봉기하였다.
② 미쓰야 협정에 의해 타격을 받았다.
③ 일부 병력이 한국광복군에 합류하였다.
④ 영국군의 요청으로 미얀마·인도 전선에 파견되었다.
⑤ 중국군과 연합하여 흥경성 전투에서 일본군을 격퇴하였다.

04 (가) 인물에 대한 설명으로 옳은 것은?

대한민국 임시 정부는 1941년 11월에 삼균주의가 반영된 대한민국 건국 강령을 발표하였다. 삼균주의는 대한민국 임시 정부의 국무 위원인 (가) 이/가 독립 국가 수립을 위한 기본 정책으로 내세운 사상이다. 정치적으로는 민주 공화국의 건설을, 사회·경제적으로는 균등한 사회 건설을 지향하면서 그 내용으로 보통 선거의 실시, 토지와 주요 산업의 국유화, 무상 교육 실시, 노동권 보장 등을 담았다.

① 헤이그에 특사로 파견되었다.
② 의열단의 결성을 주도하였다.
③ 조선 총독부에 폭탄을 던졌다.
④ 김구와 함께 한국 독립당을 결성하였다.
⑤ 대한 광복회를 조직하여 친일파를 처단하였다.

05 (가) 정부에 대한 설명으로 옳은 것은?

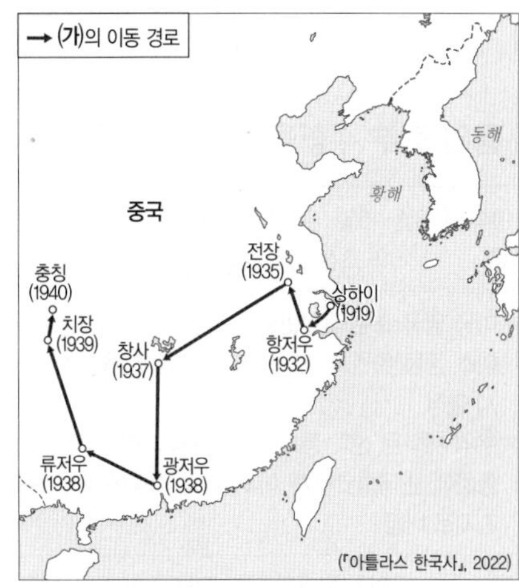

① 조국 광복회를 결성하였다.
② 복벽주의를 활동 방침으로 삼았다.
③ 여운형의 주도로 비밀리에 조직되었다.
④ 중국 공산당과 함께 항일전을 전개하였다.
⑤ 아시아·태평양 전쟁 발발 직후 대일 선전 포고를 하였다.

서술형 문제

06 다음 자료를 읽고 물음에 답하시오.

<u>나</u>는 목숨을 걸고 탈출하여 …… 충칭으로 가는 6,000리 장정의 길에 나섰고 …… 나는 이범석 장군의 부관이 되어 시안에 있는 제2 지대로 찾아가서 미국 전략 정보국(OSS) 특별 훈련을 받았다. 국내 지하 공작원으로 진입하려고 하던 때에 일제의 패망을 맞이하였다.

(1) 밑줄 친 '나'가 속한 군대의 명칭을 쓰시오.

(2) (1)의 군대의 활동 중 영국, 미국과 연합하여 활동한 내용을 <u>두 가지</u> 서술하시오.

Ⅱ. 대한민국의 발전

냉전 체제와 대한민국 정부 수립

핵심 한끝

8·15 광복과 통일 정부 수립을 위한 노력

8·15 광복	1945년 8월 15일 일본의 항복으로 한반도 독립 → (❶)의 조선 건국 준비 위원회 조직
모스크바 3국 외상 회의	• 미국·영국·소련의 한반도 문제 논의 → 임시 정부 수립, 미소 공동 위원회 구성, 최고 5년간의 (❷) 실시 결정 • 우익 세력은 신탁 통치 반대, 좌익 세력은 처음에 신탁 통치에 반대하였다가 이후 회의 결정에 대한 총체적 지지로 바꿈
정읍 발언	(❸)의 남한만의 단독 정부 수립 주장
좌우 합작 운동	김규식과 여운형 등이 좌우 합작 위원회 조직, 좌우 합작 7원칙 발표 → 남북 통합 노력
유엔의 단독 선거 결정	(❹) 결렬 → 유엔 총회의 인구 비례에 의한 총선거 결정 → 유엔 소총회에서 남한 단독 선거 결정
단독 정부 수립 반대	• (❺) 추진: 김구, 김규식 등이 유엔의 남한만의 총선거 실시 결정에 반대 → 남북 연석회의 참석 • 제주 4·3 사건, 여수·순천 10·19 사건 발생

대한민국 정부 수립

5·10 총선거	우리나라 최초의 민주적 보통 선거, 제헌 국회 의원 선출
제헌 국회의 활동	• 국호 '대한민국' 제헌·헌법 제정 • (❻)을 대통령, 이시영을 부통령으로 선출 • 반민족 행위 처벌법·농지 개혁법 제정
대한민국 정부의 수립	1948년 8월 15일, 이승만 대통령의 대한민국 정부 수립 선포

친일파 청산과 농지 개혁

친일파 청산	1948년 반민족 행위 처벌법 제정, (❼) 활동 → 친일파 청산 실패
농지 개혁	1949년 (❽) 제정, 유상 매수·유상 분배 방식의 농지 개혁 → 지주·소작제 소멸

이 단원의 핵심 문장 완성하기

제2차 세계 대전 이후 형성된 냉전 체제의 영향으로 통일 정부 수립 노력이 실패하였고, 남에는 대한민국 정부, 북에는 (❾) 이라는 별도의 정권이 수립되었다.

미리 보는 학교 시험

01 (가), (나) 사이 시기에 있었던 사실로 옳은 것만을 〈보기〉에서 있는 대로 고른 것은?

(가) 모스크바 3국 외상 회의의 결정에 따라 제1차 미소 공동 위원회가 열렸다. 미소 공동 위원회는 남북의 주요 정당 및 사회단체와 협의하여 임시 정부를 구성할 계획이었다.
(나) 제2차 미소 공동 위원회에서도 미국과 소련은 이견을 좁히지 못하였다. 결국 미국은 한반도 문제를 유엔 총회에 상정하였다.

┃보기┃
ㄱ. 좌우 합작 7원칙이 발표되었다.
ㄴ. 미국, 소련, 영국이 한반도 문제를 논의하였다.
ㄷ. 이승만이 남한만의 단독 정부 수립을 주장하였다.
ㄹ. 김구와 김규식이 평양에서 열린 남북 협상에 참석하였다.

① ㄱ ② ㄷ ③ ㄱ, ㄷ
④ ㄴ, ㄷ ⑤ ㄱ, ㄷ, ㄹ

02 다음 만평을 활용한 탐구 활동으로 적절하지 않은 것은?

① 좌우 합작 7원칙의 내용을 분석한다.
② 냉전 체제가 한반도에 미친 영향을 파악한다.
③ 제헌 헌법이 지향하는 국가의 모습을 알아본다.
④ 한반도 통일 정부 수립을 위한 노력을 조사한다.
⑤ 친일파 처벌 문제에 대한 좌우의 주장을 탐구한다.

03 (가), (나) 주장을 한 인물에 대한 설명으로 옳은 것은?

> (가) 무기 휴회된 미소 공동 위원회가 재개될 기색도 보이지 않으며 통일 정부를 고대하나 여의치 않으니 우리는 남방만이라도 임시 정부 혹은 위원회 같은 것을 조직하여 38 이북에서 소련이 철퇴하도록 세계 공론에 호소해야 할 것이니 여러분도 결심해야 할 것이다.
> (나) 나는 통일된 조국을 건설하려다가 38도선을 베고 쓰러질지언정 일신에 구차한 안일을 취하여 단독 정부를 세우는 데는 협력하지 아니하겠다.

① (가) – 5·10 총선거에 참여하지 않았다.
② (가) – 최고 5년간 신탁 통치 결정에 반대하였다.
③ (나) – 독립 촉성 중앙 협의회를 조직하였다.
④ (나) – 대한민국 초대 대통령으로 선출되었다.
⑤ (가), (나) – 좌우 합작 운동을 전개하였다.

04 밑줄 친 '총선거'에 대한 설명으로 옳지 않은 것은?

> 포스터는 우리나라 최초로 치러진 총선거를 홍보하기 위해 제작된 것이다. 포스터에는 '기권은 국민의 수치, 투표는 애국민의 의무'라는 문구를 적어 국민의 선거 참여를 독려하였다.

① 대한민국 정부 수립 이후에 실시되었다.
② 김구, 김규식 등 남북 협상파는 불참하였다.
③ 보통·평등·직접·비밀 선거의 원칙에 따라 치러졌다.
④ 만 21세 이상의 모든 국민에게 투표권을 부여하였다.
⑤ 제주도 2곳의 선거구에서는 국회 의원이 선출되지 못했다.

05 다음 법령에 따라 추진된 개혁에 대한 설명으로 옳은 것은?

> 제5조 정부는 다음에 의하여 농지를 취득한다.
> 2. 다음 농지는 적당한 보상으로 정부가 매수한다.
> (가) 농가가 아닌 자의 농지
> (나) 자경하지 않는 자의 농지
> (다) 본법 규정의 한도를 초과하는 부분의 농지
> 제8조 정부는 피보상자 또는 그가 선정한 대표자에게 지가 증권을 발급한다.

① 이승만 정부에서 추진하였다.
② 농지 소유 한도를 5정보로 정하였다.
③ 지주·소작제가 확립하는 계기가 되었다.
④ 무상 몰수·무상 분배의 방식으로 실시되었다.
⑤ 주로 농지가 아닌 토지를 개혁 대상으로 하였다.

06 다음 법령에 따라 구성된 위원회의 활동이 유명무실해진 이유를 세 가지 서술하시오.

> 제1조 일본 정부와 통모하여 한일 합병에 적극 협력한 자, 한국의 주권을 침해하는 조약 또는 문서에 조인한 자와 모의한 자는 사형 또는 무기징역에 처하고 그 재산과 유산의 전부 혹은 2분의 1 이상을 몰수한다.
> 제2조 일본 정부로부터 작위를 받은 자 또는 일본 제국 의회의 의원이 되었던 자는 무기 또는 5년 이상의 징역에 처하고, 그 재산과 유산의 전부 혹은 2분의 1 이상을 몰수한다.
> 제3조 일본 치하 독립운동가나 그 가족을 악의로 살상, 박해한 자 또는 이를 지휘한 자는 사형, 무기 또는 5년 이상의 징역에 처하고, 그 재산의 전부 혹은 일부를 몰수한다.

Ⅱ. 대한민국의 발전

6·25 전쟁과 남북 분단의 고착화

핵심 한끝

✖ 6·25 전쟁

배경	남한에서 미군 대부분 철수, 미국의 (❶) 발표, 북한에 대한 소련과 중국의 군사적 지원
전개	북한의 남침 → 서울 함락 → 유엔군 남한 파견 → 낙동강 방어선 구축 → (❷) 성공 → 서울 탈환 → 압록강 유역까지 진출 → 중국군 개입 → 흥남 철수 → 서울 재함락 → 서울 재수복 → 38도선 부근에서 공방전 전개 → 소련의 정전 제의 → 이승만 정부의 반공 포로 석방 → 정전 협정 체결
영향	남북 분단 고착화, 인명·물적 피해, (❸) 체결

✖ 남한의 반공 독재 체제 강화

발췌 개헌	계엄령 선포 → (❹)와 양원제를 골자로 내세운 발췌 개헌안 통과
(❺) 개헌	대통령 연임 횟수 제한을 철폐하는 개헌안을 국회에 제출 → 자유당이 사사오입의 논리로 개헌안 강제 통과
반공 체제의 강화	조봉암을 탄압한 (❻) 사건 조작, 국가 보안법 개정, 경향신문 폐간, 이승만 개인숭배 강화

✖ 전후 복구 사업의 전개

전후 복구 노력	전쟁 이후 생활필수품 부족, 물가 급등, 실업 문제 → (❼)의 경제 원조를 기반으로 전후 복구 사업 추진, 소비재 중심의 삼백 산업 성장
전후 생활 모습의 변화	인구의 도시 집중, 초등학교 의무 교육제 시행, 반공 이념의 강화, 여성의 역할 증대, 서구 문화 유입

✖ 전후 북한의 정치와 경제

김일성 독재 체제 강화	김일성에 대한 비판 제기 → 박헌영, 김두봉 등 반대파 숙청, 1인 독재 체제 강화
사회주의 경제 체제 확립	소련과 중국의 원조, (❽) 전개, 경제 개발 5개년 계획 실시, 협동조합 강화(개인 소유 금지)

이 단원의 핵심 문장 완성하기

남북에 각각 정부가 수립되면서 남북 갈등이 일어났다. 결국 북한의 남침으로 (❾)이 일어났다. 이 전쟁으로 남북 분단이 고착화되었고, 남과 북에서 독재 체제가 강화되었다.

미리 보는 학교 시험

01 다음 6·25 전쟁의 전선이 (가)에서 (나)로 이동하는 과정에서 볼 수 있는 모습으로 가장 적절한 것은?

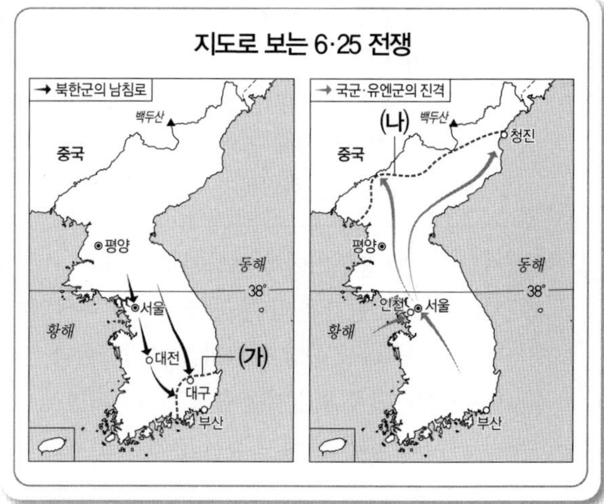

① 반공 포로를 석방하는 정부 관리
② 인천 상륙 작전을 전개하는 유엔군
③ 중국군의 참전에 따라 월남하는 피난민
④ 판문점에서 정전 협정을 체결하는 장교
⑤ 한미 상호 방위 조약을 체결하는 외교관

02 다음 조약의 체결 배경이 된 전쟁에 대한 설명으로 옳은 것만을 〈보기〉에서 고른 것은?

> 4조 상호 합의에 의해 미합중국의 육군, 해군과 공군을 대한민국의 영토 내와 그 부근에 배치하는 권리를 대한민국은 허락하고 미합중국은 수락한다.

보기

ㄱ. 미국이 먼저 정전 회담을 제안하였다.
ㄴ. 애치슨 선언 발표 이전에 발발하였다.
ㄷ. 남한을 돕기 위해 유엔군이 파견되었다.
ㄹ. 중국군의 개입으로 1·4 후퇴가 일어났다.

① ㄱ, ㄴ ② ㄱ, ㄷ ③ ㄴ, ㄷ
④ ㄴ, ㄹ ⑤ ㄷ, ㄹ

03 (가)에 들어갈 내용으로 옳은 것만을 〈보기〉에서 고른 것은?

6·25 전쟁 직전 제2대 국회 의원 선거가 실시되었다. 이때 이승만 정부에 비판적인 후보가 다수 당선되어 이승만이 국회에서 대통령에 재선될 가능성이 낮아졌다. 이에 이승만은 ______(가)______

보기

ㄱ. 자유당을 창당하였다.
ㄴ. 대통령 직선제 개헌을 시도하였다.
ㄷ. 정부에 비판적인 경향신문을 폐간시켰다.
ㄹ. 진보당을 해산하고 조봉암을 사형에 처하였다.

① ㄱ, ㄴ ② ㄱ, ㄷ ③ ㄴ, ㄷ
④ ㄴ, ㄹ ⑤ ㄷ, ㄹ

04 (가), (나) 시기 사이에 있었던 사실로 옳은 것만을 〈보기〉에서 고른 것은?

(가) 제헌 국회는 일제의 식민지 지배에 협력한 친일파를 청산하고자 반민족 행위 처벌법을 제정하였다.
(나) 개헌안은 국회 정족수에서 1표가 모자라 부결되었으나, 이틀 후 자유당은 사사오입의 논리를 내세워 개헌안이 통과되었다고 선포하였다.

보기

ㄱ. 한미 상호 방위 조약이 체결되었다.
ㄴ. 계엄령을 선포한 가운데 발췌 개헌이 이루어졌다.
ㄷ. 여운형이 암살되어 좌우 합작 운동이 중단되었다.
ㄹ. 유엔 한국 임시 위원단의 감시 아래 총선거가 실시되었다.

① ㄱ, ㄴ ② ㄱ, ㄷ ③ ㄴ, ㄷ
④ ㄴ, ㄹ ⑤ ㄷ, ㄹ

05 다음 내용과 관련된 탐구 주제로 가장 적절한 것은?

- 이승만 정부는 반공을 앞세워 정권 연장에 힘썼다. 두 차례의 무리한 개헌으로 인해 여론이 악화되자 진보당 사건 조작 등 정치적 반대 세력 탄압을 주도하며 자신의 정치권력을 강화해 갔다.
- 김일성은 1956년 연안파가 자신의 권력 독점과 사회주의 건설 정책을 비판하며 권력을 장악하려 하자, 이를 기회로 삼아 반대파에 대한 대대적인 숙청 작업을 진행하였다.

① 미국과 소련의 한반도 진출
② 남한과 북한에서의 독재 체제 강화
③ 남한과 북한의 전후 복구 정책 추진
④ 6·25 전쟁 직전 남한과 북한의 상황
⑤ 대한민국 정부와 북한 정권의 수립 과정

서술형 문제

06 다음 포스터를 보고 물음에 답하시오.

(1) 위 포스터와 관련된 북한의 대중 동원 운동의 명칭을 쓰시오.

(2) (1)의 목적을 서술하시오.

Ⅱ. 대한민국의 발전

민주화를 위한 노력

핵심 한끝

4·19 혁명과 장면 정부

배경	이승만 정부의 부정부패, (❶)
전개	부정 선거 반대 시위 → (❷) 학생 시신 발견 → 전국으로 시위 확산 → 정부의 비상계엄 선포 → 대학교수단의 시위 → 이승만 하야
결과	허정 과도 정부 수립, 내각 책임제 개헌 단행
장면 정부	대통령 윤보선·국무총리 (❸) 선출, 지방 자치제 실시, 경제 개발 5개년 계획안 마련

5·16 군사 정변과 박정희 정부

5·16 군사 정변	박정희가 정권 장악, (❹) 설치, 군정 실시, 중앙정보부 설치, 헌법 개정(대통령 중심제, 단원제 국회)
한일 국교 정상화	경제 개발 자금 마련을 위해 한일 회담 추진 → 반대 시위 전개(6·3 시위) → (❺) 체결
베트남 파병	베트남에 국군 파병, 미국이 한국군의 현대화·경제 발전을 위한 기술 원조 및 차관 제공 보장
(❻) 개헌	대통령의 3회 연임 허용 개헌 추진 → 3선 개헌 반대 운동 → 편법으로 개헌안 통과
유신 체제	7·4 남북 공동 성명 → (❼) 제정(10월 유신, 대통령 임기 6년·중임 제한 철폐·긴급 조치권) → 헌법 개정 청원 100만인 서명 운동, 3·1 민주 구국 선언, 부마 민주 항쟁 등 유신 반대 운동 확산 → 박정희 피살(10·26 사태)

5·18 민주화 운동과 전두환 정부

5·18 민주화 운동	12·12 사태, 신군부의 정권 장악 → 서울의 봄 → 광주에서 계엄군이 전남대 학생들을 진압 → 대규모 집회 개최 → 계엄군의 발포 → 시민군 조직 → 계엄군의 무력 진압
전두환 정부	보도 지침으로 언론 통제, 중고생의 두발 및 교복 자율화, 야간 통행금지 해제, 프로 스포츠 육성
6월 민주 항쟁	박종철 고문치사 사건, (❽), 이한열 사망 → 호헌 철폐와 독재 타도를 외치며 시위 전개 → 노태우가 6·29 민주화 선언 발표

이 단원의 핵심 문장 완성하기

이승만, 박정희, 전두환 정부의 독재 정치가 이어졌으나 4·19 혁명, (❾), 6월 민주 항쟁을 거쳐 민주화를 이루어냈다.

미리 보는 학교 시험

01 (가)에 들어갈 역사적 사건에 대한 설명으로 옳은 것은?

> 수행 평가 보고서
> - 주제: (가) 의 전개
> - 배경: 3·15 부정 선거
>   - 4할 사전 투표
>   - 3인조 또는 5인조 공개 투표
>   - 야당 참관인들을 쫓아내기

① 발췌 개헌 이전에 발생하였다.
② 이한열의 죽음을 계기로 격화되었다.
③ 시민들이 무기로 무장하여 저항하였다.
④ 시민의 힘으로 독재 정권을 무너뜨린 민주주의 혁명이다.
⑤ 직선제 개헌을 약속하는 6·29 민주화 선언을 이끌어 냈다.

02 (가) 정부에서 추진한 정책으로 옳은 것만을 〈보기〉에서 고른 것은?

사진은 1961년 남북 학생 회담 지지 집회 행진 모습을 촬영한 사진이다. (가) 정부 시기에는 민간 차원의 다양한 통일 방안이 제시되었다.

| 보기 |
ㄱ. 지방 자치 제도를 실시하였다.
ㄴ. 한일 국교 정상화를 추진하였다.
ㄷ. 미국의 요구로 베트남에 파병하였다.
ㄹ. 경제 개발 5개년 계획안을 마련하였다.

① ㄱ, ㄴ ② ㄱ, ㄹ ③ ㄴ, ㄷ
④ ㄴ, ㄹ ⑤ ㄷ, ㄹ

03 다음 협정이 체결된 시기를 연표에서 옳게 고른 것은?

제1조 양 체약 당사국 간에 외교 및 영사 관계를 수립한다. 양 체약 당사국은 대사급 외교 사절을 지체 없이 교환한다. 양 체약 당사국은 또한 양국 정부에 의하여 합의되는 장소에 영사관을 설치한다.

제2조 1910년 8월 22일 및 그 이전에 대한 제국과 대일본 제국 간에 체결된 모든 조약 및 협정이 이미 무효임을 확인한다.

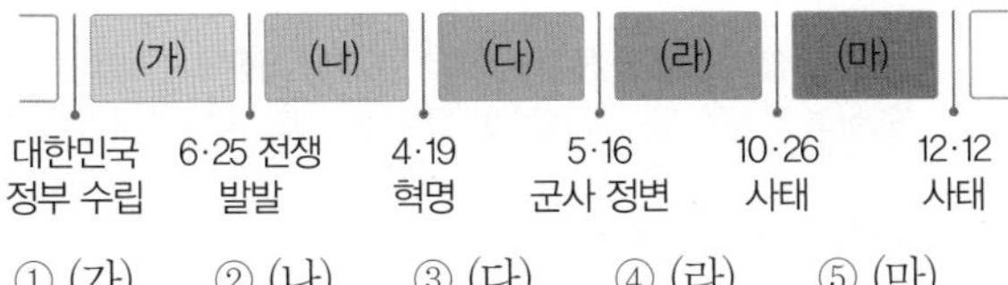

① (가) ② (나) ③ (다) ④ (라) ⑤ (마)

04 (가) 헌법을 제정한 정부의 활동으로 옳은 것은?

憲法비방 改廢선전 금지

流言蜚語學生시위 不容

財産도피 不法移住엄단

國力總集結로 難局극복

신문 기사는 헌법을 비방하는 것을 금지한 긴급 조치 9호를 보도한 것이다. 당시  (가) 에 따라 대통령은 국민의 자유와 권리를 잠정적으로 정지할 수 있는 긴급 조치를 발동할 수 있었다.

① 4·13 호헌 조치를 발표하였다.
② YH 무역 사건을 강제 진압하였다.
③ 여수·순천 10·19 사건을 진압하였다.
④ 경제 개발 3개년 계획안을 마련하였다.
⑤ 중고생의 두발 및 교복을 자율화하였다.

05 (가) 정부 시기에 있었던 사실로 옳은 것만을 〈보기〉에서 있는 대로 고른 것은?

| 보기 |

ㄱ. 프로 스포츠를 육성하였다.
ㄴ. 7·4 남북 공동 성명을 발표하였다.
ㄷ. 중고생의 두발 및 교복을 자율화하였다.
ㄹ. 박종철 고문치사 사건을 은폐하려고 하였다.

① ㄱ, ㄴ ② ㄱ, ㄷ ③ ㄱ, ㄴ, ㄷ
④ ㄱ, ㄷ, ㄹ ⑤ ㄴ, ㄷ, ㄹ

서술형 문제

06 다음 선언문이 발표된 민주화 운동의 명칭을 쓰고, 이로 인해 이루어진 개헌 내용을 대통령 선거 방식과 대통령 임기를 중심으로 서술하시오.

오늘 우리는 전 세계 이목이 우리를 주시하는 가운데 40년 독재 정치를 청산하고 희망찬 민주 국가를 건설하기 위한 거보를 전 국민과 함께 내딛는다.
국가의 미래요 소망인 꽃다운 젊은이를 야만적인 고문으로 죽여 놓고 뻔뻔스럽게 국민을 속이려 했던 현 정권에게 국민의 분노가 무엇인지를 분명히 보여 주고, 국민적 여망인 개헌을 일방적으로 파기한 4·13 폭거를 철회시키기 위한 민주 장정을 시작한다.

Ⅱ. 대한민국의 발전

산업화의 성과와 사회·환경 문제 ~ 문화 변동과 일상생활

핵심 한끝

경제 성장

제1, 2차 경제 개발 5개년 계획	섬유·가발·신발 등 경공업 육성, 울산에 대규모 산업 단지 조성, (❶) 개통, 창원(마산) 일대에 수출 자유 지역 조성
제3, 4차 경제 개발 5개년 계획	철강·조선·석유 화학 등 (❷) 공업 육성, 포항에 제철소 건설, 울산과 거제에 조선소 건립, 창원·구미·여수에 공업 단지 조성, 고리 원자력 발전소 건설 → '한강의 기적', 수출 100억 달러 달성, 제1·2차 (❸)으로 위기
1980년대 경제 변화	중화학 공업 중복 투자 조정, 부실기업 정리, 1980년대 중후반 저달러, 저금리, 저유가등의 (❹), 자동차 공업, 반도체 등 기술 집약적 산업 성장
경제 성장 과정의 문제점	대외 의존도 심화, (❺) 중심의 경제 구조, 산업 간 불균형, 지역 간 불균형, 빈부 격차 확대

산업화로 인한 사회와 문화의 변화

(❻)	농어촌 근대화 → 도시와 직장으로 확대, 근면·자조·협동을 강조하는 의식 개혁 운동, 유신 체제 유지에 이용
농민 운동	함평 고구마 피해 보상 운동, 전국 농민 운동 조합 조직, 농산물 수입 개방 반대 운동 전개
노동 운동	(❼) 분신 사건, YH 무역 사건, 6월 민주 항쟁 이후 노동 운동 활성화
일상생활의 변화	도시화 → 주택·교통·환경 문제 발생, 광주 대단지 사건, 식생활의 서구화, 아파트 등 주거 시설 등장, 가전 제품 보급
교육의 변화	• 박정희 정부: 중학교 무시험 진학 제도, 고교 평준화 제도 등 도입 • 전두환 정부: 과외 전면 금지, 대학 졸업 정원제 시행
대중문화의 성장	• 1960년대: 노래, 영화 등의 대중문화 확산 • 1970년대: 문화, 예술에 대한 검열·통제 강화 • 1980년대: 상업적 프로 스포츠 대회 개최, 6월 민주 항쟁 이후 통제 완화

이 단원의 핵심 문장 완성하기

6·25 전쟁 직후에는 미국의 원조를 받아 삼백 산업이 발달하였다. 박정희 정부 시기에는 경제 개발 5개년 계획이 추진되면서 1960년대 (❽), 1970년대 중화학 공업이 발달하였고, 고도의 경제 성장을 이루었다.

미리 보는 학교 시험

01 (가)에 들어갈 내용으로 옳지 않은 것은?

5·16 군사 정변으로 집권한 박정희 정부는 국가 주도의 경제 개발 5개년 계획을 추진하였다.

↓

(가)

↓

박정희 정부가 경공업을 중심으로 한 경제 성장의 한계를 극복하고 중화학 공업을 집중 육성하기 위한 경제 개발 정책을 시행하였다.

① 기간산업을 육성하였다.
② 경부 고속 국도를 개통하였다.
③ 노동 집약적 경공업을 육성하였다.
④ 수출 100억 달러를 처음으로 돌파하였다.
⑤ 한일 국교 정상화로 해외 자본을 유치하였다.

02 다음 우표의 내용과 관련된 경제 정책에 대한 설명으로 옳은 것은?

포항 제철소 준공 기념 우표(1973)

① 유상 매수·유상 분배의 농지 개혁을 실시하였다.
② 미국의 원조 물자를 가공하는 공업을 발달시켰다.
③ 철강, 화학, 기계, 조선 등의 산업을 집중 육성하였다.
④ 중화학 공업의 중복 투자를 조정하고 부실기업을 정리하였다.
⑤ 저유가, 저달러, 저금리의 3저 호황을 누리며 경제 위기를 극복하였다.

03 다음 그래프와 같은 변화가 이어지게 된 배경으로 적절한 것만을 〈보기〉에서 고른 것은?

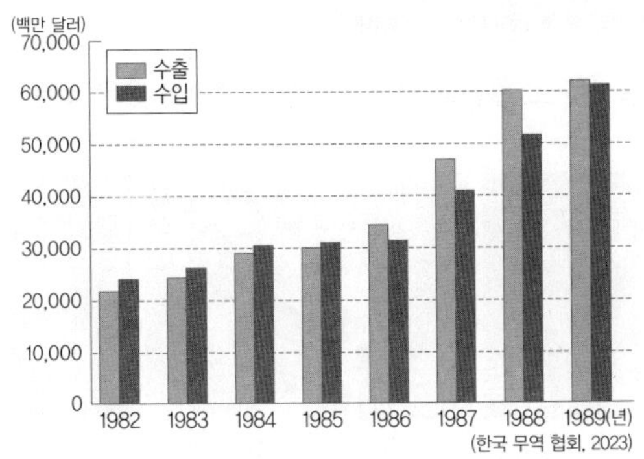

| 보기 |

ㄱ. 한국 경제가 3저 호황을 맞이하였다.
ㄴ. 반도체 산업 등 첨단 산업이 성장하였다.
ㄷ. 중동 건설 사업으로 제1차 석유 파동을 극복하였다.
ㄹ. 철강, 기계, 조선 등 중화학 공업을 집중 육성하였다.

① ㄱ, ㄴ ② ㄱ, ㄷ ③ ㄴ, ㄷ
④ ㄴ, ㄹ ⑤ ㄷ, ㄹ

04 다음 사건이 일어난 시기를 연표에서 옳게 고른 것은?

전태일

노동자들의 열악한 노동 상황을 목격한 전태일은 각계에 노동 현실을 알렸으나 근로 조건이 개선될 기미가 없자, 몸에 불을 붙이고 "근로 기준법을 준수하라."라고 외치며 쓰러졌다.

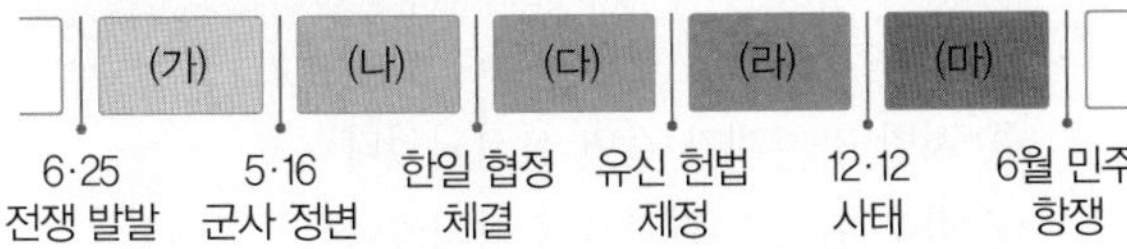

① (가) ② (나) ③ (다) ④ (라) ⑤ (마)

05 (가) 정부 시기에 볼 수 있던 모습으로 적절하지 않은 것은?

혼·분식 장려 포스터

(가) 은/는 쌀 부족 문제를 해결하고자 쌀밥에 잡곡을 섞는 혼식과 밀가루 음식을 먹는 분식을 장려하고 생산성이 높은 통일벼를 보급하였다. 이러한 노력으로 1970년대 중반 쌀의 자급이 이루어졌다.

① 국산 흑백텔레비전을 보는 젊은이
② 프로 야구 개막식을 보러 간 시민들
③ 장발과 미니스커트를 단속하는 경찰
④ 통기타를 치며 노래를 부르는 대학생
⑤ 학교에서 국민 교육 헌장을 외우는 학생

서술형 문제

06 밑줄 친 '여러 가지 교육 제도'에 해당하는 내용을 두 가지 서술하시오.

1960년대 이후 중학교 이상의 교육을 받은 인구가 급속히 증가하고, 남녀 학생 비율 격차도 좁혀졌다. 우리나라의 높은 교육열은 경제 성장과 사회 변화의 원동력이었지만, 입시 경쟁과 사교육비 증가 등의 문제를 가져왔다. 이를 해결하기 위해 박정희 정부는 여러 가지 교육 제도를 시행하였다.

Ⅲ. 오늘날의 대한민국

6월 민주 항쟁 이후 민주화 과정 ~ 외환 위기의 극복과 사회·문화 변동

핵심 한끝

✖ 민주화의 진전과 평화적 정권 교체의 정착

노태우 정부	3당 합당, (❶) 추진(소련, 중국과 수교)
김영삼 정부	(❷) 실명제 실시, 지방 자치제 전면 실시, '역사 바로 세우기' 실시, 외환 위기 발생
(❸) 정부	최초로 선거에 의한 평화적 여야 정권 교체, 외환 위기 극복, 제1차 남북 정상 회담 성사, 인사 청문회법 제정
노무현 정부	제2차 남북 정상 회담 성사, 권위주의 청산 노력, 행정 수도 건설 추진
이명박 정부	자유 무역 협정(FTA) 체결의 확대, 기업 활동 규제의 완화, G20 정상 회의 개최, 4대강 정비 사업 실시
박근혜 정부	최초의 여성 대통령, 국정 농단 사건으로 정부 수립 이후 최초로 파면(탄핵 가결)
문재인 정부	복지, 지역 발전, 남북 평화에 중점을 둔 정책 실시

✖ 시민 사회의 성장

배경	민주화의 진전, 지방 자치제의 정착, 시민 단체 증가
활동	노동·농민 운동 활성화, 환경·인권·여성 운동 등 시민 운동의 다양화, 시민들의 평화적 (❹) 집회

✖ 외환 위기의 발생과 한국의 경제 변화

1990년대	• 김영삼 정부의 신자유주의 정책 추진, 경제 협력 개발 기구(OECD) 가입 • 외환 위기 발생 → 국제 통화 기금(IMF)의 구제 금융 지원 → 국민의 (❺) 운동 전개, 정리 해고, 비정규직 노동자 증가, 빈부 격차 심화
2000년대	• 자유 무역 협정(FTA) 체결로 무역 시장 확대 • 반도체·자동차·첨단 정보 산업 발달

✖ 한국 사회의 변화

사회 양극화 심화, 다문화 사회로의 변화, 저출산·고령화 현상 심화, 정보화의 진전 속 한국의 위상 강화

이 단원의 핵심 문장 완성하기

6월 민주 항쟁 이후 정치적으로 민주주의가 정착되고 경제가 발전하였다. 1997년 (❻)를 겪었지만, 정부와 국민의 노력 끝에 이를 극복하였다.

미리 보는 학교 시험

01 다음 선거로 출범한 정부가 펼친 정책으로 옳은 것은?

사진은 제13대 대통령 선거의 선거 벽보들이다. 당시 김영삼, 김대중, 김종필 등 야당 지도자들이 서로 경쟁하여 각각 다른 당을 만들어 출마하였다.

① 북방 외교를 추진하였다.
② 사사오입 개헌을 추진하였다.
③ 4·13 호헌 조치를 발표하였다.
④ 5·18 민주화 운동을 진압하였다.
⑤ 남북 정상 회담을 최초로 개최하였다.

02 다음 법령을 발표한 정부 시기에 있었던 사실로 옳은 것은?

국가 법령 정보 센터 〉 연혁 법령

법령명	법령 종류	공포 번호
금융 실명 거래 및 비밀 보장에 관한 긴급 재정 경제 명령	대통령 긴급 재정 경제 명령	제16호

제1조(목적) 이 명령은 실지명의에 의한 금융 거래를 실시하고 그 비밀을 보장하여 금융 거래의 정상화를 기함으로써 경제 정의를 실현하고 국민 경제의 건전한 발전을 도모함을 목적으로 한다.

① 삼청 교육대가 운영되었다.
② 민주 자유당이 창당되었다.
③ 지방 자치제가 전면 실시되었다.
④ 좌우 합작 위원회가 조직되었다.
⑤ 한국과 칠레의 자유 무역 협정이 체결되었다.

03 (가) 시기에 볼 수 있는 모습으로 적절한 것은?

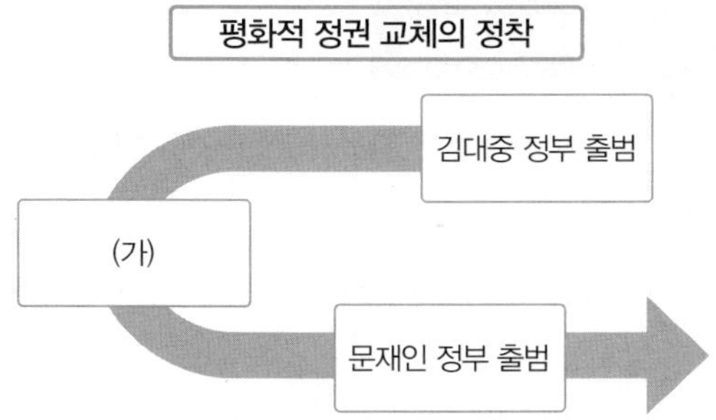

① 3당 합당을 반대하는 대학생
② 서울 올림픽 대회를 관람하는 시민
③ 중국과의 국교 수립을 알리는 기자
④ 자유 무역 협정(FTA) 체결의 확대를 반기는 기업인
⑤ 옛 조선 총독부 건물이 철거되는 모습을 촬영하는 기자

04 (가)에 들어갈 내용으로 가장 적절한 것은?

수행 평가 보고서
- 제목: (가)
- 배경: 시민들의 정치 참여 확대
- 사례
  - 2002년 미군 장갑차 사고로 숨진 여중생을 추모하기 위한 집회
  - 2008년 미국산 쇠고기 수입 반대 집회
  - 2016년 박근혜 정부의 국정 농단 항의 집회

① 노동자 대투쟁의 전개
② 독재 정권에 대한 비판
③ 시민들의 평화적 촛불 집회
④ 경제 정의 실천 시민 연합의 활동
⑤ 여성의 지위 향상을 위한 여성 운동

05 (가)에 들어갈 내용으로 가장 적절한 것은?

〈질문 있는 수업〉
- 학습 주제: 21세기 우리 사회의 모습
- 학생들이 만든 토의 질문

갑: 사회 양극화가 우리 사회에 미치는 영향은 무엇일까?
을: 다문화 사회로 변화하고 있는 배경은 무엇일까?
병: 평창 동계 올림픽 대회의 개최가 가지는 국제적 의미는 무엇일까?
정: (가)

① 반민족 행위 처벌법의 내용은 무엇일까?
② 새마을 운동을 추진한 목적은 무엇일까?
③ 광주 대단지 사건이 일어난 배경은 무엇일까?
④ 두 차례의 석유 파동이 끼친 영향을 무엇일까?
⑤ 고령 사회가 되면서 나타날 사회 문제는 무엇일까?

서술형 문제

06 다음 자료의 위기를 극복하기 위해 김대중 정부 시기에 전개된 노력을 세 가지 서술하시오.

1995년 창설된 세계 무역 기구는 회원국에게 시장 개방을 강요하였고, 무역 경쟁은 더욱 치열해졌다. 급속한 시장 개방 속에서 금융 기관들은 단기 외채를 들여와 기업에 돈을 빌려주며 이윤을 남겼는데, 그 과정에서 외국 자본의 영향력이 커졌다. 정부의 보호 아래 느슨하게 운영되던 재벌 기업은 은행 자금을 무분별하게 빌려 사업을 확장하였다. 이러한 가운데 1997년 동남아시아에서 시작된 외환 위기가 한국 경제에도 영향을 끼치게 되면서 외국 투자자들이 대출을 대거 회수하였다. 이에 외환 보유고가 고갈되면서 외환 위기가 발생하였다.

Ⅲ. 오늘날의 대한민국

한반도 분단 극복과 동아시아의 평화를 위한 노력

핵심 한끝

✖ 북한의 권력 세습 체제

김일성 체제	• 주체사상 확립: 김일성 유일 지배 체제 구축 • (❶) 제정: → 주체사상의 통치 이념화, 국가 주석제 도입
김정일 체제	김정일이 국방 위원장 자격으로 통치, 선군 정치 표방
김정은 체제	핵무기 개발 강행, 남북 정상 회담 및 북미 정상 회담 진행

✖ 북한의 경제와 사회 모습

경제	중국과 소련의 원조 감소, 경제 위기 직면 → 부분적인 개방 정책 추진(합작 회사 경영법 제정, 나진·선봉 경제 무역 지대 설치) → (❷) 요소의 제한적 도입
사회	장마당 등장, 개인의 경제 활동에 대한 통제 완화, 북한 인권 문제 지속

✖ 한반도 분단을 극복하기 위한 노력

1970년대	7·4 남북 공동 성명 발표: 자주·평화·민족 대단결의 통일 원칙, 남북 조절 위원회
1980년대	남북 이산가족 상봉, 예술 공연단 교환 방문
1990년대	남북한 유엔 동시 가입, 남북 최초 공식 합의서인 (❸) 채택, '한민족 공동체 건설을 위한 3단계 통일 방안' 제시
2000년대	• 제1차 남북 정상 회담(2000) → (❹) 발표 • 제2차 남북 정상 회담(2007) → 10·4 남북 공동 선언 채택
2010년대 이후	남북 정상 회담(2018) → 한반도의 평화와 번영, 통일을 위한 판문점 선언 발표

✖ 동아시아의 영토·역사 갈등

영토 갈등	• 북방 4도: 러시아와 일본이 영유권 갈등 • 센카쿠 열도(다오위다오): 일본과 중국·타이완이 영유권 갈등
역사 갈등	중국의 (❺) 추진, 일본의 침략 전쟁 미화 및 과거사 미반성

이 단원의 핵심 문장 완성하기

박정희 정부 시기 자주·평화·민족 대단결의 통일 원칙이 담긴 (❻)이 발표되었고, 김대중 정부 시기 평양에서 최초의 남북 정상 회담이 개최되었다.

미리 보는 학교 시험

01 (가), (나) 시기 사이에 있었던 사실로 옳은 것만을 〈보기〉에서 고른 것은?

> (가) 북한에서 국가 주석제가 신설되어 김일성이 주석으로 취임하였다.
> (나) 김정일의 뒤를 이은 김정은이 판문점에서 열린 북미 정상 회담에 참석하였다.

보기
ㄱ. 김일성을 비판하는 김두봉을 숙청하였다. ㄴ. 군대가 사회를 이끄는 선군 정치를 내세웠다. ㄷ. 김일성이 사망하자 김정일이 권력을 세습하였다. ㄹ. 김일성이 북조선 임시 인민 위원회를 조직하였다.

① ㄱ, ㄴ ② ㄱ, ㄷ ③ ㄴ, ㄷ
④ ㄴ, ㄹ ⑤ ㄷ, ㄹ

02 다음 그래프는 북한의 경제 성장률을 나타낸 것이다. (가) 시기 북한의 경제 상황에 대한 설명으로 옳은 것은?

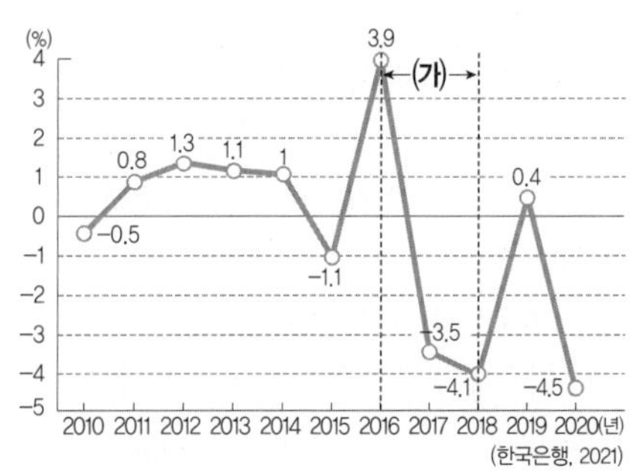

① 천리마운동이 시작되었다.
② 합작 회사 경영법이 제정되었다.
③ 7·1 경제 관리 개선 조치를 추진하였다.
④ 국제 사회의 경제적 제재가 본격화되었다.
⑤ 나진·선봉 지역에 경제 무역 지대가 설치되었다.

03 다음 남북 사이에 다음과 같은 합의가 있었던 시기를 연표에서 옳게 고른 것은?

> 제1조 남과 북은 서로 상대방의 체제를 인정하고 존중한다.
> 제4조 남과 북은 상대방을 파괴·전복하려는 일체 행위를 하지 아니한다.
> 제15조 남과 북은 민족 경제의 통일적이며 균형적인 발전과 민족 전체의 복리 향상을 도모하기 위하여 자원 공동 개발, 민족 내부 교류로서의 물자 교류 등 경제 교류와 협력을 실시한다.

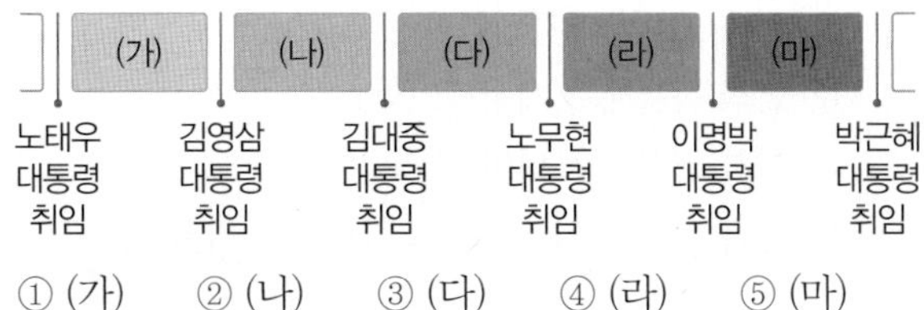

① (가)　② (나)　③ (다)　④ (라)　⑤ (마)

04 다음 우표를 발행하였던 시기에 볼 수 있는 모습으로 가장 적절한 것은?

정책뉴스 〉 남북 정상 회담 기념 우표 발행

우정사업본부는 노무현 대통령과 김정일 국방 위원장이 만난 남북 정상 회담을 기념하고 본 회담이 갖는 역사적 의의를 널리 알리기 위하여 '남북 정상 회담 기념' 우표 1종을 2일 발행한다고 밝혔다.

① 좌우 합작 운동을 전개하는 중도 세력
② 남북한 유엔 동시 가입 현장을 취재하는 기자
③ 남북한 정상이 판문점에서 만나는 모습을 반기는 시민
④ 평양에서 열린 남북 연석회의에 참석하는 정치 지도자
⑤ 개성 공단에 위치한 남한 공장에서 일하는 북한 근로자

05 (가), (나)에 대한 설명으로 옳은 것만을 〈보기〉에서 고른 것은?

> (가) 중국은 2002년부터 동북 지역인 랴오닝성, 지린성, 헤이룽장성의 역사와 현재 상황을 연구하는 사업을 진행하였다.
> (나) 일본의 '새로운 역사 교과서를 만드는 모임'은 일본의 침략 전쟁과 식민 지배를 미화하는 내용이 담긴 역사 교과서를 만들었다.

보기

ㄱ. (가) – 난징 대학살을 인정하지 않고 있다.
ㄴ. (가) – 고구려의 역사를 중국의 역사로 편입하고 있다.
ㄷ. (나) – 한국, 중국, 일본의 시민들이 공동으로 집필하였다.
ㄹ. (나) – 일본군 '위안부' 동원 등 반인륜적인 전쟁 범죄를 은폐, 축소하였다.

① ㄱ, ㄴ　② ㄱ, ㄷ　③ ㄴ, ㄷ
④ ㄴ, ㄹ　⑤ ㄷ, ㄹ

서술형 문제

06 (가)에 들어갈 성명의 명칭을 쓰고, (가) 발표 이후 나타난 남한과 북한의 정치 상황에 대해 서술하시오.

> (가) 의 주요 내용
> 첫째, 통일은 외세에 의존하거나 외세의 간섭을 받음이 없이 자주적으로 해결하여야 한다.
> 둘째, 통일은 상대방을 반대하는 무력행사에 의거하지 않고 평화적 방법으로 실현하여야 한다.
> 셋째, 사상과 이념, 제도의 차이를 초월하여 우선 하나의 민족으로서 민족적 대단결을 도모하여야 한다.

중간고사

정답과 해설 41쪽

학년 반 번

이름 |

01 다음 사진을 찍을 당시 일제가 추진한 정책으로 옳은 것은? [3점]

사진에는 함경북도 경무부와 경성 헌병대 본부 간판이 나란히 걸려 있다. 이를 통해 경찰과 헌병대가 하나의 조직처럼 움직였음을 알 수 있다.

① 국민 징용령을 공포하였다.
② 학생들에게 황국 신민 서사를 암송하게 하였다.
③ 산미 증식 계획을 추진하여 일본으로 쌀을 가져갔다.
④ 국가 총동원법을 적용하여 인력과 물자를 수탈하였다.
⑤ 조선 태형령을 제정해 한국인에게만 태형을 실시하였다.

02 다음 법령이 제정된 시기 일제가 실시한 통치 방식으로 옳지 않은 것은? [4점]

제1조 국체를 변혁하거나 사유 재산 제도를 부인하는 것을 목적으로 결사를 조직하거나 이에 가입한 자는 10년 이하의 징역 또는 금고에 처한다.
제7조 이 법은 이 법의 시행 구역 외에서 죄를 범한 자에게도 적용한다. -『조선 총독부 관보』

① 보통 경찰제가 실시되었다.
② 문관도 총독으로 임명될 수 있었다.
③ 보통학교의 교육 연한이 6년으로 늘었다.
④ 조선 총독의 허가가 있어야 회사 설립이 가능하였다.
⑤ 언론·출판·집회·결사의 자유가 제한적으로 허용되었다.

03 밑줄 친 '시기'에 있었던 사실로 옳지 않은 것은? [4점]

사진은 아동용 황국 신민 서사가 새겨져 있는 비석이다. 일제는 중일 전쟁을 일으키고 침략 전쟁을 확대하던 시기에 학생은 물론 일반인에게도 억지로 황국 신민 서사를 암송하게 하였다.

① 애국반이 조직되었다.
② 동아일보가 폐간되었다.
③ 범죄 즉결례가 제정되었다.
④ 여자 정신 근로령이 공포되었다.
⑤ 성과 이름을 일본식으로 바꾸도록 하였다.

04 (가)에 대한 설명으로 옳은 것만을 〈보기〉에서 고른 것은? [4점]

한국사 활동지

- 활동 내용: 1910년대에 있었던 역사적 사건을 그림으로 그려서 표현하고 설명하기
- 역사적 사건 (가) 실시
- 설명: 일제는 한국의 국권을 강탈한 후 식민 지배의 경제적 기초를 세우고자 (가) 을/를 실시하였다. 이 사업은 1912년에 토지 조사령을 공포하면서 본격화되었다.

| 보기 |

ㄱ. 일반 은행 간의 합병을 추진하였다.
ㄴ. 미국에서 시작된 대공황의 영향을 받았다.
ㄷ. 실질적인 목적은 지세 수입을 늘리는 것이었다.
ㄹ. 토지 소유권자가 직접 신고하여 소유지를 인정받는 방식으로 진행되었다.

① ㄱ, ㄴ ② ㄱ, ㄷ ③ ㄴ, ㄷ
④ ㄴ, ㄹ ⑤ ㄷ, ㄹ

05 다음 자료를 활용한 탐구 활동으로 가장 적절한 것은? [3점]

> 대개 조선인들이 생산한 쌀을 수출하거나 이출할 때 결코 자신들이 충분히 소비하고 남은 것을 수출하는 것이 아니다. 생계가 곤란하여 먹을 것을 먹지 못하고 파는 것이다. …… 반면 만주산 잡곡의 수입만이 증가하는 사실은 조선인의 생활난이 점점 심각해지고 있음을 실증하는 것이다. – 동아일보

① 조선 광업령이 제정된 이유를 살펴본다.
② 산미 증식 계획이 미친 영향을 파악한다.
③ 동양 척식 주식회사가 설립된 배경을 알아본다.
④ 황해도에 제철소를 세운 일본의 대기업을 찾아본다.
⑤ 일제가 공출 제도를 실시하면서 수탈한 물자의 현황을 조사한다.

06 다음 그래프와 같이 공출 비율이 증가한 원인으로 가장 적절한 것은? [3점]

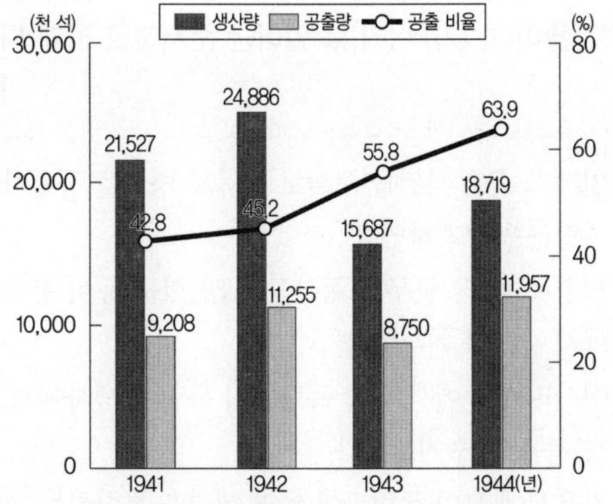

▲ 한국 내 쌀 생산량과 공출량

① 한국과 일본 사이의 관세를 폐지하였다.
② 조선 총독부 주도로 농촌 진흥 운동이 실시되었다.
③ 만주에서 황무지를 개간하여 한인 사회를 형성하였다.
④ 농가마다 목표량을 정하여 강제로 쌀을 내놓게 하였다.
⑤ 토지 소유권만 인정되어 많은 농민이 경작하던 토지를 잃었다.

07 밑줄 친 '이 인물'에 대한 설명으로 옳은 것은? [4점]

> 이 인물은 법률학을 배운 뒤 1910년 평양 법원의 판사로 발령받았다. 그러나 그는 조선 총독부의 관리는 되지 않겠다며 사임하고 독립운동에 뛰어들었다. 그는 대한 광복회를 조직하여 만주에 무관 학교를 설립하고 친일파를 처단하려 하였다. 대한 광복회 총사령으로 활동하던 그는 1918년 일제에 체포되어 모진 고문과 옥고를 치렀고, 사형을 선고받아 37세의 나이로 생을 마감하였다.

① 상하이에서 신한청년단을 결성하였다.
② 북간도에 자치 단체인 간민회를 만들었다.
③ 공화정 형태의 근대 국가 수립을 지향하였다.
④ 일본 총리에게 국권 반환 요구서를 보내려 하였다.
⑤ 고종이 다시 황제의 자리에 오르는 것을 추구하였다.

08 (가)~(라)에 들어갈 내용으로 적절한 것만을 〈보기〉에서 고른 것은? [4점]

> **수행 평가 보고서**
> • 주제: 일제 강점기 국외 독립운동 거점 마련 노력
> – 북간도: (가)
> – 서간도: (나)
> – 상하이: (다)
> – 미주: (라)

| 보기 |

ㄱ. (가) – 신흥 강습소를 세워 군사 교육과 민족 교육을 통한 독립군 양성에 주력하였다.
ㄴ. (나) – 이상설, 유인석, 이동휘 등이 권업회를 조직하고 권업신문을 발간하였다.
ㄷ. (다) – 신규식 등 망명한 독립운동가와 유학생이 동제사를 결성하였다.
ㄹ. (라) – 박용만이 대조선 국민군단을 조직하여 군사 훈련을 하였다.

① ㄱ, ㄴ ② ㄱ, ㄷ ③ ㄴ, ㄷ
④ ㄴ, ㄹ ⑤ ㄷ, ㄹ

09 다음 자료가 발표된 배경으로 적절한 것만을 〈보기〉에서 고른 것은? [4점]

> 조선 청년 독립단은 아(我) 2천만 민족을 대표하여 정의와 자유의 승리를 얻은 세계 만국 앞에 독립을 달성하기를 선언하노라. …… 일본이나 혹은 세계 각국이 우리 민족에게 자결의 기회를 부여하기를 요구하며 만일 그렇게 되지 못한다면, 우리 민족은 생존을 위하여 자유의 행동을 취하여 독립을 얻기를 선언하노라. – 1919. 2. 8.

보기

ㄱ. 윤봉길이 상하이에서 의거를 일으켰다.
ㄴ. 미국의 대통령 윌슨이 민족 자결주의 원칙을 제시하였다.
ㄷ. 레닌이 식민지의 민족 해방 운동을 지원하겠다고 선언하였다.
ㄹ. 얄타 회담에서 소련이 일본과의 전쟁에 참여할 것을 비밀리에 결의하였다.

① ㄱ, ㄴ ② ㄱ, ㄷ ③ ㄴ, ㄷ
④ ㄴ, ㄹ ⑤ ㄷ, ㄹ

10 (가)에 대한 설명으로 옳은 것만을 〈보기〉에서 있는 대로 고른 것은? [4점]

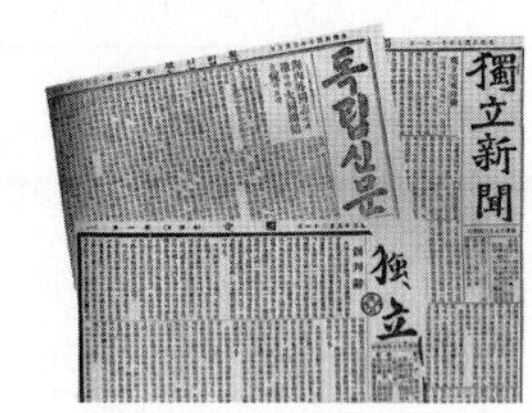

독립신문

자료는 (가) 의 기관지인 독립신문이다. 독립 신문은 한문판까지 제작되어 국내외의 소식 및 독립운동과 관련된 내용을 실었다.

보기

ㄱ. 독립 공채를 발행하였다.
ㄴ. 연통제와 교통국을 운영하였다.
ㄷ. 『한일 관계 사료집』을 편찬하였다.
ㄹ. 「조선 혁명 선언」을 활동 지침으로 삼았다.

① ㄱ, ㄴ ② ㄴ, ㄷ ③ ㄷ, ㄹ
④ ㄱ, ㄴ, ㄷ ⑤ ㄱ, ㄷ, ㄹ

11 다음 선언문이 발표된 시기를 연표에서 옳게 고른 것은? [4점]

> 본 국민 대표 회의는 이천만 민중의 공정한 뜻에 바탕을 둔 국민적 대회합으로 최고의 권위를 지녀 …… 독립을 완성하기를 기도하고 이에 선언하노라. …… 본 대표 등은 국민이 위탁한 사명을 받들어 국민적 대단결에 힘쓰며 독립운동이 나아갈 방향을 확립하여 통일적 기관 아래서 대업을 완성하고자 하노라.

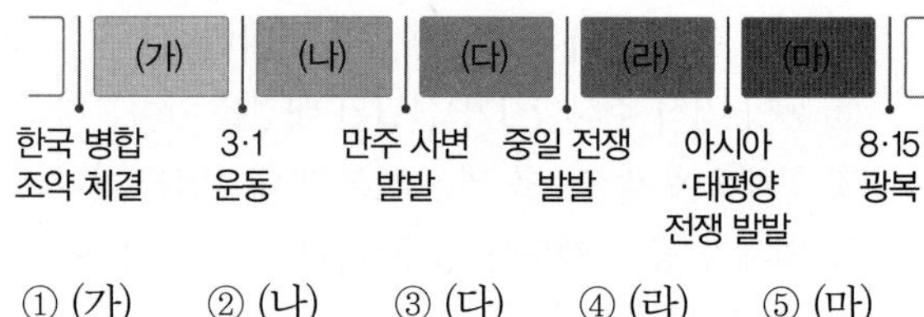

① (가) ② (나) ③ (다) ④ (라) ⑤ (마)

12 다음은 1920년대 만주 지역에서 있었던 무장 독립 투쟁과 관련된 사건들이다. (가)~(라)를 일어난 순서대로 옳게 나열한 것은? [5점]

> (가) 일제가 훈춘 사건을 구실로 대규모 병력을 동원하여 독립군을 공격하였다.
> (나) 대한 독립군, 군무 도독부군, 국민회군 등이 봉오동에서 승리를 거두었다.
> (다) 청산리 부근에서 무장 독립군이 독립 전쟁사에서 가장 큰 승리를 거두었다.
> (라) 자유시에 모인 독립군이 여러 세력을 통합하는 과정에서 러시아 적군의 개입으로 피해를 입었다.

① (가) – (나) – (다) – (라)
② (가) – (라) – (나) – (다)
③ (나) – (가) – (다) – (라)
④ (나) – (다) – (가) – (라)
⑤ (다) – (나) – (가) – (라)

13 밑줄 친 '이 운동'에 대한 설명으로 옳은 것은? [3점]

> 이 운동은 '내 살림 내 것으로'라는 구호를 내걸고, 민족 산업의 보호와 육성을 위한 토산품 애용, 절약 생활 등을 강조하였다. 이러한 주장은 한때 민중의 폭넓은 공감과 지지를 받았고, 민족의식을 높이는 데 도움을 주었다.

① 조만식 등이 평양에서 시작하였다.
② 미신을 타파하기 위한 계몽 운동을 하였다.
③ 권업신문을 발간하여 민족의식을 고취하였다.
④ 폭력 투쟁을 통한 민중의 직접 혁명을 추구하였다.
⑤ 조선 민립 대학 설립 기성회가 중심이 되어 이끌었다.

14 (가) 단체에 대한 설명으로 옳은 것만을 〈보기〉에서 고른 것은? [3점]

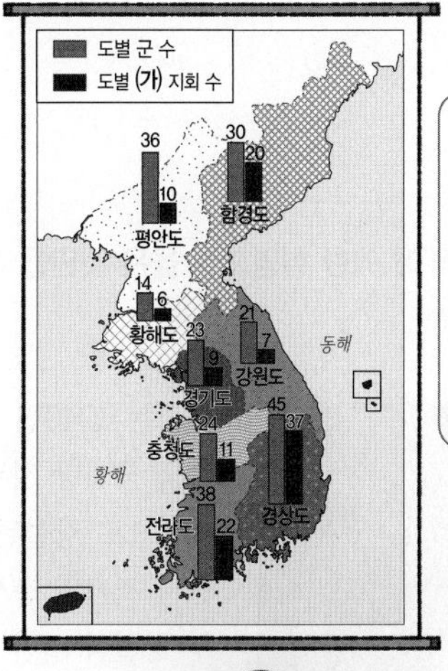

자료는 (가) 의 전국적 지회 분포를 나타낸 것입니다. (가) 은/는 서울에 본부를 두고 전국 각지와 만주, 일본에 지회를 두었으며, 회원 수가 한때 4만 명에 이를 정도로 그 규모가 컸습니다.

보기

ㄱ. 대조선 국민군단을 조직하였다.
ㄴ. 일제에 타협하는 자치 운동을 비판하였다.
ㄷ. 광주 학생 항일 운동이 일어나자 진상 조사단을 파견하였다.
ㄹ. 일본 의회에 한국인 대표를 참여시키려는 참정권 운동을 추진하였다.

① ㄱ, ㄴ ② ㄱ, ㄷ ③ ㄴ, ㄷ
④ ㄴ, ㄹ ⑤ ㄷ, ㄹ

15 (가)에 들어갈 내용으로 가장 적절한 것은? [3점]

> **탐구 활동 보고서**
> • 주제: (가)
> • 수집 자료(신문 기사)
>
> 경성부의 발표에 의하면 경성부 내의 토막민 수가 1,583호이고 인구가 5,000명에 달한다고 한다. 이미 그 수가 많은 것에 놀라지 않을 수 없거니와, 1928년의 통계에 나타난 것보다 거의 200호가 증가하였다. …… 이것은 도시의 미관상이나 위생상으로도 큰 문제이고 토막민 자체에 대한 사회적 책임으로 보아 중대한 사회 문제라고 아니할 수 없는 것이다.

① 자치 운동의 대두
② 사회주의 사상의 확산
③ 도시 발달과 도시 빈민의 형성
④ 조선의 공업화와 병참 기지화 정책
⑤ 농촌 계몽을 위한 브나로드 운동의 전개

16 밑줄 친 '이 운동'에 대한 설명으로 옳은 것은? [3점]

> **학생들의 주도로 만세 시위가 일어나다**
> 1926년 오늘은 이 운동이 일어난 날이다. 순종이 서거하자 민족주의 계열의 천도교와 사회주의 계열의 조선 공산당이 학생 단체들과 연합하여 순종의 장례일인 6월 10일에 만세 시위를 계획하였다. 시위 계획이 일제에 발각되어 많은 인사가 체포되었지만, 학생들의 주도로 장례 행렬이 지나가는 곳곳에서 만세 시위가 벌어졌다.

① 소작료 인하를 요구하였다.
② 계급 투쟁과 여성 해방을 주장하였다.
③ 백정에 대한 제도적 차별을 완화하였다.
④ 평양 고무 농장 노동자들이 파업을 하였다.
⑤ 민족 협동 전선을 만들 수 있다는 공감대를 형성하였다.

17 (가)에 들어갈 내용으로 가장 적절한 것은? [4점]

사료로 보는 한국사

우리나라 역사 발전의 전 과정은 …… 이른바 외관의 특수성은 다른 문화 민족의 역사 발전 법칙과 구별해야만 하는 것은 아니다. 세계사의 일원론적 역사 법칙을 통하여 다른 모든 민족과 거의 비슷한 발전 과정을 거쳐 온 것이다.

[해설] 자료는 백남운의 『조선사회경제사』의 내용 중 일부이다. 그는 유물 사관을 바탕으로 사회 경제 사학을 연구하였다. 그는 한국사가 세계사의 보편적인 발전 법칙에 따라 발전하였다고 주장하며 (가)

① 진단 학회를 조직하였다.
② 민족정신으로 국혼을 강조하였다.
③ 일제의 식민 통치를 정당화하였다.
④ 한글 맞춤법 통일안을 발표하였다.
⑤ 식민 사관의 정체성론을 반박하였다.

18 (가), (나) 군사 조직의 공통점으로 옳은 것은? [3점]

• 북만주에서는 혁신 의회가 해체된 이후 지청천 등이 한국 독립당을 결성하고 (가) 을/를 조직하여 일제에 맞섰다. (가) 은/는 쌍성보 전투, 사도하자 전투, 대전자령 전투 등에서 일본군에 승리하였다.
• 남만주의 국민부는 조선 혁명당을 결성하고 그 아래 (나) 을/를 결성하여 무장 투쟁을 계속하였다. 양세봉이 이끄는 (나) 이/가 영릉가 전투, 흥경성 전투 등에서 일본군을 격퇴하였다.

① 조국 광복회를 조직하였다.
② 한중 연합 작전을 전개하였다.
③ 미쓰야 협정 체결에 영향을 주었다.
④ 동북 항일 연군으로 확대·개편되었다.
⑤ 대종교 세력이 중심이 되어 조직하였다.

19 다음은 학생들이 중국 관내에서의 독립운동에 대해 대화를 나누는 모습이다. (가)~(다) 사건을 일어난 순서대로 옳게 나열한 것은? [5점]

① (가) - (나) - (다)
② (가) - (다) - (나)
③ (나) - (가) - (다)
④ (나) - (다) - (가)
⑤ (다) - (나) - (가)

20 밑줄 친 '이 군사 조직'에 대한 설명으로 옳은 것만을 <보기>에서 고른 것은? [4점]

자료는 1940년 9월 중국 국민당 정부의 지원으로 창설된 <u>이 군사 조직</u>의 총사령부 창설식 기념사진이다. 이 사진을 통해 여성도 <u>이 군사 조직</u>의 일원으로 참여하였음을 알 수 있다. 여성 대원들은 교육과 훈련을 받고 대원 모집, 선전·첩보 수집, 구호대 활동 등을 하였다.

| 보기 |

ㄱ. 영릉가 전투에서 일본군을 격퇴하였다.
ㄴ. 조선 독립 동맹 산하의 조선 의용군으로 개편되었다.
ㄷ. 영국군의 요청에 따라 미얀마·인도 전선에 파견되었다.
ㄹ. 미국 전략 정보국(OSS)과 협력하여 국내 진공 작전을 계획하였다.

① ㄱ, ㄴ
② ㄱ, ㄷ
③ ㄴ, ㄷ
④ ㄴ, ㄹ
⑤ ㄷ, ㄹ

21 다음 빈칸에 공통으로 들어갈 내용을 쓰시오. [2점]

> 일제 식민 통치 시기에 현역 육해군 대장 가운데 임명된 (　　　)은/는 일왕에 직속되어 일본 의회와 내각의 통제를 거의 받지 않았다. 또한 (　　　)은/는 식민 통치에 필요한 행정권, 입법권, 사법권 및 한국에 주둔하는 군대를 지휘하는 군 통수권을 행사하였다.

22 중일 전쟁을 일으킨 일제는 1938년에 (　　　)을/를 제정하고, 이를 한국에도 적용하여 인력과 물자를 수탈하였다. [2점]

23 1910년 일제는 조선 총독이 기업 설립을 허가하도록 하는 (　　　)을/를 공포하였다. [2점]

24 대공황 이후 일본 방직 산업의 원료를 확보하고자 한반도 남부에 면화 재배, 북부에 양 사육을 강요한 정책을 쓰시오. [2점]

25 1910년 미주 지역에서는 민족 운동 단체를 통합한 (　　　)이/가 결성되었다. [2점]

26 1919년 2월 일본 도쿄에서는 한국인 유학생들이 (　　　)을/를 발표하여 일본과 국제 사회에 한국의 독립을 선언하였다. [2점]

27 다음 ㉠, ㉡에 들어갈 내용을 각각 쓰시오. [2점]

> 대한민국 임시 정부는 우리 역사상 최초의 (㉠) 정부로 수립되었으며 (㉡)의 원칙에 따라 임시 의정원, 국무원, 법원으로 구성되었다.

28 원산의 한 석유 회사에서 일본인 감독이 한국인 노동자를 구타한 사건을 계기로 1929년 (　　　)이/가 전개되었다. [2점]

29 다음 설립 취지문을 발표한 단체의 명칭을 쓰고, 이 단체가 주장한 내용을 서술하시오. [5점]

> 공평은 사회의 근본이고 사랑은 인간의 본성이다. 우리는 계급을 타파하고 모욕적인 칭호를 폐지하며, 교육을 장려하여 우리도 참다운 인간으로 되고자 함이 본사(本社)의 취지이다. 지금까지 백정은 어떠한 지위와 압박을 받아 왔던가? 과거를 회상하면 종일 통곡과 피눈물을 금할 수 없다. …… 따라서 이 문제를 해결하는 것이 우리들의 급선무라고 설정함은 당연한 것이다.
>
> – 조선일보, 1923. 4. 30.

30 다음 자료를 보고 물음에 답하시오. [5점]

> 2. 삼균 제도를 골자로 한 헌법을 실시하여 정치·경제·교육의 민주적 시설로 실제상 균형을 도모하며, 전국의 토지와 대생산 기관의 국유가 완성되고 전국의 학령 아동 전체가 고급 교육의 무상 교육을 완성한다.
> 4. 보통 선거에는 만 18세 이상 남녀로 선거권을 행사하되 신앙, 교육, 거주 기간, 사회 출신, 재산과 과거 행동을 분별치 아니한다.

(1) 위 자료를 발표한 정부의 명칭을 쓰시오. [2점]

(2) 자료의 주요 내용을 세 가지 서술하시오. [3점]

기말고사

학년 반 번

이름 |

정답과 해설 43쪽

01 다음 내용이 담긴 기사가 보도된 이후 나타난 상황으로 옳은 것은? [3점]

> 1. 조선을 독립국으로 재건설하고, 민주주의 원칙 위에서 발전하게 하며, 일본이 남긴 잔재들을 청산하기 위해 조선 민주주의 임시 정부를 수립한다.
> 2. 조선 임시 정부를 수립하기 위해 …… 남조선 미군 사령부 대표들과 북조선 소련군 사령부 대표들로 (미소) 공동 위원회를 조직한다.
> 3. 공동 위원회는 …… 5년 이내를 기한으로 하는 조선에 대한 4개국 신탁 통치 협약을 작성하는 것이다. …… 미·소·영·중 정부의 공동 심의를 받아야 한다.

① 신탁 통치 반대 운동이 일어났다.
② 일본이 무조건 항복을 선언하였다.
③ 조선 건국 준비 위원회가 조직되었다.
④ 한국의 독립이 국제적으로 처음 논의되었다.
⑤ 미국, 영국, 중국 대표들이 포츠담 선언을 발표하였다.

02 다음 자료가 발표된 시기를 연표에서 옳게 고른 것은? [5점]

> 1. 우리 강토에서 외국 군대가 즉시 철거하는 것이 조선 문제를 해결하는 유일한 방법이다.
> 3. 연석회의에 참가한 모든 정당 사회단체들은 임시 정부를 수립하고 통일적 조선 입법 기관을 선거하여 통일적 민주 정부를 수립해야 한다.
> 4. 이 성명서에 서명한 모든 정당 사회단체들은 남조선 단독 선거의 결과를 결코 인정하지 않을 것이며 지지하지도 않을 것이다.

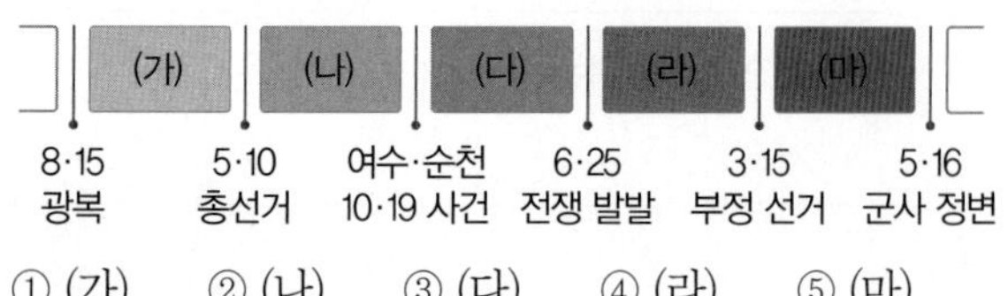

① (가) ② (나) ③ (다) ④ (라) ⑤ (마)

03 밑줄 친 '이 사건'에 대한 탐구 활동으로 가장 적절한 것은? [4점]

> 2000년 이 사건 진상 규명 및 희생자 명예 회복에 관한 특별법이 제정되어 정부 차원의 진상 조사가 진행되었다. 그 결과 2003년 정부는 이 사건 당시 국가 권력의 잘못을 인정하고 제주도민에게 공식 사과하였다. 2021년에는 이 사건 관련 법이 전부 개정되어 희생자와 유족의 실질적인 명예 회복과 보상 방안 등이 마련되었다.

① 경향신문이 폐간된 배경을 알아본다.
② 지가 증권이 발행된 목적을 분석한다.
③ 김주열 학생이 실종된 이유를 찾아본다.
④ 단독 정부 수립을 둘러싼 갈등을 파악한다.
⑤ 좌우 합작 7원칙이 발표된 시기를 조사한다.

04 밑줄 친 '국회'에 대한 설명으로 옳은 것만을 〈보기〉에서 고른 것은? [4점]

> 유구한 역사와 전통에 빛나는 우리 대한 국민은 기미 3·1 운동으로 대한민국을 건립하여 세계에 선포한 위대한 독립 정신을 계승하여 이제 민주 독립 국가를 재건함에 있어서 …… 모든 사회적 폐습을 타파하고 민주주의 제(모든) 제도를 수립하여 정치, 경제, 사회, 문화의 모든 영역에 있어서 각인의 기회를 균등히 하고 능력을 최고도로 발휘하게 하며 각인의 책임과 의무를 완수하게 하여 안으로는 국민 생활의 균등한 향상을 기하고 밖으로는 항구적인 국제 평화의 유지에 노력하여 …… 우리들의 정당 또 자유로이 선거된 대표로서 구성된 국회에서 …… 이 헌법을 제정한다.

보기
ㄱ. 농지 개혁법을 제정하였다.
ㄴ. 윤보선을 대통령으로 선출하였다.
ㄷ. 반민족 행위 특별 조사 위원회를 구성하였다.
ㄹ. 사사오입의 논리를 적용하여 개헌안을 통과시켰다.

① ㄱ, ㄴ ② ㄱ, ㄷ ③ ㄴ, ㄷ
④ ㄴ, ㄹ ⑤ ㄷ, ㄹ

05 밑줄 친 '전쟁'이 미친 영향으로 적절하지 않은 것은? [3점]

① 한반도 전역에서 이산가족이 발생하였다.
② 일본이 전쟁 특수로 경제 성장을 이루었다.
③ 미국이 한국과 상호 방위 조약을 체결하였다.
④ 소련이 인민 위원회를 자치 기관으로 인정하였다.
⑤ 중국이 아시아에서 공산주의 국가로 위세가 높아졌다.

06 밑줄 친 '피고인'에 대한 설명으로 옳은 것은? [3점]

> 피고인은 …… 진보당 창당과 관련한 이 사건 재심 대상 판결로 사형이 집행되기에 이르렀는바, 이 사건 재심에서 피고인에 대한 공소 사실 대부분이 무죄로 밝혀졌으므로 이제 뒤늦게나마 재심 판결로써 그 잘못을 바로잡고 …….
> – 대법원 판결문, 2011. 1. 20.

① 한국 민주당을 창당하였다.
② 초대 대통령으로 취임하였다.
③ 3·1 민주 구국 선언을 발표하였다.
④ 독립 촉성 중앙 협의회를 조직하였다.
⑤ 제3대 대통령 선거에 무소속으로 출마하였다.

07 다음 자료가 발표된 이후에 일어난 사실로 옳은 것만을 〈보기〉에서 고른 것은? [4점]

> 1. 국민이 원한다면 대통령직을 사임하겠다.
> 2. 3·15 정부통령 선거에 많은 부정이 있었다 하니 선거를 다시 하도록 지시하였다.
> 3. 선거로 인연한 모든 불미스러운 것을 없애게 하기 위하여 이미 이기붕 의장에게 공직에서 완전히 물러나도록 하였다.

| 보기 |
ㄱ. 판문점에서 정전 협정이 체결되었다.
ㄴ. 제2차 미소 공동 위원회가 개최되었다.
ㄷ. 허정을 수반으로 하는 과도 정부가 수립되었다.
ㄹ. 내각 책임제를 주요 내용으로 하는 헌법 개정이 이루어졌다.

① ㄱ, ㄴ ② ㄱ, ㄷ ③ ㄴ, ㄷ
④ ㄴ, ㄹ ⑤ ㄷ, ㄹ

08 다음은 1960년대에 있었던 정치 변동과 관련된 사건들이다. (가)~(라)를 일어난 순서대로 옳게 나열한 것은? [4점]

> (가) 중앙정보부가 설치되었다.
> (나) 한국과 일본 사이에 국교가 수립되었다.
> (다) 여당이 대통령의 3회 연임을 허용하는 개헌안을 통과시켰다.
> (라) 박정희를 중심으로 한 군인 세력이 정변을 일으켜 정권을 장악하였다.

① (가) – (나) – (다) – (라)
② (가) – (라) – (나) – (다)
③ (라) – (가) – (나) – (다)
④ (라) – (가) – (다) – (나)
⑤ (라) – (나) – (가) – (다)

09 다음 헌법이 적용된 당시 볼 수 있는 모습으로 적절하지 않은 것은? [4점]

> 제53조 대통령은 천재지변 또는 중대한 재정·경제상의 위기에 처하거나, 국가의 안전 보장 또는 공공의 안녕질서가 중대한 위협을 받거나 받을 우려가 있어, 신속한 조치를 할 필요가 있다고 판단할 때에는 내정·외교·국방·경제·재정·사법 등 국정 전반에 걸쳐 필요한 긴급 조치를 할 수 있다.

① 부마 민주 항쟁을 보도하는 기자
② 개헌 청원 100만인 서명 운동을 벌이는 청년
③ 천주교 정의 구현 사제단을 발족하는 천주교인
④ 통일 주체 국민 회의에서 정책을 논의하는 대의원
⑤ 베트남 파병의 대가가 담긴 각서를 작성하는 주한 미국 대사

10 밑줄 친 '요구'에 해당하는 내용으로 옳은 것은? [3점]

> 자료는 1980년 5월 15일 10만여 명의 학생과 시민이 서울역 앞에 모여 민주화를 요구하는 모습이 담긴 사진이다. 이 집회에 공수 부대가 투입된다는 소문이 돌자 당시 서울 소재 대학교 총학생회장들은 군과 충돌이 벌어질 경우 대규모 유혈 사태가 발생할 것을 우려하며 해산을 결정하였다.

① 신군부의 퇴진
② 4·13 호헌 조치 철회
③ 자유 무역 협정 체결 반대
④ 베트남 전쟁에 국군 파병 중지
⑤ 한일 국교 정상화를 위한 한일 회담 반대

11 (가) 대통령의 재임 기간에 있었던 사실로 옳은 것만을 〈보기〉에서 있는 대로 고른 것은? [5점]

> 대통령의 임기를 7년 단임으로 하고, 선거인단이 간접 선거로 대통령을 선출하도록 하는 새 헌법에 따라 (가) 이/가 제12대 대통령에 당선되었다.

| 보기 |

ㄱ. 여러 언론사가 통폐합되었다.
ㄴ. 국가 재건 최고 회의가 설치되었다.
ㄷ. 부천 경찰서 성 고문 사건이 일어났다.
ㄹ. 언론의 보도 방향을 통제하기 위한 보도 지침이 내려졌다.

① ㄱ, ㄷ ② ㄴ, ㄷ ③ ㄴ, ㄹ
④ ㄱ, ㄴ, ㄹ ⑤ ㄱ, ㄷ, ㄹ

12 밑줄 친 '투병' 기간 중에 있었던 사실로 옳은 것은? [3점]

> 참으로 애통한 일이다. 지난달 초 시위 도중 경찰이 쏜 최루탄에 맞아 치명상을 입고 27일간 끈질기게 투병해 온 이한열 군은 온 국민이 한결같이 그의 회복을 기원했음에도 7월 5일 새벽 끝내 숨을 거두고 말았다. 이한열 군의 죽음을 헛되지 않게 하는 길은 하루속히 이 땅에 민주화를 뿌리내리게 하는 일이다. 진심으로 이한열 군의 명복을 빈다. – 1987. 7. 6.

① 대통령이 피살되었다.
② 박종철 고문치사 사건이 일어났다.
③ 장면을 중심으로 한 내각이 구성되었다.
④ 신군부 세력이 쿠데타를 일으켜 군사권을 장악하였다.
⑤ 여당 대표가 직선제 개헌을 수용한다는 특별 선언을 발표하였다.

13 밑줄 친 '대통령'의 재임 기간에 있었던 사실로 옳지 않은 것은? [3점]

> 한국사 신문
>
> **경부 고속 도로 개통**
>
> 서울과 부산을 연결하는 고속 도로 준공식이 7일 거행되었다. 대통령은 이날 "경부 고속 도로 개통은 민족의 오랜 꿈과 숙원이 실현된 것이며, 무한한 민족적 자신을 얻은 것"이라 말하고 "고속 시대는 이제 막 시작되었으며 조국 근대화 작업을 이러한 자신감으로 계속 추진하면 자립과 번영의 내일이 곧 올 것"이라고 강조하였다.

① YH 무역 사건이 일어났다.
② 제2차 경제 개발 계획이 시작되었다.
③ 세계 무역 기구(WTO) 체제가 출범하였다.
④ 철강 생산을 위해 포항에 제철소가 세워졌다.
⑤ 석유 파동을 극복하기 위해 중동 건설 사업이 추진되었다.

14 교사의 질문에 대한 학생의 답변으로 가장 적절한 것은? [4점]

자료는 함평 고구마 피해 보상 운동과 관련된 사진입니다. 당시 함평 농협이 고구마 전량을 사들이겠다는 약속을 지키지 않자 농민들은 피해 보상을 요구하며 집단 항의 농성을 벌였습니다. 이와 같은 농민 운동의 또 다른 사례로 무엇이 있을까요?

① 환경 운동 연합이 창립되었어요.
② 총선 시민 연대가 낙선 운동을 벌였어요.
③ 조선 형평사에서 형평 운동을 전개하였어요.
④ 외국 농산물 수입 개방에 반대하는 운동이 전개되었어요.
⑤ 평양에서 강주룡이 을밀대 위에서 고공 농성을 벌였어요.

15 (가), (나) 시기 사이에 있었던 사실로 옳지 않은 것은? [3점]

(가)	(나)
사진은 정부의 경향신문 폐간 조치를 읽고 있는 시민들의 모습이다. 정부는 언론 탄압을 강화하여 정부에 비판적인 경향신문을 폐간하였다.	 사진은 동대문 야구장에서 열린 프로 야구 개막식 모습이다. 프로 야구는 이때부터 시작되었으며, 이를 계기로 상업적 프로 스포츠 시대가 열렸다.

① 광주 대단지 사건이 일어났다.
② 국민 교육 헌장이 만들어졌다.
③ 텔레비전 방송국이 설립되었다.
④ 장발과 미니스커트를 단속하였다.
⑤ 나운규가 영화 「아리랑」을 발표하였다.

16 다음은 학생들이 민주화의 진전에 대해 대화를 나누는 모습이다. (가)~(다)를 일어난 순서대로 옳게 나열한 것은? [4점]

① (가) - (나) - (다)
② (가) - (다) - (나)
③ (나) - (가) - (다)
④ (나) - (다) - (가)
⑤ (다) - (나) - (가)

4/6

17 밑줄 친 '노력'으로 적절한 것만을 〈보기〉에서 고른 것은? [5점]

한국사 신문

오늘의 역사

12월 3일 오늘은 정부가 국제 통화 기금에 긴급 구제 금융을 요청한 날이다. 이는 시장 자율화와 경제 개방에 따른 부작용으로 발생한 외환 위기를 극복하기 위한 조치였다. 우리나라는 외환 위기를 극복하기 위해 다양한 노력을 기울였고, 2001년에 국제 통화 기금의 지원금을 조기에 상환하였다.

| 보기 |

ㄱ. 국민들이 금 모으기 운동을 전개하였다.
ㄴ. 정리 해고제와 근로자 파견제를 도입하였다.
ㄷ. 근면·자조·협동을 강조하는 새마을 운동을 시작하였다.
ㄹ. 일본으로부터 경제 협력 자금이라는 명목의 지원금을 유치하였다.

① ㄱ, ㄴ ② ㄱ, ㄷ ③ ㄴ, ㄷ
④ ㄴ, ㄹ ⑤ ㄷ, ㄹ

18 (가) 인물에 대한 설명으로 옳은 것은? [3점]

1994년 김일성이 사망하자 그의 아들인 (가) 이/가 권력을 승계하였다. (가) 은/는 헌법을 개정하여 국가 주석제를 폐지하고 국방 위원장 자격으로 국정 전반을 장악하였다.

① 선군 정치를 내세웠다.
② 주체사상을 명문화하였다.
③ 사회주의 헌법을 제정하였다.
④ 북미 정상 회담에 참석하였다.
⑤ 합작 회사 경영법을 만들었다.

19 (가), (나) 선언 대한 설명으로 옳은 것은? [4점]

(가)	첫째, 통일은 외세에 의존하거나 외세의 간섭을 받음이 없이 자주적으로 해결하여야 한다. 둘째, 통일은 상대방을 반대하는 무력행사에 의거하지 않고 평화적 방법으로 실현하여야 한다.
(나)	1. 남과 북은 나라의 통일 문제를 그 주인인 우리 민족끼리 서로 힘을 합쳐 자주적으로 해결해 나가기로 하였다. 3. 남과 북은 올해 8·15에 즈음하여 흩어진 가족, 친척 방문단을 교환하며, 비전향 장기수 문제를 해결하는 등 인도적 문제를 조속히 풀어 나가기로 하였다.

① (가) – 남북 기본 합의서이다.
② (가) – 노태우 정부 시기에 발표되었다.
③ (나) – 노무현 정부 시기에 발표되었다.
④ (나) – 제1차 남북 정상 회담의 결과 채택되었다.
⑤ (가)와 (나) – 대북 화해 협력 정책의 결과로 발표되었다.

20 (가)에 들어갈 내용으로 옳은 것은? [3점]

지식 Q&A

독도가 우리 한국의 영토임을 분명히 확인할 수 있는 자료를 알려 줘.

답변하기

독도는 지리적, 역사적, 국제법적으로 명백한 한국의 고유 영토이며, 실질적으로 한국이 지배하고 있습니다. 1946년 연합국 최고 사령관 각서(SCAPIN) 제677호와 제1033호에서 독도가 한국의 영토임을 분명히 하였습니다. 또한 1952년 이승만 정부가 (가) 을/를 발표하여 독도가 한국의 영토임을 분명히 하였습니다.

① 정우회 선언
② 애치슨 선언
③ 대한 독립 선언
④ 인접 해양에 대한 주권에 관한 선언(평화선 선언)
⑤ 한반도의 평화와 번영, 통일을 위한 판문점 선언

21 제1차 미소 공동 위원회가 결렬되자 이승만은 통일 정부 수립이 어렵다면 남한만이라도 정부를 수립해야 한다는 (　　　)을/를 발표하였다. [2점]

22 제헌 국회는 국호를 (　　　)(으)로 정하고, 1948년 7월 17일 제헌 헌법을 공포하였다. [2점]

23 북한은 1956년부터 노동력을 최대한 동원하여 생산력을 높이려는 (　　　)을/를 전개하였다. [2점]

24 허정을 수반으로 하는 과도 정부는 3·15 선거를 무효화하고, (　　　)과/와 양원제 국회를 주요 내용으로 하는 개헌을 단행하였다. [2점]

25 다음 빈칸에 공통으로 들어갈 기관을 쓰시오. [2점]

- 유신 헌법에 규정된 대통령 선출 방식에 따라 박정희는 (　　　)에서 제8대 대통령으로 선출되었다.
- 신군부의 압력으로 최규하 대통령이 물러난 후 전두환은 (　　　)에서 대통령으로 선출되었다.

26 학생과 민주 인사들이 계엄령 철폐, 유신 헌법 폐지, 신군부 퇴진 등을 요구하며 1980년 5월까지 시위에 나선 사건을 무엇이라고 지칭하는지 쓰시오. [2점]

27 (　　　) 정부는 금융 실명제를 시행하고, 지방 자치제를 전면적으로 실시하였다. [2점]

28 다음 ㉠, ㉡에 들어갈 내용을 각각 쓰시오. [2점]

(㉠) 정부 시기인 2001년 한국은 (㉡)의 지원금을 조기 상환하고 외환 위기를 극복하였다.

29 다음 원칙을 발표한 단체의 명칭을 쓰고, 이 단체의 활동 목적에 대해 서술하시오. [4점]

1. 모스크바 3국 외상 회의의 결정에 따라 남북의 좌우 합작으로 민주주의 임시 정부를 수립할 것
2. 미소 공동 위원회의 속개를 요청하는 공동 성명을 발표할 것
3. 토지는 몰수, 유조건 몰수, 체감 매상 등으로 농민에게 무상으로 분배하고, 중요 산업을 국유화할 것

30 다음 자료를 보고 물음에 답하시오. [6점]

제1조 남과 북은 서로 상대방의 체제를 인정하고 존중한다.
제4조 남과 북은 상대방을 파괴·전복하려는 일체 행위를 하지 아니한다.
제15조 남과 북은 민족 경제의 통일적이며 균형적인 발전과 민족 전체의 복리 향상을 도모하기 위하여 자원 공동 개발, 합작 투자 등 경제 교류와 협력을 실시한다. – 1991. 12. 13.

(1) 위 자료의 명칭을 쓰시오. [2점]

(2) 위 자료를 발표한 정부에서 추진한 통일 노력을 두 가지 서술하시오. [4점]

정답과 해설 46쪽

논술형 수행 평가 ❶

일제 식민 통치 시기, 독립운동의 흐름 파악하기

학년 반 번

이름 |

문제 다음 자료를 읽고, 〈조건〉에 맞게 논술하시오. [20점]

(가) 개조파 주장의 주요 내용

- 대한민국 임시 정부의 존재는 지난 5년 동안 외국에서 잘 알고 있기 때문에 대한민국 임시 정부를 개조하는 방법으로 독립이 실현될 수 있을 것이다.
- 대한민국 임시 정부가 그 진가를 발휘하지 못한 것은 개별적 인사들의 결함에 따른 것일 뿐, 기관 자체를 비난해서는 안 된다.
- 만약 새로운 기관을 설립할 경우, 대한민국 임시 정부를 따르던 대중들은 의심의 여지 없이 새로운 기관을 인정하지 않을 것이다.
- 새로운 기관의 설립은 두 개의 지도 중심, 즉 구 중심과 신 중심의 동시적 존재라는 결과를 지니게 될 것이며 이는 결국 독립운동 세력의 분열을 의미한다.

(나) 창조파 주장의 주요 내용

- 대한민국 임시 정부는 이미 신뢰를 상실했기 때문에 개조하는 방식으로는 독립운동을 지속할 수 없다.
- 지금까지 대한민국 임시 정부의 활동이 실패한 이유는 조직과 대중과의 연계가 부족하기 때문이다. 개조를 통해서는 독립운동을 지도할 수 있는 유능한 기관이 될 수 없다.
- 대한민국 임시 정부를 향한 대중의 열기가 급속도로 냉각되었으며, 결국 대중을 상대로 한 영향력을 모두 상실하였다.
- 대한민국 임시 정부도 국민 대표 회의에서 결정되는 사항을 따라야 하는데, 쉽지 않을 것이다.

– 김규식, 윤해, 「국민 대표 회의에서의 '개조파'와 '창조파' 분열의 원인과 그 결과」

조건

- (가)와 (나)의 주장을 정리하시오. [8점]
- (가)와 (나) 중 하나의 입장을 선택한 후 당시에 살았더라면 국민 대표 회의에서 어떻게 행동하였을지 논술하시오.(당시 시대 상황을 반영하여 자신의 행동에 대한 이유 두 가지를 논리적으로 제시할 것) [12점]

논술형 수행 평가 ❷

일제 식민 통치 시기, 다양한 사회 운동 이해하기

학년 반 번

이름 |

문제 다음 자료를 읽고 〈조건〉에 맞게 논술하시오. [20점]

(가) 암태도 소작 쟁의의 결과 지주와 소작인회 대표가 맺은 화해 조서(1924)

1. 소작료를 4할로 하고, 1할은 농업 장려금으로 할 것
2. 농업 장려금은 소작회에서 관리할 것
3. 소작회에 지주도 참여할 것
4. 미납한 소작료는 삼 개년을 기한으로 분납할 것
6. 현재 조사 중인 형사 피고 사건은 양방에서 취하할 것
7. 지주가 소작인 간에 기본금 2천 원을 기증할 것

– 매일신보, 1924. 9. 2.

(나) 조선 형평사 설립 취지문(1923)

공평은 사회의 근본이고 사랑은 인간의 본성이다. 우리는 계급을 타파하고 모욕적인 칭호를 폐지하며, 교육을 장려하여 우리도 참다운 인간으로 되고자 함이 본사(本社)의 취지이다. 지금까지 백정은 어떠한 지위와 압박을 받아 왔던가? 과거를 회상하면 종일 통곡과 피눈물을 금할 수 없다. …… 따라서 이 문제를 해결하는 것이 우리들의 급선무라고 설정함은 당연한 것이다.

– 조선일보, 1923. 4. 30.

(다) 광주 학생 항일 운동 당시 격문(1929)

- 검거자를 즉시 우리 손으로 탈환하자.
- 교내에 경찰권 침입을 절대 반대하자.
- 조선인 본위의 교육 제도를 확립시켜라.
- 민족 문화와 사회 과학 연구의 자유를 획득하자.
- 전국 학생 대표자 회의를 개최하라.

– 국사 편찬 위원회, 『한민족 독립운동사 8』

조건

- (가), (나), (다)의 민족 운동을 각각 농민 운동, 형평 운동, 학생 운동의 범주에서 그 주장을 서술하시오. [6점]
- (가), (나), (다) 중 하나의 민족 운동을 선택하여 자신이 당시에 살았더라면 어떻게 참여할 수 있을지 논술하시오.(당시 시대 상황이 반영된 참여 방안을 논리적으로 제시할 것) [14점]

논술형 수행 평가 ❸

모스크바 3국 외상 회의의 결정 사항에 대한 입장 논술하기

학년 반 번

이름 |

문제 다음 자료를 읽고 〈조건〉에 맞게 논술하시오. [20점]

(가) 모스크바 3국 외상 회의 결정 사항(1945. 12.)

1. 조선을 독립국으로 재건설하고, 민주주의 원칙 위에서 발전하게 하며, 일본이 남긴 잔재들을 청산하기 위해 조선 민주주의 임시 정부를 수립한다.
2. 조선 임시 정부를 수립하기 위해 …… 남조선 미군 사령부 대표들과 북조선 소련군 사령부 대표들로 (미소) 공동 위원회를 조직한다.
3. 공동 위원회는 …… 5년 이내를 기한으로 하는 조선에 대한 4개국 신탁 통치 협약을 작성하는 것이다. …… 미·소·영·중 정부의 공동 심의를 받아야 한다.

– 동아일보, 1945. 12. 30.

(나) 카이로, 포츠담 선언과 국제 헌장으로 세계에 공약한 한국의 독립 부여는 금번 모스크바에서 개최한 3상 회의의 신탁 관리 결의로써 수포로 돌아갔으니 다시 우리 3천만은 영예로운 피로써 자주독립을 획득하지 않으면 아니 될 단계에 들어섰다. 동포여! …… 3천만의 총역량을 발휘하여서 신탁 관리제를 배격하는 국민운동을 전개하여 자주독립을 완전히 얻기까지 3천만 전 민족의 최후의 피 한 방울까지라도 흘려서 싸우는 항쟁 개시를 선언한다.

– 중앙신문, 1946. 1. 1.

(다) 모스크바 3국 외상 회의 결정을 신중히 검토한 결과 이번 회담은 세계 민주주의 발전에 또 한걸음 진보이다. 카이로 선언이 조선 독립을 적당한 시기에 준다는 것인데, 이 적당한 시기라는 것이 이번 회담에서 5년 이내로 규정된 것이다. 이것은 우리가 5년 이내에 통일되고 우리의 발전이 상당한 때에는 단축될 수 있다는 것이다. …… 하루 속히 민주주의 원칙을 내세우고 이를 중심으로 조선 민족 통일 전선을 완성함에 여력을 집중해야 한다.

– 중앙신문, 1946. 1. 3.

조건

- (가)에 대한 (나), (다)의 입장을 서술하시오. [8점]
- (나), (다) 중 하나의 입장을 선택하고, 그 입장에 따라 행동하는 이유를 논술하시오.(당시 시대 상황을 반영하여 자신의 행동에 대한 이유 두 가지를 논리적으로 제시할 것) [12점]

논술형 수행 평가 ❹

일제 식민 잔재 처리 문제에 대한 방안 모색하기

학년　반　번

이름 |

문제 다음 자료를 읽고 〈조건〉에 맞게 논술하시오. [20점]

(가) 일제는 경복궁을 헐고 그 자리에 총독부를 지어 민족사의 맥을 끊음으로써 우리 민족의 자존 의식을 차단하려는 음흉하고도 잔인한 음모를 꾸몄다. …… 이 건물은 우리 민족의 자랑스러운 유적·유물이 아니다. 민족사의 숨결을 짓밟고 우리 민족의 훌륭한 문화유산인 경복궁을 훼손한 대표적인 건물인 것이다. …… 경복궁 복원이 시작되었다. 이번 기회에 총독부 청사를 철거하고 총독의 관저였던 청와대도 말끔히 청산하는 과감한 민족사 복원 사업이 펼쳐지길 바란다. – 한겨레, 1991. 6. 21.

(나) 근현대의 역사가 담긴 모든 건축물은 그 '건축성' 자체의 의미로 보존되어야 한다. 일단 세워진 건물은 그 건물이 갖고 있는 건축사적 가치 외에도 정치, 사회 또는 문화사적 내용이 더해지기 때문에 보존의 가치가 높아지게 되는 것이다. …… 압박과 설움을 받으며 지낸 일제 치하를 생각하면 일제가 지은 건물을 부수는 일은 당연한 것이라고 볼 수 있다. 그러나 다른 면으로 보면 그것을 헐어버리는 것이 분노를 삭이는 유일한 길인가 생각해 볼 필요가 있다. – 한겨레, 1991. 6. 21.

(다) 1995년 8월 15일 광복 50주년을 맞이하여 일제의 식민 잔재 청산과 민족정기 회복을 목표로 조선 총독부 건물 철거가 시작되었다. 철거된 건물 잔해는 역사 교육 자료로 활용하기 위하여 같은 해 11월 27일까지 독립기념관으로 옮겨졌다. 독립기념관은 조선 총독부 건물 잔해를 홀대하는 방식으로 전시하였다. 조선 총독부의 상징이었던 첨탑은 지하 5m 깊이에 반매장하였고, 전시 공원을 해가 지는 독립기념관의 서쪽에 조성하여 일본 제국주의의 몰락과 식민 잔재의 청산을 강조하였다. – 조선 총독부 철거 부재 전시 공원

조건

- 옛 조선 총독부 건물 철거에 대한 (가), (나)의 입장을 서술하시오. [8점]
- 자신이 살고 있는 지역에서 '황국 신민 서사 비석'이 발견되었다고 가정하고, (가)~(다)를 참고하여 그 처리 방안에 대해 논술하시오.(처리 방안이 가지는 현실적·역사적 의미를 논리적으로 제시할 것) [12점]

MEMO

visang

개념 완성의 **올바른 길!**

개념**루트**

개념
루트

고등 수학 개념의 다각화로 필수 개념 완성!

- 친절하고 자세한 개념 설명으로 **개념 완벽 이해**
- '개념 키워드+예제' 문제 구성으로 **개념의 다각도 적용**
- 다양하고 풍부한 수준별 문제로 **수학 실력 향상**
- 개념루트와 **유형만렙**의 **연계**를 통한 **학습 효율 극대화**

공통수학1, 공통수학2, 대수, 미적분 Ⅰ, 확률과 통계
※대수, 미적분 Ⅰ, 확률과 통계는 2024년 하반기부터 순차 발간 예정

한·끝·시·리·즈 필수 개념과 시험 대비를 한 권으로 끝! 한국사 공부의 진리입니다.

대표전화 1544-0554
주소 경기도 과천시 과천대로2길 54(갈현동, 그라운드브이)
협의 없는 무단 복제는 법으로 금지되어 있습니다.

visang

고등 전 과목 1등급 필수 앱! " 기출탭탭 "

내신, 수능 TAP으로 TOP을 찍다!

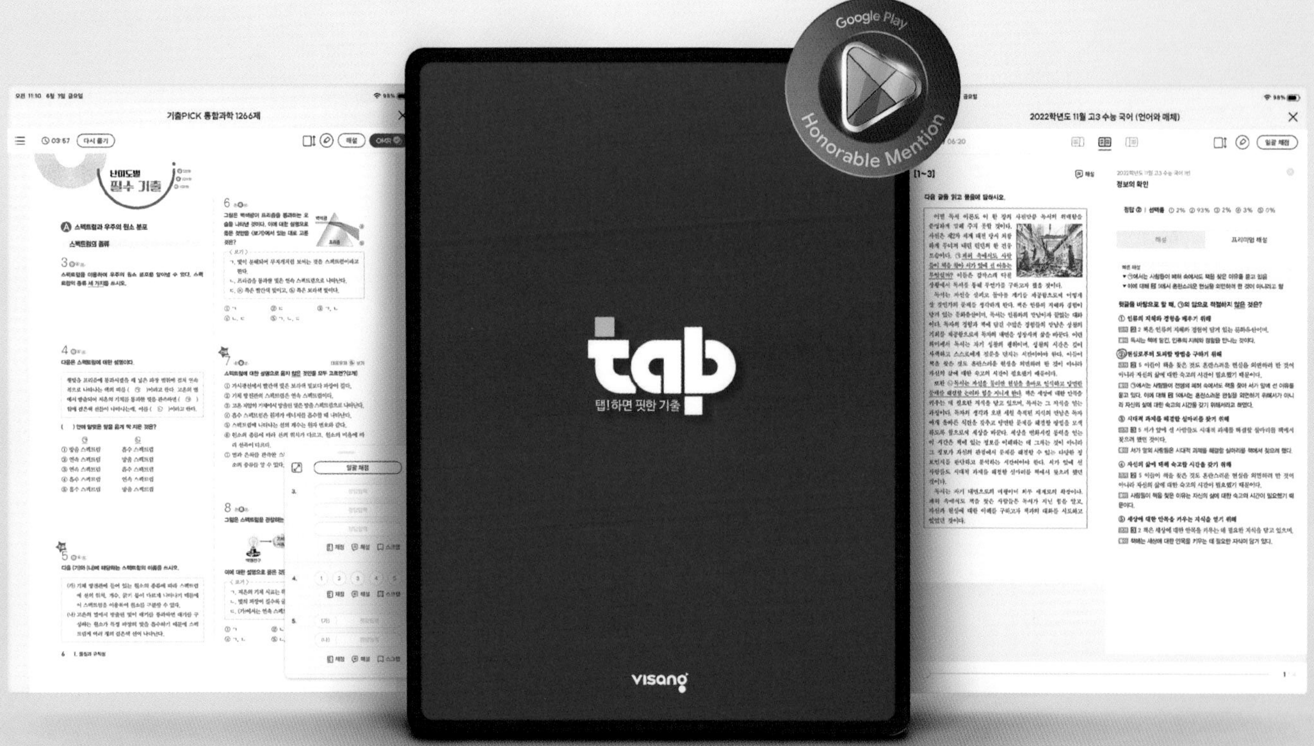

기출탭탭을 꼭 다운로드해야 하는 이유!

1. 나의 학습 수준과 상황에 딱 맞게 '개념', '내신', '수능' 올인원 학습
2. 비상교재 eBook 탑재! 탭으로 가볍게, 교재 무제한 학습
3. 내신, 수능 대비 1등급 고퀄리티 해설 탭에 쏙!
4. 문제 풀고 나의 취약 유형 파악 후, 취약점 극복

100% 당첨 이벤트!

기출탭탭으로 맞춤 기출 무제한 풀자!
'2주 무료 이용권' 100% 증정!

※ 지금, QR 코드 찍고, 이벤트 페이지 방문하면 기출탭탭 '2주 무료 이용권' 100% 증정!
※ 해당 이벤트는 내부 사정에 의하여 예고 없이 내용이 변경되거나 종료될 수 있습니다.

QR 스캔하기

한·끝·시·리·즈 필수 개념과 시험 대비를 한 권으로 끝! 한국사 공부의 진리입니다.

비상교재 누리집에 방문해보세요

https://book.visang.com/

발간 이후에 발견되는 오류 고등교재 〉 학습자료실 〉 정오표

본 교재의 정답 고등교재 〉 학습자료실 〉 정답과해설

ISBN 979-11-7316-042-4

정가 15,000원

품질혁신코드 VS01QI25_3

2022 개정 교육과정

한끝

한국사 공부,
한 권으로 이미 끝!

개정 교육과정
새 교과서를 반영한
한끝 한국사1

9종 한국사1 교과서의
핵심 내용을 한눈에!

별책
시험 대비 문제집

고등
한국사1

visang

개발 전수현 유시내 김형효 조윤미
저자 이철영 방대광 김원일 최효성 이은령
강현태 이주현
디자인 김지현 이예주 전재연 안지승 오효정

발행일 2024년 11월 1일
펴낸날 2024년 11월 1일
펴낸곳 (주)비상교육
펴낸이 양태회
신고번호 제2002-000048호
출판사업총괄 최대찬
개발총괄 조일현
개발책임 채병진
디자인총괄 김재훈
디자인책임 박선혜
영업책임 이지웅
품질책임 석진안
마케팅책임 이은진
대표전화 1544-0554
주소 경기도 과천시 과천대로2길 54(갈현동, 그라운드브이)

협의 없는 무단 복제는 법으로 금지되어 있습니다.
파본은 구입하신 곳에서 교환해 드립니다.

교육기업대상
5년 연속 수상
초중고 교과서
부문 1위

한국산업의
브랜드파워 1위
중고등교재
부문 1위

2022 국가브랜드대상
9년 연속 수상
교과서 부문 1위
중·고등 교재 부문 1위

2019~2022
A' DESIGN AWARD
4년 연속 수상
GOLD · SILVER
BRONZE · IRON

2022~2024
GDA 수상
GOLD · WINNER
SPECIAL MENTION

2022 reddot
WINNER